일제하 식민지 지배권력과 언론의 경향

황 민 호

景仁文化社

책을 내면서

이 책은 일제하 국내에서 발행되던 신문과 잡지에 나타나는 한국사회와 식민지법률의 경향에 대해 필자가 그동안 발표했던 논문과 자료를 모아서 발간한 것이다. 책의 구성은 3부분으로 나뉘어 있는데 제1부는『매일신보』를 통해 본 언론의 경향이라는 제목 하에 3편의 논문으로 구성되어 있으며, 제2부는 잡지자료에 나타난 법률의 경향이라는 제목 하에 3편의 논문이 모아져 있다. 그리고 사상범예방구금령과 관련된 논문 1편은 부편으로 수록하였다. 제3부는 자료편으로 한국근대잡지와 조선총독부 기관지에 수록된 법률관련 기사 목록이 정리되어 있다.

제1부『매일신보』와 관련된 논문은 수요역사연구회 매일신보 강독반에 참여하면서 발표했던 글이며, 제2부의 논문은 서울대학교 법학연구소 한국헌정사연구회의 연구원으로 있으면서 발표했던 글이다.

이 책에 게재된 논문의 내용을 간단하게 소개하면 다음과 같다. 제1부에서는『매일신보』에 나타나는 한국사회의 모습에 대해 살펴 보았는데 우선 조선총독부의 기관지였던『매일신보』의 발간과 관련된 정치적 상황을 이해하기 위해 1910년대 조선총독부의 언론정책과 매일신보와의 관계를 정리하였다. 또한 1910년대 우리나라 독립운동사에 있어서 가장 획기적인 사건이었던 3·1운동에 대해 당시 국내에서 유일하게 발간되고 있던 한글판 신문인 동시에 관제언론이었던『매일신보』의 기사 내용과 보도 경향의 특징에 대해 살펴보았다. 그리고 제3장에서는 1918년에 세계최초로 공산주의

혁명에 성공한 소비에트 러시아에 대한 1920년대 국내언론의 보도 경향에 대해『매일신보』와 민간언론의 기사내용을 비교 분석해 보았다.

이 3편의 논문을 통해 당시 국내언론의 정확한 경향성을 확인할 수는 없겠지만, 조선총독부의 기관지였던『매일신보』와 국내의 민간언론들 사이에는 한국사회를 이해하는 방식이나 중요한 사회적 사건이나 이슈를 설명하는데 있어서 명백한 차이가 있었으며, 심지어는 양자간에 일정한 긴장관계가 형성되기도 하였음을 알 수 있었다.『매일신보』와 국내 언론을 기본 자료로 하여 일제 하의 중요 사건이나 총독부의 지배정책의 변화에 대한 연구는 이후에도 활성화되어야 할 것이다.

제2부에 법률과 관련된 논문들 중 제1장과 제2장의 논문은 주로 개항이후부터 일제시대 전 기간에 걸친 국내 언론에 대한 일제의 언론정책과 국내 잡지에 나타났던 법률관련 자료들의 경향성에 대해 분석한 것 글이다. 그리고 제3장은 조선총독부의 기관지였던 『朝鮮總督府月報』와 『朝鮮彙報』, 『朝鮮』, 『조선문조선』의 발행과 편집체제 및 법률관련 기사의 경향에 대해서 분석한 글이다. 이 논문들을 통해서 보면 조선총독부에서는 자신들의 지배정책을 행정말단에까지 확실하게 전달하기 위한 수단의 하나로 기관지를 발행하고 있었으며, 시기별로 다른 형태의 잡지가 발행되고 있었지만 총독부가 시행하는 중요법령에 대해서는 입법 취지나 법조문을 상세하게 소개하고 있음을 알 수 있다. 또한 입법취지와 관련해서는 총독부의 해당부서 관리가 직접 해설기사나 논설을 게재하고 있는데 이들의 내용을 분석해 보면 시기별로 총독부의 법률 체계나 구조가 갖고 있었던 식민지성이나 식민지 지배정책의 특징을 유용하게 파악할 수 있을 것으로 생각된다.

또한 보론에서는 1940년대에 조선총독부가 실시했던 '朝鮮思想犯豫防拘禁令'을 중심으로 조선총독부가 실시했던 전시통제기의 사상범관련 법령의 일면을 정리해 보았다 앞으로 총독부의 법령의 내용을 직접적으로 분석하는 논문은 보다 많은 연구자들이 지속적으로 추진해야할 연구과제인 것으로 생각된다.

그리고 마지막으로 제3부 자료편은 제2부의 논문을 쓰는 과정에서 필자가 정리했던 목록 가운데 연구자들에게 도움을 줄 수 있다고 생각되는 일부를 수록한 것이다. 일제 하에 발행된 잡지에 수록된 법률관련 기사 목록의 정리는 이 시기에 발행된 잡지의 양이 상당하기 때문에 많은 시간과 노력이 요구되는 방대한 작업인 것으로 생각된다. 따라서 이러한 내용을 통해서 볼 때 이 책에 수록된 논문들은 일제하 조선총독부의 식민지 지배정책의 특징을 보다 명확하게 파악하는 하나의 토대가 될 수 있을 것으로 생각된다.

그러나 필자의 이러한 설명에도 불구하고 이 책은 하나의 완결구조를 갖고 있지 못하며, 논의 전개과정에서 중복을 피하지 못한 부분도 있다. 그리고 국내언론과 잡지 자료를 통한 조선총독부의 지배정책의 구조를 파악하기 위해서는 보다 많은 논문들에 의한 다양한 연구가 이루어져야 할 것으로 생각된다. 이 책은 다만 조선총독부의 식민지 지배정책과 관련된 필자의 생각을 정리한 첫 번째 책이라고 할 수 있을 것이다. 앞으로 보다 많은 연구를 통해 필자의 모자라는 부분을 보충해 가고자 한다.

이 글이 책으로 나오기까지 많은 분들이 도움을 주셨다. 먼저 6년 넘게 『매일신보』를 같이 강독했던 수요역사연구회의 동료들에게 감사드린다. 그리고 법학연구소에서 만났던 많은 선생님들 특히 필자에게 일제시기 법률관련 자료에 대해 연구할 수 있는 기회를 갖도록 도와 주신 서울대학교 법과대학의 정종섭 교수님과 정긍식, 송석윤 교수님께 감사드린다. 또한 박사학위를 주신 이후에도 부족한 제자가 시작한 연구를 끝까지 마무리할 수 있도록 언제나 자상한 지도와 격려를 아끼지 않으시는 유영렬 교수님께 감사드리며, 학회활동을 하면서 필자를 이끌어주신 유준기 교수님께도 감사드린다.

　항상 가족 같은 마음으로 대해 주며 시장성이 전혀 없는 필자의 글을 마다하지 않고 출판해주신 경인문화사의 한정희 사장님과 편집을 맡아 주신 신학태 부장님께도 감사드린다. 이 책이 같은 시기를 공부하는 여러 연구자들에게 조금이라도 도움이 되었으면 하는 바램을 가져본다.

2005년 9월 필자 識

<목 차>

제1부

『매일신보』를 통해 본 언론의 경향

제1장

1910년 총독부의 언론정책과
『매일신보』

Ⅰ. 머리말

『매일신보』는 1906년 9월 당시 통감으로 부임해 있던 伊藤博文이 '對韓 보호정책의 정신을 내외에 선양하고 日鮮融和의 대의를 창도할 것'을 내세우며 발행한 『京城日報』의 연장선상에서 발간된 조선총독부의 국한문판 기관지의 성격을 갖는 신문이었다.[1]

이등박문이 조선통치에 있어서 언론정책의 중요성에 각별한 관심을 보였던 것은 영국인 베델과 양기탁에 의해 발행되었던 『大韓每日申報』의 영향력을 견제할 필요성을 느끼면서였을 것으로 생각된다. 1904년에 창간된 『대한매일신보』는 국한문신문 이외에도

---

1) 정진석, 1982.4, 「조선총독부의 매일신보」 『마당』.

한글판과 영문판인 『The Korea Daily News』를 발간하여 일제의 한
국침략을 강한 어조로 비판함으로써 한국인들 사이에서 강력한 영
향력을 발휘하고 있었다.

이에 일제는 1909년 5월 1일 베델이 사망하자 그의 후임으로
『대한매일신보』의 발행인이 되었던 영국인 萬咸(Alfred Marnham)을
회유하는 공작에 힘을 기울였으며, 이에 따라 萬咸은 1910년 6월
9일 신문사를 李章薰에게 팔고 영국으로 돌아갔다. 이에 지금까지
『대한매일신보』의 제작을 주도했던 총무 양기탁은 신문이 이장훈
의 손으로 넘어간 그날부터 자신이 신문에서 손을 떼었음을 '廣告'
로 게재하였다.2) 이로써 『대한매일신보』는 더 이상 민족지로서의
역할을 수행할 수 없는 상황이 되었다.

『대한매일신보』는 萬咸의 손에서 李章薰에게 매도되는 순간 이
미 일제의 수중에 들어가게 되었던 것으로 판단된다. 그러나 『대한
매일신보』를 인수하여 신문의 이름을 『每日申報』로 고쳤음에도
불구하고 紙齡은 『대한매일신보』를 그대로 이어받아 국한문판은
1,462호, 한글판은 393호로 발행하였으며, 이는 1945년 일제가 패
망할 때까지 지속되었다.

따라서 『매일신보』는 경술국치 다음날인 1910년 8월 30일부터
일제가 패망할 때까지 발간된 조선총독부의 일간지로서 총독정치
의 최일선에서 그 선전기관으로서의 역할을 충실히 수행한 대표적
인 관제언론이라고 할 수 있다.

따라서 이러한 관점에서 볼 때 『매일신보』에 대해 시기별·주
제별로 체계적인 분석을 실시하는 것은 일제의 식민지 조선에 대
한 지배정책의 특징과 조선 사회전반에 거쳐 진행되었던 조선총독
부의 침략성과 그 논리의 식민주의적 관점을 분명하게 이해할 수

---

2) 정진석, 앞의 책, 248~249쪽.

있는 토대를 마련할 수 있을 것으로 여겨진다.

특히 1910년대의 경우,『매일신보』는 당시 국내에서 발행되던 거의 유일한 언론으로서 일제 초기의 식민지적 상황을 조선총독부의 입장에서 가장 극명하게 나타내고 있었기 때문에 이를 분석 대상으로 하는 종합적인 연구는 조선총독부의 조선에 대한 지배정책사를 이해하는데 있어서 지금까지와는 다른 측면에서 접근할 수 있는 공간적 확대를 가져올 수 있을 것으로 믿는다.

그러나 현재 1910년대의『매일신보』에 대한 연구는 대체로『매일신보』사설의 내용과 논조,3) 그리고『매일신보』에 참여했던 인물 등을 정리하여 그 특징을 밝히거나4) 특별한 연구주제를 다루면서『매일신보』의 기사내용을 인용하는 경우가 대부분이라고 할 수 있다.5)

따라서 본 고에서는 1910년대의『매일신보』의 기사 내용을 중심으로 몇 가지의 개별적인 주제들을 선정하여 일제의 한국강점 이후 조선총독부가 한국사회 전반에 걸쳐 진행하였던 지배정책의 논리적 구조와 특징에 접근해 봄으로써 총독부 기관지로서의『매일신보』의 특징에 대해 살펴보고자 한다.

---

3) 張錫興, 1992,「일제의 식민지언론 정책과 총독부기관지 每日申報의 성격」, 독립기념관『한국독립운동사연구』6.
   金鎭斗, 1995,『1910년대 每日申報의 性格에 關한 硏究-社說 內容分析을 중심으로-』중앙대학교 박사학위논문, 1995.
4) 鄭晉錫, 1988,「每日申(新)報 硏究」,『韓國言論史硏究』, 一潮閣 ; 1982.4,「조선총독부의 매일신보」『마당』8 ; 1991.12,「조선총독부 기관지 매일신보의 사람들」『신문과 방송』252.
   具汝列, 1986,『제국주의와 언론』, 이화여대출판부.
   이 연, 1993.3,「매일신보의 창간배경과 그 역할」『순국』.
5) 김형목, 2001,「1910년대 동화정책과 私立京城幼稚園」『한국민족운동사연구』28 ; 2001,『1910년 前後 夜學運動의 實態와 機能』, 중앙대학교 박사논문.

그리고 이를 위해 본 고에서는 첫째, 1910년대 조선총독부의 언론정책과 그 과정에서 나타나는 매일신보의 정치적 위상에 대해 정리해 보고자하며, 둘째, 매일신보에 실려 있는 일제의 식민주의적 경향을 반영하고 있는 기사내용과 3·1운동 관련 社說이나 기사 내용의 일부를 살펴봄으로서 매일신보의 총독부 관제언론으로서의 성격에 보다 구체적으로 접근해 보고자 한다. 뿐만 아니라 본고에서는 몇 가지 연구 가능한 개별 주제들의 경향에 대해서도 언급해 보고자하는데 본고의 이러한 노력은 1910년대의 『매일신보』의 역사적 성격을 확인하는데 기여할 수 있을 것으로 생각된다.

Ⅱ. 일제의 언론정책과 『매일신보』의 창간

1. 언론통제정책의 기조

1910년대를 전후한 일제의 조선에 대한 본격적인 언론통제정책은 1904년 러·일전쟁을 기점으로 본격화되고 있었다. 이후 일제는 자신들의 한국침략에 있어서 국내 언론이 가장 결정적인 장애요소가 된다는 판단 하에 이미 1898년부터 조선정부에 대해 여러차례 자신들에게 불리한 기사 내용에 대한 訂正을 요구하거나 조선정부에 대해 「新聞條例」를 만들어 反日言論에 대해 통제를 가해 줄 것을 요구하는 등 강력한 압박을 가하고 있었다.

이러한 상황에서 1904년 2월 러·일전쟁이 발발하자 일제는 1904년 3월 1일에 주한 일본공사 林權助가 조선 정부에 대해 신문

을 取締할 수 있는 법률을 만들어 일본군의 움직임을 보도하지 못
하도록 요구하기도 하였다.6) 뿐만 아니라 1904년 7월 20일에는 조
선주차군 사령관의 이름으로 국내언론에 대한 직접적인 통제를 가
할 수 있는 '軍事警察訓令'을 발표하였으며, 1904년 10월 9일에는
군사상의 보완을 이유로 내세우며 '軍政 施行에 관한 內訓'을 통
해 집회·신문·잡지·광고 등이 치안을 방해한다고 인정될 때에
는 이를 해산 정지 또는 금지시킬 수 있도록 하였다.7) 그리고 그
연장선상에서『제국신문』에 대하여 '정간명령'을 내렸으며,8) 이듬
해인 1905년 11월 20일에는『황성신문』을 정간하고 사장 장지연을
구속하기도 하였다.9)

을사보호조약이 체결되자 일제는 법률적으로 보다 강화된 형태
의 언론 탄압을 실시하였는데 우선 1906년 통감부에서는 통감부령
제10호로서「보안규칙」을 발표하고 이 규칙 제9조 2항을 통해 '신
문지 및 기타 인쇄물의 기사가 외교 또는 군사기밀에 저촉되거나
또는 안녕질서를 방해하거나 또는 안녕 질서를 방해하는 것으로
인정될 때는 그 발매·반포를 금지할 수 있다'라고 명시함으로써

---

6) 일제는 신문기사에 대해 사사건건 문제를 제기하는 한편, 신문검열관
에 의한 사전 검열을 주장하였으며, 결국 이에 굴복한 한국정부는 신문
의 사전검열을 단행하지 않을 수 없었다. 정진석,「露日戰爭 이후 韓日
合邦까지의 韓國言論과 言論統制」, 앞의 책, 64~66쪽.

7) 일제는 '軍政 施行에 관한 內訓'을 통해 집회, 신문, 잡지, 광고 등이 치
안을 방해한다고 인정될 때에는 이를 해산 정지 또는 금지시킬 수 있
도록 하였다. 장석흥, 앞의 논문 참조.

8)『제국신문』은 한달 후인 11월 9일에 해제명령이 내려져 다시 발행되기
시작하였다고 하며, 이후 1907년 한때 재정난으로 폐간되는 상황에 이
르게 되었고, 그뒤 鄭雲復이 인수하면서부터는 점차 친일적인 성격을
띠게되었던 것으로 보인다. 崔起榮, 1991,「帝國新聞의 刊行과 下層民
계몽」『大韓帝國時期 新聞研究』.

9) 정진석, 앞의 책, 247쪽.

국내 언론에 대한 대대적인 탄압에 착수하였다.[10]

또한 1907년 7월 24일에는 이른바 '신문지법'을 공포하여 언론사의 설립을 통제하기도 하였다. '광무신문지법'이라고 불리는 이 법은 첫째, 신문 발행의 허가제와 보증금제도를 두어 새로운 신문의 출현을 억제할 수 있도록 하였으며, 둘째, 발행인·편집인·인쇄인에 대해 당국의 허가를 받도록 함으로써 당국이 신문종사자에 대한 '實査權'을 갖도록 하였다. 셋째, 각 신문은 매회 발행에 앞서 발간한 신문 2부를 내부 관할 관청에 納本하도록 하고, 일정한 사항에 대해서는 게재를 금하게 함으로써 사실상의 사전검열을 가능케 하였다.

이밖에 당국에서는 신문이 발행된 뒤에도 사후통제를 가능케 하였는데 행정처분은 사안의 경중에 따라 기사의 삭제, 신문발매의 금지, 압수 및 발행정지와 발행금지 등의 처분을 가할 수 있도록 하였으며, 벌금 또는 3년 이하의 징역에 처하는 것 이외에도 인쇄시설까지 몰수 할 수 있도록 하는 엄격한 처벌 규정을 두었다.[11]

한편, 이러한 '신문지법'의 내용은 1908년 9월 그 내용을 보다 강화된 형태로 개정하였던 것으로 보이는데 일제는 같은 해 5월 신문의 압수와 처분 및 집행에 관한 보다 강화된 통제 규칙을 제정함으로써 사실한 한국 국내언론에 대한 독점적 지배권을 확보하였던 것으로 보인다.[12]

그런데 한국인들의 신문발행이 신문지법에 의해 철저하게 통제받고 있었던 것과는 달리 일본인들에게 적용된 '新聞紙規則'은 단

---

10) 金鎭斗, 앞의 논문, 21쪽.
11) 崔起榮, 1991, 「光武新聞紙法硏究」『大韓帝國時期新聞硏究』, 一潮閣, 266~280쪽. 金鎭斗, 앞의 논문, 22쪽.
12) 이때 제정된 규칙으로는 '新聞紙規則' '新聞紙 押收 處分에 관한 內則' '新聞紙 押收에 관한 執行要領' 등이 있다.

지 이를 届出만 하면 신문이나 잡지의 발행을 허가받을 수 있도록 되어있었다. 그리고 이러한 상황에서 일본인들은 전국 각처에서 20여 개의 신문 또는 잡지의 발행을 허가받았던 것으로 보인다.[13) 그런데 일제의 이러한 정책은 궁극적으로 국내의 출판물 발행에 있어서 日人들에게 우월한 지위를 부여함으로써 국내에 일제의 관제 언론을 부식시킴과 동시에 민족 언론을 말살하고자 했던 의도의 반영이었던 것으로 생각된다.

실제로 일제는 개항 이후부터 서울, 인천, 부산, 목포, 원산 등지의 개항장에서 일본 거류민들을 상대로 한 신문들을 발행하면서 그 영향력 확대해 가고 있었는데 당시에는『朝鮮新報』(1981년, 부산),『漢城新報』(1895년 서울),『大同新聞』(1904년 서울),『大韓日報』(1904년, 인천) 등의 日人 신문이 발행되었던 것으로 파악되고 있다.[14)

특히『漢城新報』의 경우는 일제의 조선 침략을 대변하는 일본 외무성의 기관지로서 일본외무성으로부터 지급되는 매월 170원의 보조비와 주한 일본외교관들의 기부금으로 운영되었는데 일본인에 의한 최초의 국문 신문으로 발행되기도 하였으며, 1906년에 통감부의 기관지로서『京城日報』가 발행되면서 이에 흡수되었던 것으로 보인다.[15) 이밖에도 일제는 친일세력들이 발간하고 있던 친일 신문들도 적극적으로 활용하였는데 일진회의 기관지였던『國民新報』와 이완용 내각의 기관지였던『大韓新聞』등이 이에 속한다고 하겠다.[16)

---

13) 朝鮮總督府 警務局, 1930,『朝鮮に於ける出版物槪要』, 18~20쪽.
14) 장석흥, 앞의 논문, 414~416쪽 ; 金鎭斗, 앞의 논문, 21쪽.
15) 崔埈, 1976,「軍國日本과 大韓言論政策」『韓國新聞史論考』, 218~222
쪽 ; 鄭晉錫, 1988,「韓國侵略을 위한 日本의 機關紙 漢城新報」『韓國言論史研究』, 一潮閣, 6~11쪽.

한편 일제는 1908년 4월에 제정된 법률 제8호와 5월에 공포된 '新聞紙規則' 등을 통해 종래에 자유롭게 발간이 허용되었던 일본인들의 신문발행에 대해서도 '理事官의 허락을 받도록 하는 한편, 압수 · 삭제 · 정간 등이 가능할 수 있도록 하였다.

그런데 일제의 이러한 정책은 일본인들의 언론활동에 대한 통제라기보다는 한일합방을 전후한 정치적 변동 상황에서 이에 대한 강력한 사전 정지 작업의 일환이었던 것으로 보인다. 이후 1909년에는 지금까지 조선정부에서 관장하고 있던 신문 검열권을 통감부로 이관해 옴으로써 강력한 언론통제를 위한 모든 절차를 마무리하였으며, 이러한 상황에서 1910년 5월 소위 '新聞押收處分'에 관한 새로운 기준을 적용하자 민족언론의 활동은 원천적으로 봉쇄당할 수밖에 없었던 것으로 생각된다.[17]

2. 『매일신보』의 창간과 중요인물

일제의 조선강점이 강행되기 직전에 일제의 수중에 들어간 『대한매일신보』는 1910년 8월 30일부터 '大韓帝國의 國號를 朝鮮으로 개칭하고 大韓으로 術稱하는 것이 事以不然'하다는 이유로 '大韓' 두 글자를 생략 당한 채 『매일신보』로 연장 발간되었으며, 이로서 『매일신보』는 이전의 『대한매일신보』와는 전혀 다른 조선총독부 기관지로서의 성격을 띠게 되었다. 이후 『매일신보』는 대한제국의 기관지였던 『大韓新聞』의 후신인 『漢陽新聞』을 병합함으

---

16) 『國民新報』는 1906년 서울에서 발행되었으며, 李容九 · 宋秉畯이 발행인이었으며, 『大韓新聞』은 1907년 서울에서 발행되었고 李人稙이 발행이었다.
17) 『大韓每日申報』 1910년 5월 14일.

로써 국한문판과 한글판 2가지의 신문을 발행하는 국내 유일의 한국어 신문이 되었다. 그리고 1910년 12월 말에는『京城日報』구내로 사옥을 옮김으로써『매일신보』는『경성일보』산하에 소속된 하나의 편집국으로 출발하게 되었다.[18]

『매일신보』를 통합한『경성일보』[19]의 책임자로는 일본 언론계의 유력 인사이며『國民新聞』의 사장이었던 德富蘇峯[20]이 임명되었는데 그는 서울에 머무를 수 없는 상황이었기 때문에 자신은 감독에 취임하고, 사장은 吉野太佐衛門, 감사는 中村健太郎이 맡아 실질적인 경영을 담당하였다. 德富는 25세 때인 1887년에 잡지『國民の友』를 창간하였고 1890년에는『國民新聞』을 발행하여 일본 언론계의 대부가 된 인물이었는데 청일전쟁 이전까지만 해도 일본 국민의 자유와 평등을 '평민주의'를 주장했던 대표적인 언론인이었다. 그러나 러·일전쟁 이후 급격히 일본의 제국주의 노선에 동참하여 전쟁 중에는 桂太郎의 지시로 '藩閥政府'의 정책을 홍보하였으며, 한국문제에 있어서는 '强占'을 강력하게 주장하기도 하였다. 그는 신문사 경영을 통하여 쌓아온 大畏重信·陸奧宗光·桂太郎·寺內正毅·伊藤博文과의 친분을 이용하여『國民新聞』의 社勢를 확장시켰으며,『경성일보』의 감독으로 취임한 후에는 1918

---

18) 京城日報社,『京城日報社誌』, 大正 9년, 15면.

19) 德富에 의하면 처음에 총독부가 자신에게『매일신보』의 경영을 맡기려는 것에 대해 '일체의 신문을 일어판『경성일보』에 집중시키는 것이 좋겠다'는 의견을 내놓아『매일신보』가『경성일보』에 통합되게 되었다고 하고 있다. 德富蘇峰, 1982,「蘇峰自專」『日本人の自專 5』, 平凡社, 259쪽.

20) 德富小峯의 본명은 德富猪一郎이며, 蘇峰은『國民之友』의 창간 이후부터 사용한 雅號이며 이외에도 大江逸郎·大江狂生·蘇翁·德猪生 등 약 10여개 이상의 필명을 사용하였다고 한다(1974,『德富蘇峰集』, 筑摩書房, 407쪽).

년 '米騷動'에서 寺內內閣을 비판하여 그와의 관계가 정리할 때까지 식민지 조선의 언론을 장악하고 있었다.

한편, 吉野는 『국민신문』의 이사로서 부편집장 겸 정치부장을 역임했던 인물이었으며,[21] 中村은 조선어에 능통하여 일본공사관 기관지였던 『漢城新報』의 조선어판 편집책임자를 역임한 바 있으며, 1905년에는 한국정부 內部의 경무고문이었던 丸山重俊의 통역으로 일하면서 한국에서 발간되는 조선어신문의 검열관으로 활동하기도 하였다.

『매일신보』를 인수했던 李章薰은 처음에는 편집인 겸 발행인으로 있다가 2개월 후인 10월 22일에는 편집인 겸 발행인이 卞一, 인쇄인은 李蒼으로 바뀌었다. 그러나 이들은 경영이나 편집에 관여할 수 있는 실질적인 권한은 없었고 제작 실무만을 담당했을 것으로 보인다.[22] 이밖에 '국한문판'과 '한글판'으로 발행되던 『매일신보』는 1912년 3월 1일부터 한글판을 폐지하고 대신 국한문판 3면을 한글판으로 제작하였으며, 한글판의 서체는 閔友植의 부인이 쓴 宮體를 사용했다고 한다.[23]

또한 『경성일보』의 사장으로 취임한 德富蘇峰은 1910년 10월 1일 寺內正毅 총독과 '신문정리에 관한 取極書'라는 약정서를 교환하였는데 이는 『경성일보』 운영에 관한 양측의 입장을 정리한 것이라고 할 수 있었다. 취극서의 내용을 살펴보면 첫째, 德富蘇峰을 감독으로 하는 『매일신보』와 『경성일보』는 總督과 總督府를 본위

---

21) 藤村生, 「京城日報社由來記」 『朝鮮及滿洲』 1924년 9월호, 39~48쪽. 합방이전 경성일보사의 사장은 大岡力이었고 德富가 경성일보사를 인수하여 吉野를 사장에 앉힌 것은 1910년 10월 초순이었다고 한다(정진석, 앞의 논문, 252쪽) 참조.
22) 장석홍, 앞의 논문, 422~425쪽 ; 정진석, 앞의 논문, 251~252쪽 참조.
23) 『每日申報』 1938년 5월 1일.

로 그 시정목적을 달성하기 위해 노력할 것, 둘째, 당국자는 감독
이 그 책임을 다하는 한 함부로 이것을 변경하지 못하며, 셋째,『경
성일보』는 당분간 매월 1,500円을『매일신보』는 600円을 보조할
것, 넷째,『경성일보』정리자금으로 40,000円 한도에서 지출할 것
등을 중요 내용으로 하고 있었다.24)

그리고『매일신보』와 조선총독부의 유착관계는 1910년 10월 德
富蘇峯이『매일신보』의 직원들에게 행한 다음과 같은 훈시 내용
을 통해서도 드러나고 있다.

> 1. 매일신보가 신문지로서 존재하는 이유는 우리가 천황폐하의 仁愛
>   하심과 일본인 一視同仁하심을 받들어 한국에 선전함에 있고,
> 1. 집필자는 공정을 기하여 결코 偏私, 偏黨하는 마음에서 筆을 弄하
>   는 등의 일이 없도록 함을 요하며,
> 1. 문장은 간결 명료하게 하고,
> 1. 일반의 所論은 온건 타당함을 기하여 결코 詭言妄說을 고취함을
>   삼가라.
> 1. 매일신보는 경성일보와 제휴하고 항상 그 보조를 동일하게 할
>   것.25)

위의 내용을 통해서 보면 德富는『매일신보』직원들에게 일본
천왕의 '一視同仁'을 한국에 선전해야 하며, 결코 偏私, 偏黨하지
말며, 所論은 온건 타당함을 기하여 결코 詭言妄說을 고취함을 삼
가 할 것, 경성일보와 항상 보조를 같이 할 것 등을 훈시하였는데
이러한 내용은『매일신보』가 일제의 한반도통치 안정화에 기여해
야 함을 강조하였음을 보여주는 것이었다고 생각된다.

---

24) 金鎭斗, 1995,『1910年代 每日申報의 性格에 關한 硏究』, 중앙대 박사
    학위논문, 27～28쪽 재인용.
25) 김규환, 1979,『일제의 대한언론선전정책』, 이우출판사, 136～137쪽에
    서 재인용.

실제로 1910년대의 『매일신보』는 국내에서 거의 유일한 언론이라는 독점적 지위를 행사하면서 총독부의 관제언론으로서의 성격을 분명히 하였던 것으로 보이는데 이러한 경향은,

> 韓日倂合에 伴하야 雨後竹筍的 新聞은 終을 接하야 폐간되고 於是 朝鮮唯一의 新聞이 發生하야 二千萬同胞에 福音을 전하였으니 每日申報가 是야라26)

라고 한 기사 내용에서도 일단을 확인할 수 있다고 하겠다.

이와 같이 총독부의 기관지로 출발한 『매일신보』는 1910년대 후반에 이르면 인적구성에 있어서도 변화를 보이고 있었다. 1914년 8월 초대 사장이었던 吉野가 사임하고 阿部充家가 제2대 사장에 취임하였는데27) 그는 德富蘇峯과 함께 『국민신보』의 부사장으로 일하다가 『매일신보』의 사장이 되었으며, 德富와는 그가 설립한 '大江義塾' 시절부터 관련을 맺었으며, 청 · 일전쟁에서는 『國民新報』의 종군기자로 활동하기도 하였다.28)

1910년대에 『매일신보』에 참여한 한국인으로는 우선 이장훈을 들 수 있는데 그는 『漢城新報』에서도 잠깐 근무한 경력이 있던 인물로 『대한매일신보』의 기자로 활동하다가 통감부의 『대한매일신보』 흡수과정에 관여했던 것으로 보이며, 초기 『매일신보』의 발행인 겸 편집인으로 2개월 동안 활동하였다. 1911년 1월 1일부터 『매일신보』에 참여하여 제작을 실질적으로 담당했던 편집장 卞一은 1909년 10월에 창간된 『大同日報』의 편집부장 및 편집인으로 활동한 바 있으며, 『매일신보』에서 李相協 등과 함께 활동하다가 1915년 1월에 퇴사하였다.29)

---

26) 『每日申報』 1916년 3월 4일.
27) 『每日申報』 1914년 8월 2일.
28) 앞의, 『德富蘇峰集』, 407～408쪽.

1915년 1월 30일부터는 鮮于日이 발행인 겸 편집인이 되었는데 그는 1906년 1월에 一進會의 기관지로 창간된『國民新報』의 기자로 출발하여 주필을 거쳐 1915년에『매일신보』로 자리를 옮긴 인물이었다. 그는 편집기술이 능숙하여 중용된 경우라고 하며, 1917년에『매일신보』에서 퇴사하였는데, 3·1운동 직후에는 奉天에서『滿洲日報』를 창간하기도 하였다.

또한 何夢 李相協은 1912년『매일신보』에 기자로서 입사한 후 선우일의 뒤를 이어 5년 만에 편집부장에 오를 만큼 신문 제작에 탁월한 능력을 지닌 인물이었다. 그는 1913년과 1914년 각각『매일신보』에「눈물」과「貞婦怨」등의 소설을 연재하기도 하였다. 이후 이상협은『東亞日報』창간 대열에 합류하여[30] 초대 편집국장이 되었고,『조선일보』,『중외일보』등에 관여하여 조선 언론계의 '귀재'로 불리웠다고 한다.

一齋 趙重桓은 1915년 정치·경제 등을 담당하는 경파주임으로 재직하였으며, 金煥은 일진회 기관지로 창간된『국민신보』의 기자 출신이었으며, 1909년 11월 조선인 기자 대표로서 鄭雲復과 함께 伊藤博文의 장례식에 참석키 위해 일본을 다녀오기도 하였으며, 1917년에는 사회문제를 담당하는 연파주임으로 재직하였다.

그 외에 尹白南이라고도 불리던 尹教重은 1913년『매일신보』에 입사하여 1918년 경제과장을 지냈으며, 方台榮은 1919년 매일신보의 외교부장을 거쳐 1920년 편집인 겸 발행인이 되었다. 牛步 閔泰瑗은 이상협의 소개로 1917년『매일신보』에 입사하였다가 1920년 무稻田大學에서 유학하고 귀국한 후『동아일보』와『조선일보』,『중외일보』등에서 편집국장을 역임하였다.[31]

---

29)『每日申報』1915년 1월 17일.
30) 정진석, 앞의 논문, 283~284쪽.

한편, 1918년 6월에 이르면 德富蘇峯과 사장 阿部가 사임하였으며, 곧이어『매일신보』의 제3대 사장으로 力藤房臟이 취임하였는데 그가 취임한 후 9월 18일부터는 이상협이 편집과장이 되었으며, 11월 4일부터는 월요일 휴간제를 없애고 무휴간제가 되는 변화가 있었다.

그러나 총독부의 보조금을 받으면서 별다른 어려움 없이 신문사를 운영하고 있던『매일신보』는 1919년 3·1운동의 여파로 새로 부임한 齋藤實 총독이 소위 '문화통치'라는 미명하에 1920년대에 들어『朝鮮日報』와『東亞日報』및『時代日報』등 민간신문의 창간을 허용하자 이들과 경쟁해야 하는 새로운 상황을 맞이하게 되었던 것으로 보인다.

Ⅲ.『每日申報』와 1910년대의 조선사회

1.『매일신보』의 기사 내용과 보도 양상

1910년대의『매일신보』의 기사 내용을 분류해 보면 대체로 식민지정책과 관련하여 각종 법령과 제도를 조선총독부의 입장에서 한국인들에게 설명하거나 회유하는 내용과 정치·경제·사회·문화·위생·교육·종교·풍속·국제문제 등에서 구체적이고 적극

---

31) 1910년대에 매일신보사에서 활동했던 인물들에 대해서는 沈在珷의 글에서 보다 자세하게 정리되어 있다(沈在珷,「1910년대 매일신보 사설의 식민지 안정화 논조－조선귀족·지방관리에 대한 권고성 사설을 중심으로－」).

적으로 식민주의적 관점을 관철해가고 있었던 것으로 파악된다.
『매일신보』의 식민주의적 관점의 논리는 비단 1910년대뿐만 아니
라 그 이후에도 지속적으로 나타나고 있지만, 1910년대에는 특히
체제의 안정이라는 관점에서 체제의 우월성에 대한 선전이나 동화
정책의 정당성을 선전하는 내용의 기사들이 주류를 이루고 있었다.

한일합방 직후에 일제는『매일신보』를 통해 식민지체제 확고하
게 들어섰으며, 한국인들은 일본의 통치방식에 비교적 효과적으
로 적응해가고 있었음을 강조하고 있었던 것으로 보인다. 예를 들
면 조선총독부에서는 앞으로의 '記念日'과 '祝日'에는 일본 국기
를 게양할 것을 각 처에 통지하였음을 보도하였으며,[32] 1910년 9
월 13일자에서는 일진회·국민동지찬성회·진보당·정우회·대
한협회·서북학회 등 정치단체들에 대하여 '安寧秩序의 保持上에
就하여 其 結社의 解散을 命하였다'고 함으로써 일제가 한국사회
에 대해서 장악력을 강화해 가고 있었음을 나타내고 있었다.[33] 뿐
만 아니라 조선인들이 일본식으로 이름을 개명하기 시작하였음을
보도하고 있었으며,[34] 吉賢植·朴世鉉 등이 천황폐하의 송덕비를
세우고자 통감부에 청원서를 제출하였다는 기사를 보도 하기도 하
였다.[35]

한편 한국인들에게 철저한 위생관념이 필요함을 강조하는 기사
나 年初 消防隊의 出初式에 대해 지방별로 대대적으로 선전하는
것[36] 등은 일제의 식민통치의 우월성과 근대성을 강조하고자 했던

---

32)『每日申報』1910년 9월 10일.
33)『每日申報』1910년 9월 13일.
34)『每日申報』1910년 9월 9일.
35)『每日申報』1910년 9월 10일.
36) 소방대의 출초식에 대해서는『매일신보』의 4면 지방소식 부분에서 지
    방별, 지역별로 소개하고 있으며, 이러한 보도 내용은 1920년대까지 계
    속되고 있다.

의도였던 것으로 파악된다. 한편 일제는 한국인들의 위생문제와
청결문제에 대해서도 크게 강조하였는데 이것은 조선인들은 불결
하고 미개한 민족이며, 상대적으로 일본인은 청결하고 우월한 민
족임을 강조하고자 했던 의도였던 것으로 보인다. 실제로 1920년
대 초의 기사이기는 하지만 『매일신보』에 害蟲인 '파리[蠅軍]'를
잡을 것을 독려하는 기사37)가 자주 보이는 것은 일제의 의도를 반
영하는 단적인 예라고 하겠다.

또한 1910년대 『매일신보』가사에는 한국인들의 범죄에 관한 기
사의 빈도수가 높게 나타나고 있었는데 이것 역시 조선인이 열등
한 민족임을 강조하기 위한 의도의 반영인 것으로 생각된다. 특히
『매일신보』에는 총독의 동향에 대한 기사가 자주 보이는데 출장
중인 총독의 일정에 대해서는 날짜별로 그 내용을 상세히 보도하
고 있었으며, 심지어는 일본을 방문한 寺內總督이 '황태후에게 문
안'하는 일정에 대해서도 상세히 보도하고 있었다.38) 이밖에 총독
이 평안북도를 순시할 때 빈민과 고령자에게 금전적인 혜택을 베
푼 것을 크게 보도하면서 총독의 '善政'을 부각하기도 하였다.39)

뿐만 아니라 일본 정치인들의 온정적인 조선인관을 소개함으로
써 조선인들에게 식민통치를 자연스럽게 받아들이도록 하고자 노
력하였던 것으로 보이는데 1914년 1월 年初에 '東京名士의 朝鮮
觀'이라는 내용에서 보면 이러한 측면의 일단을 확인할 수 있을 것
으로 생각된다.

---

37) 이와 관련한 기록으로는 다음과 같은 기록이 있다. 『每日申報』1921년
    4월 22일, 「蠅軍大討伐戰」; 『每日申報』1921년 4월 25일, 「蠅軍 征伐
    大宣傳」; 『每日申報』1921년 4월 30일, 「4일간 매입한 蠅軍數」 백 사
    십 사만 오천마리를 사들였다.
38) 『每日申報』1914년 1월 12일, 「寺內總督問安」.
39) 『每日申報』1914년 2월 5일, 「贈與金의 分配」.

① 東京名士의 朝鮮觀 : 對殖民地의 政策(元田遞信大臣 談) - 可成
的 質朴하고 柔順한 人을 이주케 하여 농업이나 공업에 종사케
하면 질박한 조선인의 성격에도 합치. 最히 注意할 것은 內地人과
婚姻. 식민지나 혹은 모국이라 칭하는 문자를 삭제. 식민지에 대하
여는 同情이 無하면 불가.
② 동경명사의 조선관 : 조선에 대한 감상(衆議院議員 政友會相談役
伊藤大八) - (총독) 각하는 금일 조선의 왕이라 칭할 신분이니 왕
은 불가불 一視同仁이라야 할지라.
③ 동경명사의 조선관(1면) 조선개척의 양책(衆議院議員 大石正己
談) - 穩和한 수단으로 내지인과 조선인의 융화를 計圖하면 決
코 互相離反할 우려가 無[40]

위의 내용을 통해서 보면 『매일신보』는 일본 정계인사들의 조선
에 대한 생각을 소개하면서 이들이 식민지에 대해 '同情'할 것을
강조하거나 온화한 수단으로 내지인[일본인]과 조선인의 융화를
計圖할 것이라고 한점을 강조함으로써 조선통치 문제에 있어서 일
본 정계가 대체로 온정적인 태도를 갖고 있음을 나타내고자 했던
것으로 보인다. 그러나 이 경우에도 일제는 조선총독이 제왕적 존
재임을 분명히 함으로써 여전히 강압적 태도의 일단을 강조하는
정치적 의도성을 나타내고 있었다.

이밖에도 각 지방 소식을 통하여 주로 각 지방 기관장의 동향과
학교 설립 및 산업 혹은 생산성의 발전에 대해 상당히 높은 빈도로
소개하고 있음을 확인할 수 있다. 또한 1915년에는 朝鮮物産共進
會의 개최와 관련하여 산업분야에 대한 보도 비중이 높아지면서
社說에서도 이러한 경향이 반영되기도 하였으며, 1915년 이후에는
日曜講壇·言論·時事小言·京城小言·新紀元 등의 欄을 만들
어 풍속의 교화, 일상생활에 대한 啓導 및 조선총독부 입장을 반영

---

40) 『每日申報』 1914년 1월 1일. 위의 내용은 중요한 부분만 발췌하여 정
리한 것이다.

하는 사회비평 기사를 보도하고 있었다.[41]

이밖에 『매일신보』는 조선총독부가 새로운 정책을 발표할 때마다 정책의 내용이나 성격에 대해 총독부의 의도를 반영하는 보도를 내고 있었으며, 행정담당자들의 대담 내용을 연속적으로 게재하고 있었는데 이는 『매일신보』의 정치적 특성을 분명하게 드러내는 부분이라고 할 수 있을 것으로 생각된다.[42]

한편, 1919년의 3·1운동이 발발하자 약 5개월 동안 3·1운동에 대한 전개 양상을 지역별로 거의 매일 상세히 보도하고 있어서 3·1운동이 일제에게 준 충격이 대단히 심각했음을 반영하고 있기도 하였다.[43] 실제로 일제는 3·1운동의 전개 양상에 대해 1919년 3월 7일부터 4월 24일까지 '各地騷擾' 혹은 '騷擾事件 後報－其後의 각 지방의 소요소문' 등의 제목으로 상세하게 보도하였는데 주로 '폭력적인 시위와 시위대의 폭행이 있어' 일본 경찰은 부득이 발포할 수밖에 없어다는 논조의 기사를 보도하고 있었다. 뿐만 아니라 시위대가 주재소나 경찰서를 '음습' 폭행하고 있다고 함으로써 3·1운동의 과격성과 불법·폭력성을 강조하기도 하였다.

특히 『매일신보』의 社說에서는 3·1운동의 시위에 참여했던 민중들에 대해 '迷夢에서 벗어나 우매한 계획을 파기 할 것'과[44] '조선의 독립은 法國 파리강화회의에서 열강이 승인한 바라 하나 是則 전혀 無根流說이요 素不足取라'[45]고 강조하였다. 또한 시위 가

---

41) 張錫興, 앞의 논문, 455쪽.
42) 이러한 보도 태도는 본 연구서에 실려 있는 資料의 내용을 통해서 보면 확인할 수 있을 것이다.
43) 『每日申報』에서는 1919년 3월 9일부터 5월말까지 「各地騷擾事件」·「其後의 騷擾」라는 제목으로 거의 매일 전국에서 전개되는 시위양상을 보도하고 있다.
44) 『每日申報』 1919년 3월 16일, 「妄動은 自取滅亡」.
45) 『每日申報』 1919년 3월 7일, 「諭告」.

담자들에 대해서는 운동이 성공할 가능성이 없으며, '動輒刑官에 觸'하게 되어 부모와 형제, 그리고 先祖에게 누가 되고 사회에 지탄을 받게 될 것이라고 하기도 하였다.46)

이밖에 3·1운동에 기독교와 기독교 선교사들이 깊이 관여하고 있다고 판단한 일제는 『매일신보』의 사설이나 각종 기사 내용을 통해 선교사의 활동이나 정치적 태도에 대해 비판하는 글을 게재하기도 하였다. 실제로 『매일신보』는 1919년 3월 28일자 社說을 통해 3·1운동에 '某國 선교사의 敎示와 煽動이 有하다는 風說'에 심한 우려를 표명한다고 하면서 선교사들의 정치적 행동이 선교사 본연의 활동에 어긋나는 일임을 강조하기도 하였다.47) 또한 서울에 올라와 각처를 돌아다니며, '시위운동' 관련 사진을 촬영하던 미국인 선교사가 光州로 돌아가던 도중 자동차 사고로 사망하자 그가 '참혹한 횡액'을 당하였음을 2회에 걸쳐 크게 보도함으로써 은연중에 선교사들의 활동에 문제가 있다는 분위기를 조성하고자 했던 것으로 보인다.48)

따라서 이상의 내용을 통해서 볼 때 일제는 3·1운동 발발하고 운동의 열기가 전국적으로 급속하게 확산되자 조선총독부는 『매일신보』를 통해 운동의 열기를 진정시키고, 문제가 더 이상 확신되는 것을 막기 위해 노력하고 있었던 것으로 보인다.

뿐만 아니라 『매일신보』에서는 1920년대 들어서면 만주지역 독립군의 활동과 상해 임시정부의 동향 및 국내에서의 독립운동에

---

46) 『每日申報』 1919년 3월 14일(社說), 「安然히 그 業에 精勵하라」.

47) 『每日申報』 1919년 3월 28일(社說), 「宣敎師의게 望함」.

48) 『每日申報』 1919년 3월 28일 보도 내용은 "지난 26일 오전 10시 경부선 병점역 부근에서 올라오던 급행 열차와 외국인 선교사의 자동차가 충돌되야 미국부인 '마구레트 따불류'와 '준. 벨'의 2명은 직사하고 기타 한사람은 중상되어난 사건은 본 보에 이미 게재한 바어니와 …"라고 되어 있다.

대해 많은 기사를 내보내고 있는데 기사의 내용은 주로 독립운동 가들에 대해 不穩分子·陰謀團員·假政府員으로 지칭하면서 이 들이 각지에서 금품을 '强奪'하고 있는 것으로 보도하고 있다.

따라서 이상의 내용을 통해서 볼 때 1910년대의 매일신보는 일 제의 식민지 지배체제를 안정적으로 강화하는 언론기관으로서의 역할을 충실히 수행했던 조선총독부의 기관지였다고 할 수 있을 것으로 생각된다.

2. 1910년대 조선통치의 몇 가지의 양상

앞에서도 언급한 바와 같이 『매일신보』에 대한 체계적인 연구는 조선총독부의 한국에 대한 식민지정책의 논리적 구조와 특징을 보 다 분명하게 이해하는데 있어서 기존의 연구를 실증적으로 보완해 줄 수 있을 것으로 생각된다. 특히 1910년대의 경우는 『매일신보』 가 당시 국내에서 발행되었던 언론자료라는 점에서 이 시기 이 신 문에 대한 체계적인 연구는 반드시 필요한 연구 과제라고 할 수 있 을 것이다.

그리고 이러한 관점에서 보면 우선 (1) 1910년대 『매일신보』 사설 에 나타난 식민지 안정화 논조. (2) 1910년대의 일제의 동화정책과 종교계의 동향. (3) 1914년의 지방행정구역 개편과 그 성격. (4) 1915 년의 朝鮮物産共進會 연구. (5) 1910년대 東拓移民에 대한 일제의 평가. (6) 1910년대 매일신보에 비친 在朝日本人社會 등에 대한 연 구 주제들은 당시의 식민지 조선사회를 이해하는데 기초적인 연구 가 될 수 있을 것으로 보인다. 이들 주제에 대한 대략적인 내용을 정리해 보면 다음과 같이 요약할 수 있을 것이며, 이를 통해서 우리는1910년대 일제의 식민지지배 정책의 실상과 그 전개 양상에 대해 일정 부분 보다 구체적으로 접근할 수 있을 것으로 생각된다.

첫째, 일제는 한국에 대한 식민지지배체제를 안정시키기 위하여 상층부의 친일귀족과 지방의 말단행정을 실질적으로 담당하고 있던 면장들에 대한 권고성 사설들을 다수 발표하였는데 그 사설들의 내용을 통해서 보면 일제는 친일 귀족에게 작위를 수여하여 '富와 貴'를 보장해 주는 대신에 이들과 가족들에 대해 '교육의 발전과 실업의 부흥'에 있어서의 '모범'을 강조하였던 것으로 보인다.

또한 면장들에 대해서는 새로운 면장의 자격 요건으로 '지식과 덕망'을 강조하였으며, 지속적으로 '비 자격 면장'들에 대한 피해를 강조하면 이들의 자진사퇴를 요구하고 있었는데 이것은 일제가 지방행정구역을 자신들의 의도대로 개편하면서 각 면의 실질적인 지방행정 담당자 들이었던 면장을 친일적인 면장으로의 교체함으로써 지방행정조직을 장악해 가는 과정의 반영이었던 것으로 보인다. 한편 1915년을 기점으로 면장들에 대한 사설이 더 이상 게재되지 않았던 것으로 보이는데 이는 조선총독부가 지방행정조직의 개편을 통해 자신들이 원하는 면장의 교체를 이루어내는데 성공하였음을 의미하는 것으로 파악된다고 하겠다.

뿐만 아니라 일제는 府制의 개편을 통해서는 과거 일본 거류민단의 업무를 부로 넘김으로써 거류민단이 지고 있던 막대한 부채를 부에 살고 있던 조선인들에게 전가하는 결과를 만들기도 했던 것으로 보인다. 그리고 面制의 경우 강제적인 면 폐합의 결과로 이루어진 면 호수의 격차 해소와 재정의 평준화를 통해 일제는 조선에 대한 통치기반의 확충을 실질적인 부분에서 조직화하기 시작하였던 것으로 보인다.

둘째, 1910년대의『매일신보』에서는 일제는 조선에 대한 안정적인 식민통치를 위해 가능한 모든 수단을 동원하였으며, 한국사회 내에서도 일제의 식민지정책에 순응하여 일정하게 친일화로 경도되는 경향이 있었음을 보여주기도 하고 있다. 이러한 양상은 1910년대의 종교계의 동향에서도 확인되고 있으며, 1915년에 개최된 朝鮮物産共進會에서는 '同化主義'라는 식민지 지배이념이 한국사회 전반에 외연적으로 확장·보충되어 갔음을 보여주고 있는 것으로 파악되기도 하였다.

종교계의 경우는 일제의 친일화 정책이 집요하게 추진되고 있는 상황에서 『매일신보』의 기사 내용은 종교계의 친일적 동향에 대해 반복적으로 보도하는 경향을 보이고 있었다. 종교계의 친일적 경향은 明治日王의 사망에 대한 종교계의 반응과 종교계의 내지 시찰 등에서 분명하게 확인할 수 있다. 1912년 7월 12일 일왕의 病勢 악화에 대한 보도가 시간대별로 전해지자 각 종파에서는 일왕의 쾌유를 비는 '御平癒祈禱會'를 개최하였으며, 7월 30일 일왕이 사망하자 위패 봉안식·추모기도회·'御追悼法會'·애도식 등의 각종 행사를 개최하였다. 조선총독부가 다방면에서 추진하고 있던 내지시찰단 파견 사업에 종교계에서도 참여하였는데 기독교와 유교·불교가 중심이 되었던 이 사업은 규모는 크지 않았으나 국내의 종교인들이 일본의 '발전상'과 '강대성'을 한국인들에게 직접 주입시키는 계기가 되었던 것으로 생각된다.

또한 1915년에 개최되었던 조선물산공진회의 경우도 일제는 단지 근대적 산업의 소개나 한국에 유치할 자본의 확보라는 경제적 논리로만 한정되었던 것이 아니라 동화주의라는 정책 슬로건을 보완하는 정치적 행위의 연장선산에서 행사를 개최하였던 것으로 보인다.

1910년대가 일반적으로 무단통치 시기라고 규정되고 있음에도 불구하고 조선총독부에서는 일본에서 먼저 일기 시작한 문명론이나 근대화론을 이용하여 일본의 우수성을 선전하거나 국내의 일부 지식인들을 회유하는 근거로 활용하고 있었던 것으로 보인다. 그리고 이러한 상황서 국내의 지식인들은 조선총독부의 정치적 의도를 자각하기보다는 현상적으로 드러나는 소위 근대적인 물적 형태에 경도되고 있었으며, 이러한 공간의 하나로 박람회가 이용되고 있었던 것으로 보인다.

셋째『매일신보』를 통해서 보면 1910년대에 조선총독부는 조선으로 이주해온 일본인들에게 식민지 권력을 정점으로 하여 한국사회에 군림하는 새로운 엘리트사회의 주류가 될 수 있도록 모든 면에서 규정력을 발휘하고 있었던 것으로 보인다.

실제로 在朝日本人들은 식민지관료 및 군인 기업의 중견 엘리트로서 식민지 한국사회를 주도하면서 정치·경제·문화적인 면에서 자신감에 넘치는 삶을 살았다. 그러나 다른 한편으로는 식민지 내에서 속지주의에 입각하여 참정권을 잃게 되고, 사회 전반적으로 본국 일본과는 일정하게 괴리되는 현상에 직면하게 됨으로써 정치적 혼돈의 경향을 나타내고 있었던 것으로 보이기도 한다.

재조일본인에게 있어서 한국에서의 생활은 보잘 것 없었던 일본 내에서의 생활에 비해 화려한 지배자의 삶을 보장해 주는 것인 동시에, 본국과의 일정한 거리감의 유지라는 피할 수 없는 현실과 마주서게 했던 것으로 보인다. 그리고 이러한 상황에서 재조일본인들은 식민지 조선에 대해 보다 집요한 집착을 보이고 있었던 것으로 파악된다.

뿐만 아니라 재조일본인 사회가 비정상적으로 형성되는 과정에서 한국인들은 철저하게 소외되거나 새로운 삶의 근거지를 찾아 타지로 밀려나야 하는 운명이었던 것으로 보이는데 이러한 측면에

서 보면 『매일신보』를 통한 1910년대의 재조일본인사회와 東拓移
民에 대한 연구는 기존의 연구가 간과했던 부분에 대한 새로운 접
근을 가능하게 해줄 것으로 생각된다.

따라서 이상의 내용을 종합해 볼 때 『매일신보』는 그 자체가 갖
는 기본적인 한계 때문에, 사료의 해석이나 상황인식에 있어서 경
계해야 할 여러 가지 문제점들이 있음에도 불구하고, 그것에 나타
나는 다양한 주제들에 대한 분석적 연구는 식민지시대의 한국사회
에 대한 기존의 이해를 보완하는데 크게 기여할 수 있을 것으로 생
각된다. 그리고 이것은 식민지시대 한국사회가 처해있었던 복잡하
고 다양했던 억압구조의 논리적 측면과 실질적인 전개양상을 보다
분명하게 보여줄 수 있을 것으로 계기를 만들어 줄 수도 있을 것으
로 파악된다고 하겠다.

Ⅳ. 맺음말

본 논문에서는 한일합방이 총독부 기관지로 창간된 『매일신보』
의 특징과 1910년대의 『매일신보』에 나타나는 기사 내용을 중심으
로 조선총독부의 식민지 조선에 대한 지배정책의 특성에 대해서
개략적으로 살펴보았는데 이 내용을 정리해 보면 다음과 같다.

첫째, 본 고에서는 『매일신보』의 창간과정과 그 신문자체가 조
선총독부의 기관지로서 갖는 한계에 대해 확인하였으며, 그러한
한계 때문에 가질 수 있는 『매일신보』의 사료적 가치의 특징에 대
해서도 일정한 인식에 도달할 수 있었다.

둘째, 본 고에서는 일제의 조선에 대한 지배정책사를 중심으로 개별적인 몇가지 주제의 가능성에 대해 언급해 보았는데 1910년대를 지배정책사적 측면에 보다 분명하게 이해하기 위해서는 이밖에도 다양한 주제들이 연구되어야 할 것으로 생각된다.

예를 들면 1910년대의 경우는 3·1운동을 전후한 각 종교단체에 대한 일제의 종교정책과 3·1운동과정에서 나타나는『매일신보』의 보도 태도에 대한 분석적 연구와 일제가 광범위하게 실시하였던 내지 시찰단 사업의 전개과정과 성격에 대한 종합적 고찰, 조선사회의 문제점을 지적했던 비판적 논설이나 연재물 기사에 대한 분석, 그리고 각 지방의 경제적 발전상이라는 관점에서 제시하였던 각종 통계의 성격에 관한 연구가 필요할 것으로 생각된다.

이밖에 각 지역별로 형성된 도로와 교통망의 확충 및 그 성격, 자혜의원 및 교육기관의 개편과 확충·친일파와 친일단체 육성을 위한 조선총독부의 노력 등에 대한 연구가 계속되어야 할 필요가 있을 것으로 생각된다. 그리고 이러한 주제들에 대해 꾸준한 연구 성과가 이어질 수 있다면 1910년대 식민지조선 사회에 대한 사회적 특성에 대한 이해의 지평은 반드시 넓어질 수 있을 것으로 생각된다.

셋째,『매일신보』는 1910년대부터 1945년 일제가 패망할 때까지 지속적으로 발간된 국내의 유일한 신문이었다. 따라서 이후의 연구는 순차적으로 1940년대의『매일신보』까지로 확장될 필요가 있으며, 이 경우 우리는 각 시기별로 나타나는 일제의 식민지 지배 정책의 흐름의 변화와 그 역사적 성격에 대해 보다 넓은 이해에 도달할 수 있을 것이다. 지속적인 관심과 연구가 필요할 것으로 생각된다.

제2장

『매일신보』에 나타난
기독교인들의 3·1운동과 선교사

Ⅰ. 머리말

3·1운동은 우리민족의 독립운동사상에 있어서 일대 획을 긋는 중대한 사건이었으며, 이러한 이유에서 여전히 중요한 연구대상이 되고 있다. 그리하여 3·1운동의 발발 배경이나 전개과정 및 참여계층의 특징과 성격에 대한 광범위한 연구가 이루어져 있으며, 천도교·기독교·불교·유교 등 각 교파의 활동 및 만주나 러시아에서의 3·1운동을 비롯하여 3·1운동에 대한 해외 각 국의 반응과 국제적 영향에 이르기까지 방대한 연구가 이루어지고 있다. 그러나 이러한 광범위한 연구에도 불구하고 3·1운동 당시 조선총독부의 기관지로서 3·1운동과 관련해 방대한 양의 기사를 보도했던 『매일신보』의 기사 내용에 대해서는 거의 분석이 이루어지지 않고

있고 있다. 따라서 실제로 조선총독부가 『매일신보』 통해 3·1운동
을 한국인들에게 어떻게 왜곡 보도하고자 했으며, 그들은 3·1운동
을 어떻게 인식하고 있었는지에 대해서는 별다른 분석이 없는 것
으로 보인다.

3·1운동이 발발하자 『매일신보』에서는 3월 7일 이후 4월 24일까
지 「各地騷擾事件」·「騷擾事件의 後報」·「騷擾事件」이라는 제
목으로 3·1운동과 관련한 지역별 소식을 보도하였으며, 이밖에도
필요에 따라서 社說이나 일반 보도기사를 통해 3·1운동에 대한 상
황보도와 조선총독부의 입장을 대변하는 내용의 기사를 수시로 게
재하고 있었다.

조선총독부의 기관지였던 『매일신보』는 한일합방 이전부터 한
국의 언론을 장악하기 위해 부단히 노력하던 일제가 1909년 5월 1
일 베델이 사망하자 『대한매일신보』를 인수하여 1910년 8월 30일
부터 『매일신보』라는 새로운 이름으로 발행하기 시작한 국한문 신
문이었다.[1]

그리고 『매일신보』의 경영은 일본 언론계의 유력 인사였던 德
富蘇峯[2]의 감독 하에 이루어졌는데 그는 1910년 10월 1일 寺內正
毅 총독과 교환한 '산문정리에 관한 取極書'를 통해 『매일신보』가
總督과 總督府를 본위로 그 시정목적을 달성하기 위해 노력할 것

---

1) 張錫興, 1992, 「일제의 식민지언론 정책과 총독부기관지 每日申報의
   성격」 『한국독립운동사연구』 6.
2) 德富小峯의 본명은 德富猪一郞이며, 蘇峰은 『國民之友』의 창간 이후
   부터 사용한 雅號이다. 그는 25세 때인 1887년에 잡지 「國民の友」를
   창간하였고 1890년에는 『國民新聞』을 창간하여 일본 언론계의 대부가
   된 인물이었다. 그는 『경성일보』의 감독으로 취임한 후 1918년 '米騷
   動'에서 寺內內閣을 비판하여 寺內와의 관계를 정리할 때까지 식민지
   조선의 언론을 장악하였다(1974, 『德富蘇峰集』, 筑摩書房, 407쪽 ; 鄭
   晉錫, 1988, 「每日申(新)報 研究」 『韓國言論史研究』, 一潮閣).

을 약속하였으며,3) 비슷한 시기에 『매일신보』의 직원들에게 행한
연설에서는 일본 천왕의 '一視同仁'을 한국에 선전해야 할 것을 강
조하기도 하였다.4) 이렇게 볼 때 『매일신보』는 조선총독부의 기관
지적 성격을 갖는 신문이었으며, 따라서 『매일신보』에 보도된 3·1
운동 관련 기사는 전체적으로 3·1운동에 대한 조선총독부의 인식
과 대응양상을 반영하는 것이라고 할 수 있을 것이다.

본고에서는 『매일신보』의 이러한 특성을 염두에 두면서 『매일
신보』에 나타난 3·1운동 관련 기사 내용을 중심으로 3·1운동의 전
개과정과 일제의 대응방식에 대해 종합적으로 검토해 봄으로써 역
설적으로 3·1운동의 역사적 성격에 대해 보다 분명하게 접근해 보
고자 한다.

특히 『매일신보』에는 1910년 이래로 조선총독부가 기독교에 대
해 취해온 정치적 태도의 특징을 파악할 수 있는 내용들이 포함되
어 있어서 이 내용들을 분석해 보면 1910년대의 기독교에 대한 조
선총독부의 탄압 정책에 대해 보다 분명한 이해에 접근할 수 있을
것으로 생각된다.

또한 『매일신보』에서는 3·1운동 발발 이후 운동에 참여했던 기
독교인들의 시위양상과 선교사들의 활동 및 이에 대한 조선총독부
의 입장이 비교적 소상하게 나타나고 있는데 『매일신보』의 이러한
보도내용을 검토해 보면 기독교인들의 3·1운동과 관련한 특징에
대해 보다 폭넓은 인식에 도달 할 수 있을 것으로 생각된다.

뿐만 아니라 『매일신보』에는 3·1운동이 격화·확산되는 것을
차단하고자 했던 조선총독부의 의지가 반영되었던 다양한 내용들

---

3) 金鎭斗, 1995, 「1910年代 每日申報의 性格에 關한 硏究」, 앞의 책,
   27~28.
4) 김규환, 1979, 『일제의 대한언론선전정책』, 이우출판사, 136~137쪽.

이 보도되고 있었는데 본 고에서는 이러한 보도 내용의 검토를 통해 3·1운동에 대한 조선총독부의 인식과 대응양상·대응논리에 대해 확인해 보고자 한다.

따라서 본 고의 이러한 노력은 적어도 기독교의 3·1운동에 대한 지금까지의 연구 성과를 보완하는데 기여할 수 있을 것으로 생각되며,5) 궁극적으로는 3·1운동에 대한 인식의 폭을 넓히는데도 일정하게 의미가 있을 것으로 생각된다.

Ⅱ. 3·1운동 이전 일제의 기독교정책과
『매일신보』

1910년 조선을 강점한 일제는 종교정책과 교육정책을 통해서 기독교를 탄압하는 한편, 기독교가 외국인 선교사들에 의해 주도되고 있는 서구의 종교라는 측면을 감안하여 경우에 따라서는 적극적인 친일화 정책을 추진하고 있었다.

조선 강점 초기에 일제는 『매일신보』를 통해 일단 모든 종교에 대하여 강력한 통제방침을 천명하였던 것으로 보인다. 우선 1911

---

5) 기독교인들의 3·1운동에 대해서는 다음과 같은 연구가 있다.
  金良善, 1969, 「3·1운동과 기독교계」『3·1운동 50주년기념논문집』, 동아일보사 ; 李萬烈, 1978.3, 「3·1운동과 기독교적 의의」『개혁신앙』 ; 閔庚培, 1972, 「한국교회와 3·1운동」『한국기독교 교회사』, 대한기독교출판사 ; 1997, 『日帝下의 韓國基督敎 民族·信仰運動』, 대한기독교서회.

년 1월 7일에는 현재 조선의 종교 중에는 '人心을 擾亂하게 하거
나 不法의 金錢을 貪하는 자가 있음으로' 당국에서는 이에 주의하
여 예수교·불교 및 각종 재래의 종교를 불문하고 '整理取締에 관
한 규칙을 發布'할 것이라고 보도하였다.[6]

또한 2월 28일자 社說에서는 '大教門이라 하여도 枝枝派派가 散
亂無統하면 有害無益에 불과 함으로 取締하는 法令이 必有할 것
이라고 하였다.[7] 그리고 1912년 6월 13일 『매일신보』에서는 '信教
의 자유를 방해치 않는 범위에서 현재 각 종교에 관하여 取締할 필
요가 있어 目下 立案審議 중'이라는 조선총독부의 종교정책에 대
한 내용을 보도하기도 하였다.[8]

이후 조선총독부의 이러한 강경 정책은 1915년 8월 6일에 총독
부령으로 발표된 '布教規則' 통해 확립되어 갔는데,[9] 포교규칙이
제정되자 기독교도 다른 종교와 마찬가지로 총독부의 탄압과 감시
의 대상이 되었다. 교회당이나 포교소의 설립과 변경에 대해 총독
부의 허가를 받아야 했으며, 교회의 각종 모임이나 예배 및 설교와
출판물 등이 모두 일제의 통제 하에 놓이게 되었다.[10] 포교규칙이
발표되자 『매일신보』에서는 이 법령의 내용을 보도하면서 그 정당
성을 강조하기도 하였다.[11]

한편 총독부의 기독교에 대한 탄압은 기독교계 학교에 대한 간
섭과 통제를 통하여 극명하게 나타나고 있었다. 총독부는 1911년 8
월 23일에 발표한 제1차 '朝鮮教育令'(勅令제229호)과 10월에 발표

---

6) 『每日申報』 1911년 1월 7일, 「宗教宣布規則」.
7) 『每日申報』 1911년 2월 29일, 「宗教의 本旨」.
8) 『每日申報』 1912년 6월 13일, 「宗教令制定의 審議」.
9) 윤이흠, 1997, 『한국민족종교말살책』, 고려한림원, 43~45쪽.
10) 한국기독교사연구회, 1991, 『한국기독교의 역사』 II, 27쪽.
11) 『每日申報』 1915년 8월 18일·19일, 「朝鮮布教規則」.

한 사립학교규칙(총독부령 114호)[12]을 발표하였는데 이것은 치외법
권을 누리고 있던 기독교계 학교에 대한 탄압 강화의 법적 근거를
마련했다는 성격을 갖는 것이었다.[13] 더욱이 1915년 3월에는「사립
학교규칙」을 대폭 개정하여「개정사립학교규칙」(총독부령 제24
호)[14] 공포하였는데 여기에서는 모든 학교의 특수 과목에서 '聖書'
를 제외할 것과 5년 내에 교사들에게 일본어 교육을 의무화할 것
등을 중요 골자로 하고 있었다.

총독부의 이러한 정책에 대해 조선선교연합회(Federal Council of
Missions) 등의 반발이 있었으나 실효를 거두지는 못했던 것으로 보
인다.[15] 실제로 1910년에 일반 종교학교를 모두 합하여 2,250개교
에 이르던 사립학교는 1911년에「조선교육령」과「사립학교규칙」
공포된 후에 1467개교로 대폭 감소하였으며,「개정사립학교규칙」
이 발표된 1915년에는 1,082개교로 줄었고, 1918년에는 755개교로
계속 줄어들고 있었다.[16]

그런데 조선총독부의 이러한 태도는 한일합방 이전 통감부에서
"한국인 신자들과 선교사를 분리시켜 선교사와의 관계를 악화시키
지 않고 유연하게 대처한다"라고 했던 온건정책에 대한 정책적 전
환을 의미하는 것이었다.[17]

이후 기독교에 대한 탄압이 강화되자 이러한 분위기는『매일신
보』에 그대로 반영되고 있었다.

　　　嗚呼라 – 기독교도 諸君은 思할 지어다 … 敎旨 外에 立하여 不平

---

12)『朝鮮總督府官報』1911년 10월 20일 號外.
13) 高橋賓吉, 1927, 朝鮮敎育史考』, 京城國際行政學會 朝鮮本府, 364쪽.
14)「朝鮮總督府官報」1915년 3월 24일.
15) Pratt, C. H. "The Federal Council", The Korean Missionfield, 1915.11, 309쪽.
16) 1918,『朝鮮總督府 統計年報』, 110쪽.
17) 尹建次, 1982,『朝鮮近代敎育の思想と運動』, 東京大學出版部, 281쪽.

의 言辭와 不穩의 行動으로 種種 禁網을 自觸하는 동시에는 當局에
서 治安을 維持하기 위하여 必戒飭을 加하여 容貸가 斷無할지니 일
반 敎道는 往日의 誤解를 永釋敎旨를 勿違하지 말지오 其監督者도
到底解諭하야 總督의 施政方針과 宗敎를 獎勵하는 本意를 誤解함이
無케 할지어다.[18]

위의 내용을 통해서 보면 『매일신보』에서는 기독교인들이 '不平
의 言辭와 不穩한 行動을 하여 禁網에 自觸'하고 있다고 한 후 총
독의 시정방침과 종교를 장려하는 본의에 오해가 없어야 할 것이
라고 강조하고 있음을 알 수 있다. 그런데 『매일신보』의 이러한 보
도는 조선총독부가 기독교인들의 항일운동에 대해 경계하면서 대
중 매체를 통해 그 심각성을 '경고'하고자 했던 의도의 반영이었던
것으로 생각된다.

이러한 경향은 기독교계 학교의 교육 내용에 대한 불만에서도
나타나고 있다. 『매일신보』는 기독교계의 학교들이 학교를 세운
이상 전도를 목적으로 하는 것은 불가피하지만 선교사 등은 自國
의 風儀로 生徒들을 訓育하여 생도들이 종종 非國民의 言動을 행
하니 可憫한 일이라고 하고 있다.

뿐만 아니라 『매일신보』에서는 기독교계 학교의 선교사들에
대해 일본 國體에 합치하는 교육을 실시할 것을 요구하기도 하였
는데 대체로 이러한 보도 태도는 기독교계 학교의 교육내용이 同
化主義와 天皇制 이데올로기에 의하여 皇國臣民을 교육하고자
했던 총독부의 방침에 순응하지 않고, 다른 종교에 비해 상대적
으로 강한 항일분위기를 나타내고 있었음을 보여주는 것이라고
하겠다.[19]

---

18) 『每日申報』 1912년 2월 22일, 「警告基督教徒」.
19) 『每日申報』 1913년 3월 4일, 「基督教主義學校」. 이 사설은 3월 8일까
   지 총 5차례 連載되고 있는데 일관되게 기독교계 학교의 교육 내용에

한편『매일신보』는 皇城基督敎靑年會[Y.M.C.A]의 동향에 대해 언급하면서도 자신들의 입장에서 여론을 왜곡하려는 경향을 보이고 있었다.

> 同會의 起元은 원래 米國人의 助力이 多함으로 其 幹部의 實權은 美國人 手에 在하고 朝鮮人은 備員에 불과하여 何等의 能力이 無한지라 合邦以來로 일반 조선인의 覺醒이 起하여 從前과 如히 外國人의 旨使를 甘受하지 않코저하는 경향이 有하니 此는 靑年의 知識이 激增하고 청년의 氣○이 激騰한 結果라 할 지라 … 有力한 會員 百餘名이 其目的을 達하기로 維新會를 조직하야 將來 東京日本基督靑年會와 同盟하여 內地靑年과 氣脈을 相通하야 互相 提携하기로 運動한다하니 同會의 目的이 到達하는 時에는 朝鮮人 一般에 莫大한 幸福이 有하리라 하노라.[20]

이 글에서 보면 皇城基督敎靑年會의 내부에서는 외국인 선교사들의 영향력에서 벗어나고자 하는 경향이 일어나고 있는데『매일신보』에서는 이러한 동향에 대해 한일합방 이래로 청년들의 지식이 격증했기 때문이며, 이들이 維新會 등을 조직하고 동경의 기독교청년회 동맹하여 일본청년들과 제휴하고자 하고 있는 것은 바람직한 일로써 이것이 성공하면 '조선인 일반에 막대한 행복이 있을 것'이라 주장하고 있음을 볼 수 있다.

그런데『매일신보』의 이러한 보도 태도는 일반인들에게 황성기독교청년회가 선교사들의 영향력에서 벗어나 친일화 경향을 나타내고 있으며, 그것이 마치 한국인들의 장래를 위해 바람직한 태도인 것처럼 보이게 하고자 했던 일제의 의지를 반영하고 있었던 것으로 보인다.

이밖에『매일신보』에서는 1911년 9월 경 조선총독부에서 기독

문제가 있다는 점을 강조하고 있는 것으로 보인다.
20)『每日申報』1913년 1월 30일,「基督敎靑年會」.

교인들에 대한 친일화정책의 일환으로 '內地視察團'을 파견하자
양측 기독교인들의 만남에 대해 '일찍이 양자간에 隔在하였던 墻
壁을 撤去'하게 되었으며, '同胞의 愛情이 湧出하여 不忍相捨 不
忍相離함에 이르렀다'고 보도하기도 하였다.[21] 그리고 1911년 9월
15일자 사설에서는 외국인 선교사들도 점차 일본의 誠意를 覺知하
고 있으며, 하리스[M.C. Harris]박사 등은 선교사들의 오해를 풀어
야 할 필요를 자각하고 솔선하고 있으며, 寺內總督의 至誠과 公平
은 외국 선교사와 국내 기독교인들의 신뢰하는 바가 되어 기독교
인들이 內地人[일본인]과 화합하기에 이르렀다고 주장하기도 하였
다.[22]

따라서 이상의 내용을 종합해 보면 3·1운동 이전 기독교인들에
대한 총독부의 태도는 『매일신보』를 통해서 볼 때 강압적인 태도
를 정책의 기조로 하고 있으면서도, 한편으로는 기독교인들을 회
유하기 위해 노력하고 있었던 것으로 보인다.

그런데 『매일신보』의 기독교에 대한 이러한 논조는 기독교의 교
세가 급속하게 성장해가고 있는 상황에서 1911년 9월의 '105인사
건' 이후 계속되어 온 긴장관계 반영하고 있었던 것으로 보이며,
이러한 상황은 기독교인들의 3·1운동과 이에 대한 총독부의 대응
과정에 일정하게 영향을 끼쳤을 것으로 생각된다.

---

21) 『每日申報』 1911년 9월 9일, 「基督敎人의 親睦」. 이 내지시찰단에는 한
   국교회와 황성기독교청년회 유력·중견 인사 30명이 참가했다고 한다.
22) 『每日申報』 1911년 9월 15일, 「基督敎徒의 和合」.

Ⅲ. 기독교 관련 기사에 나타난
3·1운동의 양상

1919년 3월 1일 3·1운동이 발발하자 운동의 계획·준비단계부터 운동에 적극적으로 가담하였던 기독교인들은 전국적으로 활발한 만세운동을 전개하였으며, 외국인선교사들의 활동도 조선총독부를 긴장시키고 있었다.

특히 『매일신보』는 3·1운동이 발발하자 3월 6일 이전까지는 3·1운동 상황에 대해 전혀 보도 하지 않다가 3월 7일 이후에 「各地騷擾事件」·「騷擾事件의 後報」·「騷擾事件」이라는 고정란을 만들어 3·1운동에 관련 지역별 소식을 간략하게 보도하기 시작하였다. 위의 도표는 『매일신보』의 이러한 기사 내용을 토대로 기독교인들의 시위운동과 관련 있는 내용임을 확인할 수 있는 53건의 기사의 내용을 정리한 것이다.

그런데 여기에 정리된 내용이 기독교인들의 만세운동에 대한 전체적인 빈도나 경향을 포함하는 것은 아니기 때문에 그 한계는 인정되지만 대체로 당시 기독교인들의 시위양상을 이해하는데는 도움을 줄 수 있을 것으로 생각된다.[23]

---

23) 실제로 3·1운동 초기 시위 중 주동세력이 뚜렷하게 나타나는 311개 지역 시위 가운데 기독교인이 주도한 지역은 78개 지역, 천도교인이 주도한 경우는 66개 지역 기독교인과 천도교인이 주도한 지역은 42개 지역이었다(앞의, 『한국기독교의 역사』 Ⅱ, 33쪽).

〈표〉『매일신보』에 나타난 기독교인들의 3·1운동 전개 양상[24]

지 역		날짜	참가 인원	사건의 개요
서울·경기	開城		1000명	예수교 부속 호스톤 여학교 35명의 학생 시위를 시작 시민 1000여명이 합세하였고, 저녁때는 3~40명의 少年隊를 중심으로 수천명이 시위 행진을 하였다. 4일 아침에는 한영서학원생들이 만세를 부르자 학생 시민 60여명이 만세를 시작하였으며, 6일 7일에는 최고조에 달하였다. 일경의 발포로 사상자 수명을 내고 50여명이 체포되었다. 4월 2일 6일에도 시위가 발생하였고 10여명이 체포되었다.
	加平	3/15-16	80명	천도교도와 예수교도 가평군청 앞에서 시위. 경찰과 군수의 설유로 해산. 16일에는 沐洞里에서 약 200명이 시위함
	江華	3/18	다수	천도교와 예수교도 경찰서를 읍습함. 겨우 해산
	중림동	3/26	다수	중림동교회에서 만세시위. 수모자 2명 체포
경상도	大邱	3/8		예수교 부속 계성중학교와 신명여학교 학생이 시위. 150명 체포
	釜山	3/10	20	부산에서 예수교도 20명이 시위함. 즉시 해산을 명함
	漆谷	3/12-13	60	예수교도와 기타 인원 60여명이 시위. 수모자를 체포하고 해산
	慶州	3/13		목사 4명이 13일 장날을 이용하여 시위하려 한 계획을 미리 막음
	安東	3/18	100	예수교인이 주장이 되어 시위. 경찰을 폭행함으로 발검하여 해산. 주모자 2명 검거
	義城	3/18	1000 여명	장날을 이용하여 예수교인 등이 시위. 발검하여 군중에 사상자 발생
	義城	3/19	1000 여명	예수교도가 주장이 되어 시위 폭행함. 부득이 발포 2명죽사 3명부상
	統營	3/19	다수	독립기를 세우고 시위가 있었음. 선교사 2명이 있고, 일본유학생 4명이 귀국하여 선동했다고 함

24) 國史編纂委員會 編, 1969, 『日帝侵略下 韓國三十六年史』, 331~342쪽. 『每日申報』1919년 3월 1일~4월 24일. 도표의 날짜는 시위가 발생한 날짜이다.

	馬山	3/21	다수	예수교도가 주장이 되어 시내를 돌아다니며 시위, 주모자 체포하고 해산
	鎭寶	3/25	200여명	200여명이 모여 시위운동, 헌병이 주모자인 구세군 사관을 체포
	釜山	4/3	100여명	예수교를 중심으로 군중이 시위운동을 함, 수모자를 체포하고 해산
전라도	善山	4/2	150여명	몽둥이를 가지고 돌을 던지며 해평순사주재소 습격, 부득이 발포 해산
	群山	3/5	100여명	군산 예수교학교 교사 신도 100여명이 시위함
	光州	3/10	500여명	외인이 만든 종교학교 숭일학교 생도 시위, 구인된자 20여명
	光州	3/11	300여명	예수교 숭일학교 생도 4~5명이 읍내의 주민 300여명 선동 시위를 개시 한다 함으로 엄중 경계 중
	樊樹	3/13	단체	예수교 천도교 및 보통학교 생도가 시위하였으나 진정됨
	全州	3/14	200여명	예수교의 경영하는 학교의 남녀생도와 천도교인이 시위, 약간을 검속함
	木浦	4/8	40여명	예수교가 경영하는 정신여학교 졸업생들이 운동을 개시, 수모자 채포
황해도	沙里院	3/3	500명	예수교도 약 80명이 참가하여, 500명의 일단이 만세 시위, 괴수 1명외 60명을 체포함
	遂安	3/9-10	150명	예수교인 150명이 시위운동을 전개하였으나 해산시킴
	安岳	3/11	100명 가량	헌병주재소를 습격. 발포하여 해산, 시위대 즉사 2명 헌병 1명 보조원 1명 부상
	殷栗	3/12	30명	長淵의 예수교도가 중심이 되어 시위, 주모자는 검거
	信川	3/15	300여명	예수교인이 주장이 됨. 즉시 해산
	松和	3/17	약 150명	예수교도 약 150명이 헌병주재소로 달려옴. 주모자를 체포하고 해산
	遂安	3/18	40명	예수교에서 경영하는 경신학교 생도 40명이 교사의 선동으로 헌병주재소에 몰려가 시위, 교사를 체포하고 진정
	延白	3/23	다수	예수교에서 경영하는 학교의 생도와 주민 다수가 시위, 주모자 2명 체포
	殷栗	3/26	다수	예수교도가 중심이 되어 다수의 군중이 운동을 시작, 제지 해산

	信川	3/27	200여명	예수교도를 중심으로 200여명이 운동을 시작, 수모자를 체포 해산
	載寧	3/29	약 300명	예수교인과 글방학동이 만세를 부르고 폭행. 총을 쏘아 해산
	瑞興	4/4	약 150명	예수교도와 학생 태극기를 들고 만세를 고창, 헌병주재소를 읍습. 군중편에 군중 4명 괴수자 4명 체포
	松禾	4/8	다수	예수교도를 중심으로 한 다수의 군중 헌병주재소 습격. 발포하여 부상자 약간명
평안도	平壤	3/1	다수	예수교 감라교파와 장로교파의 신도가 중심이 됨. 경찰에 돌질을 함. 주모자 10명 폭행자 40여명 체포
	鎭南浦	3/1	다수	예수교 교회당에서 약 30명의 신도와 학생이 모여 시작, 잔남포 경찰서를 습격 돌을 던짐. 3월 2일에는 1,000명의 군중으로 경찰서를 습격함
	宣川	3/1	다수	예수교 부속 신성학교 학생 수백명 시내를 돌아다니며 군청과 경찰서를 모두 습격. 주모자 33명 검거. 예수교와 천도교가 연합 1,500명이 시위. 교회당 집회를 금지함
	義州	3/4	약 600명	예수교 양실학원 중심으로 시위를 계획. 곧 해산함
	大同			3/2일 숭실학교의 학생 이응칠 등이 예수교 취명학교에서 시위를 시작 면사무소를 습격하야 면장과 서기를 구타. 6일에 이르기까지 4·4 내지 5·6백명이 매일 시위하였는데 숭실중학생 홍종국, 동 학교 교사 이진하 등이 지도.
	中和	3/5		예수교인들과 천도교 인들이 5일이래로 계속 시위
	順川	3/6	약 2000명	천도교인들과 기독교인들이 독립가를 부르며 만세 시위, 해산
	平原	3/11	약 200명	천도교인과 기독교인 나팔을 불며 과격 시위, 경찰서를 음습. 수모자 3명을 체포
	德川	3/5	40여명	천도교와 기독교도 40여명이 시위 형세 자못 불온
	江東			예수교도 50명이 모여서 시위, 총독과 경무부장은 이미 체포되었다는 말을 전하면서 선동
	崎陽	3/9	50명	50명의 남녀가 교회당에서 신약전서의 강의가 불온하여 4명을 안치하고 엄중 취조 중
	定州	3/15	30명	장날을 이용하여 예수교도가 주장이 된 30명이 시위. 곧 해산됨

함경도	定平			3/7, 3/13, 3/14일 예수교도가 예수교도 중심이 되어 만세 시위가 발생하였고 10여명의 부상자가 났다
	城津			성진 소요의 주모자 영국인 선교사 크레숀인데 백성들이 화근을 없애려고 영국인을 죽인다고 분개한다더라
	定平	3/7		오후 4시 예수교도 40명이 태극기를 흔들며 시장에서 군중을 선동. 오후 8시에 200명의 군중이 군청과 분견소에 몰려와 만세를 부름. 곧 해산
	城津	3/10	200명	예수교의 보신학교 생도 40여명이 개시, 200여명의 남녀 예수교인이 합세, 1시간 가량 시위
	會寧	3/25	4~500명	소요자 전부가 예수교인 목사와 보통학교 교사 10여명 체포

위의 <표>를 통해서 보면 시위 양상의 경우 우선 개성이나 평양 등 지역에 따라서는 동일한 지역에서 여러 차례의 시위가 반복적으로 전개되기도 하였으며, 폭력적 경향의 시위가 자주 보도되고 있었던 것으로 나타나고 있다. 또한 기독교계 학교의 학생들이 중심이 되어 시위가 전개되는 경우도 빈도가 높았다고 할 수 있으며, 대부분 경우 시위의 전개과정이 경찰이나 군수의 '說諭'로 해산되거나 '부득이 발포'하여 사상자가 발생했다고 하고 있음을 볼 수 있다.

또한 3·1운동 시위주동자인 '首謀者' '魁首者'는 검거된 것으로 나타나고 있으며 시위대가 경찰서나 헌병주재소·군청·면사무소 등에 대해 '읍습'·'돌질'·'폭행'한 것으로 보도하고 있어서 시위의 폭력성과 실패를 강조하고 있었던 것으로 보인다.[25] 이밖에 일제는 신약성서를 강의하던 기독교 신자에 대해 그 내용이 불온하다는 이유로 취조하기도 하였으며,[26] 기독교인들이 총독과 경무부

---

25) 전체적인 시위 양상에 대해서는 金鎭鳳, 2002, 『三·一運動史硏究』, 國學資料院 ; 國史編纂委員會 編, 1966, 「各道運動一覽」 『韓國獨立運動史』(2) 등을 참조할 수 있다.

장이 이미 체포되었다는 '虛說"을 퍼트리고 있다고 비난하기도 하였다.[27]

한편 선교사들에 대한 불만을 강하게 표출하기도 하였는데 함경북도 城津의 경우 소요의 주모자는 영국인 선교사 '크랜손[R.G. Grierson]'인데 '백성들이 화근을 없애려고 영국인을 죽인다고 떠들며 분개한다더라'[28] 라고 보도하였다. 또한 부산에서는 불온한 정세가 있어서 한국인 목사 2명과 함께 미국인 여선교사 2명을 인치하였고,[29] 대구 신명여학교의 시위에서는 학교와 관계 있는 미국인 부인이 따라다니며 도와주었다고 보도하기도 하였다.[30] 그리고 예배시간을 통해 선교사들이 이번 '소요'에서 죽거나 상한 자에 대한 국가의 충신이며, 천국에 갈 것이라고 하는 경우가 있는데 선교사들이 이러한 태도를 지금 속히 고치지 않으면 未久에 후회하여도 不及할 것이라고 경고하기도 하였다.[31]

그리고 이러한 상황에 3·1운동의 열기가 활발해지자 일본 국회에서는 3·1운동에 대한 대책을 논의하던 중 선교사들에 대한 문제가 논의되고 있었다.

> 今回의 暴動은 一面 思想問題에 대한 曲解와 他面 宗敎的 陰謀에 의하여 激成되고 또 某某國人 等의 煽動이 與하야 有力한 듯 하니 정부는 그 由來한 所以를 밝힘이 焦眉의 急이라 思惟치 않는가.[32]

26) 『每日申報』 1919년 3월 13일, 「교묘한 선동법」.
27) 『每日申報』 1919년 3월 9일, 「허설로서 선옹[동 : 필자]」.
28) 『每日申報』 1919년 3월 15일, 「주모자는 선교사」.
29) 『每日申報』 1919년 3월 14일, 「여선교사 인치」.
30) 『每日申報』 1919년 3월 11일, 「백여명 검거」.
31) 『每日申報』 1919년 4월 11일, 「騷擾死傷者를 讚美하야 公然히 煽動하는 宣敎師」.
32) 朝鮮總督府, 『朝鮮總督府官報』, 1919년 3월 12일(1985, 亞細亞文化社 영인). 이 질문은 日本憲政會 代議士 川崎克이 日本議會에서 행한 3·1

위의 내용에서 보면 일제는 3·1운동의 발발 원인에 종교적인 음모가 있었으며, 외국인의 선동이 중요한 원인 되었다고 함으로써 선교사들에 대해 대단히 부정적인 인식을 갖고 있었음을 알 수 있다고 하겠다. 이러한 경향은 『매일신보』에서도 나타나고 있는데 『매일신보』에서는 사설을 통해 조선에서의 소요에 '某國宣教師의 煽動'이 있다는 風說이 높은 것에 대해 심히 遺憾이라는 사설을 게재하기도 하였다.33)

그러나 일제와 선교사들의 관계가 불편해지자 3·1운동 발발 직후 평양에 머무르고 있던 스미스 목사는 『매일신보』를 통해 '이번 소동에 대해 일본은 외국인선교사가 이면에서 선동'하는 것으로 오해하고 있는 것은 실로 유감이며, 나는 평양에 있으면서 서울에서 보다 맹렬한 운동을 목격하였는데 평양의 선교사들도 사전에 3·1운동에 대해 알지 못했으며, 크게 놀라고 있다고 하는 해명성 기사를 발표하기도 하였다.34) 따라서 총독부에서는 공식적으로는 선교사들이 3·1운동에서 배후 역할을 한 혐의는 없다고 선언하기도 하였지만 양측의 불편한 관계는 계속되었던 것으로 보인다.35)

선교사들과 총독부와의 불편한 관계는 총독부의 선교사들에 대한 탄압과 구속으로 이어졌다. 『매일신보』를 통해서 보면 평양지방 법원 검사국에서는 모의리(Mowry)와 마포삼열 선교사의 집을 급습하여 평양지역의 3·1운동을 주도하고 있던 숭실대학생 金太

운동에 대한 質問書의 일부이다.

33) 『每日申報』 1919년 3월 28일, 「宣教師의게 望함」.

34) 『每日申報』 1919년 3월 13일, 「誤解는 甚히 遺憾, 今回 騷擾와 外國宣教師, 스미스 목사 談」.

35) 'No Foreigners Implaicated in Korean Uprisings' The Seoul Press, 1919년 4월 14일.

述외 10명의 학생들을 체포하였으며, 등사판과 각종 문서를 증거
물로 압수하고 모의리를 犯人隱匿으로 체포하였다고 보도하였
다.36) 이 사건은 4월 4일에 발생하였는데 모의리와 마포삼열 이외
에도 배위량·기리스·맥마트 등 선교사 7명의 집이 함께 수색당
하였다.37) 이밖에 선교사의 가택에 대한 수색은 대구검사국에서도
실시되었다.38)

　또한 선교사들과 조선총독부 사이의 갈등이 증폭되자 '在平壤記
者團'에서는 미국선교사들이 사건에 개입되었다는 것은 痛恨할 일
이며, 미국 선교사들은 기자회견을 통하여 誤解를 永解하고 排去
할 것을 요청하는 통첩을 보내기도 하였다.39)

　이후 모의리는 3·1운동에 대한 교사 및 범행 공모와 관련하여
집요한 신문을 받았으며, 4월 19일 6개월의 징역을 선고받은 후40)
미국과의 정치적 관계를 고려하여 300엔의 벌금을 선고받고 풀려
나는 수준에서 마무리되었다.

　그런데 일제가 미국인 선교사 모의리를 구금했던 것은 3·1운동
의 가담에 적극적이었던 선교사들과 한국인들에 사이의 연결고리

---

36) 숭실대학교100년사편찬위원회, 1979, 『숭실대학교100년사』Ⅰ－평양숭
　　실편－, 464쪽. 모의리는 선언문과 태극기를 만드는 학생들을 숨겨주
　　고, 독립선언서를 미국선교부에 보냈던 것으로 보인다(『每日申報』
　　1919년 4월 8일, 「騷擾主謀者11名, 宣敎師家에 潛伏」).
37) 『每日申報』 1919년 4월 12일, 「米國宣敎師 家宅搜索을 當함」.
38) 장로파 교인 邦忠淸과 慶北書院의 미국인 '하바아 뿌레에아', 啓星學
　　校 監督 장로교파 선교사 미국인 '헨리 뿌루'의 가택이 수색 당하였다
　　고 한다(『每日申報』 1919년 4월 12일, 「大邱檢事局에서도 米國人宣敎
　　師의 가택수색을 단행하얏다」).
39) 『每日申報』 1919년 4월 13일, 「宣敎師에 通牒」. 이 통첩은 마포삼열·
　　라이나·모의리 배위량의 이름으로 전해졌다.
40) 『每日申報』 1919년 4월 21일, 「선교사 모-리의 公判 19일 평양지방법
　　원에서 징역 6개월에 선고되었다」.

를 끊는 한편, 선교사들에 대해서는 경고성의 의미를 갖는 조치였던 것으로 보인다.[41]

이밖에『매일신보』는 기독교들에 대한 부정적인 이미지의 기사를 게재하여 3·1운동의 확산을 막고자 하였던 것으로 보이는데 4월 13일 평북 定州郡의 교회에서 일어나 화재 사건에 대해 '소요반대자들이 격앙한 것이 원인이 아닌가 의심한다더라' 라는 추측성 기사를 보도하기도 하였다.[42]

이렇게 볼 때『매일신보』의 기사 내용에 반영된 기독교인들의 3·1운동은 기독교인들의 운동상황을 축소하거나 기독교인들의 과격성을 비난하면서 실패한 운동으로 보도하고 있었던 것으로 파악된다. 뿐만 아니라『매일신보』의 기사 내용을 통해서는 기독교교단 각 교회가 받았던 피해양상에 대해서는 파악할 수 없으며,[43] 특히 뒤에서도 언급하겠지만 선교사들의 활동에 대해서는 극단적이 용어로 비판하고 있었는데 이는 선교사들과 기독교 신자들이 3·1운동에 적극적으로 참여하고 있었던 당시의 상황을 반영하고 있는 것으로 생각된다.

---

41) 趙英烈, 1992,『日帝下 改新敎宣敎師 硏究(1905-1920)』, 건국대 박사논문, 167쪽.

42)『每日申報』1919년 4월 14일, 「定州의 耶蘇敎會堂 燒失」.

43) 독립운동사편찬위원회,『독립운동사자료집』4집, 476∼477쪽. 장로교가 입은 피해 상황에 대해 체포된 자 3.804명, 체포된 목사·장로 134명, 교회관계 지도자로 체포된 자 202명, 감금된 남녀 신자 2,125명·531명, 매맞고 방면된 자 2,162명, 사살된 자 41명, 수감중인 자 1,642명, 매 맞고 죽은자 6명, 파괴된 교회 12개처로 나와 있다.

Ⅳ. 3·1운동에 대한 일제의 대응과 『매일신보』

1. 기독인들의 3·1운동에 대한 대응

3·1운동에서 기독교인들의 활동이 활발하게 전개되자 일제로서는 이에 대한 적극인 대응책이 필요했으며, 『매일신보』를 통해서 보면 일제는 몇 가지 특징을 나타내면서 기독교인들의 3·1운동에 대응해 나갔던 것으로 보인다.

먼저 일제는 1919년 3월 9일 총독부 내무국장 宇佐美勝夫의 초청형식으로 선교사들과의 회담을 시도하였는데 3월 24일까지의 3차례의 회담에서 일제는 선교사들이 3·1운동의 진압에 있어서 일정한 역할을 해줄 것을 요구하였다.[44] 그러나 선교사들은 일제의 의도와는 달리 정치적 문제에 대해서는 '엄정 중립'이라는 기존의 입장을 확인하고 있었으며, 오히려 일제의 暴政을 비판하였다.[45] 뿐만 아니라 선교사들은 3·1운동 과정 중에 있었던 세브란스 병원에 대한 수색(1919.3.17),[46] 두 명의 호주 여선교사에 대한 감금 구타 사건과 3·1운동에 우호적이었던 캐나다 장로교 선교사 그리어슨과 로스[A.R. Ross]에 대한 구속사건 등 일련의 불법적인 사태에 대해 강력하게 항의하였던 것으로 보인다.[47]

---

44) 앞의, 『日帝下의 韓國基督敎 民族·信仰運動』, 167~169쪽.
45) 「三一運動秘史」『基督敎思想』, 1966년 2월호, 122쪽.
46) 『每日申報』 1919년 3월 19일, 「家宅搜索乎」.
47) 金正明, 1967, 『朝鮮獨立運動』Ⅰ, 東京, 原書房, 360·411쪽.

즉 총독부의 입장에서 보면 3·1운동 기간 중 선교사들과의 관계
는 기본적으로는 불편한 상황이었지만, 3·1운동에 대한 효과적인
진압을 위해 선교사들의 협조가 필요했던 상황이었으며, 이는 총
독부로 하여금 선교사들의 행동에 대해 일정하게 유감을 표시하면
서도 선교사들이 3·1운동에 적극적으로 개입해 줄 것을 요구하는
이중적인 태도를 보이게 했던 것으로 파악된다.

이러한 상황은 『매일신보』의 다음과 같은 기사 내용을 통해서도
확인할 수 있다고 하겠다.

> 금회 조선 불령지도가 妄擧 妄動하는 이면에는 某國 선교사의 敎
> 示 煽動이 有하였다는 風說이 일반에 高함은 吾人이 심히 遺憾으로
> 認하는 바라 … 吾人은 日前本紙에 忠淸南道 公州의 某基督敎宣敎
> 師가 其 信徒에 대하여 輕擧妄動을 爲하는 不得當을 諭하여 頗 其效
> 果를 得하였다는 報를 揭하였나니 此 宣敎師의 諭示는 官憲의 交涉
> 에 應함이나 又 自發임을 불문하고 其 處措는 甚히 機宜에 適한 바
> … 吾人은 公州宣敎師의 賢明한 措置에 대해 滿腔에 誠意를 表하는
> 동시에 … 각자 適宜한 方法을 講하야 其信徒에 邪路에 踏迷함을 救
> 하고 並하여 宣敎師 自身의 虛地를 明瞭하고 救世濟衆의 本意를 修
> 行함을 望하노라.[48]

위의 기사 내용을 통해서 보면 일제는 3·1운동에 기독교선교사
들이 개입하고 있는 것에 대해 '遺憾'을 표시하면서도 충청남도 公
州에서 선교사의 현명한 조치가 보여주었던 것처럼 기독교 신자들
이 '邪路'에 빠지는 것을 구해야 하여 '救世濟衆'의 본의를 修行해
야 함을 권고하고 있음을 볼 수 있다.

또한 대구에서는 불란서인 神父가 종교와 정치를 엄정하게 구별
하고 자신의 신도들이 3·1운동에 참여하지 못하도록 '열성으로 타
일러' 감화시키고 있다는 내용을 보도하면서 이에 대해 '종교가의

---

48) 『每日申報』 1919년 3월 28일, 「宣敎師의게 望함」.

태도는 마땅히 이러할 일'이라고 하기도 하였다.[49]

뿐만 아니라 당시 서울에서 발행되던 'Seoul Press'에서도 선교사들이 3·1운동을 진정시키기 위해 적극적으로 개입할 것을 요구하는 기사를 반복적으로 게재하고 있었는데 그 논조는 조선인들이 호의를 갖고 있는 선교사들이 더 큰 용기를 갖고 그들의 '꿈 같은 희망'·'잘못된 걸음'을 시정하도록 해야 한다는 것이었다.[50]

그러나 선교사들에 대한 총독부의 기대는 실패하였던 것으로 보이며, 이는 3월말 이후 선교사들에 대한『매일신보』의 논조가 선교사들의 활동에 대해 적극적으로 비판하는 태도를 보이는 데서도 확인할 수 있다. 우선『매일신보』에서는 1919년 4월 15일부터 4월 20일까지 연재된「朝鮮의 基督敎」라는 기고문 형식의 기사를 통해 조선 기독교의 사회 현상과 선교사들의 영향력을 분석하면서 선교사들의 책임론을 부각하였다. 즉 이번 폭동으로 인하여 10년간의 '進步와 改良이 절반 이상 파괴된 것은 실로 遺憾萬萬'이라고 하면서 제일 책임자는 폭동에 참가한 조선인이지만, 간접 책임자라 하여도 미국인 선교사의 언동을 연구할 필요가 있다고 주장하였다.[51]

그리고 1919년 3월 26일의 기사에서는 마가렛부인과 준·벨 선교사의 교통사고에 대해서도 세브란스 병원에 머무르면서 각처를 돌아다니며 시위운동 사진을 찍던 이들이 光州로 내려가던 도중 '참혹한 橫厄'을 당하였다고 함으로서 이들의 행동을 간접적으로

---

49)『每日申報』1919년 3월 31일,「宗敎家의 態度는 마땅히 이러할 일」. 불란서인 신부의 이름은 '후도리인 데만주'씨라고 한다.

50) "What Foreign Missionaries Can Do New" The Seoul Press, 1919년 3월 22일, "Neutrality of Missionaries" The Seoul Press, 1919년 3월 28일. 앞의,『日帝下의 韓國基督敎 民族·信仰運動』, 169쪽.

51)『每日申報』1919년 4월 15일~20일,「朝鮮의 基督敎」. 총 6회에 걸쳐 연재되었는데 高橋直岩이『西鮮日報』에 譯載했던 것이라고 한다.

비난하기도 하였다.52)

　이밖에 『매일신보』에서는 선교사들의 언론활동에 대해서도 강한 불만을 나타내고 있었다.

　　조선에 있는 선교사들은 근래에 그 권세가 점차로 조선인이나 내지인 목사에게 넘어가는 형세를 살피고 아무조록 이것을 막으려는 계책으로 무슨 일을 빙거하던지 그 세력을 보일 필요가 있는 줄 생각하야 이번 사건에 선동을 하는 자가 적지 아니한데 현재 평안북도 선천에 있는 어느 늙은 선교사는 북경 「데일늬 늬우스」 신문에 통신하야 여러 가지 허황한 말을 얼거서 배일하는 기세를 보이난데 그 중에는 그 곳에서 50명의 예수교도난 한구역에서 헌병에게 함몰당하였고, … 이 사람의 통신은 필법이 모다 이러하야 세상사람들을 속인 줄만 알고 있었으나 자연 유식한 조선사람들에게 알려져 그 방면에서는 신용이 떨어졌을 뿐만 아니라 동업 선교사들의 이같이 실치 못한 행위를 나물하는 소리가 날로 높아 간다더라.53)

　위의 내용을 통해서 보면 일제는 현재 선교사들은 자신들의 권세가 조선인이나 일본인 목사에게 넘어가는 것을 방지하기 위해 그 세력을 보일 필요가 있다고 생각하고 소요를 선동하고 있다고 비난하고 있었음을 알 수 있다고 하겠다. 한편 선천의 어느 늙은 선교사가 북경의 '데일리 뉴스'와 연락하여 3·1운동과 관련한 사

─────────────

52) 『每日申報』 1919년 3월 28일, 「餅店에서 慘死한 宣敎師의 一行」. 신문에 보도된 내용은 다음과 같다 '26일 오전 10시 경부선 병점역 부근에서 올아오던 급행 열차와 외국인 선교사의 자동차가 출돌되야 미국부인 '마구레트 따불류'와 '준. 벨'의 2명은 직사하고 기타 한사람은 중상되어난 사건은 본보에 이미 기재한 바 어니와 그 선교사의 일행은 수일전부터 경성에 올라와서 세브란스 병원에 머물러 있어서 독립문 기타 각처를 돌아다니며, 이번 시위운동에 관련된 사진을 박이어가지고 자동차로 光州로 내리어 가다가 귀보와 갓은 참혹한 횡액을 당한 것이라더라'

53) 『每日申報』 1919년 4월 10일, 「全然無根의 事實을 외국신문에 통신하야 사람을 속이랴고 늙은 선교사가 있다」.

실무근의 허황한 말을 유포하며 '排日'의 기세를 보이고 있으나, 그의 필법이 조선인 유식자들에게 알려져 그 신용이 떨어지고 있으며, 선교사들 사이에서도 비난의 소리가 높다고 있는 이는 조선 총독부의 선교사들에 대한 불만을 단적으로 나타내는 부분이라고 하겠다.

이러한 불만은 이후에도 나타나는데 미국의 언론들이 3월 28일 서울에서의 소요에서 부녀자와 어린이들을 포함하여 수백 명이 살해되었으며, 평양에서는 모의리 선교사 이외에 7명의 선교사들이 검거되었다고 보도하고 있는데 이러한 보도는 '미국에 있는 조선인 중 일본을 배척하는 자가 소요가 일어났다는 소식을 듣고 만들어내 엄청난 거짓말을 미국신문을 통해 전파'되었기 때문이며, '미국인들도 깜짝 놀란다'고 주장하기도 하였다.[54]

한편『매일신보』에서는 3·1운동 기간 중 선교사뿐만 아니라 국내의 기독교인들 자체에 대해서도 부정적인 태도를 보이고 있었다. 평양부에서는 민심이 완화되어 가는 가운데 한편으로 주민들 사이에 '예수교 일파에 대해 미워하는 마음이 생겼다더라' 라고 보도하였으며,[55] 평안북도 철산에서는 목사의 선동으로 시위에 참여했던 민중들이 경찰과 헌병의 설득으로 독립운동을 할 이유가 없을 깨닫고 성서를 집어던지며 목사를 힐책하였는데, 목사는 도주하였고, 흩어진 성경은 600여권이나 되었다고 보도하였다.[56]

또한 평안북도 車輦館에서는 목사가 태극기 300여개를 만들고 시위를 일으키고자 준비했으나 주민들의 반대운동이 일어나 시위가 일어나기 전날 밤 교회로 몰려간 주민들에 의해 국기가 탈취·

---

54) 『每日申報』1919년 4월 19일, 「美國新聞의 虛報」.
55) 『每日申報』1919년 3월 14일, 「平壤 민심이 완화되야」.
56) 『每日申報』1919년 4월 10일, 「성서를 목사에게 집어던지고 그 불법함을 힐책한 철산사람」.

소각되었으며, 목사는 종적을 감추었다고 보도하기도 하였다.

그런데 이러한 기사들에서는 가해 주동자나 피해목사에 대한 구체적인 '實名'이 없으며, 확인하기 어려운 추측보도로 일관하고 있기 때문에 그 신빙성을 믿기 어려울 것으로 생각된다.57)

이밖에도 평안북도 定州에서는 예수교와 천도교를 배척하는 자가 늘고 촌민들이 격앙하여 신도들은 자취를 감추었다는 내용을 총독부 발표 형식으로 보도하고 있었다.58) 뿐만 아니라 평안북도 구성에서는 '천도교의 선동으로 시위에 참여했던 민중들이 인명이 살상되거나 시장과 농사에 다대한 피해를 입음으로써 천도교의 絶滅을 주장하고, 천도교인들을 죽이겠다고 하는 자까지 생겼으며, 시장 상인들도 천도교나 시위관계자의 내왕을 막아 힘써 경계 중'이라고 보도하기도 하였다.59)

또한 『매일신보』에서는 4월 12일 밤 일본조합교회60) 조선전도본부 평의원들이 조선호텔에서 회합을 갖고 건전한 사상을 확립하고 극단적인 경향을 교정할 것과 청년 학생들에 본분을 지키고 學事에 근면케 할 것 등을 목표로 하는 '對時局特別運動'을 전개하고자 했던 것을 보도하기도 하였다. 그런데 조합교회의 이러한 움직임은 외국인 선교사들이 민중들 사이에서 강력한 영향력을 발휘하는 상황에서 이를 막아보자 하는 일제의 의도가 반영되었던 것이라고 하겠다.61)

따라서 이상의 내용을 종합해 보면 3·1운동이 발발하자 『매일신

---

57) 『每日申報』 1919년 4월 10일, 「太極旗를 燒棄 목사의 선동에 극렬반대하여」.
58) 『每日申報』 1919년 4월 21일, 「村民이 激昂하야 천도교를 배척」.
59) 『每日申報』 1919년 4월 24일, 「평북지방 천도교의 반감」.
60) 組合敎會는 1899년 渡瀬常吉에 의해 국내에 들어온 이후 총독부의 비호아래, 주로 서북지방의 朝鮮自由敎會를 흡수하여 발전하고 있었다.
61) 『每日申報』 1919년 4월 15일, 「組合敎會活動」.

보』는 선교사들에 대해 처음에는 3·1운동에 관여하여 시위를 진정시키는데 적극적으로 협조해 줄 것을 요구하는 입장을 취했으나 이러한 요구가 받아들여지기 어렵다는 것을 확인한 후에는 선교사들이 3·1운동에 관여하는 것에 대해 노골적으로 비난함으로써 민중들에 대한 선교사들의 영향력을 차단하는데 주력하고자 했던 것으로 파악된다고 하겠다.

뿐만 아니라 『매일신보』에서는 기독교인들의 활동이 활발해지자 3·1운동에 주도적으로 참여했던 목사와 신도들이 지역 주민들로부터 배척 당하고 있다는 기사를 반복적으로 보도하기도 하였다. 그리고 『매일신보』에서는 민중들이 3·1운동에 대해 반발하게 된 동기에 대해서는 시위를 통해 해당 지역 지역주민들이 살상 당하고 경제적으로도 손실을 입고 있는 상황에서 헌병과 경찰 등의 설득으로 독립할 이유가 없음을 깨달았기 때문이라는 단순 논리를 유지하고 있었던 것으로 보인다.

따라서 3·1운동에 있어서의 『매일신보』의 기독교인들에 대한 이러한 보도 태도는 보도 내용의 신뢰성과 상관없이 총독부가 3·1운동기간 중 언론을 이용한 대중조작을 통해 3·1운동에 참가했던 기독교인들을 민중들로부터 고립하고자 했음을 보여주는 것이었으며, 이것은 기독교인들의 3·1운동이 일제에게 당혹감과 위기감을 줄 정도의 상황으로 전개되고 있었음을 보여주는 것이라고 할 수 있을 것이다.

2. 일반 민중의 동향에 대한 대응

3·1운동이 발발하자 『매일신보』는 사설과 일반 보도기사 및 친

일인사의 연재기사 등을 통해 민중들의 3·1운동에 대한 열기를 약화시키고자 했던 것으로 파악되고 있으며, 그 과정에서 3·1운동의 전개양상과 성격에 왜곡하고 있었던 것으로 보인다.

우선 일제는 3·1운동이 발발하자 『매일신보』를 통해 총독의 '諭告'를 발표하였는데 그 내용은 조선의 독립을 파리강화회의에서 열강이 승인했다는 것은 전혀 '無根流說이요 素不足取'이며, 非違를 敢爲하는 자는 一步라도 가차없이 엄중히 처분 중임을 밝힘으로써 시위가 더 이상 확산되는 것을 막고자 했던 강력한 의지를 나타내었다.[62]

이후 3월 6일자 사설에서는 민족자결주의가 '一面으로 敵國을 崩解에 陷케 하였으나 他의 일면으로는 同族同種의 民을 규합하야 국가를 造立하는 것이라고 하면서 오해치 말 것'을 주장하기도 하였다. 또한 민족자결주의 사상을 취하여 시위를 도모하는 자가 있으면 '국가의 치안을 도모하기 위하여 용납하지 않을 것이며', 이를 根絶할 필요가 有함을 信하노라'라고 하였다.[63]

이후에도 3월 22일에는 미국대통령 윌슨도 미국은 구주·아세아·기타 지역 정치에 대해서 간섭하고자 함이 없다고 하는 상황에서 조선의 민중들은 민족자결주의를 잘못 이해하는 것이라고 하였다.[64] 이밖에 1919년 4월 19일에는 파리회의에서 列國이 분규를 피하기 위해 '朝鮮 및 安南人民의 독립'에 관해서는 勿問에 붙이기로 하였다고 보도하기도 하였다.[65] 뿐만 아니라 이후에는 미국

---

62) 朝鮮總督府, 『朝鮮總督府官報』, 1919년 3월 5일 ; 『每日申報』 1919년 3월 7일, 「諭告」.
63) 『每日申報』 1919년 3월 6일, 「民族自決主義誤解」.
64) 『每日申報』 1919년 3월 22일, 「誤解된 民族自決主義」. 이 글은 桑原忠南道長官이 동경에서 文學博士 遠藤隆吉과의 대담한 내용을 게재한 것이라고 되어 있다.
65) 『每日申報』 1919년 4월 19일, 「獨立運動은 不問」.

의 언론보도를 인용하여 조선인들은 현재 명목상 정치적 자유는 갖고 있지 못하지만, 과거의 幼稚해던 경제 생활에 비하면 실질적인 자유를 누리고 있다고 하였으며,[66] 미국 국무성에서는 일본이 소요를 진압하기 위해 '嚴酷殘忍'한 조치를 취하고 있다고는 생각되지 않으며, 이러한 과장된 이야기는 단순히 排日感情을 유포하기 위한 것이라고 생각고 있다고 보도하기도 하였다.[67]

따라서 이렇게 볼 때 일제는 3·1운동이 발발하자 일차적으로 시위에 대해서는 강력하게 진압할 것임을 천명함과 동시에, 논리적으로는 민족자결주의가 조선의 독립과는 전혀 관련 없는 사상임을 강조하고 있었던 것으로 보인다. 그런데 총독부의 이러한 태도는 3·1운동 발발의 직접적인 원인이 일제 식민정책의 폭압성에 있었음을 은폐하고자 했던 의도를 반영하고 있는 것이라고 생각된다.

한편 일제는 권고문 성격의 사설과 지방장관의 명의로 발표된 경고문 등을 게재하기도 하였는데 사설을 통해서는 학생이나 민중들에게 스스로 자성하고 학업과 생업에 전념할 것을 강조하고 있었으며,[68] 경고문에서는 민족자결주의에 대해 오해하지 말 것과 '暴民'에 대해서는 '가차없이' 대응할 것임을 강조하고 있었다.[69]

---

66) 『每日申報』 1919년 4월 21일, 「自決問題閑却, 米紙 朝鮮의 騷擾를 批評」. 16일 뉴욕의 '크로니콜'지를 이용하여 보도하고 있다. 또한 이 기사에서는 민족자결주의는 연합국이 講和問題에 대한 실무에 착수한 이래 무시해버리기 시작했다고 보도하였다.

67) 『每日申報』 1919년 4월 26일, 「朝鮮問題는 內政, 米國國務當局者의 言明」. 이 기사는 뉴욕발 '크리챤 싸이언스 모니토아'지의 미국무성 고관의 발언을 인용하여 보도하는 형식을 취하고 있다.

68) 『每日申報』 1919년 3월 9일, 「誨告學生諸君」 ; 『每日申報』 1919년 3월 14일, 「安然히 그 業에 精進하라」.

69) 『每日申報』 1919년 4월 14일, 「長官部長諭告」 ; 『每日申報』 1919년 4월 24일, 「黃海道長官警告」. 특히 황해도의 경우는 황해도 장관 申應熙의 명으로 발표되었다.

친일인사들 중에서도 3·1운동에 대한 반대의사를 분명히 하는 경우도 있었다. 閔元植은 3·1운동의 무모함과 부당성을 강조하는 논설을 3회에 걸쳐 연재하였으며,[70] 高義駿·尹孝定·金明濬 등 30여명의 인사들은 모임을 갖고 사태의 심각성에 대해 의논하는 한편, 전국에 경고문을 발표하기도 하였다.[71]

또한 일제는 각종 모임을 개최하여 민중들의 시위 열기를 차단하고자 하였다. 우선 漢城府尹은 3월 11일 '町洞總代'를 소집하고 조선총독 유고를 받들어 결단코 뢰동하지 말 것을 훈시하였으며,[72] 3월 31일 珍島에서는 100여명의 마을 주민과 일본인이 친목회를 개최하고 시국에 대해 '즐겁게' 이야기한 후 주연을 열고 저녁때까지 놀았다고 보도하기도 하였다.[73] 그리고 4월 24일 경 충청남도에서는 농민들의 시위 가담을 막기 위한 '官民懇談會'가 개최되기도 하였다.

> 충청남도에서는 소요발발이래 민심의 鎭撫防壓上 대지주의 결속에 의하야 소작인에게 誓約을 행케 하야 재차 紛擾를 반복치 않게 하는 조치를 出한 바 … 內鮮人間에 意志感情을 더욱 濃密케 하기 위하여 각지에서 간민간담회를 개최함 …[74]

위의 내용을 통해서 보면 충청남도에서는 농민들의 시위 가담을 막기 위해 대지주와 결탁하여 소작인에게 소요에 참가하지 않는다는 서약을 받는 경우가 있었음을 알 수 있으며, 간담회는 일본인과

---

70) 『每日申報』 1919년 4월 27·28·29, 「更히 騷擾에 대하야」. 이외에도 친일적 경향의 논설을 여러 곳에서 보이고 있다.
71) 『每日申報』 1919년 4월 19일, 「全道警告文」.
72) 『每日申報』 1919년 3월 11일, 「町總代召集 漢城府尹의 注意」.
73) 『每日申報』 1919년 4월 9일, 「珍島內鮮人의 大親睦會」.
74) 『每日申報』 1919년 4월 24일, 「忠南官民懇談會」. 간담회는 大田·論山 등에서 개최되었던 것으로 보인다.

조선인과의 감정악화를 막기 위해 개최되었던 것으로 보인다.

그리고 『매일신보』 4월 10일자에서는 南鮮地方에서는 헌병분대장의 설유를 받고 잘못을 뉘우친 자가 적지 않으며, 경성에서는 스스로 '悔悟狀'을 써서 경무총감부에 신고한자가 많고, 동창생들에게 세계대세를 말하고 설득하여 시위를 막은 '思慮있는 학생'의 이야기를 보도하기도 하였다.[75] 4월 17일에는 대전에서 불량배 2명에게 선동되어 만세를 부르다 사망한 자의 부모가 선동했던 자 중한 명을 죽였다고 보도하였으며,[76] 4월 19일에는 동내에서 폭동자가 나온 것에 대해 사의를 표하기 위해 동민들이 파괴된 주재소를 다시 짓기로 했다고 보도하기도 하였다.[77]

이밖에도 일제는 시위를 진압하기 위해 일본에서 군대가 파견되었다는 소식을 대대적으로 보도하였으며,[78] 고종황제의 독살설이 사실무근임을 설명하는 내용의 보도 기사를 內人·典醫 등의 공술을 토대로 보도하였으며,[79] 시위 중에 사망한 헌병보조원에게 진휼금을 지급한 기사를 게재하였다.[80] 또한 '騷擾處罰令'[81]·'정치범 처벌법'의 제정[82] 등이 보도되고 있었는데 조선총독부가 『官報』를 통해 발표한 정치범 처벌법이 시의 적절한 일임은 多言할

---

75) 『每日申報』 1919년 4월 10일, 「目下騷擾의 一邊」.
76) 『每日申報』 1919년 4월 17일, 「撲殺에 撲殺, 騷擾 끝에 참상」.
77) 『每日申報』 1919년 4월 21일, 「暴民나임을 恥하야」.
78) 파견군에 관한 기사는 『每日申報』 1919년 4월 10일, 「朝鮮에 增兵, 騷擾鎭壓次로 陸軍省 公表」;『每日申報』 1919년 4월 13일, 「惡化하는 騷擾 派遣軍隊內鮮, 大野軍參謀長車中談」 등 다수가 있다.
79) 『每日申報』 1919년 3월 16일, 「無根의 虛說」.
80) 『每日申報』 1919년 4월 1일, 「순직한 補助員에게 賑恤金」. 평안남도 사천 헌병주재소에서 순직한 徐長婦·金紅瓊·郭聖治에게 100원의 진휼금이 지급되었다.
81) 『每日申報』 1919년 4월 16일, 「騷擾處罰令」.
82) 『每日申報』 1919년 4월 18일, 「정치범과 내란죄」.

필요가 없다고 하기도 하였다.

따라서 이상의 내용을 종합해 보면 일제는 3·1운동이 발발하자 민중들의 시위 열기를 차단하기 위하여 가능한 모든 수단을 동원하였던 것으로 브이며, 『매일신보』는 일제의 이러한 의도를 반영하면서 3·1운동의 전개 양상을 왜곡해 갔던 것으로 보인다. 그러나 이러한 다양한 보도 내용에도 불구하고 3·1운동의 원인에 대해 자신들이 실시했던 무단통치와의 관련성에 대해 언급하지 않고 있는 것은 문제의 본질을 외면하려 했던 당시 총독부의 입장을 반영하고 있는 것으로 생각된다.

V. 맺음말

지금까지 본 고에서는 1910년대 기독교에 대한 조선총독부의 정책과 『매일신보』에 나타난 기독교인들의 3·1운동 양상, 그리고 일제의 대응에 대해 주로 선교사 문제와 관련하여 검토해 보았다. 이것은 3·1운동과 관련한 『매일신보』 기사가 선교사에 대한 내용에 집중되고 있는 경향과도 관련이 있다. 그 중요한 내용을 정리하면 다음과 같다.

첫째, 일제는 한일합방 이후 기독교에 대해서 통감부 시절에 유지하고 있던 온건정책을 변경하여 강압적 강경 정책으로의 정책적 변화를 나타내었던 것으로 보인다. 물론 여전히 친일적 선교사들에 대해서는 온건적인 태도를 유지하고 있었으나 포교규칙의 발표나 기독교계 사립학교에 대한 탄압, 그리고 『매일신보』 사설에 나타난 기독교에 대한 비판 등을 통해서 볼 때 일제의 강경 정책으로의 전환은 분명했던 것으로 파악되고 있다. 그리고 이러한 기독교와 총독부의 긴장관계는 기독교 자체가 갖고 있던 애국적 경향과 함께 3·1운동 당시 기독교인들이 3·1운동에 적극적으로 가담하게 되는 배경이 되었을 것으로 보인다.

둘째, 3·1운동에 적극적으로 참여했던 기독교 세력의 활동은 『매일신보』의 기사 내용을 통해서도 확인할 수 있다. 특히 선교사들의 활동은 그들이 서구의 외국인으로서 3·1운동을 적극적으로 옹호하는 측면이 강했다는 점에서 일제에게 적지 않게 부담이 되고 있었고 양측의 마찰은 일제가 『매일신보』를 통해 선교사들에 대해 극단적으로 비난하고 있는 것에서도 알 수 있다고 하겠다.

따라서 『매일신보』의 기사를 통해서 보면 선교사를 포함한 기독교인들이 3·1운동에 대한 활동을 구체적으로는 확인할 수 없으나 적어도 기독교인들의 활동이 일제에게 충격으로 받아들여지고 있었던 점은 확인할 수 있다고 하겠다.

셋째, 기독교인들의 3·1운동이 활발하게 전개되자 일제는 초기에는 선교사들에게 3·1운동의 열기를 차단하기 위한 활동에 나서 줄 것을 종용하였다. 그러나 이것이 실패한 후에는 3·1운동에 참여하고 있는 선교사와 한국인 목사들에 대해 극단적으로 비난하거나 평양에서 활동하던 모의리 선교사를 투옥하는 등 구체적인 탄압책을 강구하였던 것으로 파악된다. 그런데 이 경우 『매일신보』의 논조를 통해서 보면 일제는 선교사들이 기독교인들에게 3·1운동의 정당성을 강조하는 것과, 3·1운동에 대한 일제의 극단적 탄압이 선교사들을 통해 외국언론에 알려지는 것에 대해 민감한 반응을 나타내고 있었던 것으로 보인다.

넷째, 일제는 3·1운동에 참여했던 민중들의 열기를 차단하기 위해 가능한 모든 수단을 강구하였다. 우선 논리적으로는 조선인들이 '민족자결주의'에 대해 오해하여 시위가 촉발·확산되었다는 점을 크게 강조하고 있는데 이것은 3·1운동의 본질이 일차적으로 일제 식민지정책의 폭압성에서 기인한다는 사실을 은폐하고자 했던 일제의 의도를 반영하는 측면이 있었던 것으로 보인다. 또한 일제는 각종 권고문과 경고문을 『매일신보』에 게재하여 민중들은 안정시키고자 했으며 고종황제의 독살설 유포를 차단하는 한편, 일본으로부터의 군대 파견과 정치범 처벌법의 제정 및 시위 상황에 대한 왜곡 보도 등을 통해 시위의 확산을 저지하고자 하였다. 그런데 이 경우 시위상황에 대한 보도 내용은 구체적인 지명과 인명이 이후의 기사에서도 확인되고 있지 않기 때문에 그 내용의 신빙성에 문제가 있는 것으로 보인다고 하겠다.

이상의 내용을 통해서보면, 『매일신보』는 일제의 10년 간에 걸친 학정과 식민지적 억압구조를 은폐하면서 독립을 향한 기독교인들과 민중의 열기를 차단하고 했던 관제언론이었음 보여주고 있다고 하겠다. 뿐만 아니라 이러한 상황에서 『매일신보』에 다양한 형태의 기독교관련 운동 기사들이 나타나고 있다는 것은 기독교인들의 3·1운동이 그만큼 치열하고 것이었음을 보여주는 실증의 한 부분이라고 하겠다.

제3장

1920년대 국내 언론에 나타난 소비에트 러시아와 在露韓人에 대한 인식

Ⅰ. 머리말

1917년 공산주의혁명을 통해 성립한 소비에트 러시아는 1920년 대의 한국인들에게는 독립의 후원자가 될 수 있다는 측면에서 대체로 우호적인 국가로 인식되고 있었다. 반면에 총독부의 기관지였던 『매일신보』를 통해 보면 일제에게 있어서 러시아는 시베리아 출병 이후 일본이 견제해야 할 대표적인 서구세력에 하나였으며, 천황제 국가라는 관점에 볼 때 사회주의사상은 용납될 수 없는 적대적 이념이었다. 뿐만 아니라 일제는 한국의 독립운동세력이 대체로 소련에 대해 우호적인 인식을 갖고 있던 상황에서 러시아나 재러 한인에 대해 부정적인 태도를 나타내고 있었다.

실제로 1920년대 중반 이후『매일신보』에서는 러시아의 정치적 상황이 내전의 여파로 혼미한 상태에 있으며,[1] 재러 한인에 대한 러시아 관헌들의 불법적인 박해를 자주 보도하는 경향을 나타내고 있었다.[2] 그러나『동아일보』와『개벽』등 당시 민간 언론에서는 러시아의 정치적 상황이 상대적으로 안정적이며, 러시아의 한인 정책 역시 토지 문제에 있어서나 교육문제에 있어서 한인들에게 상당히 우호적이었음을 강조하고 있어서 양자가 서로 다른 태도를 취하고 있을 보여주고 있다.[3]

뿐만 아니라『동아일보』의 경우 1924년 1월에 사망한 레닌에 대해 哀悼의 뜻을 표하는 사회주의 청년단체들의 기사를 다수 게재하고 있는데 이는 국내의 민간언론의 전체적 분위기가 소비에트 러시아에 대해 우호적인 분위기였음을 보여주는 사례인 것으로 생각된다.[4]

따라서 본고에서는 1920년대 이후 국내 언론이 러시아에 대해 어떠한 보도 태도와 인식을 나타내고 있었는가에 대해 주로 대표적 관제 언론이었던『매일신보』와 민간언론이었던『동아일보』및『개벽』등의 보도 내용을 분석해 봄으로써 그 경향성의 일면을 파악해 보고자 한다.[5]

---

1)『매일신보』1926년 5월 11일,「赤露의 內政動搖로 白系露人의 腹壁運動」

2)『매일신보』11926년 4월 23일,「移住朝鮮人 26인을 赤露官憲이 銃殺」.『매일신보』에는 재러한인에 대해 부정적으로 보는 내용의 기사들이 다수 나타나고 있다.

3) 1924.3,「레닌 死去後의 勞農露國」『開闢』45.

4)『동아일보』1924년 1월 24일,「訃音을 傳하는「레닌」氏의 一生! 이십세기 벽두에선 절대위인, 과연 이세상을 떠나버렷는가」. 레닌의 사망을 애도하는 기사는 이후에도 여러 차례 반복되고 있다.

그리고 이를 위해 본고에서는 우선 1920년대 사회주의 언론에 대한 조선총독부의 정치적 태도를 언론정책이라는 측면에서 살펴보고자 하며, 또한 러시아의 정치적 상황과 재러 한인문제에 대한 러시아의 인식에 대해 각각의 언론의 기사 내용을 비교 분석해 보고자 한다.

따라서 본고의 이러한 분석은 궁극적으로 1920년대 한국사회가 갖고 소비에트러시아에 대한 인식의 한 측면을 언론을 통해서 접근해 보았다는데 그 의의가 있을 것으로 생각된다.

Ⅱ. 조선총독부의 언론정책과
국내 언론의 동향

1920년대 들어 조선총독부의 언론정책은 3·1운동 이후 국내의 변화된 정치정세를 반영하면서 새로운 양상을 나타내기 시작했던 것으로 파악되는데 크게 보면 1920년대에 들어 급성장하기 시작한 사회주의세력에 대한 언론통제라는 측면을 강하게 들어내고 있었다. 실제로 1920년대 중반이후 국내에서 사회주의운동이 본격화되자 민간언론으로는 『동아일보』와 『조선일보』 등이 창간되어 민족운동의 여론을 주도하였으며, 잡지 중에는 『新生活』, 『新天地』,

---

5) 권희영, 1999, 『한국과 러시아 : 국제관계와 변화』, 국학자료원 ; 허동현, 2004, 「개화·일제시기 한국인의 러시아 인식에 보이는 고정관념 管見』-러시아지역 한인이주 140주년 기념 국제학술회의- ; 임경석, 2003, 『한국사회주의의 기원』, 역사비평사. 특히 이 논문은 본고를 작성하던 도중에 발표된 허동현의 논문에서 많은 시사를 받았다.

『朝鮮之光』, 『理論鬪爭』, 『開闢』[6) 등이 창간되어 공산주의 운동에 영향을 끼치고 있었다.[7)

　더욱이 국내외를 막론하고 민족운동세력들은 대부분 1921년 11월에 개최되었던 워싱턴회의에서 한국인들의 독립 요구가 묵살된 것에 비해 소련을 중심으로 한 사회주의 진영에서는 1919년 8월 9일 제2인터내셔날에서 24개국이 한국의 독립을 보장하는 결의를 만장일치로 채택하였으며, 1920년에는 소비에트러시아가 상해임시정부에 200만루불의 독립자금 지원을 약속하게 되자 대체로 러시아에 대해 우호적인 분위기를 형성해 갔던 것으로 보인다.[8)

　또한 코민테른에서는 1920년 9월에 개최되었던 '제1회 東洋諸民族大會와[9) 1922년 1월 모스코바에서 개최되었던 '極東人民代表者大會'를 통해 한국의 독립운동에 대해 적극적인 지지와 관심을 천명하고 있었는데 이러한 상황 역시 코민테른이 한국의 독립운동을 위해 국제적으로 지원이 가능할 수 있는 유력한 대상으로 새롭게 부각되게 했을 것으로 생각된다.[10)

　한편 1920년대에 들어 국내에서 사회주의진영 활동이 급격하게 활발해지자 일제의 탄압은 사회주의적 경향을 나타내는 언론에 대한 탄압을 중심으로 가속화되기 시작했던 것으로 보인다. 1922년 6월 17일 경무국장에 취임한 丸山鶴吉는 8월 12일 중요 언론사의 사장을 불러놓고 독립사상·과격사상·공산주의사상을 유포하는

───────────────

6) 1920년대 잡지의 사상적 경햐에 대해서는 황민호, 2003, 「일제의 식민지언론 정책과 법률관련 논설의 경향」『정신문화연구』 91 참조.

7) 스칼라피노·이정식, 1986, 『한국공산주의운동사』 1, 돌베게, 98~99쪽.

8) 서대숙, 1985, 『한국공산주의운동사 연구』, 화다, 37·45~50쪽.

9) 村田陽一, 1981, 「東洋諸民族へ」『コミソテルソ 資料集』 1, 大月書店, 308~315쪽. 이 회의에는 53명의 한인들이 참석하였다고 한다(신주백, 앞의 책, 65쪽).

10) 황민호, 1998, 『在滿韓人社會와 民族運動』, 국학자료원.

언론에 대해서는 행정처분과 사법처분을 분리해서 처벌하기로 방침을 세웠다고 경고하였으며,[11] 이보다 앞선 1922년 5월에는 檢事局 監督官會議와 警察部長會議를 열고 '過激社會運動'에 대해서는 사안에 따라서 保安法이나 制令 제7호에 의해 처벌할 필요가 있음을 강조하였는데 이는 조선총독부가 사회주의 사상의 보급에 의해 파급될 수 있는 새로운 형태의 민족운동 촉발 가능성에 대해 우려하고 있었음을 보여주는 것이기도 하였다.[12]

이후 일제는 1922년 3월 사회주의 계열의 잡지로 창간된 『신생활』에 대한 탄압을 필두로 사회주의 계열의 잡지에 대한 탄압을 시작하였는데 조선총독부에서는 『신생활』이 1922년 11월호와 12월호를 러시아혁명 기념 특집호로 기획하자 이 잡지의 관계자들이 '赤化思想'을 선전했다는 이유로 구속하였다.[13] 총독부에서는 『신생활』의 사장 朴熙道와 주필 金明植, 기자 신일용 등을 신문지법과 제령 7호 위반으로 기소하였으며, 재판이 진행 중이던 1923년 1월 8일에는 잡지에 대한 폐간 명령과 함께 인쇄기가 몰수하였다.[14] 뿐만 아니라 『신생활』은 폐간 당한 이후 관계자들이 문제가 될만한 기사의 게재를 자제하면서 『新社會』라는 후속 잡지를 창간하고자 하였으나 조선총독부에서는 『신사회』의 발행을 허가하지 않았다.[15]

또한 일제는 1922년 12월 7일에는 『新天地』의 주간 白大鎭이 그

---

11) 한국잡지협회, 1995, 『한국잡지 100년』, 15쪽.

12) 「檢事局監督官二對スル中村高等法院檢事長訓示」(1922.5.22), 『高等法院檢事長訓示通牒類纂』(齋藤榮治 編) ; 장신, 1988, 「1920년대 民族運動과 治安維持法」『學林』19, 65쪽에서 재인용

13) 『東亞日報』 1922년 11월 26일, 「言論界의 被禍-新天地, 新生活 兩社 事件」.

14) 『東亞日報』 1923년 1월 10일, 「週報 新生活 遂히 發行禁止」.

15) 『東亞日報』 1923년 6월 6일, 「新社會 原稿의 連次押收」.

11월호에 게재한 '일본위정자에게 고함'이라는 글을 게재하였는데 조선총독부에서는 그 논설 중에 "조선인은 참정권 이상의 무엇을 요구한다"라는 내용이 조선의 독립사상을 고취하고 정치변혁을 선전하여 '朝憲'을 문란케 했다는 이유로 필자를 구속하기도 하였으며,16) 1923년 9월 11일에는 '약소민족에게 호소하여 단결을 재촉함'이라는 글을 문제 삼아 『신천지』의 기자 4명을 구속하였다.17)

〈표 1〉 1920년대 『開闢』에 게재되었던 소련관련 기사 목록

필 자	제 목	호수(년도)	비고
燕景過客	赤色露西亞의 奇見珍聞	『開闢』 25, 1922. 7.	削除
朴英熙	레닌은 죽었습니다	『開闢』 44, 1924. 2.	
	체호프 戲曲에 나타난 露西亞幻滅期의 苦痛	『開闢』 44, 1924. 2.	
	現文壇의 世界的 傾向－오직 新興氣分에 充滿된 勞農露西亞의 藝術	『開闢』 44, 1924. 2.	
太白	레닌 死去後의 勞農露國	『開闢』 45, 1924. 3.	
	러시아의 共産黨	『開闢』 46, 1924. 4.	削除
	獨露, 英佛, 伊美, 中日 이 네집 살림들은 얼마나 잘 되어 가나	『開闢』 46, 1924. 4.	
金璟載	勞農露西亞의 敎育制度	『開闢』 55, 1924. 1.	削除
一記者	日露協定과 今後의 國際政局	『開闢』 56, 1924. 2.	
曉路	露西亞 小說壇의 古今	『開闢』 60, 1925. 6.	譯文
KHM	露領朝鮮人農村情形의 今昔	『開闢』 61, 1925. 7.	
朴돌이	隨見隨聞－赤露革命記念式에 갔다가	『開闢』 64, 1925.12.	
金鐵山	最近 赤露의 經濟狀態	『開闢』 69, 1926. 5.	
	時言-赤露에 三千戶 移住	『開闢』 69, 1926. 5.	
	最近의 世界政局-露獨 中立條約成立	『開闢』 70, 1926. 6.	
朴春宇	모스코바에 새로 열린 國際農村學院	『開闢』 72, 1926. 8.	

---

16) 『東亞日報』 1922년 12월 19일, 「新天地 筆禍事件」.
17) 『東亞日報』 1923년 9월 13일, 「新天地 社員 四名, 돌연 구속하야 그 중에 두 사람은 곧 검사국에」.

한편 <표 1>을 통해서 보면 1920년대 대표적 민간잡지였던『개벽』의 경우도 1922년 이래 러시아와 관련된 여러 편 기사들을 게재하고 있음을 볼 수 있는데 그 내용은 주로 소련에 대해 긍정적인 인식을 나타내고 있었던 것으로 파악되고 있다. 그리고 기사의 내용 중 일부는 삭제된 것이 나타나고 있는데 이는『개벽』에 게재되었던 러시아와 관련된 기사 내용이 총독부의 러시아에 대한 언론정책과 다른 경향을 나타내고 있었기 때문이었던 것으로 생각된다.

또한『개벽』에서는 레닌의 죽음에 대해 '일생을 考究, 반항, 투옥, 망명, 혁명건설의 와중에서 던져진 떡 한 개를 편히 먹지 못하다가 이와 같이 오늘의 부음을 전한 것이다'라고 하거나[18] 모스코바에 세워진 '國際農村學院'에 대해 '赤露의 ○命史가 인류해방운동에 많은 의의를 주었기 때문에 그 ○命의 과정을 상세히 연구하려고 한다'[19]라고 하고 있다. 그런데『개벽』의 이러한 논의는『개벽』이 러시아에 대해 상당히 긍정적인 인식을 갖고 있었음을 보여주는 단적인 예로 생각된다.[20]

그러나 민간잡지의 소비에트러시아에 대한 긍정적인 인식과는 달리 당시 조선총독부에서는 조선이 과격사상의 '本家本院'인 露西亞와 接壤한 지역에 위치한 상황에서 사회적 과격사상에 의한 '불온행동'을 取締해야 할 필요가 있으며, 이를 위해 국내에서 치안유지법을 실시하는 것은 당연하다는 인식을 갖고 있었던 것으로 보이다.[21] 그리고 이러한 경향은『매일신보』의 다음과 같은 기사

---

18) 1924.2,「레닌은 죽었습니다」『開闢』44.
19) 朴春宇, 1926.8,「모스코바에 새로 열린 國際農村學院」『開闢』72.
20) 1924.2,「레닌은 죽었습니다」『開闢』44. 이밖에도 1920년대 국내에서 발간되었던 다양한 사회주의 계열의 잡지들도 소련에 대해 긍정적인 보도 태도를 견지하고 있었음을 볼 수 있다고 하겠다.
21) 野村調太郎, 1925.6,「治安維持法과 朝鮮獨立運動」『寶城』2.

를 통해서도 확인할 수 있다고 하겠다.

> 我國의 공산주의자가 치안유지법에 대해 반대하는 것은 此가 곧
> 모순이니 저들은 露國의 정부조직 사회조직을 憧憬하면서 오로지 言
> 論에 관해서는 개인주의적 자유를 望하는 것은 불가한 것이다 … 일
> 본의 治安維持法과 같은 것도 또한 국가유지의 大本에 위협을 與하
> 려는 공산주의에 대하여 正當防衛의 수단을 執함에 不外인 것이다.[22]

위의 내용은 1925년 9월 25일자 『매일신보』에 2회에 걸쳐 게재
되었던 '露國에 在한 言論의 統制'라는 사설의 일부이다. 그런데
이 글을 통해서 보면 우선 『매일신보』에서는 소련이 플로레타리아
독재를 유지하기 위해 '정부의 기관지 또는 공산당 기관의 記事까
지도 모두 嚴密한 檢閱하에 置하고'[23] 있는 상황에서 '我國의 공
산주의자들이 소련의 정부조직과 사회조직을 동경하면서 오직 언
론에 관해서만 개인주의적 자유를 바라는 것은 불가한 일이라고
주장하고 있음을 볼 수 있다.

뿐만 아니라 이 글에서는 일본의 치안유지법도 국가의 大本을
위협하려는 공산주의에 대하여 정당방위의 수단을 가지려고 하는
것이라고 하고 있는데 『매일신보』의 이러한 주장은 1920년대 중반
에 들어서면서 일제가 국내에서 확신되고 있던 공산주의운동과 소
련에 대해 긍정적인 인식에 우려를 나타내고 있었음을 보여주는
것이라고 하겠다.

이밖에도 『매일신보』에서는 1921년 10월 11일자의 논설기사를
통해 '勞動法制'가 전혀 없는 조선에서 공산혁명의 방지를 위해 노
력할 필요가 있으며, 빈부의 조화 및 철저한 사회정책을 실시가 필

---

22) 『매일신보』 1925년 9월 12일, 「露國에 在한 言論의 統制(社說)」.
23) 『매일신보』 1925년 9월 11일, 「露國에 在한 言論의 統制(社說)」.

요함을 강조함으로써 공산주의 혁명 방지를 위한 노력이 총독부의 당면한 정책적 과제의 하나임을 역설하기도 하였다.[24)]

한편 수양동우회의 기관지였던 『東光』에서는 1926년 11월에 게재되었던 '赤露에 禁止된 書籍'이라는 기사를 통해서 러시아의 사상통제와 관련하여 부정적인 시각을 제시하기도 하였다. 대체로 이 글에서는 인민의 사상을 억압하는 출판법은 어느 나라에나 있는 것이지만, 러시아 정부는 1920년에 반포된 '反革命書籍取締法'을 통해 자국정부에 유해하거나 시대에 부적절하다고 생각되는 모든 서적을 몰수하였고 장래에 연구를 목적으로 남겨둔 책도 일반인에게 절대 열람을 불허하는 등 그 사상통제의 강도는 우리의 상상을 초월할 정도로 엄격하다고 주장하고 있었다.[25)]

따라서 이상의 내용을 종합해 보면 1920년에 들어 국내의 언론은 러시아의 정치적 상황에 대한 평가에 있어서 서로 다른 입장이 혼재하고 있었던 것으로 생각되며, 이 경우 『매일신보』를 중심으로 한 총독부의 관제언론과 국내의 사회주의적 민간언론 사이에는 일정한 갈등관계가 형성되고 있었던 것으로 보인다. 그리고 이러한 언론의 대립구도는 한국사회의 러시아 대한 인식의 형성과정에 일정하게 영향을 끼칠 수밖에 없었을 것으로 생각된다.

---

24)『매일신보』1921년 10월 11일,「共産主義 革命의 防止와 貧富의 調和, 徹底한 社會政策을 실시하라」.
25) 一記者, 1926.11,「赤露에 禁止書籍」『東光』7.

Ⅲ. 소비에트 러시아에 대한 민간언론의 보도 경향

1. 정치적 상황에 대한 보도 태도

1920년대 이후 소비에트 러시아의 정치적 상황에 대한 국내 언론의 보도는 그 빈도수는 많은 편이 아니었던 것으로 보이지만 『동아일보』와 『개벽』 등의 민간언론과 총독부 기관지였던 『매일신보』와는 보도 경향은 매우 다르게 나타나고 있었다. 실제로 『개벽』에서는 레닌이 사망 이후의 러시아의 정황에 대해 긍정적인 인식을 나타내고 있었으며, 『동아일보』에서는 레닌의 사망 관련된 보도에서 긍정인 보도 태도를 보이고 있었다. 또한 민간언론에서는 재러 한인의 정치적 상황에 대해서도 긍정적인 보도 내용을 자주 게재하고 있었는데 이러한 경향들은 1920년대 한국사회가 러시아에 대해 긍정적인 인식을 형성하는데 일정하게 기여했을 것으로 생각된다.

우선 소련의 경제사정과 관련된 민간언론의 보도는 1926년 5월 『개벽』에 게재되었던 '最近 赤露의 經濟狀態'라는 글이 대표적이라고 할 수 있었다. 이글에서 『개벽』의 필자는 소련의 경제사정이 제1차 세계대전 이전에 비해 아직 충분치는 못하지만 농업, 상업, 공업, 국가예산 등에 있어서 발전하고 있음을 강조하고 있었다. 또한 이글에서는 1926년 4월에 『조선일보』에 게재되었던 "赤露經濟事情을 悲觀한더라"라는 기사에 대한 반박의 형식을 띤 것임을 강조하기도 하였다.[26]

이 글에서는 소비에트 러시아의 경제상황에 대해 구체적인 통계 수치를 통해 그 발전상을 설명하고 있었는데 첫째, 지난 1년(1925년-필자)간 생산된 곡물총액은 제1차 세계대전 발발 이전인 1913년에 비하면 약 71%에 달하며, 1923년에 63%였던 것에 비하면 꾸준히 발전하고 있다고 주장하고 있었다.

둘째, 공업의 경우는 1913년에는 공업총생산액이 70억 루불 이었는데 1925년에는 50억 루불 이었으며, 금년에는 65억 루불로 약 95%의 회복세를 달성하였다고 하고 있었다. 세째, 금년에 새로 편성된 '國家收支' 예산안의 경우는 1913년과 거의 같은 수준이며, 3년 전과 비교해서는 2배반이나 성장한 것이고 혁명 후 처음으로 부족액이 없이 편성된 것이라고 하여 러시아의 경제형편이 제1차 세계대전 및 혁명을 전후한 시기와 비교해 보면 상당히 호전되고 있다고 보았다. 네째, 이 글에서는 러시아는 국제무역에서도 비교적 안정적으로 성장하고 있으며, 화폐개혁도 성과를 거두고 있다고 설명하고 있다.[27]

뿐만 아니라 1925년 9월에 발행된 잡지『思想運動』에 게재된 기사에서는 소비에트 정부가 추진했던 토지정책에 대해 소련은 "혁명 다음날에 포고한 토지포고 제1조를 통해 大所有地의 無賠償 즉각 폐지를 선언하여 대토지 계급은 없어졌으며, 수십 년간 싸워오

---

26) 金鐵山, 1926.5,「最近 赤露의 經濟狀態」『開闢』69. 이 기사는 "지난 달 중순 朝鮮日報 어느 號에 … 赤露의 經濟事情을 悲觀한다더라 라는 기사가 있었습니다"라는 내용이 수록되어 있다.

27) 金鐵山, 위의 글 참조. 무역의 경우도 1913년 100%로 잡으면 1924년에는 21%, 작년에는 26%로 발전하고 있다고 주장하고 있다. 화폐개혁에 대해서는 개혁이 시작되던 1924년 4월 전국에 通行되던 화폐가 2억 9,300만 루불이었던 것이 昨年 12월에 와서는 12억 6,900만 루불로 늘어났으며, 딸라와 비교해 보면 처음에는 1딸라에 2루불 20꼬베크였던 것이 지금은 1루불 94꼬베크가 되었다고 하고 있다.

던 농민의 토지투쟁은 이제야 비로소 그 목적지에 도달하였다고
하여 러시아의 토지정책이 농민의 편에서 대단히 성공적으로 진행
된 것으로 평가하고 있었다.[28]

한편,『개벽』과『동아일보』에서는 레닌 사망 이후 러시아의 정
치적 상황에 대해 긍정적으로 평가하거나 그의 죽음을 애도하는
다수의 기사를 게재하기도 하였다. 먼저 1924년 2월『개벽』에 게
재되었던「레닌은 죽었습니다」라는 기사에서는 레닌의 사망이 이
후 러시아의 정치적 상황에 별다른 영향을 끼치지 않을 것이라고
주장하고 있었다.

> 그러나 勞農政府의 존립에는 하등의 영향이 없을 것이다. 왜그러
> 나 하면 勞農政府는 今日이나 昨日에 성립된 것이 아니요. 벌서 7년
> 전에 성립되어 받을 시련을 다 받아온 그 정치이오. 또 그 정치는 多
> 大數의 民人을 기초로 하야 유명한「레닌」式의 計算 算理 規律의 3
> 者로써 편성한 조직에 섯을 뿐 아니라 그의 배후에는 60萬人의 共産
> 黨員과 120萬의 赤衛軍이 陣을 버리고 잇는 것인즉 누구의 힘으로도
> 그를 엇절 수 없는 것이며 다만 문제는「레닌」을 일흔 今日에 그를
> 統御善用할 인물이 누구 이겠느냐 하는 것이나 실은「레닌」은 병석
> 에 누어 사실로 政務를 親執하지 못한 지가 벌서 오랬고 그 이하의 3,
> 4인이 일찍부터 그만큼 하여오든 것인즉 이제 새삼스럽게 황망해 낭
> 패하거나 龜裂을 생기게 할 리도 업슬 것이다. 而況親經濟政策이 실
> 시된 후로 國勢는 일층 활기를 띄고 국제적 지위는 나날이 향상되는
> 今日이리요.[29]

위의 내용에서 보면 필자는 노농정부가 성립된 것이 이미 7년이
나 지났으며, 대다수의 인민을 기초로 한 레닌식의 정책들이 효과
를 거두고 있는 상황에서, 그리고 60만의 공산당원과 120만의 赤衛
軍이 陣을 치고 있고, 러시아의 國勢기 일층 활기를 띄고 국제적

---

28) 秋帆, 1925.9,「露國의 無 階 革命과 農民」『思想運動』2-2, 25쪽
29) 1924.2,「레닌은 죽었습니다」『開闢』44.

지위가 나날이 향상되고 있음으로 레닌의 사망이 勞農政府 존립에
하등의 영향이 없을 것이라고 주장하고 있었다.

또한『개벽』의 다른 글에서도 "지난(1923년 : 필자) 12월 이래
전해지는 소위 러시아 공산당의 內爭"은 "곱부 안에 거품"같은 것
이라고 하기도 하였다.[30] 뿐만 아니라『동아일보』에서는 레닌이
사망하지 그의 죽음에 대해 '訃音을 傳하는「레닌」氏의 一生! 이
십 세기 벽두에선 절대위인, 과연 이 세상을 떠나 버렸는가'라는
題下에 그의 사망사실을 보도 하였다.[31]

그리고 1925년 1월 13일자『동아일보』의 기사에서는 경성청년
회가 레닌에 대한 추도식을 준비하고 있다고 보도하면서 '오는 21
일은 이미 신문지상으로 50여 차례나 보도를 전했던 세계무산혁명
의 아버지 레닌이 세상을 떠난 지 1주년'이 되는 날이라고 강조하
고 있음을 볼 수 있다고 하겠다.[32]

한편,『동아일보』에서는 레닌의 추도식과 관련된 기사들을 자주
보도하고 있었는데 추도식은 사회주의진영의 청년단체들을 중심으
로 레닌에 대한 기념강연이나 간담회 형식으로 진행되고 있었다.

> (1) 來 20일은 전세계 무산대중의 동무 레닌을 일흔지 1주년인 바 차
> 를 기념하기 위하여 군산에서는 群山靑年會, 群山勞動聯盟, 民衆
> 運動社의 연합 주최로 21일 하오 8시부터 永信學院에서 記念講演
> 을을 할 터인데 演題와 演士는 아래와 같다.
> 「레닌」追悼講演:「레닌」의 一生을 追悼함(金永輝), 푸로革命과
> 「레닌즘」(金昌洙), 朝鮮農村에서 본「레닌」(愼枸晟),「레닌」前後

---

30) 1924.3,「레닌 死去後의 勞農露國」『開闢』45. 이 글은 "日本大阪 商業
會議所 囑托으로서, 昨秋에 露國에 들어가, 露國의 政情을 연구해 가
지고, 레닌 死去後 3일 만에 幕斯科를 떠나, 日本에 돌아왔다는 增田正
雄氏의 말인 것"으로 나타나고 있다.

31)『동아일보』1924년 1월 24일.

32)『동아일보』1925년 1월 13일.

의 都市勞動者(張日煥), 「뽈쉬빅키」와 「레닌」(金栃)(群山)[33]

   (2) 서울청년회는 간담회를 이정윤의 사회, 박형명의 레닌역사 보고,
김해광 레닌주의에 대한 설명 등으로 진행됨 레닌기념회원 150명
을 모집 할 것, 레닌 及 레닌주의라는 단행본을 발간할 것 등을 결
의하였다.[34]

  위의 내용은 레닌의 추도식과 관련해서 『동아일보』에 보도된 내
용의 일부이다. 이 글을 통해서 보면 서울청년회나 군산청년회 등
국내의 사회주의 청년단체들은 레닌 1주기를 맞이하여 그의 일생
이나 레닌이즘, 혹은 '朝鮮農村에서 본 레닌' 등과 같은 내용으로
기념강연회와 간담회를 개최하였음을 알 수 있다고 하겠다. 『동아
일보』에 보도된 내용을 종합해 보면 레닌 1주기를 추도하기 위한
청년단체들의 움직임은 전국적으로 나타나고 있었으며, 대부분의
기념식은 일제 경찰로부터 방해받아 무산되었던 것으로 보인다.
실제로 火曜派와 新興靑年會, 勞動黨,[35] 全州靑年會,[36] 大邱第四
靑年會[37] 등이 개최한 추도식은 경찰에 의해 금지당하였으며, 북
풍회, 경성청년회, 해방운동사, 청년운동사가 연합하여 개최하고자
했던 '四團體聯合追悼會'의 경우 기념강연회는 경찰에 의해 금지
상황에서 추도회만 개최될 수 있었던 것으로 보인다.[38] 뿐만아니

---

33) 『동아일보』 1925년 1월 21일.
34) 『동아일보』 1925년 1월 23일.
35) 『동아일보』 1925년 1월 23일, 「不平滿滿한 「레닌」追悼; 火曜會 新興靑
   年의 追悼會는 禁止, 勞動黨追悼式은 禁止」.
36) 『동아일보』 1925년 1월 23일, 「全州靑年會主催 레닌 追悼講演會禁止,
   時機尙早라고돌연 경찰서에서 금지, 이유는 시가상조라고」.
37) 『동아일보』 1925년 1월 24일, 「大邱警察을 彈劾 소위 부랑자 검속을
   핑계로 레닌추도식에 모인 청년불법검속사건으로 제사청년회에서 탄
   핵을 준비로 제사청년회에서 탄핵을 준비」라는 기사가 게재된 것으로
   보아 레닌에 대한 추도식 게재문제를 놓고 사회주의 청년단체들과 일
   제 경찰간에 마찰이 있었던 것으로 보인다.

라 이러한 상황에서도 레닌 2주기 때에는 그에 관한 기사가 『동아일보』에 사설로 다루어지고 있었으며, 막심 고리끼가 쓴 「레닌」이라는 글이 4회에 걸쳐 1면에 연재되었다고 한다.[39]

뿐만 아니라 이 시기에 『조선일보』에서는 「맑스의 42주기」라는 사설을 통해 사회주의에 대한 긍정적인 인식을 보도하기도 하였다.

> 1883년 3월 14일에 倫敦에서 칼를 맑스는 肺疾로 인하야 렌헨 老媼과 親友 엥겔스의 臨終으로 고요히 不歸의 客이 되고 말었다. 科學者 더욱이 經濟學上 新紀元을 劃한 經濟學者로서 社會哲學上 新眞理의 探究者로서 不朽의 功績을 쌌코 思想家로서 革命家로서 百代의 師表가되고 또 勞動階級運動의 指導原理의 啓示者로 愛와 義를 위하여는 萬乘君主의 威勢와 三旬九食의 貧困에도 百折不屈하고 勇戰力鬪하든 革命家로서 千萬푸로렐타리아의 추앙과 尊敬을 받든 저의 英靈은 이에 永遠히 塵世를 離別하였다.[40]

위의 내용을 통해서 보면 『조선일보』에서는 마르크스에 대해 신진리의 탐구자이고 백대에 사표가 되어 추앙과 존경을 받는 사상가이고 혁명가로 표현하고 있는 것을 알 수 있다고 하겠다.

---

38) 『동아일보』 1925년 1월 23일, 「4단체는 북풍회, 경성청년회, 해방운동사, 청년운동사이며, 기념강연회를 개최하고자 하였으나 경찰의 금지로 개최하지 못하였으며, 연합기념추도회를 거행함」.

39) 유재천, 1990, 『한국 언론과 이데올로기』, 문학과 지성사, 346쪽. 한편 『동아일보』에는 레닌의 전기가 61회나 연재로 게재되었다고 한다. 그 목차는 다음과 같다. 1) 가정 및 학생시대, 2) 러시아 혁명의 유래, 3) 레닌의 장년시대, 4) 레닌의 소비에트운동, 5) 반동시대에 처한 레닌, 6) 레닌의 부활, 7) 만국사회주의의 부활과 레닌, 8) 레닌의 귀국, 9) 레닌의 실질운동, 10) 유명무실의 입헌정치, 11) 러시아 혁명과 세계대전, 12) 3월혁명과 레닌, 13) 정치혁명으로 사회혁명에, 14) 레닌의 클레무린궁의 생활, 15) 레닌정부의 시설, 16) 레닌의 위인급 공평, 17) 폴셰키의 헌장, 18) 결론.

40) 『조선일보』 1925년 3월 14일, 「맑스의 42주기」 ; 유재천, 앞의 책, 334쪽에서 재인용.

따라서 이상의 내용을 통해보면 1920년대에 『동아일보』, 『개
벽』, 『사상투쟁』, 『조선일보』 등 국내의 중요 언론들은 대체로 사
회주의사상을 포함하여 소비에트러시아의 정치적 상황이나 레닌
에 대한 인식에 있어서 상당히 우호적인 보도태도를 갖고 있었음
을 알 수 있다고 하겠다. 그리고 민간언론의 이러한 보도는 1920년
대 한국사회의 소비에트러시아에 대한 인식의 형성에 일정하게 영
향을 끼쳤을 것으로 생각된다.

2. 재러 한인의 대한 보도태도

1920년대 후반 이후 재러 한인에 대한 보도경향을 『동아일보』와
『개벽』을 통해서 보면 역시 우호적인 분위기를 나타내고 있었음을
알 수 있다. 우선 1925년 7월 『개벽』에 게재되었던 「露領朝鮮人農村
情形의 수昔」이라는 기고문에서는 10월 혁명 이후 한인 농민의 생
활상에 대해 대단히 우호적인 내용을 게재하고 있음을 볼 수 있다.

　　朝鮮農民의 一大 特典은 금년 쏘베트 정부에서 在沿海道 朝鮮農
民을 위하여 60만 金留를 投下하기로 可決하였다는 것이다. 이 가운
데 40만 金留로써는 未墾地를 개척하며 人煙이 좀 調密한 지방의 농
민을 이주케 하고 그리고 20만 金留로써는 農具를 사서 配給하기로
하였다 한다. 이 얼마나 한幸이냐?
　　그리고 금년부터는 副業을 獎勵한다 한다. 果園 桑園등의 경영은
아르쩨르(組合)을 조직하여 하게 하는데 토지는 얼마든지 貸附하여
주며 그밖에는 만흔 便宜를 取하여 준다. 이러하여 果園 桑園등은 발
서 시작한 몇 군데가 있다 한다. 지금 露領에 居住하는 朝鮮人農民은
생활에 아모 것도 근심이 없다. 이와 가티 쏘베트 정부의 모든 施設이
민중의 實益을 위한다 함으로 이를 들은 朝鮮內地 及 間島의 饑饉民
은 露領으로! 露領으로! 물밀 듯이 들이미는데 지난 3, 4월경에는 海
三威에 만들어서는 白衣人이 날마다 百餘名式이엇다 한다. 그밖에

陸路로 국경을 넘어오는 사람은 얼마인지 알 수 없다 한다. 그럼으로 當局에서는 이들 處置에 頭痛을 앓는다 한다.[41]

위의 내용을 정리해 보면 필자는 금년에 소비에트정부에서 연해주에 거주하는 조선농민을 위해 60만 金留를 투자하기로 결정하였으며, 이중 40만 金留로는 未墾地를 개척하고 20만 金留로는 농기구를 사서 농민에게 배급하기로 하였으니 이는 한인농민들에 대한 一大特典이며, 다행한 일이라고 하고 있다. 그런데 러시아정부의 농민보호 정책에 대해서는 1926년 12월 5일자『중외일보』에서도 勞農政府에서는 일정한 자격을 갖춘 농민에 대해서는 수확의 10/1만을 세금으로 내면 되게 하는 등 농민의 안정을 위해 노력하고 있는 상황과 조선의 농촌은 날로 피폐해 감을 대비하면서 조선농촌의 현실을 염려하는 내용의 논설을 게재하기도 하였다.[42]

또한 이 글에서는 果園이나 桑園의 경영도 조합을 통해 이루어지고 있으며 토지는 얼마든지 貸付하여 주며, 그밖에 많은 편의를 제공하기 때문에 노령에 거주하는 조선 농민은 아무런 근심이 없다고 하고 있었다.

뿐만 아니라 소비에트 정부의 모든 시설이 민중의 實益을 위한다는 소식을 듣고 露領으로 찾아오는 조선 및 간도의 饑饉民들이 수를 알 수 없을 정도로 많다고 하였다. 그리고 이 글에서는 소비에트의 교육정책에 대해 아직 경제문제로 여전히 사립으로 운영되는 학교가 있기는 하지만, 러시아의 거의 모든 학교의 경영일체를 정부에서 해주며, 한인들의 학교는 "一日 一課式 露語를 교육하는 것 이외에 모두 조선문으로 교육이 이루어지고 있어서 전혀 일본말로 교육하는 조선 내지와는 딴판"이라고 하기도 하였다.[43] 그런데 전체

---

41) KHM, 1925.7,「露領朝鮮人農村情形의 今昔」『開闢』61.
42)『中外日報』1926년 12월 5일,「勞農露國의 農民保護 朝鮮現狀은 如何」.

적으로 『개벽』의 이러한 기사 내용들은 국내의 일반인들의 소비에
트러시아에 대해 인식의 형성에 영향을 끼쳤을 것으로 생각된다.

또한 『개벽』의 다른 기사에서도 한인농민들의 露領 이주에 대
해 긍정적으로 평가하고 있었는데 "赤露海蔘威政廳에서는 조선농
민 3,000호의 이주를 요구하고 있으며, 비록 풍속습관이 다르다 할
지라도 생활환경만은 다소 윤택해 질 것이 사실이며, 思想上으로
도 받게 되는 그 영향이 美大한 것은 무엇보다 明白한 事實이다"
라고 하기도 하였다.[44]

한편 『동아일보』에서도 재러 한인의 장래와 관련해서는 긍정적
인 논설의 경향을 나타내고 있는데 이러한 경향은 다음의 내용을
통해서 보면 그 일단을 확인할 수 있을 것으로 보인다.

> 좋든 그르든지 우리는 西伯利에서 우리는 민족적 생존을 주장함이
> 요령인 즉 … 조선사람이 영구히 살아갈 唯一無一 한 방책을 창에 구
> 함이라 ○○소비에트의 위치는 반드시 水淸을 취함이 第一適當하다
> 교통이 비교적 편리하고 地輻 廣闊할 뿐 아니라 물산이 풍부한 곳인
> 즉 사방에 散在한 人家들을 此에 집중하여 주민으로 하여금 武力的
> 鍊磨를 期하여 現在의 제일 强敵인 馬賊을 討滅하기에 全力할 것이
> 요 또 將來에 여하한 경우이든지 自衛 安堵할 만한 軍力을 양성함이
> 필요하고 一便으로 天産物 개발에 盡力하여 工藝品을 制作하여 外國
> 의 通商을 不待하고 自給自供하게 됨을 期必하고 各處의 小○○○
> ○과 연락을 취하여 一大勢力을 作하고야 비로서 西伯里主人의 初步
> 가 될 것이다. 책상에서 理論함과 如히 單純한 일은 아니나 시작이 半
> 이다 …[45]

이 글은 『동아일보』 객원기자였던 羅景錫이 러시아를 취재하면
서 쓴 '露領見聞記'의 일부이다.[46] 이 글에서 보면 나경석은 좋든

43) 『開闢』 61, 앞의 글 참조.
44) 1924.2, 「레닌은 죽었습니다」 『開闢』 44.
45) 나경석, 1980, 『公民文集』, 正友社, 262쪽.

그르던 西伯利에서 우리민족의 민족적 생존을 주장함이 중요한 일이며, 현재 서백리는 비교적 교통이 편리하고 물산이 풍부한 곳으로 한인들이 생황을 영유하기 비교적 좋은 지역이라는 인식을 갖고 있었던 것으로 보인다. 그리고 서백리아에서 한인들이 안정적으로 생활하기 위해서는 우선 마적에게 대항하고 스스로를 지킬 수 있는 무력적 기반을 갖추는 일이 중요하며, '天産物', 공예품 등을 개발하여 한인들의 경제에 도움이 될 수 있게 하는 한편, 각처의 세력들을 통합하여 '一大勢力'을 형성하는 것이 급선무인 것으로 파악하고 있음을 볼 수 있다. 즉 1920년대 초 국내의 언론에서는 이미 러시아 지역이 한인들이 이주하여 정착하기에 좋은 지역이라는 인식을 갖고 있었음을 확인할 수 있다고 하겠다.

또한 『동아일보』에서는 재러 한인의 정치적 상황에 대해서도 긍정적으로 평가하는 기사들을 게재하고 있었다. 특히 1924년 『동아일보』에서는 노농정부가 일본에 반감을 갖고 있는 조선인을 대상으로 연해주에 한인공화국을 건설하여 한인들에게 독립을 허락하고자 하고 있다는 기사를 보도하기도 하였다. 그리고 이러한 상황에 대해 『동아일보』에서는 러시아인들은 東方民族懷柔策의 일환으로 이 같은 정책을 추진하고 있는 것이며,[47] 韓人議會를 조직하여 자치를 해나가는 것에 대해 연해주 일대에서는 이미 찬성의 뜻을 표하고 있다고 하고 있었다.[48]

그런데 러시아에서의 한인공화국 건설에 관한 보도는 『매일신보』에도 게재되고 있었다. 『매일신보』에서는 남북만주을 위시하여 북선지방까지 토비(土匪)가 극심한 상황에서 만주지역 다수의 농부는

---

46) 『동아일보』 1922년 10월 27일.
47) 『동아일보』 1924년 7월 30일, 「'韓人共和國' 建設과 일본 모정치가의 말」.
48) 『동아일보』 1924년 6월 29일, 「勞農露國後援下에 韓人共和國建設說」.

일본 측 관헌의 보호를 받고 있으나 조선인 가운데 불평분자나 마적에 속하는 많은 한인들에 대해 노농노국에서는 여비까지 지급하여 극동방면으로 보내 一大 조선인공화국을 건설하여 노농식으로 훈련시키고자 하고 있다고 보도하였다.[49]

따라서 이러한 내용을 통해서면 露領에 한인공화국을 건설한다는 같은 내용의 기사에 대해서도 『동아일보』와 『매일신보』의 보도태도는 서로 다른 경향을 나타내고 있음을 확인할 수 있다고 하겠으며, 『매일신보』의 보도태도가 상대적으로 부정적이었음을 알 수 있다고 하겠다.

또한 『동아일보』에서는 노농정부가 연해주지방에 거주하는 조선부인의 인습을 타파하고 女權을 확장하기 위해 부자유스러운 결혼에 대해 엄중 처벌하는 新刑法을 제정[50]하였다고 보도하기도 하였다.

뿐만 아니라 『동아일보』에서는 노농정부와 독립운동세력과의 관계가 우호적이었던 것으로 설명하고기도 하였는데 실제로 '在露朝鮮人獨立團'은 무기휴대가 자유로우며, 해삼위의 노농정부로부터 특별우대를 받고 있다고 하였으며, 독립단과 고려공산당원 중의 일부는 露國 官廳 保安部에서 경찰의 임무를 맡고 있다고 보도

---

49) 『매일신보』1926년 6월 25일, 「赤魁에 곤궁한 동포를 모라다가, 조선인 공화국 건설」.
50) 『동아일보』1926년 2월 11일, 「不自然한 結婚은 一切 嚴重處罰」. 소비에트 러시아에서 제정한 법령의 내용은 다음과 같았다고 한다. 1. 새로 혼인할 신랑 혹은 그 부모 친척으로부터 금품을 교부하여 신부의 의사에 반대하는 남자와 혼인하게 하는자는 1년간 구금 또는 勞力에 처함. 1. 이상의 관계한 개인 또는 관리도 같은 형에 처함. 1 금품을 교부받고 시집을 보내는 자는 이상과 같은 처벌 또는 금액에 상당한 벌금에 처함. 1. 혼인연령에 달치않은 처자에게 그의 뜻에 위반하는 강제혼인을 한자에게는 5년간의 자유구속에 처함.

하고 있었다.[51]

또한 해삼위에서 개최되는 極東共產黨大會에는 상해임시정부와 정의부, 의열단 등의 수령이 참석할 것이라고 보도하기도 하였으며,[52] 러시아의 북경대사 '카라한'과 李東輝 등이 조선인 무장단과 중국공산당원이 서로 연락하여 東三省을 적화시킬 목적 하에 회합을 가졌다고 보도하기도 하였다. 따라서 이상의 내용을 종합해 보면 『동아일보』의 러시아에 대한 보도 기사는 국내의 지식인과 일반 대중들이 소비에트러시에 대한 긍정적인 인식의 형성에 크게 기여했던 것으로 생각된다.[53]

Ⅳ. 소비에트 러시아에 대한 『매일신보』의 보도 태도

조선총독부의 관제언론이었던 『매일신보』의 소비에트 러시아에 대한 보도태도는 국내의 민간언론과는 상당한 차이가 있었던 것으로 보인다. 『매일신보』의 경우는 1918년부터 1922년 10월까지 러시아 내전에 개입하여 '시베리아 출병'을 야기하고 있었던 상황에서 러시아의 정치적 상황에 대해 일관되게 부정적인 보도를 나타

---

51) 『매일신보』 1925년 5월 7일, 「在露朝鮮獨立團 武器携帶가 自由」.

52) 『동아일보』 1926년 6월 19일, 「上海假政府幹部를 爲始하야 義烈團正義府 首領出席, 來二十五日 海蔘威에서 開催되는 括目할 極東共產黨大會」.

53) 『동아일보』 1926년 4월 24일, 「滿洲朝鮮軍活躍, 장장림을 후면으로 공격 및 東三省일대를 赤化시키고자 「카라한」氏와 李東輝 等 會合」.

내고 있었다. 또한 재러한인의 사회적 상황에 대한 보도 태도에 있어서도 비슷한 경향을 나타내고 있었는데 이러한 상황은 국내의 민간언론의 보도태도와 대립하면서 총독부의 러시아에 대한 정치적 상황을 반영하고 있었던 것을 보인다.

우선 정치적으로 볼 때 『매일신보』에서는 일제는 러시아 공산주의에 대해 강한 거부감을 나타내고 있었는데 이는 1921년 10월 19일에 게재되었던 '위험시대와 위험사상, 可恐할 過激思想의의 侵染과 防止策'이라는 사설을 통해서 보면 분명하게 나타난다고 하겠다.

> 소위 공산주의와 사회주의와 무정부주의는 모다 「데모크라시」주의로 胚胎되어 人의 사상을 험악하게 한 것이라 그러니 수에 在하여 「데모크라시」를 배척함과 如함은 時代錯誤함이라 … 그 정부를 노농정부라 함은 즉 노동계급 농민계급으로써 조직한 정부라는 意이니 彼等이 가장 과격한 공산주의자로 노동자를 *하여 그 虛榮心을 煽動하고 폭력으로서 國家社會를 破壞하면서 其 慘憺暴虐을 逞하는 者이니 現에 彼露國 人民의 狀態는 果然 如何한 **立하였는가 최근 정보에 의하면 「레닌」의 세력이 漸次 *에 墮함과 如하며, 勞農政府도 將次 自滅에 *하리라 하였으니 此는 天理 人道上 당연한 결과라 하겠지마는 此 過激思想은 我 조선인에게 까지 感染하여 外國에 在한 不良輩가 此 過激思想을 조선 내지에 있는 동포에게 까지 宣傳코자 熱中함이 如하니 吾人은 실로 憂慮不堪하는 바이로다.[54]

즉 『매일신보』에서는 공산주의에 대해 민주주의를 배척하는 시대착오적 사상이며, 노동자들의 허영심을 선동하고 폭력으로 국가사회를 파괴하고 있다고 주장하였다. 그리고 레닌의 세력이 점차

---

54) 『매일신보』 1921년 10월 19일, 「危險時代와 危險思想, 可恐할 過激思想의의 侵染과 防止策(社說 上). 이밖에 이 사설에서는 상상계의 혼란을 未然에 '斬草除根'치 않으면 不遠하여 제2의 露西亞가 될 수 있다고 주장하고 있다(『매일신보』 1921년 10월 20일, 「危險時代와 危險思想, 可恐할 過激思想의의 侵染과 防止策(社說 下)」).

추락하고 노농정부도 장차 자멸할 것이라고 하거나 과격사상이 조선에 까지 선전되는 것에 대해 매우 우려된다고 하고 있는데 이는 『매일신보』의 러시아에 대한 인식이 극단적으로 부정적이었음을 보여주는 것이었다고 하겠다.

『매일신보』는 소련의 정치적 상황에 대한 인식에 있어서도 부정적인 경향을 보이고 있었는데 러시아의 과격파가 반과격파에 대해 '大殺戮'을 감행하여 약 1,000여명 이상의 정치인이 총살당했다고 하거나[55] 러시아가 7년간의 내전과 정치적 불안, 赤白軍의 불법적인 징발과 기후·질병 등의 영향으로 만성적인 기근에 시달리고 있다는 기사를 게재하기도 하였다.[56] 그런데 실제로 러시아의 기근과 관련해서는 『동아일보』에서도 모스코바에서 발간된 노농정부의 '公報'를 인용하여 우크라이나 지방 소련인 300만인의 기근설을 보도하기도 하였으며, 이를 통해서 볼 때 이 시기 러시아의 식량사정은 크게 좋지 않았던 것으로 생각된다.[57]

이밖에도 1924년 1월 레닌이 사망하자 『매일신보』에서는 '逝去한 레닌 氏'[58]라는 짤막한 기사로 보도하고 있을 뿐이었으며, 레닌 사망 이후에는 白系 러시아인들의 복벽운동[59]이나 공산당에 대해 반대하는 세력들에 관한 기사 및 러시아 정부 내의 갈등관계를 부

---

55) 『매일신보』 1921년 9월 13일, 「露國事情－露國大殺戮 1,000여명 이상을 총살」 ; 『매일신보』 1921년 10월 29일, 「露饑饉狀況報告」.
56) 『매일신보』 1921년 9월 3일, 「露國饑饉의 原因」. 이 기사는 뉴욕타임스 특전의 형식으로 보도되고 있다.
57) 『동아일보』 1926년 5월 11일, 「300萬人 飢餓說」.
58) 『매일신보』 1924년 1월 24일, 「逝去한 레닌 氏」. 레닌의 사진이 함께 수록되어 있다.
59) 『매일신보』 1926년 5월 11일, 「赤露의 內政動搖로 白系露人의 腹壁運動」 ; 『매일신보』 1926년 6월 25일, 「反動團體 黑星組員, 赤露高官 續續暗殺」.

각시키는 내용을 자주 보도하고 있었다.

실제로 공산당 내부의 갈등과 관련해서는 '露國共産黨의 分裂'
이라는 사설을 통해 지노예프와 트르츠키 파가 손을 잡고 전 러사
아에 걸쳐 戰線을 확장하고 있어 형세가 자못 중대하게 전개되고
있다고 보도하면서 러시아 공산당의 '前途가 幾多한 內訌으로 인
하여 불안정을 초래할 사건이 層生疊出함을 면치 못할 것이라고
하기도 하였다.[60]

뿐만 아니라 『매일신보』에서는 러시아의 정치적 상황에 대해 공
산당의 專制政治로 러시아의 암흑시대가 재현되고 있으며, 모스코
바 거리에는 乞人이 무리를 이루고 있으며, 政治保安部 소속의 밀
정이 도처에서 횡횡하는 가운데 정치범을 집단으로 총살당하고 있
다고 하면서 러시아 정국이 참담함을 더하고 있다고 하고 있는데
궁극적으로 이러한 내용들은 모두 러시아의 정치적 상황에 대한
『매일신보』의 정치적 편향을 반영하고 있는 것이라고 하겠다.[61]

재러 한인의 상황에 대한 『매일신보』의 기사 내용에도 이러한
경향이 드러나고 있는데 일본군의 시베리아 출병기간에는 일본군
의 활동을 긍정적으로 보도하는데 『매일신보』가 활용되고 있었으
며, 1920년대 후반 이후에는 재로 한인이 러시아 관헌에게 박해를
당하거나 경제적으로 열악한 상황에 있었음이 강조되고 있었던 것
으로 나타나고 있다.

1921년 9월 14일의 『매일신보』에서는 西伯利亞(시베리아 : 필자)
에는 약 50만내지 70만의 조선인이 거주하고 있는데[62] 일본군이 撤

---

60) 『매일신보』 1926년 10월 17일, 「露國共産黨의 分裂」.
61) 『매일신보』 1926년 7월 30일, 「共産黨의 專制政治와 露國의 暗黑時代
    再現」. 이 기사는 "莫斯科에서 최근 來朝한 유식자에 따르면"이라는
    형식으로 보도되고 있다.
62) 그런데 재만한인의 경우 1920년에 일제의 조사에 의하면 약 459,400명

兵한 이후 친일조선인들은 排日鮮人과 排日露人에게 커다란 압박을 받을 것이 염려되며, 또한 올해에 커다란 흉년이 들었기 때문에 더욱 증가하는 馬賊으로부터 압박을 받을 것으로 생각된다고 함으로써 일제의 시각에서 보았을 때 일본군이 시베리아에서 철병할 경우 친일계 재러 한인의 안전에 문제가 있음을 강조하고 있었다.[63]

반면에 海蔘威(블라디보스톡 : 필자)에 주둔하고 있던 일본군은 한인들의 처지를 불쌍히 여기고 각 방면에서 보호·애호하는 정책을 추진하고 있음을 주장하기도 하였다. 그리하여 일본군은 한인 자제들을 위해 교과서를 무상으로 배급하는 활동을 전개하거나 軍馬 중에 廢馬가 된 것이나 잉여가 있을 경우에는 반드시 조선인에게 讓與하였는데 현재까지 無料 혹은 50~60원의 가치에 해당하는 것은 20원 이하로 계산하여 불하한 것이 86頭 이상에 이른다고 하였다.

이밖에도 일본군은 의료시설이 부족한 조선인에 대하여 무료 의료를 실시하여 환자들이 문전성시를 이루고 있다고 보도하고 있으며, 또한 니콜리스크의 아가라河 방면에서는 이전에 조선인은 외국인이었으나 지금은 동일한 日本居民으로 일본인 보다 교육상태가 다소 低劣하나 조선인에 대하여 同情의 意를 表 하지 않을 수 없다는 上官의 명령이 있은 후 규율이 엄격한 일본군과 조선상인들과의 사이에는 친밀한 관계를 유지하고 있다고 보도하기 하였다.[64]

또한 1920년대 후반에 이르면 『매일신보』는 만주지역의 大拉子

이었으며, 1930년 경 東北政府委員會가 남경부에 보고한 바에 의하면 유랄생활자를 제외한 재만한인의 수는 약 709,000명이었다고 한다. 조선족약사편찬조, 『조선족약사』, 백산서당, 1989, 74쪽, 박영석, 『萬寶山事件研究』, 아세아문화사, 1987, 64쪽.

63) 『매일신보』 1921년 9월 14일, 「撤兵과 在外同胞, 山上昶氏談」.

64) 『매일신보』 1921년 6월 20일, 「在露同胞의 상황(5) 西伯利亞 파견 조선 총독부 事務官, 山岐眞雄氏談」.

와 南陽平, 大明月溝 방면에서 露領으로 이주하는 자가 끊이지 않
아 1926년 1월 이후 4월까지 약 2,000戶의 한인들이 이주한 것으로
보도하여 1920년대 후반에도 노령으로 이주하는 한인들이 많았음
을 나타내기도 하였다.65) 그런데 러시아로 이주하는 한인에 대해
'최근 격증하는 이주민의 경우 水田開墾을 목적으로 하는 농민들
이었으나 밀수품의 거래를 통해 폭리를 취할 목적으로 綿布와 酒
類 등의 밀수품을 휴대하고 越境時期를 기다리고 있다'고 함으로
써 한인들의 일부가 불순한 의도를 가지고 러시아로 들어가고 있
음을 보도하기도 하였다.66)

또한『매일신보』에서는 러시아로 이주하는 한인들이 러시아 관
헌들에게 부당한 대우를 받고 있음을 강조하고 있었던 것으로 보
인다. 실제로『매일신보』1926년 4월 23일자에서는 이주 한인 26명
이 密輸者로 오인되어 러시아 관헌에게 총살당하는 등 러시아와
중국국경사이의 여행이 갈수록 위험해 지고 있다고 보도하였으
며,67) 1927년 7월 1자에서는 포셋트에 상륙한 조선인 30명이 소지
하고 있던 600원 이상의 日貨를 러시아 관헌이 몰수였다고 보도하
기도 하였다.68) 또한 1927년 10월 15일에는 혼춘에서 러시아로 들
어가던 金順德이라는 사람이 일본군의 밀정이라는 이유로 러시아
군인에게 체포되어 감옥에 수감되었으며, 남편을 찾아 러시아로
越境한던 朴進月이 러시아 관헌에게 체포되어 35원을 압수당하는
등 다수의 피해가 있었다고 보도하기도 하였다.69)

---

65)『每日申報』1926년 4월 23일,「數千戶에 달하는 露領移住民」.
66)『每日申報』1926년 4월 3일,「최근에 激增되는 露領移住民, 목적은 土
   地開墾과 密輸暴利 夢想」.
67)『每日申報』1926년 4월 23일,「移住朝鮮人 26인을 赤露官憲이 銃殺」
68)『每日申報』1927년 12월 1일,「露國官憲이 日貨를 모두 沒收」.
69)『매일신보』1927년 12월 13일,「越境同胞의 무참한 수난, 노령에서 붙
   들리는 동포들, 强奪 拘禁의 폭행」

뿐만아니라 『매일신보』에서는 러시아 극동군사부에서 국경경비에 충당하기 위해 한인 300명을 모집하여 군사훈련 중인데 모병이 계속된다하여 연해주일대의 한인들이 전전긍긍하고 있으며, 다른 지방으로 이주하는 자가 많다고 보도하거나[70] 연해주 지방에 큰 홍수가 나서 50촌락이 泥海化하였으며. 구원을 부르짖고 있는 이재민이 무려 1만명에 이르고 있다고 보도하고 있었다.[71]

따라서 이상의 내용을 종합해 보면 조선총독부의 기관지였던 『매일신보』는 1920년대 전 기간에 걸쳐 국내의 민간언론과는 달리 소비에트러시아와 재로 하인에 대해 상당히 부정적인 내용의 기사들을 게재하고 있었던 것으로 보이는데 『매일신보』의 이러한 보도 태도는 일제의 러시아에 대한 적대적 인식을 반영하고 있는 것이었다고 생각된다. 그리고 크게 보아 1920년대의 국내언론은 소비에트러시아에 대한 인식에 있어서 민간언론과 총독부 관제언론 사이에 다름대로의 대립적인 인식의 차이가 존재하고 있었음을 알 수 있다고 하겠다.

V. 맺음말

지금까지 본고에서는 1920년대를 중심으로 총독부의 사회주의 언론에 대한 정치적 태도와 국내 민간언론 및 총독부 기관지였던

---

70) 『매일신보』 1927년 12월 7일, 「勞農軍事部에서 조선인 傭兵 모집, 국경경비에 보충하려고」
71) 『매일신보』 1928년 8월 4일, 「연해주 방면, 대홍수 50촌락 泥海化」.

『매일신보』의 소비에트 러시아에 보도 경향과 인식상의 특징에 대해 살펴보았다. 그 내용을 요약하면 다음과 같다.

첫째, 1920년대 조선총독부의 사회주의 언론에 대한 정치적 태도나 언론정책은 탄압주의적 경향에서 추진되고 있었던 것으로 보이며, 실제로 국내의 민간언론은 조선총독부의 극단적 탄압에 의해 여러 가지의 어려움에 직면하고 있었던 것으로 보인다. 그런데 이러한 총독부의 탄압에도 불구하고 『개벽』이나 『동아일보』, 『조선일보』, 『계급투쟁』 등의 민간언론들은 러시아의 정치적 상황이나 재러 한인의 사회적 상황 등에 대해 상당히 긍정적인 보도 태도를 나타내고 있었던 것으로 보인다.

둘째, 『동아일보』와 『개벽』의 보도 기사를 통해서 보면 이들은 대체로 레닌이 사망한 이후에도 러시아의 정치적 상황이 안정적으로 전개될 것이라고 보도하고 있었으며, 특히 『동아일보』의 경우는 레닌의 1주기와 관련된 청년단체들의 기념강연회와 추도식 준비와 관련된 기사들을 자주 보도함으로써 궁극적으로 러시아에 대한 긍정적 인식의 형성에 도움을 주었다. 또한 『개벽』에서는 러시아의 경제사정이 크게 호전되었음을 구체적으로 설명하는 논설을 게재하였으며, 러시아의 토지혁명이 성공적으로 진행되었다는 점을 강조하기도 했던 것으로 보인다.

셋째, 재러 한인의 사회적 상황에 대한 보도 내용에 있어서도 국내의 민간언론들은 상당히 긍정적인 보도 경향을 나타내고 있었던 것으로 파악된다. 이들의 보도 내용은 대체로 재러 한인들이 러시아정부의 후원 하에 안정적인 경제생활을 유지하고 있다고 보도하거나 러시아가 궁극적으로 한인들이 새로운 생활을 영위하기에 적합한 지역임을 강조하고 있었던 것으로 보인다. 특히 『동아일보』의 경우는 러시아가 독립운동세력과의 관계에 있어서도 정치적으로 긍정적인 역할을 하고 있는 것으로 보도하고 있음을 볼 수 있다. 그런데 국내언론의 이러한 보도 태도는 총독부 기관지였던『매일신보』와는 대조적인 보도 경향이었던 것을 확인할 수 있다고 하겠다.

넷째, 러시아에 대한『매일신보』의 보도 내용은 상대적으로 러시아에 대한 부정적인 인식을 강조하고 있었던 것으로 보이는데 우선『매일신보』에서는 러시아 공산주의사상에 대한 부정적인 태도의 보도기사를 게재하고 있었던 것으로 보이며, 1920년대 초반에는 주로 시베리아에 출병해 있던 일본군이 재러 한인의 보호를 위해 활동하고 있음을 강조하는 보도 기사를 게재하고 있었다. 그리고 1920년대 후반에 이르면 러시아의 사회적 상황에 대해서는 기근설을 자주 보도하거나 러시아 정국의 불안한 분위기를 강조하고 있었으며, 재러 한인들이 러시아 관헌들로부터 받는 부당한 대우에 대해 보도하고 있었다.

따라서 이러한 내용을 종합해 볼 때 1920년대 국내의 러시아 인식은 민간언론과 총독부의 관제언론 사이에 상당한 정도의 대립구도가 형성되어 있었던 것으로 보이며, 이러한 상황은 국내에서의 러시아에 대한 대중들의 인식형성에 일정한 영향을 끼치고 있었을 것으로 파악된다고 하겠다.

제2부

일제하 '잡지'에 나타난 법률관련 자료의 경향

제1장

일제의 식민지 언론정책과
법률관련 논설의 경향

Ⅰ. 머리말

개항 이후 대한제국기에 들어 본격적으로 출간되기 시작한 국내의 잡지는 대체로 근대 초기부터 개화사상의 전파와 국가의 독립을 수호하려는 민족주의적 이념을 근간으로 발전하여왔으며, 시기별로 약간의 차이가 있기는 하였지만 일제 말까지 한국 사회의 여론을 주도하면서 사회적 관심사에 대한 논쟁의 중심에 있어왔다. 실제로 대한제국기에는 1895년 2월 동경 유학생들이 발행했던『親睦會會報』[1]를 비롯하여,『大朝鮮獨立協會報』등의 잡지가 발간

---

1) 우리나라 잡지의 기점에 대해서는 1892년 1월에 창간된『코리안 레포

되어 당시의 세계정세는 물론, 근대적 사상과 학문에 대해 종합적인 지식을 제공하고 있었다.[2] 그러나 1907년 7월 李完用 내각이 '光武新聞紙法'[3]을 제정하고 '한일합방' 이후에는 일제의 언론탄압이 일상화되자 1910년대의 잡지들은 기사의 내용이 학술·문예·기술·광고·통계 등에 집중되게 되었으며, 잡지의 출간도 종교계나 일본 유학생들이 발행하는 것들이 주류를 이루고 있었다.[4]

1919년 3·1운동 이후의 잡지는 사회주의 사상의 대두와 문화운동의 점진적인 확산 및 한국인들의 정치의식에 대한 조선총독부의 새로운 대응 등으로 인해 잡지의 창간이 크게 증가하고 있었다. 그리고 이러한 상황에서 당시의 잡지들은 적어도 당대의 사회적 관심사에 대해 보다 다양한 의견을 공론화 하는 토론의 공간으로서 기능하는 측면을 갖기도 하였다. 따라서 이 시기의 잡지들은 일제가 조선에서 실시하고자 했던 '治安維持法'이나 '敎育令'·'小作令' 등의 성격에 대해 구체적으로 분석하거나 한국인들의 정치운동이나 농민문제 혹은 노동문제 등과 관련된 다수 논설을 게재하고 있었다. 그러므로 이러한 법률관련 논설들에 대한 분석은 총독부가 시행하고자 했던 법령이나 정책들이 구체적으로 어떠한 내용

지토리』(백순재)로 잡는 경우와 1895년 동경유학생들이 발행했던 『親睦會會報』(김근수)로 보는 경우, 1896년 11월에 발행된 『大朝鮮獨立協會會報』(이종수)로 잡는 경우 등으로 나뉘어져 있다(鄭晋錫, 1990, 『한국언론사』, 나남, 254쪽).

2) 鄭晋錫, 1990, 『한국언론』, 나남신서, 261쪽.

3) 崔起榮, 1991, 「光武新聞紙法研究」 『大韓帝國時期新聞研究』, 一潮閣, 266~280쪽.

4) 1910년대의 경우 일제의 지배정책이 법률적 측면에서 어떻게 전개되었으며, 그것이 한국인들에게 어떻게 내재되어 갔는가에 대해서는 총독부의 기관지였던 『매일신보』에 대한 분석이 반드시 필요가 있을 것으로 생각된다(황민호, 2003, 「總說 — 1910년대 조선총독부의 언론정책과 매일신보」 『식민지 조선과 매일신보 — 1910년대』, 신서원).

이었으며, 그것이 한국인들에게 어떠한 의미를 갖는 것인가를 논리적으로 이해하는데 많은 도움을 줄 수 있을 것으로 생각된다.

한편, 1930년대 후반 이후에 발행되었던 잡지들의 경우는 일제가 만주사변을 도발한 이후 패전할 때까지 주로 '전시동원체제' 하에서 실시했던 식민지 통제정책의 법률적 전개양상을 보여 주고 있다. 따라서 이 시기의 잡지들은 주로 '高度國防體制의 新法案'[5] · '國家總動員法의 發動'[6] · '戰時行政關係法規解說'[7] 등과 같은 논설을 게재함으로써 일제의 전쟁 수행을 합리화하거나 선전하고 있었던 것으로 보인다.

이상의 내용을 종합해 볼 때 대한제국기부터 일제시대 전 기간에 걸쳐 잡지자료에 나타나는 법률관련 논설의 분석과 검토는 일제시대 사회운영 체계의 식민지적 성격에 대한 법률적 이해를 확장하는데 있어서, 그리고 일제의 한국에 대한 법률적 지배가 구체적으로 어떠한 모순과 식민지적 차별성을 갖고 있었는가를 파악하는데 기여할 수 있을 것으로 생각된다.

본고에서는 이러한 관점에서 우선 일제의 국내언론에 대한 통제양상의 전개과정을 살펴보는 한편, 그러한 인식을 바탕으로 각 시기별로 중요잡지에 게재되었던 법률관련 논설의 경향을 파악해 봄으로써, 식민시대의 사회와 법률에 대한 성격을 실증적으로 파악할 수 있는 자료의 하나인 법률관련 잡지자료의 사료적 효용성에 대해 확인 보고자 한다. 그리고 이러한 검토는 궁극적으로 식민지 시기의 법률과 사회의 성격을 보다 폭넓게 이해할 수 있는 토대를 형성하는데도 기여할 수 있을 것으로 생각된다.

---

5) 劉永允, 1941.5, 「高度國防體制의 新法案」『春秋』 4(2-4).

6) 白 岡, 1938.11, 「國家總動員法의 發動」『批判』 6-11.

7) 裵廷鉉, 1943.5, 「戰時行政關係法規解說」『朝光』 92(9-5).

Ⅱ. '韓日合邦' 전후 일제의 언론정책

1. 일제초기 언론정책의 법률적 전개

1910년대를 전후하여 일제가 실시했던 조선에 대한 언론정책의
윤곽은 1904년 러·일 전쟁을 기점으로 구체화되기 시작하였다.
한국을 침략하는데 있어서 국내 언론이 결정적인 장해 요인이 된
다고 판단한 일제는 이에 대한 적극적 탄압 수단을 마련하기 시작
하였는데 1906년 9월 통감으로 부임해 있던 伊藤博文이 '對韓 보
호정책의 정신을 내외에 선양하고 日鮮 융화의 대의를 창도할 것'
을 내세우며『京城日報』를 창간한 것이나 그 연장선상에서 계획
된『每日申報』의 발간 등은 이러한 인식을 반영하는 것들이었다.[8]

일제는 이미 1898년부터 국내 신문의 보도 내용에 대해 訂正을
요구하거나 한국정부에 대해 '新聞條例'를 만들어 반일적 언론에
대한 통제를 강화하도록 압력을 가하고 있었다. 러·일전쟁이 발
발하자 주한 일본공사 林權助는 1904년 3월 1일 한국정부에 대해
신문 取締에 관한 법률을 만들어 국내의 신문들이 일본군의 움직
임을 보도하지 못하도록 요구하기도 하였으며,[9] 7월 20일에는 한
국 주차군 사령관의 명의로 집회 또는 신문이 치안에 방해된다고
인정될 때에는 이를 정지시키고 관계자를 처벌할 것과 신문에 대
해서는 사전에 '검열' 받을 것을 대한제국 外部에 통고하기도 하였
다.[10] 이어 1904년 10월 9일에는 '軍政 施行에 관한 內訓'을 발표

---

8) 정진석, 1982.4,「조선총독부의 매일신보」『마당』.
9) 정진석,「露日戰爭 이후 韓日合邦까지의 韓國言論과 言論統制」, 앞의
   책, 64~66쪽.

하고 집회·신문·잡지·광고 등이 치안을 방해한다고 인정될 때
에는 이를 해산·정지 또는 금지시킬 수 있도록 하였다.[11]

한편 대한제국의 內部에서는 1899년 1월 일본의 「신문지조례」
를 모방하여 전문 33조의 「신문조례」를 만들기도 하였는데 정부의
언론에 대한 인식 부족과 일본과 서구 열강의 요구에 의해서 제정
되었다는 한계 때문에, 그리고 신문에 대한 가혹한 규제 조항이 너
무 많다는 언론계의 반발에 부딪쳐 시행되지는 못하였다.[12] 이후
을사조약이 체결되자 일제는 1906년에 통감부령 제10호로 발표된
'보안규칙'을 통해 '신문지 및 기타 인쇄물의 기사가 외교 또는 군
사기밀에 저촉되거나 안녕 질서를 방해하는 것으로 인정될 때는
그 발매·반포를 금지할 수 있다'고 명시하였으며,[13] 1907년 4월에
는 '신문지법'을 제정하였다.

전문 38조로 구성된 신문지법은 신문의 발행과 관련하여 갖가지
금지조항을 두었는데 법을 위반했을 경우에는 해당 언론에 대해
발행금지 및 정간 등의 行政處分은 물론, 언론인에 대해서도 司法
處分을 가할 수 있도록 되어 있었다. 뿐만 아니라 신문 발행의 許
可制와 발행허가에 앞서 보증금 300환을 납부하도록 한 것 등은
구조적으로 취약한 한국인들의 신문발행을 탄압하는 조항으로 이
용되고 있었으며,[14] 대한제국정부에서도 이 조항의 과중함을 인식

---

10) 『舊韓國外交文書』 日案 7, ＃ 8226, 「京城內外日本軍警察實施通告」.
11) 일제는 '軍政 施行에 관한 內訓'을 통해 집회, 신문, 잡지, 광고 등이 치
   안을 방해한다고 인정될 때에는 이를 해산 정지 또는 금지시킬 수 있
   도록 하였다(張錫興, 1992, 「일제의 식민지언론 정책과 총독부기관지
   每日申報의 성격」『한국독립운동사연구』6).
12) 국사편찬위원회, 2000, 『한국사』46, 54쪽.
13) 金鎭斗, 1995, 『1910년대 每日申報의 性格에 關한 硏究 - 社說 內容分
   析을 중심으로-』, 중앙대 박사학위논문, 21쪽.
14) 국사편찬위원회, 2002, 『한국사』46, 76~90쪽.

하여 통감에게 그 수정의 건의하였으나 받아들여지지 않았다.[15) 또한 황실존엄의 모독, 국헌문란, 국제교의의 저해 등을 게재금지 사항으로 규정하고 있었는데 이는 한일합방 이후의 한일관계를 반영하고 있었던 것으로 생각된다.[16)

'신문지법'의 내용은 주로 1883년에 제정된 일본의 '신문지조례'를 그대로 번역하거나 수정한 것인데 일본의 경우는 발행 허가권이나 내부대신의 행정권과 같은 조항은 개정과정에서 삭제되거나 완화되었던 것에 비해 국내에서는 우선적으로 포함시키고 있었으며,[17) 新聞紙法의 이러한 양상에 대해서는『皇城新聞』이나『帝國新聞』 등이 논설을 통해 강력하게 비판하고 있었다.[18)

이후 통감부에서는 1908년 5월 5일 해외에서 발행되는 교민신문에 대한 통제를 강화하기 위해 '신문지 압수처분에 관한 내규'와 '신문지 압수에 관한 집행요령'을 제정하였으며,[19) 1909년 2월 23일에는 '出版法'을 제정하여 언론 통제를 위한 2중적 장치를 만들었다.[20) 그리고 이러한 상황에서 일제는 1910년 5월 일본의 보호를 반대하거나 암살자를 '義士'라고 하거나 海蔘威 지방을 국권회복단체의 근거지로 삼기를 고취하는 기사에 대해서는 '押收處分'할 것이라는 원칙을 정함으로써 국내 언론을 확실하게 탄압할 수 있는 법률적 정비를 마무리하였던 것으로 보인다.[21)

---

15)『日本外交資料集成』 6-상, 556쪽.
16)『韓國官報』第3829號, 光武 11(1907)년 7월 27일,「新聞紙法」.「신문지법」을 위반했을 경우의 처벌은 관련자에 대한 벌금형과 體刑 및 인쇄기 몰수 등의 가혹한 처벌이 이루어지고 있었다.
17) 崔起榮, 1991,『大韓帝國期新聞研究』, 一潮閣.
18)『帝國新聞』 1907년 8월 8일,「신문지법을 평론홈」.
19) 崔埈, 1976,「韓國新聞史論攷』, 一潮閣, 208~281쪽.
20)『韓國官報』第4311號, 1909년 2년 26년,「出版法」.
21)『大韓每日申報』 1910년 5월 14일,「所謂新聞押收處分」.

그런데 이 시기의 일본인들의 신문발행은 한국인들이 '허가제'로 묶여있던 것과 달리 '屆出'만으로도 신문이나 잡지의 발행할 수 있도록 되어 있었으며,[22] 국내에서만 약 20여 개의 잡지 또는 신문을 발행하고 있었던 것으로 파악되고 있다.[23] 이들 중 특히 『漢城新報』는 일본외무성으로부터 지급되는 매월 170원의 보조비와 주한 일본외교관들의 기부금으로 운영되면서 일본외무성의 기관지로서의 역할을 하였으며,[24] 일진회의 기관지였던 『國民新報』와 이완용 내각의 기관지였던 『大韓新聞』 등이 친일언론으로서의 역할을 수행하고 있었다.[25]

이 시기의 잡지들도 신문과 마찬가지로 일제의 탄압에 직면하고 있었던 것으로 보이는데 잡지에 대한 탄압이 구체적으로 어떠한 양상으로 전개되었는지는 정확하지 않다. 다만 1905년에 韓日協約이 체결된 후 大韓自强會가 치안방해를 이유로 해산 당하자 1907년 7월 『大韓自强會月報』도 통권13호를 끝으로 종간되었는데 애국계몽운동단체의 기관지가 대부분이었던 이시기 잡지들은 대체로 이와 비슷한 처지에 있었을 것으로 생각된다.[26]

뿐만 아니라 일제하에서 한국인들이 잡지를 발행하기 위해서는

---

22) 張錫興, 1992, 「日帝의 植民地言論政策과 每日申報의 性格」『한국독립운동사연구』 6 ; 朝鮮總督府 警務局, 1930, 『朝鮮に於ける出版物槪要』, 18~20쪽.

23) 桂勳模, 1979, 『韓國言論年表』, 寬勳클럽 永信研究基金 참조.

24) 이후 『漢城新報』는 『京城日報』로 흡수되었다고 한다. 崔埈, 1976, 「軍國日本과 大韓言論政策」『韓國新聞史論考』, 218~222쪽 ; 鄭晉錫, 1988, 「韓國侵略을 위한 日本의 機關紙 漢城新報」『韓國言論史研究』, 一潮閣, 6~11쪽.

25) 『國民新報』는 1906년 서울에서 발행되었으며, 李容九·宋秉畯이 발행인이었으며, 『大韓新聞』은 1907년 서울에서 발행되었고 李人稙이 발행이었다.

26) 汀霞, 1934.5, 「朝鮮新聞發達史」『新東亞』, 55쪽.

'新聞紙法'과 '出版法'에 의해 허가를 얻는 2가지의 경우가 있었다. 그런데 두 법규의 차이는 신문지법의 경우는 원고에 대한 사전 검열 없이 인쇄된 간행물을 납본 검열 받도록 하였으며, 정치·경제 등 시사적인 문제들도 다룰 수 있었다. 이에 반해 출판법에 의해 발행되는 잡지는 일단 원고에 대해 사전 검열을 받은 뒤, 제작을 완료한 후 다시 한번 검열을 받아야 했으며, 원칙적으로 학술·기예·통계 등만을 다루도록 하는 제한이 가해지고 있었다.[27] 따라서 일제는 한일합방 이후 3·1운동이 일어나는 1919년까지 신문지법에 의한 잡지의 출간을 단 한 건도 허가해 주지 않았으며, 한일합방 이전에 허가를 받은『每日申報』와『天道敎會月報』,『中外醫藥申報』등 3종류만이 신문지법에 의해 출간되고 있었다. 이러한 상황에서 대한제국기를 거치면서 명맥을 유지해오던 애국계몽운동계열의 잡지들은 한일합방을 전후하여 모두 폐간되었으며, 1910년대 이후의 잡지들은 총독부의 이중적 검열이라는 엄격한 통제 속에서 언론의 자유를 원천적으로 차단 당하고 있었다.[28]

2. 중요 잡지에 나타난 법률관계 논설의 경향

1895년을 전후하여 본격적으로 발간되기 시작한 우리나라의 잡지는 한일합방 이전까지 약 40여종[29] 이상이 확인되고 있으며, <표

---

27) 朝鮮總督府警務局, 1930,『朝鮮に於ける 出版物槪要』, 61쪽.
28) 鄭晋錫, 1983,『韓國言論史硏究』, 一潮閣, 123~124쪽.
29) 대한제국기와 일제시대 간행되었던 중요 잡지에 종류와 숫자에 대해서는 金鍾洙, 1936.12,「朝鮮雜誌發達史」『朝光』; 崔鍾庫, 1990,『韓國法學史』, 博英社 ; 永信아카데미 韓國學硏究所 편, 1975,『韓國雜誌槪觀 및 號別目次集－韓國學資料叢書－』 5집과 韓國雜誌協會, 1972,『韓國雜誌總攬』; 鄭晋錫, 1990,『한국언론』, 나남신서를 참조하였다.

1>은 이 가운데 중요한 잡지들을 정리한 것인데 이 잡지들은 몇 가지의 특징을 나타내고 있었던 것으로 파악되고 있다.

〈표 1〉 법률 관계 논설을 게재했던 대한제국의 중요잡지

번호	雜誌名	중요 내용
1	大朝鮮獨立協會會報	독립협회 기관지, 1896년 2월 창건, 1897년 8월 15일 종간, 통권 18호, 半月刊誌
2	大韓自强會月報	대한자강회 기관지, 1906년 7월 창간, 1907년 7월 통권 13호로 종간
3	太極學報	일본 동경의 태극학회 기관지, 1906년 8월 창간, 1908년 11월 통권 26호로 종간
4	西友	서우학회 기관지, 1906년 12월 창간, 1908년 통권 14호로 종간
5	夜雷	1907년 2월 창간, 동년 7월 통권 6호로 종간
6	大韓留學生會學報	재일본 대한유학생회 기관지, 1907년 3월 창간, 통권 3호로 동년 5월 종간
7	法政學界	보성전문학교 교우회 기관지, 1907년 5월 창간, 통권 24호로 1909년 4월 종간
8	同寅學報	재일본 동경 대한동인회 기관지, 1907년 7월 창간
9	大韓協會報	대한협회 기관지, 1908년 4월 창간, 통권 12호로 1909년 3월 종간
10	少年韓半島	1906년 11월 창간, 1907년 4월 통권 6호로 종간
11	大東學會月報	대동학회 기관지, 1908년 2월 창간, 1909년 9월 통권 20호로 종간
12	大同協會會報	대동협회 기관지, 1908년 4월 창간, 1909년 3월 종간
13	西北學會月報	서북학회 기관지, 1908년 6월 창간, 통권 19호로 1910년 1월 종간
14	湖南學報	호남학회의 기관지, 1908년 6월 창간, 통권 9호로 1909년에 종간
15	敎育月報	1908년 6월 창간, 통권 7호로 1910년 7월 종간
16	畿湖興學會月報	기호흥학회 기관지, 1908년 8월 창간, 통권 7호로 1909년 7월 종간
17	法學協會雜誌	법학학회 기관지, 1908년 11월 창간, 통권 19호로 1910년 5월 종간
18	大韓興學會報	대한흥학회 기관지, 1909년 3월 창간, 통권 13호로 1910년 5월 종간
19	嶠南敎育雜誌	교남교육회 기관지, 1909년 4월 창간, 통권 12호로 1910년 종간

첫째로 이 시기의 잡지들은 앞에서도 언급한 바와 같이 대부분
愛國啓蒙運動 단체들의 기관지의 발간되는 경향을 보이고 있었다.
특히『대조선독립협회회보』의 경우는 독립협회의 회보라는 형식
으로 발행되었음에도 불구하고, 회원들에만 국한된 내용보다는 서
구열강과 일제의 침략으로부터 국가를 수호하는 자주민권사상을
강조함으로써 이후 국내에서 발간되는 잡지의 성격에 중요한 영향
을 끼쳤던 것으로 보인다. 또한 이후 발간된『대한자강회월보』와
『대한협회회보』 등도 尹致昊・尹孝定・張志淵 등이 관여하면서
서구의 근대적 지식과 한반도를 둘러싼 국제정세의 흐름을 소개하
는 논설들을 게재하여『독립협회회보』와 유사한 역할을 하고 있었
다고 하겠다.

둘째, 지방에서 활동하던 애국계몽운동세력들이 학회를 조직하
고 그 기관지로서 잡지를 발간하였는데 평안도와 황해도의 인물들
이 중심이 되어 조직된 서우학회의 기관지인『西友』를 비롯하여,
『西北學會月報』・『湖南學報』・『畿湖興學會月報』・『嶠南教育
雜誌』 등이 이러한 경우에 속한다고 할 수 있다. 이밖에도 일본에
서 유학생들이 중심이 되어 조직된『太極學報』와『大韓留學生學
報』・『大韓興學報』 등이 있는데 이들은 대체로 정치・교육・문
화를 중심으로 한 계몽주의적 관점에서의 언론활동에 주력하였던
것으로 보인다.

셋째, 1908년 11월에 창간된『法學協會雜誌』와 같이 전문적인
法學誌도 발간되고 있었는데 이 잡지는 대한제국기와 일제 초기에
걸쳐 나타나는 초기 법문화의 특징을 이해하는데 기여할 수 있는
것으로 평가되고 있다.[30]

각각 잡지에 게재되었던 법률 관련 논설들의 경향을 살펴보면

---

30) 최종고, 1982,「한말과 일제하 '법학협회'의 활동」『애산학보』2 참조

다음과 같다. 우선 이 시기의 잡지들에 나타나는 법학관련 논설로
는 '法學·法律學·民法總論·法律槪論' 등을 제목으로 하는 기
사들이 반복적으로 게재되고 있는데 이는 서구의 근대 법학이 도
입되는 시기에 있어서 애국계몽운동계열의 지식인들이 법학자체
를 이해하는 것에 많은 관심을 갖고 있었음을 보여주는 것이라고
할 수 있을 것이다.[31] 또한 이것은 당시의 지식인들이 근대 법학을
새로운 형태의 국가운영체계를 만들 수 있는 긍정적인 학문으로
인식하고 있었음을 반영하는 것이라고 생각되는데 이러한 경향은
『법학협회잡지』에 나타나는 '법학협회 창립 취지서'를 통해서도
확인할 수 있다고 하겠다.

> 政治, 經濟, 法律은 新學이오 實學이오 二十世紀에 適應한 學이라.
> … 法律을 討究하여 法律的 思想이 發揮되면, 治國의 策術과 生活의
> 法則과 權義의 界限이 自然 其中에 存在할지니 國家의 富强과 個人
> 의 康樂이 모두 此에 基礎한다.[32]

위의 내용을 통해서 보면, 근대적 법학 도입초기에 우리나라의
지식인들은 법학을 '新學이요 實學'으로 이해하고 있었으며, 국가
의 부강과 개인의 康樂이 법률에 대한 '討究'에 있다고 함으로써
법학이 근대국가 건설에 필수적인 학문인 것으로 이해하고 있었음
을 알 수 있다고 하겠다. 또한 이 시기의 법률관계 논설의 목록에
서 보면 주로 '法律의 必要를 論함[33]·人民은 法律을 解釋할 必
要를 有함[34]·法學의 職分[35]·法律發生의 원인[36]·법의 本質을

---

31) 石鎭衡, 1907.1,「法學」『少年韓半島』3(2-1) ; 李範里, 1908.12,「法律學」
   『畿湖興學會月報』5(1-5) ; 李鍾麟, 1908.12,「民法 總論(續)」『大韓協
   會會報』9(1-9) ; 元泳義, 1908.7,「法律槪論」『大韓協會會報』4(1-4).
32) 崔鍾庫, 1990,『韓國法史』, 博英社, 393쪽.
33) 吳政善, 1907.5,「法律의 必要를 論함」『大韓留學生會會報』3(1-3).
34) 卞憲淵, 1908.9,「人民은 法律을 解釋할 必要가 有함」『大韓協會會報』

論함'37) 등과 같이 법률의 사회적 필요나 효용성을 강조하는 경향
을 나타내고 있었는데 이것은 근대적 법학 도입의 당위성을 인식
한 당시의 지식인들이 그 사회적 필요성을 대중들에게 계몽하고자
노력하고 있었음을 나타내는 것이라고 하겠다.

　뿐만 아니라 '國際公法・國際公法論・平時國際國法論'과 같이
국제법 관련의 논설들도 게재되고 있었는데 이는 일제를 비롯하여
열강들의 국권침탈 위기에 직면하고 있던 대한제국의 정치적 상황
에서 국제법에 대한 보다 분명한 이해가 필요했던 당시의 정치적
상황을 반영하는 결과였던 것으로 생각된다.38) 그리고 '治外法權
및 領事裁判權의 差異39)・東洋拓植會社 設立이 我國 經濟狀況에
미치는 影響40)・私立學校令의 理由와 說明'41)을 제목으로 한 논
설 등도 보이는데 이것 역시 일제의 국권침략에 대한 직접적인 경
계의식을 반영하고 있는 것들이라고 할 수 있을 것이다. 따라서 이
상의 내용을 종합해 보면 근대 초기의 국내의 지식인들은 법률 혹
은 법치주의에 대해 상대적으로 높은 관심을 갖고 있었으며, 일제
의 법률적 국권침략 문제에 대해서도 일정한 문제의식을 갖고 있
었다고 하겠다.

　　6(1-6).

35) 洪正裕, 1909.4,「法學의 職分」『畿湖興學會月報』9(2-3).

36) 韓光鎬, 1907.5,「法律 發生의 原因」『法政學會』1(1-1).

37) 蔡基斗, 1908.2,「法의 本質을 論함」『大韓學會月報』1(1-1).

38) 鄭　喬, 1906.12,「國際公法」(續)『少年韓半島』2(1-2) ; 李承瑾, 1907.4,
　　「國際公法論」『大韓留學生會會報』2(1-2) ; 石鎭衡, 1907.8,「平時國際
　　國法論」『大韓自强會月報』13.

39) 趙天植, 1908.11,「治外法權 及 領事裁判權의 差異」『法學協會雜誌』
　　1(1-1).

40) 朱定均, 1908.11,「東洋拓植會社의 設立이 我國經濟 狀況에 及하는 影
　　響」『法學協會雜誌』1(1-1).

41) 1908.12,「私立學令의 理由 說明」『西北學會月報』7(1-7).

〈표 2〉 사회·법률 관계 논설을 게재했던 1910년대의 중요 잡지

번호	雜誌名	중요 내용
1	天道敎會月報	천도교 기관지, 1910년 8월 창간, 통권 295호로 1937년 5월 종간
2	侍天敎月報	시천교 기관지, 1911년 2월 창간, 통권 27호로 1913년 4월 종간
3	朝鮮佛敎月報	불교계 기관지, 1912년 2월 창간, 통권 19호로, 1913년 8월 종간
4	龜岳宗報	시천교 계통의 잡지, 1914년 6월 창간, 통권 8호로, 1916년 4월 종간
5	經學院雜誌	경학원 잡지, 1913년 12월 창간, 통권 48호로, 1944년 4월 종간
6	學之光	재일 유학생 단체인 학우회 기관지 1914년 4월 창간, 통권 29호로, 1930년 4월 종간
7	中央靑年會報	조선중앙기독교청년회 기관지, 1914년 9월 창간, 통권 8호
8	公道	종합월간지, 1914년 10월 창간, 통권 5호로 1915년 3월 종간
9	法學界	법학협회 기관지, 법학협회잡지의 후신, 1915년 10월 창간, 통권 6호로 1916년 6월 종간
10	法學論講	1915년 7월 창간, 통권 25호로, 1917년 7월 종간
11	半島時論	일본인 竹內錄之助 발행의 대중지, 1917년 4월 창간, 통권 25호로, 1919년 4월 종간
12	女子界	재일본 조선여자유학생친목회 기관지, 1917년 1월 창간, 통권 6호로, 1921년 6월 종간
13	三光	재일본 동경조선인유학생학우회 긴관지, 1919년 2월 창간, 통권 3호로 1920년 4월 종간
14	惟心	韓龍雲 창간, 1918년 9월 창간, 통권 3호로, 1918년 12월 종간

　　한편 1910년대에 들어서면 일제의 언론탄압은 보다 강화되는 경향을 나타내기 시작하였는데 일제는 한국을 강점하기 직전에 강압적으로 인수한 『大韓每日申報』에 대해 '大韓帝國의 國號를 朝鮮으로 개칭해야 하며, 大韓으로 術稱하는 것이 事以不然'하다는 이유를 들어 총독부의 기관지인 『매일신보』로 속간하게 하는 등의 정책을 실시하고 있었다.42) 따라서 이러한 상황에서 이 시기의 잡지들은 대부분 법률적 문제나 사회·정치적 관심사 대한 논설을

자유롭게 게재할 수 없었으며, 다만 '사안'에 따라서 우회적 표현
의 논설들을 발표하고 있었던 것으로 보인다. <표 2>는 1910년대
에 발행되었던 중요잡지를 정리한 것이다.

　1910년대의 잡지들도 몇 가지의 특징을 나타내고 있었는데 우선
잡지의 발행주체라는 측면에서 보면, 종교계통의 잡지와 일본 유
학생들에 의해 발행되는 잡지가 주류를 이루고 있었다는 점을 들
수 있다. 특히 종교계통의 잡지로는 『天道敎會月報』·『侍天敎月
報』·『朝鮮佛敎月報』·『惟心』·『經學院雜誌』·『中央靑年會報』
등이 발간되고 있었는데 이들 잡지들은 부분적으로 친일적 성향을
나타내는 경우도 있었지만, 대체로 종교와 관련된 내용을 중심으
로 법률과 사회문제에 대한 논설을 게재하고 있었던 것으로 파악
되고 있다.

　일본 유학생들이 발행했던 잡지의 경우 『學之光』은 崔八龍·申
翼熙·李光洙·金明植·崔承九 등이 관여하여 발간한 것이었으며,
『女子界』는 羅惠錫·金德成 등이 주축이 되어 발행되었던 여성계
의 잡지였다.[43] 이밖에 『公道』는 기독교적인 성향의 잡지로서 "교
육·종교·사회개선을 3대 강령으로 하고 正義·公道에 基本하여
人智開發과 사회의 誘導에·힘씀"을 목표로 발간되었다. 그런데 이
들 잡지의 경우는 대체로 법률과 관련된 직접적인 논설은 게재하지
못하고 있었으며 이는 당시 조선총독부의 언론정책이 그만큼 강압
적이었음을 나타내는 것이기도 하였다.[44] 또한 일본인에 의해 발행
되었던 대중 잡지로 『半島時論』[45]이 있었는데 이 잡지는 총독부의

---

42) 京城日報社, 『京城日報社誌』, 大正 9년, 15쪽.
43) 황민호, 2002, 「나혜석의 민족의식과 민족운동의 전개」 『水原文化史硏
　　究』 5, 94~95쪽.
44) 金鍾洙, 1936.12, 「朝鮮雜誌發達史」 『朝光』, 125쪽. 필자는 이 시기의
　　잡지의 상황을 '全然 暗黑期'라고 표현하고 있다.

식민지정책을 선전하는 경향의 논설들을 게재하고 있었다.

한편 이 시기의 잡지들에 나타나는 법률관련 논설의 경향을 정리해 보면 다음과 같다. 『학지광』이나 『조선불교월보』・『경학원잡지』 등은 '宗敎基礎 在於 靑年敎育[46]・女子敎育의 必要[47]・寺內總督 敎育方針談[48]・家族制度를 改革하라[49] 등의 제목에서 보는 바와 같이 총독부의 정책을 법률적 또는 사회적 관점에서 비판하고 평가하는 논설을 게재하고 있는 것이 아니라, 주로 당시의 사회적인 관심사에 대해 계몽적인 관점에서의 글을 게재하고 있었던 것으로 보인다.

법학전문지였던 『법학계』의 경우는 1915년 5월 10일 私立普城學校 내에서 임시총회를 개최하고 『법학협회잡지』의 후신으로 발간되어 활동을 시작하였는데 그 존속기간은 길지 않았지만, 일제시대 초기에 법률관련 연구활동을 전개하였던 것으로 보인다.[50] 그런데 『법학계』는 우선 '朝鮮民族의 法律的 思想 普及의 急務・法律通議의 槪論'과 같이 여전히 법학과 관련된 원론적인 논설이 게재되고 있었으며,[51] '重複賣買와 重複抵當의 刑事上 責任・親

---

45) 竹內錄之助의해 발행된 잡지로는 『新文世界』(1913년 4월), 新文界 (1913년 4월), 『우리의 가뎡』(1913년 12월) 등이 있는 것으로 알려져 있다(앞의, 『한국언론사』, 267쪽).

46) 徐光前, 1912.5, 「宗敎基礎 在於 靑年敎育」『朝鮮佛敎月報』 4(1-4).

47) 敬菴, 1916.3, 「女子敎育의 必要」『龜岳宗報』 7(3-1).

48) 1913.12, 「寺內總督 敎育方針談」『經學院雜誌』 1(1-1).

49) 田榮澤, 1918.3, 「家族制度를 改革하라」『女子界』 2(2-1).

50) 1915, 「本會 略歷」『法學界』 1호. 법학법회가 언제까지 존재했는지는 확실치 않다. 다만 『법학계』가 1916년 6월 15일자로 발간된 제6호로 발간이 끝나고 있는 것으로 보아 그 존속기간이 오래가지는 않았던 것으로 보인다(최종고, 위의 책, 422쪽).

51) 姜荃, 1915.10, 「朝鮮民族의 法律的 思想 普及의 急務」『法學界』 1(1-1) ; 姜荃, 1915.11, 「法律通議의 槪論」『法學界』 2(1-2).

告罪를 論함·民法第513條 第2項 後段에 對한 解釋論' 등에서 볼
수 있는 바와 같이 개인들이 주체가 되어 민·형사상에서 발생할
수 있는 법률적인 문제를 정리하는 정도의 글들을 게재하고 있었
던 것으로 보인다.52) 이밖에도 1919년에는 京城法學專門學校 校
友會에서 발간한『六曹』가 창간되어 1940년 이후까지 그 명맥을
유지하고 있었다.53)

　『반도시론』의 경우는 '中樞院을 改革하야 總督府 諮問機關을
設하기 望함·普通敎育의 方針과 計劃' 등의 논설을 통해 중추원
의 기능을 변경하는 문제와 총독부 교육정책의 골자였던 보통교육
문제에 대해 총독부의 입장을 지지하고 있었으며,54) 3·1운동 발발
이후에는 朝鮮事件의 眞相을 論하여 我政府 및 國民에게 望함·
朝鮮問題의 中心 孫秉熙의 半生'의 글을 통해서 일본의 입장에서
3·1운동의 문제점을 비판하기도 하였다.55) 따라서 이러한 상황을
종합해 볼 때 1910년대의 잡지언론은 전체적으로 일제의 '武斷統
治'라는 식민지적 한계상황 속에서 극단적으로 제한된 언론활동을
전개하고 있었다고 하겠다.

---

52) 金炳魯, 1915.11,「重複賣買와 重複抵當의 刑事上 責任」『法學界』2
　　(1-2) ; 1916.6,「親告罪를 論함」『法學界』5(2-2) ; 安泰遠, 1916.6,「民
　　法第513條 第2項 後段에 對한 解釋論」『法學界』5(2-2).
53) 이밖에 1915년부터 1917년까지 法律論講社에서 발간한『法律論講』이
　　라는 잡지가 총 25호가 발간되었다고 한다. 앞의,『韓國法學史』, 391〜
　　462쪽 참조.
54) 1919.3,「中樞院을 改革하야 總督府 諮問機關을 設하기 望함」『半島時
　　論』24(3-3) ; 1919.3,「普通敎育의 方針과 計劃」『半島時論』24(3-3).
55) 1919.4,「朝鮮事件의 眞相을 論하여 我政府 및 國民에게 望함」『半島
　　時論』25(3-4) ; 1919.4,「朝鮮問題의 中心 孫秉熙의 半生」『半島時論』
　　25(3-4).

Ⅲ. 3·1운동 이후의 언론정책과 법률관계 논설

1. 3·1운동 이후 언론정책의 변화

3·1운동의 민족적 저항은 조선총독부의 언론정책에 뚜렷한 변화를 가져왔는데 3·1운동 이후 이른바 '文化統治'를 표방했던 일제로서는 신문지법에 의해 『東亞日報』와 『朝鮮日報』·『時事新聞』 등 3개 일간지의 창간을 허락해야 했으며, 잡지로서는 『開闢』·『新天地』·『新生活』·『東明』·『朝鮮之光』·『新民』·『現代評論』 등이 '신문지법'에 의해 창간되었다.

또한 잡지의 창간이 활발해 지면서 이 시기에 발행되던 잡지는 그 수만도 약 200종이 넘었는데, 잡지에 따라서는 1920년대 초부터 본격적으로 유입되기 시작한 사회주의 사상의 영향을 나타내기도 하였다. 실제로 崔南善이 주도했던 『東明』, 흥사단 계통의 『東光』 등은 대표적인 민족진영 계통의 잡지였으며, 『我聲』·『共濟』·『新天地』·『新生活』·천도교 청년당에서 발간한 『開闢』·『思想運動』·『理論鬪爭』·『現段階』 등은 좌익적 경향의 잡지이거나 좌익계 잡지라고 할 수 있었다. 이외에 종교계 잡지들의 영향력은 크게 줄어드는 경향을 나타내고 있었지만 기독교 계통의 『活泉』·『神學世界』, 천도교의 『新人間』·『東學之光』, 불교계의 『佛敎』·『佛日』 등은 여전히 종교문제와 관련하여 정치적인 논설이나 법률관계 논설을 게재하고 있었다.

뿐만 아니라 이 시기에는 신문지법에 의해서 발행되는 잡지가 생겨남으로서 잡지가 言論誌나 思想誌로서의 역할을 수행하기도

하였는데 이러한 잡지에 게재된 논설들은 대체로 論旨에 있어서도
상당히 학구적이었으며, 비교적 체계화된 논리를 갖추고 있었다.
그리고 조직적인 면에서도 일정하게 민족운동세력과 연관을 맺음
으로써 항일적 성향을 나타내기도 하였다.56)

　1920년대에 들어 한국인들의 언론 활동이 활발해지자 총독부의
법적 대응도 강화되어갔다. 총독부에서는 잡지의 기사내용에 문제
가 있을 경우 '신문지법'과 '보안법'・'제령7호'・'치안유지법'57)
을 적용을 적용하여 언론을 탄압하였으며, 주로 사회주의계열의
잡지에 대한 탄압이 두드러졌던 것으로 보인다. 일제의 탄압은
1922년 6월 17일 경무국장에 취임한 丸山鶴吉가 8월 12일 중요 언
론사의 사장을 불러놓고 독립사상・과격사상・공산주의 사상을
유포하는 언론에 대해서는 행정처분과 사법처분을 분리해서 처벌
하기로 방침을 세웠다고 경고한 이후부터 본격화되었다.58) 일제는
1922년 5월에도 檢事局 監督官會議와 警察部長會議를 열고 '過激
社會運動'에 대해서는 사안에 따라서 보안법이나 제령7호에 의해
처벌할 필요가 있음을 강조하고 있었는데 이는 조선총독부가 사회
주의 사상의 보급에 의해 파급될 수 있는 3・1운동과 같은 형태의
민족운동의 촉발에 대해 우려하고 있었음을 보여주는 것이었다.59)

　이러한 상황에서 일제는 우선 사회주의계열의 잡지였던 『新生
活』에 대한 탄압을 시작하였다. 1922년 3월에 창간된 『신생활』은

---

56) 앞의, 『韓國雜誌總攬』, 72～73쪽.

57) 鈴木敬夫, 1999, 『法을 통해 朝鮮植民地 支配에 관한 연구』, 고려대 민
　　족문화연구소 참조.

58) 한국잡지협회, 1995, 『한국잡지 100년』, 15쪽.

59) 「檢事局監督官二對スル中村高等法院檢事長訓示(1922.5.22)」 『高等法
　　院檢事長訓示通牒類纂』(齋藤榮治 編)(장신, 1988, 「1920년대 民族運
　　動과 治安維持法」 『學林』 19, 65쪽에서 재인용. 치안유지법의 제정과
　　정에서 나타났던 언론탄압에 대해서는 위의 논문을 참조하였다.

창간호부터 기사의 많은 부분을 삭제 당하고 있었는데 1922년 11월호와 12월호를 '러시아혁명 기념' 특집호로 기획하자 총독부에서는 『신생활』의 관계자들을 '赤化思想'을 선전했다는 이유로 구속하였다.[60] 이후 총독부에서는 『신생활』의 사장 朴熙道, 주필 金明植, 기자 신일용 등을 신문지법과 제령 7호 위반으로 기소하였으며, 재판이 진행 중이던 1923년 1월 8일에는 잡지에 대한 폐간명령과 함께 인쇄기를 몰수하였다.[61] 그리고 『신생활』이 폐간된 후 잡지 관계자들은 문제가 될만한 기사의 게재를 자제하면서 『新社會』라는 후속 잡지를 창간하고자 하였으나 조선총독부에서는 끝까지 『신사회』의 발행을 허가해 주지 않았다.[62]

이밖에도 일제는 1922년 12월 7일에는 『新天地』의 주간 白大鎭이 『신천지』11월 호에 게재한 '일본위정자에게 고함'이라는 글에서 "조선인은 참정권 이상의 무엇을 요구한다"라는 내용이 조선의 독립사상을 고취하고 정치변혁을 선전하여 '朝憲'을 문란케 했다는 이유로 필자를 구속하였으며,[63] 1923년 9월 11일에는 '약소 민족에게 호소하여 단결을 재촉함'이라는 글이 문제가 되어 『신천지』의 기자 4명을 구속하기도 하였다.[64]

그런데 이 시기 총독부에서는 조선이 과격사상의 '本家本院'인 露西亞와 接壤한 지역에 위치한 상황에서 무정부주의 또는 공산

---

60) 『東亞日報』1922년 11년 26월, 「言論界의 被禍-新天地, 新生活 兩社事件」.
61) 『東亞日報』1923년 1월 10일, 「週報 新生活 遂히 發行禁止」. 재판과정에서 박희도는 징역 2년 6개월, 김명식은 징역 2년, 신일용과 유진희는 징역 1년 6개월이 언도되었다.
62) 『東亞日報』1923년 6월 6일, 「新社會 原稿의 連次押收」.
63) 『東亞日報』1922. 12.19, 「新天地 筆禍事件」.
64) 『東亞日報』1923. 9.13, 「新天地 社員 四名, 돌연 구속하야 그 중에 두 사람은 곧 검사국에」.

주의 등 사회적 과격사상에 의한 '불온행동'을 取締하기 위해 치안
유지법을 실시하는 것은 당연하다는 인식을 나타내고 있었으며,[65]
총독부의 이러한 인식은 그들이 사회주의계열의 잡지들에 대해 강
력한 언론탄압을 실시하게 되었던 배경과도 맥을 같이 하고 있었
던 것으로 보인다. 뿐만 아니라 대중적 영향력이 컸 던『開闢』의
경우는 창간호 압수사건을 시작으로 마지막 72호가 압수 당해 폐
간될 때까지 압수 처분 34회, 정간 1회, 법금형 1회에 처해졌으
며,[66] 법률관계 논설을 비롯하여 정치·사회적으로 문제가 되는
상당수의 내용들이 '全面削除' 혹은 '一部削除'를 당하기도 하였
다.[67] 이밖에도 일제는 국내보다 출판 여건이 좋은 일본에서 발행
되 국내로 유입되던 이른바 '답지 못한' 신문이나 잡지들이 국내로
유입되는 것을 막기 위해 노력하고 있었던 것으로 보인다.[68]

2. 중요잡지에 나타난 법률관계 논설의 경향

1920년대의 잡지에 게재된 논설들의 경향은 언론이 극단적으로
탄압 받고 있었던 1910년대에 비하면 기사의 논조나 내용에 있어서
사회적 관심사를 반영하는 다양한 주제들을 다루고 있었다. <표
3>은 1920년대에 발행되었던 중요잡지를 정리한 것이다.

---

65) 野村調太郎, 1925.6, 「治安維持法과 朝鮮獨立運動」『寶城』 2.
66) 韓國雜誌協會, 1972, 『韓國雜誌總攬』, 74쪽.
67) 이와 관련된『開闢』의 중요 논설로는 李晟煥, 1922.7, 「農村改革의 提
唱」(削除) ; 李晟煥, 1924.10, 「階級打破와 土地問題」(一部削除) ; 朴衡
秉, 1925, 「政治와 法律의 社會的 意義」, 통권 55호(一部削除) ; 朱鍾
建, 1925.4, 「現代敎育과 民衆」(一部削除) ; 1926.3, 「民族主義者와의
提携」(削除) 등이 있다. 최덕신, 1970,『開闢影印本目次』, 開闢社.
68)『東亞日報』 1923년 6월 15일, 「斷行할 心算-新庄高等警察談-」.

〈표 3〉 사회·법률 관계 논설이 게재했던 1920년대의 중요 잡지

번호	雜誌名	중요 내용
1	現代	일본 동경 조선기독교청년회 기관지, 1920년 1월 창간, 통권 6권으로 동년 6월 종간
2	開闢	천도교의 기관지, 1920년 6월 창간, 통권 72권으로 1926년 8월 종간
3	共濟	1920년 9월 창간, 통권 8권으로 1921년 6월 종간
4	儒道	儒道振興會 기관지, 1920년 2월 창간, 통권 48권으로 1925년 1월 종간
5	我聲	조선청년연합회 기관지, 1920년 3월 창간, 통권 4권으로 동년 10월 종간
6	新天地	1921년 7월 창간, 통권 9권으로 1922년 11월 종간
7	新生活	1922년 3월 창간, 통권 9권으로 동년 9월 종간
8	靑年	기독교계의 잡지, 1917년 9월 창간, 이후 『現代』와 통합 통권 185호로, 1937년 3월 종간.
9	時事評論	閔元植 발행의 時事新聞의 후신, 1922년 4월 창간, 통권 57권으로 1928년 1월 종간
10	東明	崔南善 발행의 종합잡지 時代日報의 전신, 1922년 9월 창간, 통권 41권으로 1923년 6월 종간
11	朝鮮之光	사회주의적 종합잡지, 1922년 9월 창간, 통권 100권으로 1930년 11월 종간
12	思想運動	1924년 6월 창간, 통권 7권으로 1925년 10월 종간
13	佛敎	朝鮮佛敎宗務院 발행, 1924년 7월 창간, 통권 108권으로 1933년 8월 종간, 속간 1937년 3월, 통권 63호로 1944년 8월 종간
14	普城	1925년 5월 창간, 통권 5권으로 동년 7월 종간
15	新民	儒道振興會의 기관지, 儒道의 후신, 1925년 10월 창간, 통권 73권으로 1932년 6월 종간
16	農民生活	1925년 12월 창간, 통권 38권으로 1930년 1월 종간
17	新人間	1926년 4월 창간, 통권 189권으로 1945년 1월 종간
18	東光	1926년 5월 창간, 통권 40권으로 1933년 1월 종간
19	別乾坤	개벽이 폐간된 뒤에 발간된 종합잡지, 1926년 11월 창간, 통권 101권으로 1934년 3월 종간
20	現代評論	1927년 1월 창간, 통권 11권으로 1928년 1월 종간
21	理論鬪爭	1927년 2월 창간, 통권3호로 동년 8월 종간
22	三千里	종합잡지, 1929년 3월 창간, 통권 150권으로 1941년 11월 종간
23	新興	城大 法文學部 出身들이 만든 學術誌 1929년 7월 창간, 통권 9권으로 1937년 1월 종간
24	朝鮮農民	천도교 산하의 朝鮮農民社 기관지, 1925년 12월 창간, 통권, 38권으로 1930년 1월 종간.

이들 잡지들은 우선 정치적인 면에서는 1920년대 이후 관심이
고조되고 있던 '自治運動'[69]과 '文化運動'[70]에 대한 논의를 전개
하고 있었으며, 사회주의 세력의 운동이 활발해진 후에는 '思想團
體'[71]라는 이름으로 이에 대한 분석 기사를 게재하고 있었다. 또한
자치운동이나 경제문제 등에 대해서는 다양한 필자들이 논쟁을 해
가면서 여론을 주도하기도 하였다.

그런데 1920년대 잡지의 이러한 분석기사와 논쟁들은 이전 시기
의 잡지들이 단지 민중 계몽적 관점에서 서구의 새로운 지식이나
자신의 주장을 일방적으로 전달했던 것과는 다른 변화였으며, 이
것은 사회운동의 관점에서 잡지의 기능이 한층 강화되어 가고 있
었음을 반영하는 것이었다고 할 수 있었다. 이밖에 이 시기에는 법
률과 사회의 관계를 법학적 관점에서 다루고자 했던 논설들이 보
이기도 하였다.[72]

또한 이 시기의 잡지들은 1925년 5월 8일부터 국내에서 실시되
었던 '治安維持法'[73]을 비롯하여 총독부에서 실시했던 치안법령에

---

69) 白南雲, 1927.1, 「朝鮮 自治運動에 對한 社會學的 考察」『現代評論』
　　1(1-1) ; 李燦, 1927.3, 「白南雲氏의 自治運動에 對한 社會學的 考察을
　　읽고」『現代評論』2(1-2) ; 金東進, 1927.3, 「同化와 自治와 獨立의 區
　　分-白南雲氏의 蒙을 啓함-」『現代評論』2(1-2).
70) 岳裔, 1921.7, 「文化運動과 思想問題」『我聲』3 ; 1920.6, 「文化運動의
　　今昔」『開闢』21 ; 金義用, 1922.4, 「自治權에 관한 吾人의 意識」『時
　　事評論』1 ; 1924.1, 「多樣의 文化運動」『開闢』43(5-1) ; 1924.2, 「漸漸
　　漸 異常해 가는 朝鮮의 文化運動」『開闢』44.
71) 獨孤獨, 1927.3, 「思想團體의 解體是非」『朝鮮之光』65(7-3) ; 許永鎬,
　　1926.7, 「朝鮮의 民族運動과 階級運動」『新民』15(2-7) ; 舜昻, 1926.
　　11, 「思想團體에 對한 나의 片見」『朝鮮之光』61(6-10).
72) 金俊淵, 1920, 「社會와 進步」『曙光』2-1 ; 金鍾弼, 1921.1, 「社會와 法
　　律」『學之光』21(11-1) ; 1925.1, 「政治와 法律의 社會的 意義」『開闢』
　　55 ; 崔泰永, 1925.5, 「法의 最高 目標와 不正法」『普聲』1(1-1) ; 玉璿
　　珍, 1927.8, 「法律의 本質을 論함」『時鍾』4(2-1).

대해 다양한 논설을 게재하고 있었는데『개벽』의 경우처럼 치안유
지법의 실시에 대해 '2重3重의 惡法令'이라는 논설을 게재하고 총
독부의 정책에 대해 적극적으로 비판하는 경우도 있었으며, 이러
한 경향은 1931년 9월『東光』25호에 실린 아래의 논설 통해서도
확인할 수 있다.74)

> 「국체의 변혁」·「사유재산제도의 부인」을 목표로 하는 결사를 취
> 체하는 법률인 치안유지법이 공산주의을 금지하는 것임은 너무나 당
> 연한 일이다. … 결국 제령 위반으로 처리해 오든 순수한 독립운동에
> 대하여 치안유지법을 적용한다는 것은 실로 그 당시와 오늘의 객관적
> 정세의 변천을 말하는 것이며, 정치적 탄압이 얼마나 더 심해졌는가
> 를 웅변으로 말하는 사실이다. … 보안법, 제령위반, 치안유지법 식민
> 지의 특수성을 상징하는 기호들이다.

위의 논설을 통해서 보면 치안유지법의 적용확대 문제에 대해
'정치적 탄압이 얼마나 더 심해졌는가를 웅변적으로 말하는 것'이
라고 함으로써 이 문제와 관련한 당시의 사회적 분위기가 상당히
비판적이었음을 밝히고 있음을 볼 수 있다. 뿐만 아니라 이 글에서
는 보안법, 제령위반, 치안유지법 등이 식민지적 특수성을 나타내
는 기호들이라고 함으로써 조선총독부의 '治安法'에 대한 적용이
나 운영방식에 문제가 있음을 비판하고 있는 것을 확인할 수 있다
고 하겠다.

이밖에 이 시기의 잡지들은 '朝鮮敎育令'이나 金融과 租稅75) 및

---

73) 李學鍾, 1925.6,「思想取締에 대한 辨妄」『新民』2 ; 1924.3,「思想取締
  로부터 主義者取締」『開闢』45(5-3) ; 1925.6,「治安維持法에 대한 政府
  의 釋義全文」『新民』; 1925.6,「治安維持法의 實施와 今後의 朝鮮社
  會運動」『開闢』60.
74) 1931.9,「治安維持法과 朝鮮」『東光』25(3-9), 21쪽.
75) 一記者, 1928.6,「朝鮮新銀行條令」『經濟』1 ; 一記者, 1928.6,「近近

'自作農 創定과 産米增殖計劃'76)·'戶籍法과 女性問題'77) 등 총
독부의 시책들에 관해 비교적 활발한 논설을 게재하고 있었는데
이러한 논설들은 총독부의 정책이나 법령들의 성격을 구체적으로
이해하는데 도움을 줄 수 있는 자료인 것으로 생각된다. 실제로
1922년 2월 제2차 조선교육령이 발표되자 조선총독부 학무국장 柴
田善三郎은『時事評論』제1호에 게재한 '教育令內容'이라는 논설
을 통해 '조선의 교육을 全然 內地와 同一制度에 依케 하였으니
朝鮮教育史上 文化史上에 一新時期를 畫할 줄 아노라'라고 함으
로써78) 총독부의 교육정책을 적극적으로 홍보하기도 하였다.

　뿐만아니라 이 시기에는 농촌문제와 관련하여 다수의 필자들에
의한 다양한 논설이 보이고 있는데 특히 '小作法制定의 急務'79)·
'農村疲弊의 諸原因'80)·'農村恐慌과 農民의 沒落過程'81) 등과
같은 논설들은 1929년을 전후해서 본격화되기 시작한 농업공황의
여파 속에서 전체적으로 식민지시기의 경제구조 하에서 농민문제
가 상대적으로 중요한 현안이었음을 보여주는 것이라고 하겠다.82)

　　發表될 朝鮮 新 銀行條令」『經濟』1(1-1) ; 徐椿, 1928.9,「普通銀行 關
　　係法令에 대한 所見」『朝鮮之光』80 ; 李廷揖, 1929.7,「朝鮮 租稅政策
　　에 대한 一考察』『協實』1.
76) 白大鎮, 1926.11,「自作農 創定의 必要」『新民』19(2-11) ; 錦坡, 1927.1,
　　「朝鮮 産米增殖計劃 內容」『現代評論』1(1-1) ; 金東爀, 1927.5,「日本
　　의 人口問題와 朝鮮의 産米政策에 關하여」『朝鮮之光』67(7-5).
77) 民事科長, 1923.7,「改定된 戶籍制度」『時事評論』2-4 ; 李仁, 1929.9,
　　「離婚問題와 法律」『三千里』2(1-2).
78) 學務局長 柴田善三郎, 1922.4,「教育令內容」『時事評論』1, 107쪽.
79) 金秊洙, 1929.1,「小作法 制定의 急務」『朝鮮之光』82(10-1).
80) 朴寧宇, 1929.4,「農村 疲弊 諸 原因」『新民』48(5-4).
81) 馬 鳴, 1931.4,「農村 恐慌과 農民의 沒落過程」,『東光』20(3-4).
82) 李晟煥, 1922.11,「朝鮮의 農政問題 農村의 衰頹를 活然視하는 當局－
　　小作法 制定이 目下의 急務」『開闢』29 ; 李覺鍾, 1925.5,「朝鮮의 農
　　村問題와 及其對策」『新民』1(1-1) ; 金昌秀, 1925.6,「朝鮮의 農村問題」

Ⅳ. 1930년대 이후의 중요 잡지와 법률관계 논설

1931년 9월 18일 만주사변을 도발한 일제는 이후 한국에 대한 전시통제를 강화하기 시작하였으며, 그 속에서 국내의 잡지들은 친일화 경향을 띄기 시작하였고, 1937년 이후에는 본격적인 친일화 경향을 나타내기 시작한 것으로 보인다.[83]

이러한 경향은 총독부의 언론정책에서 들어나고 있었다. 실제로 조선총독부에서는 1936년 6월과 8월 '不穩文書臨時取締法'(制令 제45호)과 '朝鮮不穩文書臨時取締令'(制令 제13호)을 제정하였는데 이 법은 '軍의 질서문란·財界의 攪亂·人心惑亂'을 목적으로 치안방해 하는 것과 불온문서 혹은 圖書를 게재 및 반포하는 것을 금지하였다. 그런데 이 법은 극히 애매하고 불명확한 개념을 범죄구성 요소로 하고 있을 뿐만 아니라 단지 치안방해의 가능성만 있으면 족하다고 함으로써 항일적 언론 및 출판에 대한 포괄적인 금지 및 억압규정을 담고 있었던 것이라고 평가되고 있다.[84] 또한 '朝鮮不穩文書臨時取締令'의 경우는 지금까지 국내의 언론을 제한해왔던 언론통제법에다 추상적인 '불온문서' 라는 개념을 추가함으로써 그 단속을 보다 강화하고자 했던 의도를 반영하고 있는 것이라고

『正論』1(1-1) ; 黃英煥, 1926.3, 「農村問題의 理論的 基礎」『朝鮮農民』 4(2-3) ; 白大鎭, 1926.3, 「農村振興의 根本問題」『新民』11(2-3).

83) 앞의, 『한국언론사』, 388쪽.

84) 崔宗一, 1986, 「日・韓治安刑法의 歷史的 考察」『上智法學論叢』29號 ; 앞의, 『法을 통한 朝鮮植民地 支配에 관한 硏究』, 268～278쪽. 1936년 이후의 언론관계법의 전개과정에 대해서는 주로 이 연구를 참조하였다.

할 수 있었다.[85]

조선총독부에서도 1930년대 이후의 국내 잡지들의 친일화 경향에 대해 "잡지 발행인과 필자들에 대한 四圍의 壓力과 當局의 끊임없는 指導"가 있었기 때문이었다고 밝히고 있었으며, 실제로 상당수의 잡지들은 사전 검열 단계에서 원고의 불허 처분이나 부분삭제 등을 당하였으며, 3-4호 정도를 발행하고 폐간되는 경우도 상당수 있었던 것으로 보인다.[86] 그러나 일제는 1931년경부터 출판법에 의해 발행되는 잡지가 정치·사회·시사문제에 대한 논설이나 평론을 게재하는 것을 默認하는 태도를 취함으로써 잡지의 출간은 일정정도 활기를 유지하고 있었다.[87]

한편 중일전쟁 이후에는 전시체제라는 이유로 일제의 언론에 대한 통제가 더욱 강화되고 있었다. 일본 내에서는 이미 1938년 가을부터 보도의 통일과 자원의 고갈을 방지한다는 명분 아래 신문에 대한 1縣 1紙의 원칙이 추진되기 시작하였다.[88] 그리하여 국내에서 발행되던 日人 신문에 경우도 1道 1紙의 원칙에 따라 통폐합이 실시되었으며, 한국어 신문에 대해서는 『매일신보』 하나만을 남긴다는 방침이 결정됨으로써 1940년 8월 10일 『東亞日報』와 『朝鮮日報』가 동시에 폐간되었다.[89] 이후 일제는 1941년에 들어 '言

---

85) 鈴木敬夫, 1988, 「治安法による植民地支配 — 朝鮮における治安法の一側面 —」(1) 『札幌學院法學』 4卷 3號. 중요한 언론통제법으로는 『出版法』(1893년 법률 제15호)·『新聞紙法』(1907년 光武 11년 법률 제1호)·『新聞紙規則』(1908년 統令 제12호)·『出版法』(1909년 隆熙 3년 법률 제6호)·『新聞紙法』(1909년 법률 제41호)·출판규칙(1910년 統令 제20호)이다.
86) 朝鮮總督府 警務局 圖書果, 1939, 『朝鮮警察出版槪要』, 53~56쪽.
87) 앞의, 「朝鮮雜誌發達史」, 132-133쪽.
88) 『日本新聞年鑑』(1940年版), 日本新聞研究所, 11~18쪽(앞의 『한국언론사』, 549쪽 재인용).
89) 『新聞總攬』(1942年版), 日本電報通信社, 19~29쪽. 조선총독부에서는

論·出版·集會·結社 等 臨時取締法'(법률 제97호)과 '言論·出版·集會·結社 等 臨時取締法 施行規則'(內務省 제40호)를 제정였는데 이 법은 일본 내에서의 언론자유를 억압하고자 했던 법령이었으며, 일본 스스로도 이 법령에 대해 '戒嚴을 대신해서 戰時下에서 안녕질서를 유지하기 위한 '大使命을 띤 것'이라고 할 정도로 강력한 언론통제법령이었다.

따라서 국내에서는 같은 시기에 '朝鮮臨時保安令'(制令 제34호)과 '朝鮮臨時保安令施行規則'(조선총독부령, 제339호)을 제정하여 일본 내의 분위기를 반영하고 있었다. 일제는 '朝鮮臨時保安令'의 입법취지에 대해 조선에서의 언론·출판·집회·결사 등이 전쟁 완수의 목적에 방해적으로 이용되는 것을 막고, 치안보존에 萬全을 期하고 擧國體制의 강화를 꾀하기 위한 것'이라고 설명하였으며,[90] 이밖에 군관계 특별법을 통해서도 한국의 언론을 탄압하고 있었다.[91] 그런데 조선총독부의 언론통제정책은 국내 잡지들의 친일화 경향에 심각한 영향을 끼쳤을 것으로 생각된다.

1930년대 전반기와 후반 이후의 잡지는 일정정도 다른 경향을 나타내고 있었던 것으로 보이는데 우선 1930년대 전반기의 경우는, 천도교 계통의 『혜성』·『농민』·『개벽』·『제일선』 등의 잡지들이 총독부의 정책이나 법령과 관련한 논설들을 게재하고 있었으며, 『비판』이나 『전선』 같은 좌익계열의 잡지들도 여전히 활동을 하고 있었다. 이밖에 『開闢』(新刊)이나 『카톨릭 靑年』·『一月

1940년 1월 평양에서 발행되던 『西鮮新聞』을 폐간하고 『平壤每日申報』에 통합시킨 것을 시작으로 하여 전국 각지의 일어신문에 대한 통폐합을 강화하였던 것으로 보인다.

90) 宮澤俊義, 「言論·出版·集會·結社 等 臨時取締法」 第78帝國議會, 『新法律の解說』, 30쪽 ; 鈴木敬夫, 앞의 책, 318~319쪽 참조.

91) 金炳國, 1986.6, 「光武新聞法에서 言論基本法까지, 言論法制 어떻게 바뀌었나」 『신문과 방송』, 79~80쪽.

時報』등과 같은 종교계통의 기관지들도 여전히 발간되고 있었다. <표 4>는 1930년대에 발간되었던 중요잡지를 정리한 것이다.

〈표 4〉 사회·법률 관계 논설을 게재했던 1930년 이후의 중요 잡지

번호	雜誌名	중요 내용
1	大衆公論	1930년 3월 창간, 통권 7호로, 동년 9월 종간
2	鐵筆	1930년 7월 창간, 통권 4호로, 1931년 1월 종간
3	彗星	開闢社 발행, 1931년 3월 창간, 통권 13호로, 1932년 4월 종간. 이후 「第一線」으로 改題
4	批判	좌익계의 잡지, 1931년 5월 창간, 통권 114호로, 1940년 3월 종간.
5	農民	朝鮮農民社의 교양잡지, 1930년 5월 창간, 통권 8호로, 동년 12월 종간.
6	新東亞	동아일보사 간행의 전문 교양지, 1931년 11월 창간, 통권 59호로, 1936년 9월 종간.
7	東方評論	白寬洙 발행의 평론지, 1932년 4월 창간, 통권 3호로, 동년 7월 종간.
8	第一線	개벽사 발행, 彗星의 후신, 1932년 5월 창간, 통권 11호로, 1933년 3월 종간.
9	全線	좌익계 평론지, 1933년 1월 창간, 통권 5호로, 동년 5월 종간.
10	카톨릭 靑年	1933년 6월 창간, 통권 43호로, 1936년 11월 종간.
11	中央	중앙일보사 발행의 종합월간지, 1933년 6월 창간, 통권 35호로, 1936년 9월 종간. ·
12	開闢(新刊)	1934년 11월 창간, 통권 3호로, 1935년 1월 종간.
13	四海公論	1935년 5월 창간, 통권 55호로, 1939년 11월 종간.
14	朝光	조선일보사 간행, 1935년 11월 창간, 통권 110호로, 1944년 8월 종간.
15	鑛業朝鮮	1936년 1월 창간, 통권 4호로, 동년 10월 종간.
16	東洋之光	1939년 7월 창간, 통권 83호로, 1945년 5월 종간.
17	太陽	徐椿이 사장 겸 主幹인 친일잡지, 1940년 1월 창간, 통권 2호로, 동년 2월 종간.
18	內鮮一體	친일계의 잡지, 1940년 1월 창간, 통권 38호로, 1944년 10월 종간.
19	國民文學	皇道精神의 昂揚을 위해 간행된 친일지, 1941년 11월 창간, 통권 38호로, 1945년 2월 종간.
20	春秋	梁在廈 발행의 친일 잡지, 1941년 2월 창간, 통권 39호로, 1944년 10월 종간.

21	儒道	1942년 5월 창간, 통권 6호로, 1944년 4월 종간.
22	大東亞(三千里 後身)	1942년 3월 창간, 통권 2호로, 동년 7월 종간.
23	東光叢書	동광의 후신, 1933년 6월 창간, 통권, 2호로, 7월 종간.
24	一月時報	朝鮮儒道會의 기관지, 1935년 2월 창간, 통권 6호로 동년 10월 종간
25	新世紀	1939년 3월 창간, 통권 27호로 1941년 6월 종간, 일제의 친일화정책을 거부함
26	人文評論	1939년 10월 창간, 통권 16호로, 1941년 4월 종간, 일제의 강요로 國民文學으로 바뀜
27	新時代	친일잡지, 1941년 4월 창간, 통권 54호로, 1945년 2월 종간

이 시기에는 또 각 신문사들이 발행하는 '新聞雜誌'들이 창간되었는데 동아일보사에서 발행한 『新東亞』와 조선일보사에서 발행한 『朝光』, 조선중앙일보사에서 발행한 『中央』 등이 대표적이었다. 이들은 상대적으로 유력한 자본력을 앞세워 종합 월간지로의 체제를 갖추어나갔는데 지금까지의 잡지들과는 달리 잡지를 '民族의 公器'로 인식함으로써 대중매체로의 그 위상을 강화하는 사회적 계기를 만들기도 하였다.[92] 1930년대 전반기의 법률관계 논설의 경향은 '朝鮮小作令案의 反動性'[93]이나 '勞動組合法案과 그 前途'[94] 등과 같이 조선의 농촌현실이나 노동문제 등을 다룬 논설들이 다수 언급되고 있었으며, 치안법과 관련된 통제법령을 다룬 논설들이 자주 나타나는 경향을 보이고 있었다.[95]

---

92) 韓國雜誌協會, 1972, 『韓國雜誌總攬』 참조.
93) 裵成龍, 1932, 「朝鮮小作令案의 反動性」 『東光』 4-9 ; 李仁, 1933.1, 「法律과 小作農民」 『農民』 4-1 ; 李仁, 1933.1, 「新年부터 施行하는 刑事補償法과 小作調停法」 『第一線』 3-1 ; 金東澈, 1932.5, 「小作法의 制定과 小作人」 『別乾坤』 52 ; 申泰嶽, 1933.9, 「朝鮮小作令解說」 『農民』 4-9.
94) 裵成龍, 1931.2, 「勞動組合法案과 前途」 『三千里』, 12(3-2).
95) 梁在廈, 1935, 「思想法制大改定」 『新東亞』 5-4 ; 定村光鉉, 1941.4, 「思想犯豫防拘禁令解說」 『朝光』 66(7-4).

이밖에도 1934년 4월 10일에 '朝鮮農地令'이 발표되자 당시의 지식인들은 이 법령의 의의와 문제점을 일반인들에 알리기 위해 여러 편의 논설들을 게재하였으며,96) 1933년 8월 24일 법률 제24호로 公布된 '米穀統制法'에 대해서는 '米穀法의 適用은 그 動機와는 正反對로 米價를 인상하는 결과만을 가져왔다'97)는 비판적 내용의 논설을 비롯하여 이 문제 국내에 끼치는 파장에 대해 분석하는 논설이 게재되고 있었다.98) 그리고 1932년에 발표된 '朝鮮小作調停令'에 대해서는 '현행 법령이 人民들에게 絶對服從을 강요하는 상황에서 일반 농민에게 법률적 상식을 제공하기 위해 해설기사를 게재한다는 취지 하에 이 법령의 운영과 성격에 대한 분석기사를 게재하기도 하였다.99)

한편, 1930년대 후반에 이르면 잡지의 경향은 보다 분명하게 달라지는데 전체적으로는 전시총원체제 하에서 『內鮮一體』・『國民文學』・『大東亞』 등과 같이 제호 자체를 친일적인 것으로 해서 창간하는 잡지들이 등장하기 시작하였으며, 전적으로 日語를 사용하는 논설이 늘어나는 등 극단적인 친일화 경향을 나타내고 있었다. 이러한 경향은 『大東亞』의 다음과 같은 글에서도 확인할 수 있다.100)

---

96) 梁竪子, 1934.1, 「朝鮮小作令制定에 對하야」 『新東亞』 4-1 ; 申相俊, 1934.6, 「朝鮮農地令解說」 『中央』 2-6 ; 朴燦一, 1935.6~9, 「朝鮮農地令의 要領」(第1-3講) 『湖南評論』 1-2・3・4.

97) 李寬求, 1933.11, 「矛盾撞着의 米穀政策－統制法 實施의 朝鮮에 미치는 影向 如何」 『中央』 1, 8~9쪽.

98) 高在旭, 1932.10, 「米穀統制問題批判」 『第一線』 2-9 ; 靑愚, 1933.5, 「米穀統制法案과 朝鮮米의 將來」 『大衆』 2 ; 「米穀統制法 强化策」 『中央』 2-10.

99) 申泰嶽, 1933.9, 「朝鮮小作令解說」 『農民』 4-9, 32쪽.

100) 1942.3, 「本誌의 新指標」 『大東亞』, 23쪽.

內地人士에 의한 溫情있는 指導와 忠言을 게재하고 그것을 半島
兄弟에게 傳하고 이의나 進言을 內地人에게 進達하는 역할을 감당할
것. 즉 內鮮一體의 媒介機關이 될 것.

이 글은 『三千里』의 후신으로 1942년 3월에 제호를 변경한 『大
東亞』가 '本誌의 新指標'로 밝힌 내용의 일부인데 이 내용을 통해
서 보면 『대동아』는 스스로 일본인(內地人士)과 한국인(半島兄弟)
를 연결하는 내선일체의 媒介機關이 될 것이라고 함으로써 이 시
기의 잡지들이 일제의 통제정책 하에서 심각한 친일화 경향을 보
이고 있었음을 나타내고 있다고 하겠다.

더욱이 일제는 1936년 8월 13일자 『조선중앙일보』와 8월 25일자
『동아일보』에 실린 사진이 문제가 되어 '일장기 말소사건'이 야기
되자 『신동아』와 『중앙』을 폐간하였는데 이는 1930년 후반이 강
화되기 시작한 일제의 잡지에 대한 통제의 일단을 반영하는 것이
기도 하였다.[101]

이러한 상황에서 1930년대 후반기에 들어서 '思想犯保護觀察令'
을 비롯하여 산업 통제와 관련된 법률[102]이 제정되자 각 잡지들은
총독부의 정책을 법률적 측면에서 검토하는 논설기사들을 게재하
고 있었다. 1936년 12월 총독부 制令 第16號로 '朝鮮思想犯保護觀
察令'이 실시되자 각 잡지에서 이 법령 전체의 내용을 소개하거
나[103] 京城保護觀察所長과의 대담 내용[104]을 게재함으로써 법령

---

101) 1936.11, 「東亞日報 停刊, 中央日報 休刊, 重疊한 半島言論界의 不祥
　　　事」 『三千里』.
102) 木野藤雄, 1941.12, 「朝鮮鑛業警察規則 解說」, 「朝鮮金鑛業令 改正
　　　內容」 『春秋』 11(2-11) ; 1937.8, 「金潤植, 공장 取締規則에 대하야」
　　　『四海公論』 3-8 ; 李健赫, 1942.1, 「企業許可制」 『朝光』 75(8-1).
103) 1937.6, 「12월 20일부터 實施되는 朝鮮思想犯保護觀察令」 『朝光』 20
　　　(3-6).
104) 李種模, 1937.6, 「實施된 思想保護觀察令」 『朝光』 20(3-6), 61쪽. 京城

의 적용범위[105]와 총독부의 법령제정 의도를 확인하기도 하였다.
그리고 1930년대 말부터는 '國家總動員法'[106]이나 '徵兵制'[107]와
'內鮮一體'와 같은 정책이 본격적으로 추진되자 상당수의 잡자들은
이 문제와 관련한 많은 논설을 게재하였는데, 특히 징병제와 내선
일체문제에 대해서는 '徵兵義務와 진정한 國民'[108]·'內鮮一體의
必然性에 대하여'[109]와 같은 홍보성 논설들을 반복적으로 게재함
으로써 결국 이 시기의 잡지들이 일제의 언론정책의 통제 속에 자
신들의 한계를 들어낼 수밖에 없는 부분이 있었음을 보여주기도
하였다.

이상의 논의를 정리해 보면 대한제국기부터 일제시기까지 국내
에서 발행되었던 정치적 성향의 잡지들은 당대의 사회적 분위기를
반영하는 나름대로의 논설을 게재하면서 사회의 여론을 주도해 갔
으며, 법률관계의 논설들도 이 범주에 속하고 있었던 것으로 보인
다. 따라서 이 시기의 각 잡지에 나타나는 법률관계 논설들이 일반
인 독자들을 상대로 한 논설이 다수라는 점에서 한계가 있을 것으
로 생각되지만, 각 시기별 나타나는 법률관계 논설의 전체적인 사

保護觀察所長 堤良明과의 대담 내용이 실려있다.
105) 李鍾模, 1937.2,「保護觀察令의 適用範圍」『朝光』16(3-2).
106) 洪思成, 1941.1,「改正된 會社 配常 統制－會社經理統制令－」『朝
   光』63(7-1) ; 姜柄順, 1941.5,「國家 總動員法 改正에 對하여」『朝光』
   67(7-5) ; 鄭光鉉, 1941.6,「防諜과 國防保安法」『新世代』1 ; 裵廷鉉,
   1943.5,「戰時行政關係法規解說」『朝光』92(9-5).
107) 安倍良夫, 1943.1,「徵兵令と半島學徒」『朝光』87(9-1) ; 李昌洙, 1943.2,
   「義務敎育制와 朝鮮人」『春秋』25(4-2) ; 馬杉一雄, 1943.7,「徵兵制
   施行을 앞두고」『春秋』30(4-7) ; 木戶耕三, 1943.9,「特別志願兵制度
   と學徒」『朝光』97(9-11) ; 一聲生, 1939.3,「內鮮一體 體內의 朝鮮民
   衆的 諸問題의 考察」『三千里』130(12-3).
108) 崔麟, 1940.7,「兵役義務와 眞正한 國民」『三千里』134(12-7).
109) 印貞植, 1939.7,「內鮮一體の必然性に ついて」『東洋之光』1(1-1).

료적 가치를 고려할 때 이에 대한 정리와 검토는 근대 초기 한국법률의 체계와 성격 및 그 전개과정을 체계적으로 이해하는데 있어서 의미 있는 작업이 될 수 있을 것으로 생각된다. 그리고 이 경우 대한제국기와 일제시대의 여러 잡지에 다양하게 게재되었던 법률관계 논설들에 대한 분석은 각각의 시기에 법률과 사회, 그리고 개인과 법률이 어떤 형태로 서로에게 내재화되어 가고 있었으며, 어떠한 의미의 영향력을 발휘하고 있었는가를 이해하는데 있어서도 많은 도움을 줄 수 있을 것으로 생각된다고 하겠다.

V. 맺음말

지금까지 본고에서는 일제의 한국에 대한 언론통제정책의 전개과정과 각 시기별로 잡지자료에 보이는 법률관련 논설들의 경향성에 대해 살펴보았으며, 그 내용을 정리해 보면 다음과 같다. 우선 각각의 잡지에 게재되었던 법률관계 논설들은 각 시기별로 당시의 정치·사회적 변화 양상을 실질적으로 반영하고 있었던 것으로 보인다. 대한제국기의 논설들에서는 근대적 법학 도입 초기에 당시의 지식인들이 보여주었던 '新學'과 '實學'으로서의 법학에 대한 인식과 사회적 영향력에 대해 살필 수 있으며, 근대적 법학의 필요성을 계몽하고자 했던 지식인들의 노력과 의지를 확인할 수 있을 것으로 생각된다.

일제시대의 경우 1910년대에는 일제의 언론정책이 극단적인 탄압정책을 기조로 하고 있었기 때문에 법률관련 논설의 게재가 크게 제한되고 있었으며, 이러한 상황에서 각 잡지들은 총독부와 관련된 직접적인 법률관계 논설들을 게재하지 못하고 있었다. 그러나 3·1운동 이후 1930년대 후반까지는 비교적 활발한 잡지의 출간이 이루어졌으며, 보다 다양한 법률 관련 논설이 게재되고 있었는데 주로 정치·경제·농민·노동·형법·산업·교육 등에 있어서 법률적 검토가 필요한 문제나 사회적 관심사에 대해 많은 분량의 법률관련 논설이 게재되고 있었다. 이밖에 여성이나 법률일반에 관한 논설들도 다수 게재되고 있었던 것으로 보이며, 1937년 이후에는 주로 일제의 전쟁 수행을 정당화하는 관점에서의 논설들이 게재되고 있었던 것으로 보인다. 따라서 각 시기의 법률관련 논설들에 대한 체계적인 분석과 검토는 식민지적 법령체계와 운영상의 문제점을 이해하는데 있어서, 그리고 그것이 식민지적 사회환경 속에서 한국인들에게 구체적으로 어떠한 의미를 갖고 적용되고 있었는가를 사실적으로 보여주는 의미 있는 자료의 하나가 될 수 있을 것으로 생각된다고 하겠다.

또한 일제는 新聞紙法(1907년)·出版法(1909년)·治安維持法(1925년) 및 不穩文書臨時取締法(1936년)과 朝鮮臨時保安令(1941년) 등의 다양한 법률을 제정하여 한국의 언론을 통제하고 있었으며, 국내언론은 시기별로 다양한 형태의 언론통제에 직면하고 있었던 것으로 보인다.

따라서 이 경우도 일제의 언론탄압의 법률적 전개양상을 잡지뿐만 아니라 신문자료 등을 함께 활용하여 종합적으로 분석해 보면, 당시의 사회 속에서 일제의 언론통제 양상과 의미를 파악하는데 기여할 수 있을 것으로 보인다. 따라서 이렇게 볼 때 한국근현대 잡지자료에 나타난 법률관련 논설의 체계적인 분석과 검토는 우리나라의 근대적 법학이 도입초기에 직면해야 했던 다양한 외압과 왜곡의 실체를 실증적으로 이해할 수 있는 하나의 토대를 제공할 수 있을 것으로 생각된다고 하겠다.

제2장

한국근대 잡지에 나타난
법률관련 자료의 경향

Ⅰ. 머리말

우리나라에서의 근대 잡지의 발행은 1897년 대한제국기에 들어서 본격적으로 이루어지기 시작하였다. 물론 대한제국기 이전에도 1892년 2월 선교사들에 의해 창간되었던 『The Korean Repositary』와 1895년 2월 동경유학생들이 발행했던 『親睦會會報』와 1896년 11월 독립협회가 창간했던 『大朝鮮獨立協會報』 등의 잡지가 발간되고 있었지만, '韓日合邦' 이전의 정치적 성향을 담은 근대적 잡지의 발간은 대한제국기 이후 각 지역에서 조직되었던 학회의 '學會誌' 형태로 발간되고 있었다.

그런데 이 시기 잡지의 법률관련 논설은 주로 근대 법학의 내용을 소개하거나 법학의 중요성을 일반인들에게 계몽하는 글이며,[1]

특히 대한제국의 정치적 위기 속에서 근대적 국민국가를 건설하기 위한 노력의 일환으로 전개된 憲政體制와 관련된 상당수의 논설이 게재되어 있었다.2) 따라서 대한제국기의 각 학회지에 게재되었던 憲政・法律관련 논설의 경향에 대한 구체적인 검토는 근대 초기 한국사회가 서구적인 법률을 도입하는 과정에서 당시의 지식인들이 보여주었던 다양한 인식의 한 측면을 이해하는데 도움을 줄 수 있을 것으로 생각된다.

한편 '韓日合邦'을 전후하여 일제는 국내의 언론을 효과적으로 통제하기 위해 1907년 4월 이른바 '新聞紙法'을 제정한 이래, 시기별로 保安法・制令7號・治安維持法을 적용하여 그 탄압의 강도를 높여 갔다.3) 비록 1920-1930년대 후반까지는 상대적으로 잡지의 발간이 보다 자유롭게 이루어지기도 하였지만, 전시통제기인 1937년에는 언론통제가 강화되어 1930년 8월 10일 『東亞日報』와 『朝鮮日報』가 동시에 폐간되는 극단적인 탄압의 국면을 맞고 있었다.4)

또한 1941년에 들어서면 일제는 '言論・出版・集會・結社 等 臨時取締法'(법률 제97호)과 '言論・出版・集會・結社 等 臨時取締法 施行規則'(內務省 제40호)을 제정하였는데 일본 스스로도 이 법령에 대해 '戒嚴을 대신해서 戰時下에서 안녕 질서를 유지하기 위한 大使命을 띤 것'이라고 할 정도로 강력한 언론통제법을 시행하고 있었음을 인정하고 있기도 하였다.5)

---

1) 崔鍾庫, 1990, 『韓國法學史』, 博英社.
2) 柳永烈, 2003, 「한국에 있어서 근대적 政體論의 변화과정」 『國史館論叢』 103.
3) 鈴木敬夫, 1999, 『法을 통한 朝鮮植民地支配에 관한 硏究』, 고려대 민족문화연구소.
4) 鄭晋錫, 1990, 『한국언론』, 나남신서.
5) 宮澤俊義, 「言論・出版・集會・結社 等 臨時取締法 施行規則」 第78帝

이러한 분위기에서 일제시대에 민간 발행 잡지의 경우는 조선총독부의 정책에 대한 비판적 기능을 제대로 수행할 수 없었으며, 법률 관련 논설의 대부분은 총독부가 제정했던 법령에 대해 그 성격을 해설하거나 법령자체를 소개하면서 문제점들을 우회적으로 지적하는 수준이었던 것으로 보인다. 뿐만 아니라 1937년 7월 중일전쟁이 발발하자 국내의 민간잡지들은 극단적인 친일화의 경향을 나타내고 있었다. 그러나 이러한 한계에도 불구하고 이 시기 민간 잡지들에 수록된 법률관련 논설의 경향을 분석해 보는 것은 조선총독부의 조선에 대한 법률적 지배가 나타내고 있던 식민지성을 파악하는데 도움을 줄 수 있을 것이라는 점에서 의의가 있을 것으로 생각된다.

이러한 관점에서 이 글에서는 우선 대한제국기의 잡지에서 나타나는 법률관련 논설의 경향과 함께 헌정체제와 관련된 법률관련 논설의 특징에 대해 살펴보고자 한다. 또한 일제하 민간에서 발간된 잡지에 나타나는 법률관련 논설의 경향에 대해서도 살펴보고자 하는데 이 경우 비교적 활발한 논의가 전개되었던 것으로 보이는 치안·농업·경제법령 관련 논설과 1930년대 후반 이후에 강화되었던 전시통제 법령을 중심으로 살펴보고자 한다.

끝으로 조선총독부가 발행했던 機關誌『朝鮮』에 게재되었던 법률 관련 논설과 관련기사의 경향과 조선총독부 기관지의 체제상의 변화를 관계 법령의 검토를 통해 살펴보고자 하는데,[6] 본 고의 이러한 노력은 궁극적으로 한국사회가 근대적 법률을 도입하는 과정에서 보여주었던 사회적 특징과 그것이 일제 치하를 겪으면서 나

國議會,『新法律の解說』, 30쪽 ; 鈴木敬夫, 앞의 책, 318~319쪽 참조.
6) 京城帝國大學 法文學部 經濟硏究室 編, 1935,『朝鮮彙報 分類總目錄』, 京城.

타낼 수밖에 없었던 식민지적 왜곡현상을 보다 분명하게 이해할
수 있는 사료적 토대를 형성하는데 일정하게 기여할 수 있을 것으
로 생각된다.

Ⅱ. 대한제국기 '學會誌'에 게재된 법률관련 논설

1. 중요잡지의 법률관련 논설의 경향

대한제국기에 들어 본격적으로 발행되었던 우리나라의 잡지는
1910년 이전에는 주로 각 지역별 학회의 기관지적 성격을 갖는 잡
지들을 중심으로 약 40여종의 잡지가 발간되고 있었는데,[7] 대체로
일제의 정치적 억압 속에서 자유로운 언론활동을 하지는 못했던
것으로 보인다. 1904년 7월 일제는 朝鮮駐箚軍 사령관의 명의로
신문의 내용이 치안에 방해가 될 때에는 이를 정지시키고 관계자
를 처벌할 것과 신문의 내용에 대해서 사전에 검열을 실시할 것 등
을 주장하는 內訓을 대한제국 外部에 통고하였으며,[8] 1907년 4월
에는 '신문지법'을 제정하여 한국의 언론을 장악해 가고 있었다.[9]
1906년 7월에 창간되었던 『大韓自强會月報』는 1907년 8월 대한

---

7) 舊韓末부터 일제시기 잡지의 종류와 정치적 성향에 대해서는 황민호,
  2003, 「일제의 식민지언론정책과 법률관련 논설의 경향」 『정신문화연
  구』 91 참조.
8) 『舊韓國外交文書』 日案 7, # 8226, 「京城內外日本軍警察實施通告」.
9) 『帝國新聞』 1907년 8월 8일, 「신문지법을 평론홈」.

자강회가 치안을 방해한다는 이유로 이완용 내각에 의해 해산 당하자 그 한 달 전인 7월에 통권 13호로 정간되었는데,[10) 이 시기 대부분의 학회지들이 대체로 통권 20호를 넘기지 못하고 종간되고 있었던 것은 각 학회들이 일제에 의해 정치적 탄압을 받게 되면 소속 학회지도 따라서 종간되는 상황의 반영이었던 생각된다.

이 시기에 출간되었던 대표적인 학회지로는 서우학회의 기관지인 『西友』를 비롯하여, 『西北學會月報』·『湖南學報』·『畿湖興學會月報』·『嶠南敎育雜誌』·『大韓興學報』·『法學協會雜誌』와 일본에서 유학생들이 중심이 되어 조직된 『太極學報』와 『大韓留學生學報』 등이 있는데 이들은 대체로 정치·교육·문화를 중심으로 계몽주의적 관점에서의 언론활동에 주력하고 있었다.[11)

당시의 잡지에 나타나는 법학 관련 논설의 특징에 대해 정리해 보면 다음과 같다. 첫째, 이 시기의 각 잡지에서는 法學·法律學·法律槪論·民法·國際公法·憲法 등을 제목으로 하는 논설들이 자주 보이고 있는데 이것은 근대적 법학이 도입되는 시기에 애국 계몽계열의 지식인들이 법학 자체에 대한 이해를 위해 노력하고 있었음을 보여주는 것이었다고 생각된다.[12)

실제로 '法治'와 법률의 중요성을 대중들에게 알리기 위한 활동이 연설회 등을 통해서도 이루어지고 있었는데 이는 1907년 1월 「西友」 제5호에 개제되었던 '時報'를 통해서도 확인할 수 있다.

---

10) 汀霞, 1934.5, 「朝鮮新聞發達史」 『新東亞』, 55쪽.
11) 법학협회의 활동과 관련해서는 최종고, 1982, 「한말과 일제하 '법학협회'의 활동」 『애산학보』 2 참조
12) 이 논문에서 언급하고 있는 한국근대잡지의 내용은 국사편찬위원회 홈페이지(http://kuksa.nhcc.go.kr) 한국역사정보통합시스템에 탑재되어 있는 자료를 이용하여 확인하였다.

□ 연합연설회 : 本日 下午 1시부터 國民演說臺에서 紳士諸氏가 法律
演說會를 개하였는데 演題와 辯士의 氏名이 如左함. 尹孝定, 人權
은 不可不尊重・廉仲模, 民不信法의 原因・李冕宇, 檢事의 職權・
洪在祺, 民不知法의 弊害・兪承兼, 法律과 輿論・鄭雲福, 法官의
持心・全德基, 法律은 治安의 機關・金明濬, 恩澤은 可均不可偏・
姜玧凞, 生命財産의 如何保護・吳世昌, 腐敗한 司法은 文明의 讎
敵[13]

　위의 내용은 당시 각 연사들의 강연 제목이었던 것으로 보이는
데 제목만으로도 당시 지식인들이 법률의 중요성과 필요성을 일반
에게 알리기 위해 노력하고 있었음을 알 수 있다고 하겠다. 대체로
당시의 지식인들은 근대 법학이 국민국가 건설을 위해 유용한 학
문이 될 수 있을 것으로 인식했던 것으로 보인다.

　이러한 경향은 1908년 3월 15일에 조직되었던 법학협회의 '창립
취지서'를 통해서도 알 수 있는데 법학협회에서는 법률은 新學이
며, 實學인 동시에 법률을 討究하여 법률적 사상이 발휘되면, 治國
의 術策과 生活의 法則 등이 존재함으로 국가의 富强과 個人의 康
樂이 모두 그 안에 있다고 주장하기도 하였다.[14]

　이외에도 근대적 법학의 필요성을 강조하는 논설은 다수가 있었
다. 우선 卞憲淵은 「人民은 法律을 解釋할 必要가 有함」이라는 논
설을 통해 "人民이 국가단체원의 一員이 된 이상 그 國의 法律을
知得할 필요가 있고, 법률은 해석 여하에 따라서 개인의 權利와 義
務에 지대한 영향을 끼치기 때문에 상당한 방법을 통해 그것을 해
석해야 하는 까닭이 여기에 있다"고 주장하였다.[15] 또한 石鎭衡은
'法律의 必要'라는 논설을 통해 "동서양을 막론하고 타국과 견주

---

13) 1907, 「時報」『西友』5, 40쪽.
14) 崔鍾庫, 앞의 책, 392~396쪽.
15) 卞憲淵, 1908.9, 「人民은 法律을 解釋할 必要가 有함」『大韓協會會報』
　　6(1-6), 32~33쪽.

어 자국의 權利를 缺損치 않고 海陸上에서 雄飛하는 국가는 모두 法治國이요, 法治政治를 하는 나라요, 法治國民이다” 라고 함으로써 법률이나 법학이 부강한 근대국가의 건설에 있어서 반드시 필요한 요소임을 강조하고 있었다.16) 또한 당시 학회지에는 ‘法律의 必要를 論함’17)・‘法學의 職分’18)・‘法律發生의 原因’19)・‘法의 本質을 論함’20)・‘法律을 不可不學’21) 등의 논설이 게재되고 있었는데 이러한 글도 역시 근대적 법학 도입의 당위성과 필요성을 강조했던 논설이었던 것으로 보인다.

둘째, 이 시기의 법학 관련 논설에는 民法과 관련된 글도 상당수 보이고 있는데, ‘民法叢論’22)・‘民法講義 槪要’23) 등을 제목으로 하는 논설들이 대체로 민법의 개념이나 특징에 대해 설명하고 있었다. 대한자강회의 부회장이었던 尹孝定은 「民法과 刑法의 區別」에서 “형법은 범죄와 형벌을 정한 公法이고, 민법은 人民 상호간의 權利義務를 정한 私法이다. 그러나 형법이 규정한 사항 중에도 私益에 관한 것이 있고, 民法이 규정한 사항에도 공익에 관한 것이 있을 수 있다”고 하였다. 또한 그는 민법은 법률의 명문이 없더라도 재판관은 ‘條理와 慣習을 參酌・適用’하여 재판을 할 수 있으며, 일본에서는 1896년(明治 29년)에 현행 민법을 발포하였는데 실

---

16) 石鎭衡, 1908.5, 「法律의 必要」『大韓協會會報』 2(1-2), 27～28쪽.

17) 吳政善, 1907.5, 「法律의 必要를 論함」『大韓留學生會會報』 3(1-3).

18) 洪正裕, 1909.4, 「法學의 職分」『畿湖興學會月報』 9(2-3).

19) 韓光鎬, 1907.5, 「法律 發生의 原因」『法政學會』 1(1-1).

20) 蔡基斗, 1908.2, 「法의 本質을 論함」『大韓學會月報』 1(1-1).

21) 中岳山人, 1908.10, 「法律을 不可不學」『大韓協會會報』 7. 특히 이 논설에서는 “법률이란 血脈과 같아 國家人民에 대하여 잠시라도 缺乏되는 것이 불가하며 … 국가인민의 생명을 扶植하는 藥石이며, 無道不公한 强暴을 防禦하는 干屏 이라 할 것”이라고 역설하기도 하였다.

22) 李鍾麟, 1908.12, 「民法總論」『大韓協會會報』 9(1-9).

23) 朴聖欽, 1907.6, 「民法 講義 槪要」『西友』 7.

로 1146조에 달한다고 강조하기도 하였다.[24]

'大韓協會報' 제3호에 金陵居士라는 필명으로 게재된 '國家의 民事責任'이라는 논설에서는 관리의 직무상의 행위는 국가를 대표하는 행위임으로 그 행위에 대한 책임은 국가에 있다고 주장하는 한편, 일본의 현행법이 실시하고 있던 국가에 대한 損害賠償이나 損失補償 등의 법규에 대해서 소개하고 있었다.[25] 그런데 국가를 상대로 한 민법규정에 관한 이러한 논의는 한국사회가 개항이후 계속되어 온 개화운동의 진전을 통해 근대적 신분질서를 만들어가고 있었음을 보여주는 것이었다고 할 수 있을 것으로 생각된다.

셋째 당시의 논설들 중에는 '國際公法'[26]·'國際公法論'·'平時國際國法論'과 같은 논설도 다수 보이고 있는데, 이것은 대한제국기의 정치적 상황에서 국제공법에 대한 보다 분명한 이해가 필요했기 때문이었던 것으로 보인다. 그런데 당시의 지식인들은 국제공법이 '不如 大砲一門'이라 하여 법률로서 인정하기 어렵다는 俗說과 함께 국제법을 非法律 로 보는 서양의 법 이론을 소개하면서 국제공법의 문제점을 지적하기도 하였으며,[27] 국제공법이 한계를 갖고 있음에도 불구하고 국가간의 전쟁 등과 같은 분쟁을 조절하기 위한 법률이라는 점에 있어서 의의가 있다는 인식을 동시에 나타내고 있었다.[28]

이밖에 '治外法權 및 領事裁判權의 差異[29]·東洋拓植會社 設立이 我國 經濟狀況에 미치는 影響[30]을 제목으로 한 논설도 보이

---

24) 尹孝定, 1907.5, 「刑法과 民法의 區別」『大韓自强會月報』11.
25) 金陵居士, 1908.6, 「國家의 民事責任」『大韓協會報』3.
26) 鄭　喬, 1906.12, 「國際公法」(續),『少年韓半島』2(1-2).
27) 石鎭衡, 1907.8, 「平時國際國法論」『大韓自强會月報』13.
28) 李承瑾, 1907.4, 「國際公法論」『大韓留學生會會報』2(1-2).
29) 趙天植, 1908.11, 「治外法權 及 領事裁判權의 差異」『法學協會雜誌』1(1-1).

는데, 이것은 일제의 국권침략에 대한 경계의식을 반영하고 있는 것이기도 하였다. 다만 '私立學校令의 說明'[31]과 같은 글은 漢城師範學校 강당에서 사립학교령을 반포한 이유에 에 대해 연설을 했던 일본인 學部次官의 연설문의 개요를 그대로 採錄한 경우도 있는데 이는 당시가 통감정치 하였다는 정치적 상황을 반영하는 것으로 생각된다.

따라서 이상의 내용을 종합해 볼 때 대한제국기의 애국계몽계열에 속해있던 지식인들은 대체로 일제로부터의 국권침탈의 위기 속에서도 법률이나 법학, 혹은 법치주의에 대해, 근대국가형성에 필요한 학문의 하나라고 생각하는 '법의식'을 갖고 있었던 것으로 생각된다고 하겠다.

2. '憲政體制'에 관한 논설의 경향

대한제국기 애국계몽계열의 지식인들은 국권회복을 위한 실력양성의 일환으로 '憲政體制'[32]에 관한 논의에 관심을 보이고 있었다. 우선 이들은 인민의 自由란 皇天이 인간에게 부여한 것이고 인간의 大小强弱은 다르나 "천부자유권은 동일하다"고 인식하고 있었다.[33] 뿐만 아니라 民은 국가전체의 주인이기 때문에 '人民意志'의 代表인 정부는 주인의 동의를 얻어 국사를 처리해야 한다고 주

---

30) 朱定均, 1908.11, 「東洋拓植會社의 設立이 我國經濟 狀況에 及하는 影響」『法學協會雜誌』 1(1-1).
31) 1908.12, 「私立學令의 說明」『西北學會月報』 7(1-7).
32) 柳永烈, 2003, 「한국에 있어서 근대적 政體論의 변화과정」『國史館論叢』 103.
33) 南宮湜, 「自由論」『大韓自强會月報』 9호, 9쪽.

장하기도 하였다. 즉 당시의 지식인들은 국가와 국민을 동등한 위
치에서 인식하는 근대적 국민국가관의 일면을 갖고 있었던 것으로
생각된다.

당시의 지식인들은 정당정치의 필요성에 대해서도 일정한 인식
을 갖고 있었는데, 정치상으로 동일한 '主義'를 가진 사람들이 모
이는 근대적 정당은 과거 사회에 害가 많았던 '朋黨'과는 다른 것
이며, 정부에서 비록 責任內閣을 조직한다 할지라도 정당이 完全
치 못하면 실효를 거두기 어렵다고 주장하기도 하였다.

또한 우리나라(我韓)에서도 정당이 필요한데 정치상의 목적을
달성하기 위해 조직된 정당은 외국의 保護政治 下에 있을 지라도
統監府의 權力이 방해하지 못할 것이며, 이를 방해하고 해산한다
는 것은 人民의 자유를 무시하고 국가의 興望을 위반하는 것이라
고 주장함으로써 정치활동에 대한 통감부의 간섭과 통제에 대해
비판적인 태도를 취하기도 하였다.34) 이러한 인식 하에서 당시의
지식인들은 오늘날의 세계에서 "정당 없는 입헌국가 없고, 정당 있
는 전제국가는 없다" 라고 함으로써 정당을 통한 입헌정치의 필요
성을 강조하고 있었다.35)

한편 애국계몽계열의 지식인들은 專制政治의 대안으로 입헌정
체를 주장했던 것으로 파악된다. 尹孝定은 입헌정치의 정신은 君
民同治·上下一致로 萬機를 公議에 의해 결행하는 것에 비해, 전
제정치는 君權이 無限하고 民權이 不在하며 운영하는 機關은 군
주와 귀족관료의 私黨이 될 가능성이 높다고 지적하였다. 특히 그
는 露日戰爭에서 일본은 擧國一致하고 러시아는 內亂紛起했던 것
처럼 현실정치에서 보아도 專制보다 立憲政體가 우수하다고 주장

---

34) 安國善, 1908.6,「政黨論」『大韓協會會報』3호, 24~26쪽.
35) 金成喜, 1908.6,「政黨의 責任」『大韓協會月報』, 3호. 21~24쪽.

하기도 하였다.[36]

『대한협회회보』 편찬위원이었던 金成喜의 경우는 구미열강의 국민이 세계상에서 일등국민이 된 것은 "전제를 변하여 입헌을 하고 국민을 국가의 주인으로 삼아 국가의 일을 맡도록 한 때문"이라고 주장한 후 우리도 憲法의 발포와 國會의 설립을 추진하여 國民國家를 수립해야 한다고 역설하기도 하였다.[37] 입헌정치의 특질에 대해서도 "代表全數國民ᄒ야 爲統一政體事, 君權民權을 法典上制限事, 立法部之權利를 保維事, 行政官之行爲를 監督事"라고 하는 4가지의 특징을 지적하였는데 그의 이러한 주장은 당시의 지식인들이 입헌대의제 혹은 입헌 군국주제에 대한 명확한 인식을 갖고 있었음을 말해주는 것이라고 생각된다.[38]

이러한 인식하에서 애국계몽계열의 지식인들은 영국을 입헌군주제의 모범적인 모델로 인식하고 있었던 것으로 보인다. 元泳義는 '政治의 進化'라는 글에서 "장래 정치의 지극한 정도는 헌정과 민주의 완비 여부에 있으며, 헌정의 始祖인 영국의 입헌정체는 오늘날 완전무결한 상태를 이루어 타국에 비해 우월하다"고 주장하였다.[39] 金成喜의 경우도 영국을 헌정의 母國이라 지칭하면서, 문명국가의 헌법은 민권을 보장하고 人民參政之權을 허용하고 군주의 神聖地位를 존중하여 책임지는 바 없게 하는 것 등을 중요 골자로 하며, 안으로 헌정기관이 완비되면 밖으로 국가주권이 스스로 완비된다고 하였다.[40] 요컨대, 대한제국기에 헌정체제에 관심을

---

36) 尹孝定, 1906.11, 「專制國民은 無愛國思想論」『大韓自强會月報』5호, 21쪽.
37) 金成喜, 「政黨의 事業은 國民의 責任」『大韓協會會報』1호, 27~28쪽.
38) 金成喜, 앞의 글 참조.
39) 元泳義, 「政治의 進化」『大韓協會會報』7호, 26쪽.
40) 金成喜, 「國家意義」『大韓自强會月報』13호, 41쪽.

갖고 있었던 대한협회나 대한자강회 계열의 지식인들은 국민국가 건설론과 관련하여 대체로 영국형 입헌대의제에 상당한 관심을 보였던 것으로 파악되며, 이들은 입헌대의제에 의한 국민국가의 건설이 국민의 자유권리를 보장하고 국가의 자강독립에 기여할 수 있을 것으로 인식하고 있었던 것으로 파악된다.[41]

한편 대한제국기라는 정치적 상황 속에서 당시의 지식인들은 입헌군주제를 현실적 대안으로 인식하고 있었던 것으로 보이지만, 실제로는 민주공화제가 국민국가건설을 위한 이상적인 政體라고 생각하고 있었던 것으로 생각된다. 대한자강회의 평의원이었던 설태희는 '法律上의 人에의 權義'라는 논설에서 군주가 주권을 가지고 입법권을 독점하는 군주제에 비해, 대통령과 의회에서 법률을 제정하는 공화제가 가장 우수하고 진보된 정치체제라고 주장하였다.[42] 元泳義도 민주공화체제는 주권이 국민에게 있고, 국민참정과 민권보장이 가능한 '最美'의 정체라고 평가하였으며,[43] 『西北學會月報』의 자유기고가 선우순도 '國家의 槪要'라는 논설에서 전 인민의 의지가 독립고유의 最高權이 될 경우 이를 民主共和制라고 인식하고 있었으며,[44] 이 시기 항일운동을 위한 비밀결사 조직이었던 新民會의 경우 그 '通用章程'과 '趣旨書'를 통해 공화제를 주장하기도 하였다.[45]

이상의 내용을 종합해 보면, 대한제국기 합법적인 공간에서의 헌정체제에 관한 논의에 있어서 당시의 지식인들은 표면적으로는 입헌군주제의 헌정체제를 수용하는 태도를 취하였으나, 실제로는

---

41) 柳永烈, 앞의 논문, 17쪽.
42) 薛泰熙, 「法律上 人權義」『大韓自强會月報』9호, 12~13쪽.
43) 元泳義, 「政體槪論」『大韓協會會報』9호, 12~13쪽.
44) 선우순, 「國家論의 槪要」『西北學會月報』12호, 9~10쪽.
45) 柳永烈, 앞의 논문, 19쪽.

공화제정체에 의한 국민국가의 건설을 보다 선호하고 있었던 것으로 생각된다. 그러나 당시의 정치적 현실 속에서 공화제에 관한 주장은 비밀결사였던 新民會에 의해 주장될 수밖에 없었던 것으로 보이며, 3·1운동 이후 국내외에서 출현한 모든 임시정부가 일관되게 민주공화제를 채택하고 있었던 것은 당시 지식인들의 이러한 경향과 무관하지 않았던 것으로 보인다.

Ⅲ. 일제하 중요 민간 발행 잡지의 법률관련 논설

일제하 국내에서 발행된 '민간잡지'는 종류와 내용에 있어서 다양한 경향을 타나내고 있었으나 이 시기의 잡지에서는 대한제국기 이후 활발하게 전개되었던 헌정체제에 관한 논의는 찾아 볼 수 없으며, 조선총독부가 제정했던 법령들에 대해서도 적극적으로 비판하지 못하는 한계를 나타내고 있었던 것으로 파악되고 있다. 실제로 일제는 한일합방 이후 국내잡지들에 대해 정치·사회적인 문제에 대해 상대적으로 자유롭게 논의할 수 있었던 新聞紙法의 적용을 극도로 제한하였으며, 애국계몽운동계열의 잡지들은 한일합방 이전에 이미 모두 폐간시키고 있었다.[46)]

이 시기에 발행되었던 잡지들은 『天道敎會月報』·『侍天敎月報』·『朝鮮佛敎月報』·『惟心』·『經學院雜誌』·『中央靑年會報』·

---

46) 鄭晋錫, 1983, 『韓國言論史硏究』, 一潮閣, 123~124쪽.

『公道』등과 같은 종교계통의 잡지가 대부분이었으며, 일본 유학
생들이 발행하던 『學之光』과 『女子界』등의 잡지가 있기는 하였
지만, 이들은 대부분 종교나 사회문제에 관한 간단한 논설을 게재
하고 있을 뿐 법률이나 법학에 관한 논설은 거의 게재하지 못하고
있었다. 다만 법학전문지였던 『법학계』가 1915년 5월 10일 普城學
校에서 임시총회를 개최하고 『법학협회잡지』의 후신으로 활동하
고 있었으며,47) 1919년에는 京城法學專門學校 校友會에서 발간한
『六曹』가 창간되었다.48)

한편 3·1운동 이후 일제의 언론통제정책의 유형이 달라지자 잡
지의 창간이 늘어나기 시작하였는데, 사회주의사상의 유입으로 인
해 잡지계의 사상적 경향도 일정하게 구분되고 있었으며, 이러한
경향은 1930년대 후반까지 계속되고 있었다.49) 뿐만 아니라 1920년
대에는 言論誌나 思想誌 등이 나타나면서 법률관련 논설의 경우도
과거에 비해 체계적인 논리구조를 갖추기 시작하였던 것으로 보이
며, 1930년대에 들어서는 『新東亞』·『朝光』·『中央』과 같이 신문
언론이 발행하는 잡지들이 나타나 보다 우수한 자본력을 바탕으로
잡지언론의 사회적 위상을 강화하는 계기를 만들기도 하였다.50)

1920년대 이후의 민간잡지에 자주 게재되었던 법률관련 논설은
치안·농업 혹은 경제 관련 분야의 것들이었다. 그러나 이 시기 잡

---

47) 최종고, 위의 책, 422쪽.
48) 이밖에 1915년부터 1917년까지 法律論講社에서 발간한 『法律論講』이
    라는 잡지가 총 25호가 발간되었다고 한다. 앞의, 『韓國法學史』, 391~
    462쪽 참조.
49) 이 시기에 발행되던 대표적인 잡지로는 『東明』·『東光』·『我聲』·
    『共濟』·『新天地』·『新生活』·『開闢』·『思想運動』·『理論鬪爭』·
    『現段階』·『批判』·『全線』·『活泉』·『神學世界』·『新人間』··『東
    學之光』·『彗星』·『佛敎』등이 있었다.
50) 韓國雜誌協會, 1972, 『韓國雜誌總攬』 참조.

지에서 보이는 법률관련 논설의 논의 구조는 특정한 주제에 대해
논의가 집중되기보다는 종교51)·교육52)·언론53)·농업54)·경제
·산업분야55) 등에서 조선총독부가 제정했던 법령의 내용을 소개
하거나 비판하는 논설들이 단속적으로 게재되고 있었다. 그런데
이러한 경향은 이 시기 민간 잡지가 비록 그 종류의 다양성에 있어
서는 과거에 비해 진전된 형태를 나타내고 있었으나 정치적으로는
주관성이 강한 논설을 제기할 수 없는 현실적 억압구조를 갖고 있
었음을 보여주는 것이라고 생각된다.

당시 국내에서 발행되던 잡지들은 1925년 5월부터 실시되었던
治安維持法에 대해 비교적 여러 잡지에서 논설을 게재하였던 것
으로 보이는데, 그 경향은 치안유지법에 대해 '2重3重의 惡法令'이
라고 하거나 '思想取締에 대한 辨妄'이라고 비판하고 있었다. 실제
로 당시의 논설들은 치안유지법에 대해 제령 위반으로 처리해 오

---

51) 編輯室, 1935.2,「宗敎에 대한 法令」(1)『카톨릭靑年』21.
52) 一記者, 1921.2,「敎育令 改正에 就하여」『儒道』1(1-1) ; 1922.4,「朝鮮
   敎育令 內容」學務局長,『時事評論』1 ; 1922.4,「朝鮮敎育令」『時事
   評論』1.
53) 1923.4,「불은 꺼도 모기는 있다－新聞紙法 出版法 改正建議에 關하여
   －」『東明』31(2-14) ; 梁潤植, 1930,「新聞法律講釋」『鐵筆』1-1.
54) 李健赫, 1936.7,「米穀自治管理法과 專賣問題의 前途」『朝光』9(2-7) ;
   朴用來, 1936.7,「重要 肥料業 統制法」『朝光』9(2-7) ; 又正, 1938.2,「朝
   鮮臨時肥配統制令 公布」『朝鮮農業』2 ; 辛泰嶽, 1938.6,「農地調停法
   案에 對하야」『批判』6-6 ; 1938.7,「朝鮮 穀物檢査 施行規則 中 改正」
   『朝鮮農業』7.
55) 裵成龍, 1931.2,「勞動組合法案과 前途」『三千里』3-2 ; 陳榮喆, 1931.4,
   「流產된 勞組法案」『慧星』2-1 ; 辛泰嶽, 1935.11,「鑛業令과 鑛害問題」
   『朝光』1(1-1) ; 辛泰嶽, 1936.1,「鑛業令改正의 必要」『新朝鮮』5-1 ;
   朴用來, 1936.5,「重要産業統制法과 조선에 實施問題」『朝光』5(2-3) ;
   木野藤雄, 1937.10,「朝鮮 産金令 解說」『朝鮮鑛業』2-10 ; 1938.2,「9
   월부터 실시하는 朝鮮鑛業警察規則」『朝鮮鑛業』3-2 ; 1938.3,「重要
   鑛業增産法案」『鑛業朝鮮』3-3.

던 순수한 독립운동에 대해 치안유지법을 적용한다는 것은 정치적
탄압이 얼마나 더 심해졌는가를 웅변으로 말하는 것이라고 하거나
"대중의 여론이 此法(치안유지법-필자) 시행을 불만족하게 생각하
는 것은 사실이다" 라고 하고 있음을 볼 수 있다. 또한 보안법과 제
령 제7호와 치안유지법의 법률상의 상호관계를 검토한 후 정치범
죄의 추세를 통계적으로 검토한 논설이 게재되기도 하였다.56)

이밖에 치안관련 법령으로는 '刑事補償法'57)·'盜犯防止法58)'
·'思想保護觀察令'59)에 대해 법령자체를 소개하거나 그 문제점
을 지적하는 논설들이 게재되고 있었던 것으로 보인다. 특히 변호
사 李仁은 형사보상법에 대해 조선에서 이 법 全文이 그대로 시행
되겠는 지도 예측하기 어려우며, 그 法文自體를 通讀하여 보면 피
해자가 과연 어떤 정도의 만족과 慰藉를 가지고 雪復할 것인가에

---

56) 「治安維持法案」(時評). 李如星, 1925.3, 『思想運動』 1-1 ; 1925.4, 「2重3
重의 惡法令」 『開闢』 58 ; 1925.6, 「治安維持法에 대한 政府의 釋義全
文」 『新民』 ; 高法判事 野村調太郎, 1925.6, 「治安維持法上 朝鮮獨立
運動」 『普聲』 2(1-2) ; 編輯室, 1925.6, 「治安維持法의 釋義」 『普聲』
2(1-2) ; 李學鍾, 1925.6, 「思想取締에 대한 辨妄」 『新民』 2 ; 1925.6, 「治
安維持法의 實施와 今後의 朝鮮社會運動」 『開闢』 60 ; 李仁, 1930.6,
「治安維持法에 대하여」 『三千里』 2-3 ; 金世政, 1931.5, 「判例를 통해
본 保安法과 制令 第7號」 『批判』 1 ; 1931.9, 「治安維持法과 朝鮮」
『東光』 25(3-9).

57) '刑事補償法'과 관련된 논설로는 金世斌, 1932.4, 「冤罪者補償法批判」
『新東亞』 6(2-4) ; 李仁, 1933.1, 「新年부터 施行하는 刑事補償法과 小
作調停法」 『第一線』 3-1 등이 있으며, 비슷한 시기에 '國家賠償法案'
에 대해 논의한 논설의 경우도 실제로는 '刑事補償法'문제와 연결되어
논의되는 경우가 있었던 것으로 보인다. 1931.1, 「冤罪者의 慰藉 國家
賠償法案에 대하야」 金海星, 『新民』.

58) 李仁, 1930.8, 「盜犯防止法批判」 『別乾坤』 31 ; 楊潤植, 1930.10, 「새로
實行하는 盜犯等 防止法의 解說」 『別乾坤』 33.

59) 李鍾摸, 1937.2, 「保護觀察令의 適用範圍」 『朝光』 16(3-2) ; 1937.6, 「12
월 20일부터 實施되는 思想犯保護觀察令」 『朝光』 20(3-6).

대해서는 심히 疑問되지 않을 수 없다고 주장하였다.[60]

또한 사상보호관찰령에 대해서는 단순하게 적용범위에 대해서 설명하거나 이 법의 시행으로 京城·咸興·淸津·平壤·新義州·大邱·光州에 보호관찰소가 설치되게 되었다고 하면서 특별히 광주보호관찰소의 조직운영에 대해 다루고 있는 기사가 게재되기도 하였다.[61] 따라서 이상의 내용을 통해서 보면 이 시기의 잡지들은 일제가 실시했던 치안관련 법률의 내용을 소개하고 일부 그 문제점을 비판하는 논설을 게재하고 있었던 것으로 보인다. 그러나 총독부가 치안관련 법률을 적용하면서 실질적으로 나타났던 사회적 문제나 한계에 대해서는 비판하지 못하는 경향을 보여주고 있었다.

한편 이 시기에는 농업관련 법령에 대한 논설도 다수 보인다.[62] 1929년 이후 농업공황의 여파로 국내에서는 '小作令'이나 '小作立法'의 필요성이 크게 대두되고 있었으며, 당시의 논설들은 그 필요성을 강조하거나 그와 관련된 법령의 내용을 소개하고 있었던 것으로 보인다. 이러한 상황에서 申相俊은『中央』에 기고한「朝鮮農地令의 解說」에서 농업관련 법령이 제정되는 일련의 상황을 다음과 같이 정리하고 있다.

---

60) 李仁, 1932.2,「今年 4월에 實施한다는 所謂刑事補償法의 實體」『彗星』2-2.

61) 崔圭昌, 1937.8,「今般 設立된 光州保護觀察所」『湖南評論』23-8.

62) 金洙, 1929.1,「小作法 制定의 急務」『朝鮮之光』82(10-1) ; 宋鎭禹, 1929.1,「小作 立法의 必要」『朝鮮之光』82(10-1) ; 鄭基薰, 1929.1,「小作 立法과 小作農의 自覺」『朝鮮之光』82(10-1) ; 張利根, 1933.11,「小作令의 出世를 바라보면서」『東學之光』; 金東進, 1932.6,「小作令 制定과 小作問題의 將來」『新東亞』8(2-6) ; 裵成龍, 1932.9,「朝鮮小作令案의 反動性」『東光』37(4-9) ; 辛泰嶽, 1933.9,「朝鮮 小作調停令 解說」『農民』4-9 ; 申相俊, 1934.6,「朝鮮農地令의 解說」『中央』2-6 ; 朴燦一, 1935.6,「朝鮮 農地令의 要領」『湖南評論』1-2.

> 1930년의 농업공황의 여파가 급증함에 따라 … 自作農創定制度의
> 실시 등은 농촌의 피폐가 尤甚하여 그대로 坐視할 수 없음을 증명한
> 것이었다. … 1932년 2월에는 朝鮮小作調停令이라는 것을 실시하여
> 소작쟁의를 安協互讓으로 해결할 방침을 세웠으나 이는 오직 소작쟁
> 의가 일어났을 때만 調停을 加할 수 있는 現實이라 …그래서 이러한
> 쟁의를 미연에 방지한다는 의미로 朝鮮小作令案을 제정한 것이니 착
> 수 이래 6個星霜을 費한 것이라 …조선에서는 地主의 利益을 대표하
> 는 反對가 繁盛하야 많은 修正을 가하였고, 또 현해탄을 건너서 수정
> 에 수정을 가하고도 그 法令化를 의심할 만치 반대와 찬성이 區區하
> 였다.…또한 小作令이라 하면 지주와 小作人을 대립시키는 감도 없
> 지 않다 하야 朝鮮農地令으로 姓名까지 고쳐서 發布하게 되었다.63)

위의 내용을 통해서 보면 대체로 일제는 1930년대를 전후하여
극단적으로 악화되기 시작한 농민문제에 대응하기 위해 소작쟁의
조정법과 '朝鮮小作令案'을 제정하였음을 알 수 있다고 하겠다. 그
러나 소작령의 경우 6년 동안 국내와 일본에서 커다란 반대에 부
딪쳐 수정을 거듭하는 한편 '法令化'가 의심될 정도였으며, 법령의
명칭도 지주와 소작인을 대립시키는 감이 있다는 이유로 '朝鮮農
地令'으로 변경하여 제정되었다고 하고 있는데 이는 일제의 조선
농지령의 입법과정과 내용에 상당부분 문제가 있었음을 보여주는
것이라고 하겠다.

이밖에 1930년대에 들어서면 '銀行令'64) · '所得稅令' · '相續稅
令' 등에 관한 논설이 게재되고 있었는데 「朝鮮 所得稅令과 適用
範圍에 대한 一考察」에서는 '稅制整理에 의한 派生的 增稅案의
하나'65)라고 하였으며, '朝鮮 相續稅令 解說'에서는 '조선의 稅制

---

63) 申相俊, 1934.6, 「朝鮮農地令의 解說」『中央』2-6.
64) 一記者, 1928.6, 「朝鮮新銀行詔令」『經濟』1 ; 一記者, 1928.6, 「近近
　　發表될 朝鮮 新 銀行條令」『經濟』1(1-1) ; 徐椿, 1928.9, 「普通銀行 關
　　係法令에 대한 所見」『朝鮮之光』80.
65) 鄭秀日, 1934.6, 「朝鮮 所得稅令과 適用範圍에 대한 一考察」『中央』2-6.

를 정비하기 위하여 총독부에서는 年來에 조사를 진행하고 있었음
은 일반에 公知하는 사실 이며, '累進稅法을 採用'하였다66)고 있
는데 이는 조선총독부가 1930년대 전반기 이후 조세제도의 강화를
통해 전쟁비용을 조달하고자 했음을 보여주는 것이라고 하겠다.

한편 1930년대 후반에 이르면 『內鮮一體』·『國民文學』·『大
東亞』·『新時代』등 극단적인 친일화 경향을 나타내는 잡지들이
출간되기 시작하였던 것으로 보인다. 이들은 일본어로 작성된 기
사를 게재하거나 극단적인 친일 논설을 게재하고 있었던 것으로
보이는데 실제로 『大東亞』의 경우는 本誌의 新指標에서 '內地人
士'와 '半島兄弟'를 연결하는 媒介機關이 될 것이라고 자처하였다.

1930년대 후반의 법률관련 논설들은 조선인 지원병제도가 실시
되는 것에 대해 이는 '支那事變 발발 이래 조선인의 애국심의 발
로와 南總督의 英斷'으로 이루지게 된 것이라고 하였으며,67) 총동
원법의 발동에 대해서도 '국가의 대 목적을 速成하기 위하여 좀처
럼 변치 않는 새로운 체제를 세울 필요가 있으며, 국가 총동원법은
이 총동원태세의 최고 시행수단인 것이다'라고 주장하는 일본인
相蔣田池의 논설을 게재하여 그 법령자체를 옹호하기도 하였다.68)
또한 '戰時行政特例法'을 설명하는 논설에서는 '중요 군수물자의
비약적인 생산력 확충'을 위해 행정상 특별한 조치를 취하지 않으
면 안 될 필요를 느끼게 되었다고 주장하는 논설을 게재하기도 하

---

66) 張錫日, 1934.8, 「朝鮮 相續稅令 解說」『中央』2-8.
67) 1938.3, 「四月一日부터 實施될 朝鮮人 志願兵制度」『朝光』29(4-3) ;
    1938.4. 「朝鮮人 志願兵令과 改定된 朝鮮敎育令」『批判』6-4 ; 1938.4,
    「朝鮮人 志願兵令과 改定된 朝鮮敎育令」『批判』6-4.
68) 相蔣田池, 1938.12, 「國家總動員法全」『朝光』; 白岡, 1938.11, 「國家總
    動員法의 發動」『批判』6-11 ; 金誓, 1939.2, 「總動員法의 全面的 發動
    과 新聞」『朝光』40(5-2) ; 姜柄順, 1941.5, 「國家總動員法 改正에 對하
    여」『朝光』67(7-5).

였다.69) 이밖에도 각종 '統制令'70)이나 '內鮮一體'·'新體制'·'高度國防體制'의 정당성을 강조하는 논설들을 반복적으로 게재하고 있었는데71) 이러한 경향은 전시통제기에 민간잡지들이 직면하고 있었던 억압적 언론구조의 상황을 보여주는 것으로 생각되며, 이러한 상황에서 당시의 잡지들은 일제의 '정신적 동원'72) 정책에 일정하게 이용될 수밖에 없었던 것으로 생각된다.

Ⅳ. 조선총독부 기관지 『朝鮮』의 발행과 법률관련 자료

1920년 7월부터 1944년 12월까지 월간지의 형태로 발간되고 있었던 조선총독부 기관지 『朝鮮』73)은 내용상으로 볼 때 총독부가

69) 裵延鉉, 1943.5, 「臨時農地關係兩法規解說」 『朝光』 92(9-5).

70) 1940.5, 「國民學校敎則案」 『朝鮮の敎育硏究』 ; 1940.2, 「食量確保의 强力的 統制와 米穀 配給 調停令 公布」 『朝光』 52(6-2) ; 裵廷鉉, 1941.4, 「農地關係 兩法令 槪說」 『朝光』 66(7-4) ; 宮本元, 1941, 「朝鮮借地借家調停令의 槪要」 『春秋』 2-2 ; 辛泰嶽, 1941.9, 「朝鮮鑛業令改正의 要領」 『朝光』 71(7-9) ; 金光淳, 1941.5, 「商業組合令과 小賣上 問題」 『朝光』 67(7-5) ; 1941.12, 「朝鮮金鑛業令 改正 內容」 『春秋』 11(2-11).

71) 玄永燮, 1939.3, 「內鮮一體 體內의 朝鮮民衆의 諸問題의 考察」 『三千里』 130(12-3) ; 內閣情報部, 1940.12, 「新體制란 무엇?」 『朝光』 62(6-12) ; 劉永允, 1941.5, 「高度國防體制의 新法案」 『春秋』 4(2-4).

72) 정혜경, 2003, 『일제말기 조선인 강제연행사의 역사』, 경인문화사, 13～15쪽.

73) 『朝鮮』에는 일문판과 한글판이 있었으며, 본고에서는 高麗書林에서 1986년에 출간한 영인본에 게재된 내용을 기준으로 분석하였다. 姜東

제정했던 각종 법규에 대한 해설과 총독부의 정책에 대한 당국자의 聲明이나 發言, 訓示 등이 게재되어 있어서 일부 관보적인 기능을 수행하고 있었던 것으로 보인다. 또한 그 논설 중에는 조선의 역사와 민족성을 문제 삼거나 日鮮融和를 강조하는 글이 상당수 있는데 이를 통해서 보면 '朝鮮'은 총독부 식민정책의 정당성을 홍보하는 기능도 담당하고 있었다고 하겠다.74)

일제는 1910년 조선을 강점한 후 10월 1일부터 '총독부관제'를 발표하고 總督官房과 總務部, 內務部, 度支部, 農商工部, 司法部를 두는 1관방 5부체제를 확립하고 조선에 대한 통제력을 강화해 가고 있었다.75) 이 시기 총독부관제의 특징은 내무부, 탁지부, 농상공부는 대한제국시기의 관제를 그대로 존치한 반면, 學部는 내부부 안의 1개 局 으로 축소한 점인데 이는 일제가 그 지배 초기부터 조선에 대한 愚民化政策을 추진하고 있었음을 알 수 있게 해준다고 하겠다.

『朝鮮總督府月報』(이하 月報)는 이러한 상황에서 1911년 5월 總訓(필자-총독부훈령) 41호의 규정을 근거로 발간되었는데 그 중요한 규정을 검토해 보면 '月報'의 발행목적과 체제상의 특징 등에 대해 확인할 수 있다.

> 제1조 조선에 있어서 施政, 産業 其他의 狀況을 蒐錄하기 위해 매월 20일 조선총독부월보를 발행한다.

鎭, 1984, 『日帝의 韓國侵略政策史』, 한길사, 53~54쪽.

74) '조선총독부월보'에서 '조선휘보'를 거쳐 '조선'으로 잡지의 명칭이 변경되고 발행 주체가 '總督府庶務課'에서 '總督府官房總務課'과 등으로 변동되는 것은 총독부의 직제개편과 상당부분 연관이 있는 것으로 보이는데 여기에서는 자세한 언급은 피하였다.

75) 「朝鮮總督府官制」 勅令 第354號, 『朝鮮總督府官報』 第28號, 明治43年 (1910) 10月 1日.

제2조 월보는 總務部 文書課에서 편찬한다.
제3조 월보에 게재할 사항은 左의 區分에 의함. 1. 농업 및 植林 2. 상
　　　공업 3. 광업 4. 수산업 5. 무역 6. 운수 및 교통 7. 理財 및 金融
　　　8. 교육 9. 社寺宗敎 10 위생 11 구휼자선 12. 지방행정 13. 司法
　　　14. 調査資料 15 通計
제4조 월보에 기재할 材料는 관계의 各部 및 소속부서에서 그것을 集
　　　할 것.76)

　위의 내용에서 보면 '月報'는 조선의 시정, 산업, 기타의 상황을
蒐錄하기 위해 總務部 文書課에서 발행하며, 게재할 기사의 내용
은 총독부 내 각부 및 소속부서에서 모집한다고 하고 있는데 이는
'월보'가 총독부의 기관지였음을 말해주는 것이었다고 하겠다. 또
한 수록 내용에 대해서는 농업, 상공업, 지방행정, 植林 등 15개 항
목으로 분류하고 있었는데, 그 내용은 대체로 조선통치에 필요한
기초 자료를 수집·정리하고자 했던 총독부의 의도를 반영하고 있
었던 것으로 생각된다.

　이후 '月報'의 발행 규정은 1913년 11월 총독부령 제518호로 개
정되었는데, 이는 1912년 4월 1일에 있었던 총독부의 행정정리와
관련이 있었던 것으로 보이며,77) '月報'의 발행·편집체계에도 일
부 변화가 있었다.

제1조 조선에 있어서 施政 기타 제반의 사항을 周知시키기 위하여 매
　　　월 1일 조선총독부월보를 발행한다.
제2조 월보는 官房總務局總務課에서 이를 편찬한다.
제3조 月報에 揭載할 槪目은 아래와 같다. 1. 主要記述, 2. 調査資料,
　　　3. 雜錄, 4. 敍任及司令, 5. 統計, 6. 判決例, 7. 法令 및 通牒
제4조 월보 편찬을 위하여 編纂委員 數名을 둔다.
제5조 총무과장은 매월 1일 各編纂委員會를 개최하여 編纂에 관한

76) 朝鮮總督府, 1911.12.20, 『朝鮮總督府月報』(1-7).
77) 국사편찬위원회, 1989.12, 『한민족독립운동사』5.

　　打合을 할 것
　　제7조 월보는 官房總務局印刷所에서 이를 인쇄한다.[78]

　이 시기에 '月報'는 우선 '조선에 있어서 施政 기타 제반의 사항을 周知시키기 위해' 발행된다고 하고 있는데 이는 '조선의 施政, 産業 기타의 상황을 蒐錄한다고 규정'했던 이전의 발행 목적에 비해 보다 강화된 정책적 의지를 반영하고 있는 것이었다고 하겠다. 또한 발행 부서가 총무부 문서과에서 관방총무국 총무과로 변동되었으며, 인쇄처는 관방총무국 인쇄소로 나타나고 있는데 이는 총독부의 직제개편과 관련이 있었다. 뿐만 아니라 15개 항목이었던 기재사항이 7개의 '槪目'으로 축소되어 그 기능이 약화된 것으로 보이기도 하지만, 이전에 비해 敍任 및 司令, 判決例, 法令 및 通牒의 항목이 명시되고 있어서 '月報'의 官報로서의 기능이 한층 더 강화되었음을 알 수 있다고 하겠다.

　이밖에 이 시기에는 '月報編纂委員會'가 구성되어졌던 것으로 보이는데, 이는 총독부가 '月報'의 발행을 체계화하기 위해 노력하고 있었음을 보여주는 것이라고 하겠다. 그리고 '月報' 편집위원의 인물과 성격에 대해서는 자세히 알 수 없으나 이전 總訓 41호의 규정에 월보에 게재될 자료의 모집을 위해 각 부서에는 소속 부서장이 임명하는 '月報 報告主任'을 둔다고 했던 것으로 보아 이 시기 '月報' 편찬위원들은 이들과 일정하게 관련이 있을 것으로 생각된다.[79]

---

78) 京城帝國大學 法文學部 經濟研究室 編, 1935, 『朝鮮彙報 分類總目錄』, 京城.

79) 朝鮮總督府, 1911.12.20, 『朝鮮總督府月報』(1-7). 總訓 41호 제5조에 '월보보고주임은 奏任官 또는 判任官 중에서 所屬長官이 명하고 그 官氏名을 文書課長에게 通知한다'라고 되어 있다.

'月報'에 게재되었던 법령관련 기사의 경향을 정리해 보면, 우선 월보에는 총독부가 제정한 법령에 관한 논설이나 별도의 해설 기사는 별로 보이지 않고 있으며, '민·형사판결'·'법령' 등을 항목으로 하는 기사들이 정기적으로 게재되고 있었다. 그런데 이러한 내용들은 일제가 한일합방 초기 조선에 대한 지배권을 강화하기 위해 제정했던 중요법령의 내용이나 성격을 총독부의 정책적 관점에서 이해하는데 도움을 줄 수 있을 것으로 생각된다.

실제로 '月報'에서는 '朝鮮慣習에 관한 回答'[80]이나 土地를 비롯한 재산권 행사에 관한 民·刑事 事件에 대한 '判決例'[81]와 地稅令·市街地稅令·煙草稅令·國稅徵收令 등에 관한 법령들의 구체적인 내용을 검토할 수 있을 것으로 보인다. 그리고 民事事件의 '判決例'에 있어서 토지소유권이나 경작권에 관한 내용들이 자주 나타나고 있는데 이는 일제가 1910년부터 1918년까지 실시했던 토지조사사업의 영향 때문이었던 것으로 생각되며, 稅制와 관련된 법령관련 기사들이 눈에 띄는 것은 일제가 식민지 조선을 운영하기 위한 재정 확보에 주력하고 있었던 1910년대의 상황과 관련이 있었던 것으로 생각된다.[82]

한편 조선총독부에서는 1915년 2월에 시행된 훈령 제5호를 근거

---

80) 1914.10, 「法令及通牒(朝鮮舊慣ニ關スル回答)」『朝鮮總督府月報(4-10)』; 1914.12, 「法令及通牒(朝鮮舊慣ニ關スル回答)」『朝鮮總督府月報』(4-12).
81) 1914.8, 「判決例(民事-耕作權確認請求ニ關スル件)」『朝鮮總督府月報(4-8)』; 1914.10, 「判決例(民事-土地所有權確認及引渡請求ニ關スル件)」『朝鮮總督府月報』(4-10). 이외에 토지와 관련된 民事에 대한 다양한 '判決例'가 나타나고 있다.
82) 관련 법규로는 다음과 같은 것들이 있다. 1914.5, 「法令(地稅令)」『朝鮮總督府月報』(4-5); 1914.5, 「法令(市街地稅令)」『朝鮮總督府月報(4-5)』; 1914.5, 「法令(煙草稅令)」『朝鮮總督府月報(4-5)』; 1914.5, 「法令(國稅徵收令中改正)」『朝鮮總督府月報(4-5)』.

로 '월보'를 『朝鮮彙報』(이하-'彙報')로 변경하였는데 그 내용을 살펴보면 다음과 같다.

> 朝鮮彙報에 관한 규정은 아래와 같이 大正 4年 3월 1일부터 시행함
> 朝鮮總督府月報에 관한 규정은 이를 廢止한다.
> 제1조 조선에 있어서 행정 및 제반 사항을 널리 상세히 알리기 위해 매월 1일 조선휘보를 발행함
> 제2조 조선휘보에 게재할 사항의 槪目은 다음과 같다. 1. 敍任 및 司令 2. 行政 3. 財政 및 金融 4. 産業 5. 交通 및 土木 6. 學事 7. 司法 및 警察 8. 硏究資料 9. 外國事情 10. 地方通信 11. 雜報 12. 質疑應答 13. 統計 14. 法令 및 通牒 15 判決例 16. 國語 및 朝鮮語 硏究.[83]

위의 내용을 살펴보면 조선총독부에서는 1915년 3월 1일을 기해 '彙報'에 관한 규정을 실시하는 동시에 '朝鮮總督府月報'에 관한 규정은 폐지한다고 명시함으로서 '휘보'가 '조선총독부월보'의 후신임을 알 수 있다. 또한 7개였던 게재항목 수가 16개로 늘었으며, 외국사정, 지방통신, 질의응답, 잡보, 국어 및 조선어 연구 등이 새롭게 추가되어 편집체계에 상당한 변동이 있었던 것으로 보이는데 이러한 변동 중에도 사법에 警察 항목이 추가되는 등 사법과 법률관련 항목은 여전히 중요한 비중으로 다루어지고 있었던 것으로 보인다.

뿐만 아니라 '彙報의 경우는 각 권의 마지막에 편찬위원 명단을 밝혀두었는데 총독부 관방총무국장을 위원장으로 하여 각 기관의 서기관, 사무관, 경무관, 시학관, 통역관 등이 위원이었던 것으로 나타나고 있어서, 이 시기에 이르면 총독부 기관지로서의 '휘보'의 위상이 비교적 높았음을 알 수 있다고 하겠다.[84]

---

83) 1915.5, 「朝鮮彙報編纂委員」『朝鮮彙報』.
84) 편찬위원의 명단은 다음과 같다. 위원장 朝鮮總督府 總務局長 伯爵 兒

한편 '彙報'에는 총독이나 각부 장관의 訓示[85]와 중요한 법령이
나 정책에 대한 해당 부서 당국자의 논설[86]이 게재되어 있어서 각
각의 법령이 갖고 있던 정책적 의미를 보다 분명하게 파악하는데
기여할 수 있을 것으로 생각되며, 이러한 체제상의 변화는 '조선'
에서도 계속되어 졌던 것으로 나타난다.

또한 '彙報'에는 '朝鮮慣習에 관한 回答'이외에도 과거 조선왕
조의 정치제도에 관한 논설들이 다수 게재되고 있는데 이는 일제
가 조선에 대한 식민통치 초기에 관심을 기울이고 있던 '慣習調
査'[87]와 관계가 있을 것으로 생각된다.[88] 뿐만 아니라 '휘보'에서

玉秀雄, 委員 書記官 荻田悅造, 書記官 遠藤柳作, 書記官 今村邦典,
通譯官 菱典靜治, 通譯官 新庄順貞, 事務官 岡今朝雄, 事務官 小田幹
治郞事務官 田中卯三, 視學官 秋山鐵太郎, 事務官 林茂樹, 書記官 本
岡榮次郞, 鐵道局 參事 和田駿, 遞信局 書記官 島田志良, 警務官 亥角
仲藏, 勸業模範場 技師 鏡保之助, 中央試驗所 技師 宇野三郎, 編纂事
務 囑託 飯島榮太郞.『朝鮮彙報』1915년 5월1일,「朝鮮彙報編纂委員」
을 기준으로 하였다.
85) 1915.8,「司法官ニ對スル寺內總督訓示」『朝鮮彙報』; 1917.3,「警務部
長に對する總督訓示」『朝鮮彙報』; 1917.8,「監獄醫務主任會同に於
ける司法部長官訓示要領」『朝鮮彙報』; 1918.3,「高等女學校長に對
する總督訓示」『朝鮮彙報』.
86) 荒井賢太郞(度支部長官), 1916.9,「酒稅令の要旨」『朝鮮彙報』; 宇佐
美勝夫(內務部長官), 1917.7,「面制に就て」『朝鮮彙報』; 小原新三(農
商工部長官), 1917.10,「米穀檢査規則の改正及大豆檢査規則の制定に
就て」『朝鮮彙報』; 國分三亥(司法部長官), 1918.1,「朝鮮刑事令改正
の要旨」『朝鮮彙報』; 關屋貞三郞(學務局長), 1918.4,「書堂規則の發
布」『朝鮮彙報』; 小原新三(農商工部長官), 1918.6,「林野調査令要旨」
『朝鮮彙報』; 鈴木穆(度支部長官), 1918.8,「地稅令改正の要旨」『朝鮮
彙報』; 鈴木穆(度支部長官), 1918.8,「煙草稅令の改正に就て」『朝鮮
彙報』; 鈴木穆(度支部長官), 1918.8,「地方金融組合令の改正に就て」
『朝鮮彙報』.
87) 鄭肯植 編譯, 2000,『慣習調査報告書』, 한국법제연구원, 12~13쪽.
88) 1915.3,「朝鮮舊慣に關する回答 : 墓位土の處分に關する件」『朝鮮彙

는 경찰관련 항목이 새롭게 추가되었는데 이는 한일합방 이후 꾸준히 강화되고 있었던 '朝鮮警察'의 위상을 반영하고 있었던 것으로 생각된다.[89]

그리고 3·1운동의 여파로 1919년 8월 20일 총독부의 관제가 개정되고 이른바 '文化統治'가 시작되는 과정에서 '彙報'는 '朝鮮'으로 개편되어 발간되었던 것으로 나타난다.[90]

〈표 1〉 1921년과 1930년 『朝鮮』에 개재되었던 기사 내용 분류[91]

구 분	내 용 분 석	1921	1930
집필자 연인원	총독부 관리	105	132
	일반 일본인	56	31
	외국인	6	0
	일반 한국인	17	1
내용 분류	지배 정책	43	21
	외국의 식민정책 및 소개	4	0
	교육·사회사업(社會敎化를 포함)	42	10
	사회·풍속·관습·역사·시정·민족성에 관한 것	40	87
	산업경제	25	45
	內鮮融和(선전·역사)	19	9
	在鮮日本人에 관한 것	4	0
	기타	20	9
	계	197	181

報』; 淺見倫太郎(高等法院檢事), 1916.4, 「李氏國初の法典」『朝鮮彙
報』; 淺見倫太郎(高等法院檢事), 1916.5, 「經國大典及其の後の法典」
『朝鮮彙報』.
89) 김민철, 1994, 「식민지통치와 경찰」『역사비평』24.
90) 「朝鮮總督府事務分掌規定(改正)」朝鮮總督府 令30號, 『朝鮮總督府官
報』號外, 大正 8年(1919) 8월 20일.
91) 金圭煥, 「植民地下 朝鮮에 있어서의 言論統制의 研究」(姜東鎭, 앞의
책, 54쪽에서 재인용) 익명·펜네임으로 게재된 기사는 제외함.

그런데 <표 1>의 내용을 통해서 보면 '朝鮮'에 기재되었던 기사의 내용이 시기별로 약간 다른 양상을 나타내고 있는 것을 알 수 있다고 하겠다. 우선 1921년의 경우는 그 내용 중에 지배정책이나 사회교화와 관련된 내용이 많았으나 1930년의 경우에는 조선의 사회관습이나 역사·민족성에 관한 것과 산업경제와 관련된 기사가 많은 것으로 나타나고 있으며, 필자의 경우도 상대적으로 총독부 관리의 숫자가 크게 늘어나고 있는 것을 알 수 있다고 하겠다.

『朝鮮』에 수록되었던 기사 내용의 이러한 변화는 『朝鮮』이 1920년 7월 발행 이후 총독부 기관지로서의 역할을 수행해 왔지만 1930년대에 이르면 발행초기에 비하여 보다 강화된 관주도형 잡지가 되어가고 있었음을 나타내는 것이며, 이것은 곧 일제의 한국인에 지배정책이 보다 강화된 통제양상을 나타내고 있었음을 반영하는 것이라고 생각된다.[92]

<표 2>는 1920년 다시 『朝鮮』의 편찬위원으로 활동하던 인물들의 중요 경력사항을 정리한 것인데 위의 내용을 통해서 보면 '朝鮮' 역시 각 부서의 사무관, 참사관, 시학관, 통역관 등으로 구성된 편찬위원회를 두고 있었음을 알 수 있다.[93]

한편 이들 대부분은 '彙報編纂委員'으로 활동했던 경력이 있는데 이는 '朝鮮'이 '彙報'의 뒤를 이어 3·1운동 이후 총독부의 機關

---

92) 姜東鎭, 앞의 책, 54~55쪽.
93) 이 표는 국사편찬위원회의 '한국역사정보통합시스템' 가운데 '직원록 자료 중 조선총독부 직원록 사이트를 참고하여 작성하였으며, 여기에 이용된 자료는 "日本 『職員錄』 중 朝鮮總督府篇과 『朝鮮總督府及所屬官署職員錄』이라고 한다. 경력을 확인할 수 없는 사람도 있었으나 그대로 기재해 두었다. 1920년 7월 1일자 『朝鮮』에 실린 명단을 대상으로 하였으며, 원문에는 편찬위원의 이름만 기재되어 있다.

〈표 2〉 1920년 당시 『朝鮮』의 編纂委員 및 略歷

구분	이름	소속 · 직위	중요사항
위원장	靑木戒三	總督府 總督官房 庶務部[直屬] 部長	文官普通懲戒委員, 李王職職員懲戒委員, 彙報編纂委員長
위 원	山口貞昌	總督府 法務局 法務課 事務官, 課長	彙報編纂委員, 社司社掌試驗委員
	小田幹治郎	總督府 總督官房 參事官室 事務官	彙報編纂委員
	丸山鶴吉	總督府 警務局[直屬] 事務官	道警部考試委員, 彙報編纂委員
	上田駿一郞	總督府 學務局[直屬] 視學官	小學校 및 普通學校敎員試驗委員, 彙報編纂委員
	田中卯三	總督府 殖産局[直屬] 事務官	彙報編纂委員
	守屋榮夫		
	篠原英太郎	總督府 殖産局 農務課 事務官 課長	彙報編纂委員
	國友尙謙	總督府 警務局 警務課 事務官 課長	道警部考試委員, 彙報編纂委員
	伊藤武彦		
	渡邊豊目子		
	陶山武二郎	總督府 總督官房 庶務部 文書課 通譯官	彙報編纂委員
	菊山嘉男	總督府 總督官房 庶務部 會計課 事務官 課長	普通試驗委員, 公立學校職員恩給審査委員, 彙報編纂委員
	杉本良		
	安武直夫	總督府 總督官房 庶務部 文書課 事務官 課長	普通試驗委員, 彙報編纂委員, 官報報告主任
	牛井淸	總督府 學務局 宗敎課 事務官 課長	社司社掌試驗委員, 彙報編纂委員
	澤崎修	總督府 總督官房 鐵道部 監理課 事務官	彙報編纂委員
	倉橋銤		
	萩原彦三	總督府 總督官房 參事官室 參事官	彙報編纂委員
	田中三雄		
	富永文一	總督府 內務局 第1課 事務官	彙報編纂委員
	矢野義二郎	總督府直屬機關 遞信官署 遞信局 監理課[直屬] 事務官, 課長	彙報編纂委員, 統計主任

誌로 개편된 것임을 알 수 있게 하는 것이라고 하겠다.[94]

    <표 3>의 경우는 전시통제기 이전에 발행되었던 『朝鮮』에서 2회[95] 이상 언급된 법령관련 기사의 목록을 정리한 것인데 이 내용을 통해서 보면 몇 가지의 특징을 확인할 수 있을 것으로 생각된다. 우선 이 시기 『朝鮮』에서는 한국의 농민들이 관심을 기울이고 있었던 農地令 이나 小作調停令에 대해 언급하고 있기는 하였지만, 그 비중에 있어서는 取引所(증권거래소-필자)令이나 信託業令·漁業令 등 보다는 낮은 것으로 나타나고 있음을 알 수 있다고 하겠다. 또한 국내의 민간잡지들이 관심을 갖고 있었던 '保安法'이나 '治安維持法'이나 '保護觀察令'에 대해서는 별다른 언급이 없었던 것으로 보이는데 이는 『朝鮮』이 조선총독부의 기관지였다는 점과 관련이 깊은 것으로 생각된다.

    이밖에 광업령이나 교육령, 은행령 등에 관한 법령이 2회 이상 언급되고 있었으며 酒稅令, 所得稅令, 營業稅令 등 각종 稅制令에 관한 해설기사가 게재되고 있었던 것으로 보이는데, 이러한 경제관련 법령에 대한 자세한 설명은 총독부의 입장에서 볼 때 식민통치에 필요한 재정기반의 안정적 확충이 여전히 가장 중요한 현안이었기 때문이었을 것으로 생각되기도 한다.

---

94) '朝鮮'에는 法令과 規則에 관해서만 약 198건의 기사가 게재되어 있는 것으로 나타나고 있는데 1920년 7월부터 중일전쟁 발발 이전인 1937년 6월까지는 약 89개가 그 이후 1944년 12월까지는 약 109개의 법령관련 기사가 보인다. 따라서 이러한 숫자를 통해서 볼 때 '조선'은 그 발행 초기부터 중일전쟁 이전까지는 법령이나 규칙에 관한 기사의 게재에 있어서 전시통제기 보다 상대적으로 적극적이지 않았던 것으로 보인다.

95) 이밖에 2회 게재된 법령으로는 學務局長 渡邊豊日子, 1933.9,「朝鮮室物古蹟名勝天然記念物保存令の發布に就て」『朝鮮』220 ; 1934.1,「實物古蹟名勝天然記念物保存令施行に關する 規定發布」(彙報)『朝鮮』224가 있다.

〈표 3〉 1920.7~1937.6까지 『朝鮮』에 게재된 중요 법령 관련 기사목록

구 분	성 명·직 위	기사 제목	(호수) 및 연도
教育令	柴田 學敎局長,	敎育令改正에 관해서	1920.12
		朝鮮敎育令竝附屬法法	(84), 1922. 2
	水野 政務摠監,	朝鮮敎育令公布에 즈음하여	(85), 1922. 3
	松浦鎭次郞 學務局長	朝鮮敎育令의 改正에 관하여	(168), 1929. 5
取引所令	齋藤實 朝鮮總督	朝鮮取引所令公布에 즈음하여	(193), 1931. 6
		朝鮮取引所令과 其의 運用	(193), 1931. 6
	政務總監談	取引所令施行規則等의 發布에 즈음하여	(197), 1931.10
	財務局長談	朝鮮取引所稅令中改政에 대하여	(198), 1931.11
民·刑事令	松寺竹雄 法務局長	朝鮮民事令의 改正에 관하여	(169), 1929. 6
	深澤新一郞,	朝鮮民事令의 內容안에 있는 信託法에 관하여	(194), 1931. 7
	橫田五郞	朝鮮刑事令改正要旨	(96), 1923. 3
鑛業令		鑛業令에 의한 新鑛物(彙報)	(133), 1926. 6
	惠積眞六郞 殖産局長	鑛業令의 改正에 관하여	(213), 1933. 2
農地令	宇垣一成 朝鮮總督	朝鮮農地令公布에 관하여	(228), 1934. 5
	渡邊忍 農林局長	朝鮮農地令의 槪要,	(228), 1934. 5
信託業令	林繁藏 財務局長	朝鮮信託業令과 朝鮮無盡業令의 改正에 관하여	(194), 1931. 7
	財務局長談	朝鮮信託業令施行規則의 發布에 대하여	(197), 1931.10
	谷多喜磨 朝鮮信託會社 社長	朝鮮信託會社의 設立에 관하여	(214), 1933. 3
	財務局長談,	五信託會社의 合倂에 관하여	(235), 1934.12
漁業令		漁業令施行規則의 改正(彙報)	(153), 1928. 2
	今村武志 殖産局長	新漁業令의 發布에 관하여	(166), 1929. 3
		朝鮮漁業令	(166), 1929. 3
	松村松盛 殖産局長	新漁業令附屬法規의 發布에 관하여	(177), 1930. 2
銀行令	草間秀雄 財務局長	銀行令改正에 관하여	(165), 1929. 2
		改正銀行令	(165), 1929. 2
小作調停令	笠井建太郞 法務課長	朝鮮小作調停令 및 刑事補償法規制定에 관하여	(213), 1933. 2
		小作調停令實施 後의 狀況	(218), 1933. 7
	增永 法務局長談	朝鮮小作調定令의 改正에 관하여	(250), 1936. 3
辯護士法		辯護士規則改正及辯護士試驗規則의 制定(彙報)	(83), 1922. 1
	法務局長談,	辯護士法改正에 관하여	(252), 1936. 5

한편 1937년 7월을 전후하여 본격적인 전시통제기에 들어서면
총독부는 각종 통제법령의 내용과 성격을 일반에게 알리기 위해
『朝鮮』을 적극적으로 활용하고 있었다. 이 시기 전시통제 관련 법
령의 내용을 정리한 <표 4>의 내용을 통해서 보면 이러한 경향은
보다 분명하게 나타나고 있다. 우선 총독부에서는 1938년 4월 1일
전면적인 국가총동원법이 시행되기 이전부터 '重要産業統制法'과
'朝鮮臨時肥料配給統制令' 등의 법령을 실시하여 조선에 대한 통
제를 강화해 가고 있었다.96)

〈표 4〉 1937~1944까지 『朝鮮』에 게재된 전시통제 관련
중요법령 목록97)

구 분	성명·지위	기사 제목	(호수) 및 연도
1937		重要産業統制法施行(彙報)	(263), 1937. 4
1938	穗積殖産局長	朝鮮臨時肥料配給統制令公布(彙報)	(272), 1938. 1
	大野政務總監	總動員法施行에 대하여大野政務總監談發表(彙報)	(277), 1938. 6
	殖産局長	朝鮮重要鑛物增産令에 대하여 殖産局長談發表(彙報)	(277), 1938. 6
	警務局長	醫療關係者職業能力申告令施行에 관하여(彙報)	(281), 1938.10
	資源課長	學校卒業者使用制限令에 대하여 本府資源課長談(彙報)	(281), 1938.10
	穗積殖産局長	고무使用制限規則制定에 부처穗積殖産局長談(彙報)	(283), 1938.12
		臨時資金調停法施行狀況(彙報)	(283), 1938.12
1939	政務總監	朝鮮마그네사이트會社令公布관하여總監談發表(彙報)	(289), 1939. 6
		國民登錄制實施 實施에부처(彙報)	(290), 1939. 7

96) 1937.4,「重要産業統制法施行」『朝鮮』263, 126쪽 ; 1938.1,「朝鮮臨時
肥料配給統制令公布」『朝鮮』272.
97) 이 표는 휘보에 나타나는 기사 법령관련 기사 가운데 중복되는 것은 1
회만 기제 하였으며, 대체로 전시통제적 성격의 법률 목록을 중심으로
작성하였다. 당시 전시통제기에 조선총독부가 공포했던 법령의 대체적
인 경향성을 이해하는 데는 도움을 줄 수 있을 것으로 생각된다.

1940		小作料統制令의 施行(彙報)	(296), 1940. 1
		朝鮮石炭配給統制規則制定(彙報)	(296), 1940. 1
	農振課長 岸勇一	小作料統制令에 부쳐서	(297), 1940. 2
	財務局長	朝鮮産金令의 改正에 관하여 財務局長談(彙報)	(297), 1940. 2
		朝鮮職業紹介令制定(彙報)	(297), 1940. 2
		總動員試驗研究令施行(彙報)	(297), 1940. 2
		總動員物資使用收用令施行規則發布(彙報)	(298), 1940. 3
		朝鮮職業紹介所令實施(彙報)	(298), 1940. 3
		纖維工業設備制限規則制定됨(彙報)	(299), 1940. 4
	鐵道局 營業課長 大和田福德	카바이트配給統制規則公布됨	(300), 1940. 5
	企劃部長	鐵鋼需給統制規則의 公布(彙報)	(303), 1940. 8
	三橋警務局長	朝鮮映畵令實施됨	(303), 1940. 8
	當局發表	雜穀配給統制規則發布됨(彙報)	(303), 1940. 8
	朝鮮總督府當局	住宅建設用資材配給統制의 實行(彙報)	(304), 1940. 9
	企劃部長	鐵屑等配給統制規則公布(彙報)	(306), 1940.11
	殖産局長	價格等統制令의 改正에 부쳐殖産局長談(彙報)	(306), 1940.11
1941	上爐內務局長	賃金統制令改正됨(彙報)	(315), 1941. 8
		金屬類回收令施行規則公布(彙報)	(317), 1941.10
		港灣運送業統制令施行規則公布(彙報)	(317), 1941.10
1942	新貝遞信局長談	海運統制令改正公布됨	(326), 1942. 7
	殖産局長	企業整備令公布됨	(326), 1942. 7
	山澤農林局長	木材統制令公布됨	(326), 1942. 7
	農林局長	朝鮮薪炭配給統制規則公布됨	(328), 1942. 9
	石田厚生局長	戰時災害保護法公布됨	(328), 1942. 9
	厚生・學務兩局長	朝鮮青年特別錬成令公布	(330), 1942.11
	石田厚生局長	醫療關係者徵用令施行規則公布	(330), 1942.11
1943	農林局長	朝鮮食糧管理施行規則公布	(341), 1943.10
	司政局長	國民徵用扶助規則發布됨	(342) 1943.11
1944	政務總監	朝鮮女子青年錬成所規程制定됨	(346), 1944. 3
	法務局長	朝鮮會社等臨時措置令公布도미	(350), 1944. 7
	鹽田鑛工局長	女子挺身勤勞令公布됨	(352), 1944. 9
	鑛工局長	朝鮮軍需會社法施行規則公布함	944.11·12 (合倂號)

뿐만 아니라 <표 4>를 통해서 보면 총독부에서는 중요한 법령을 발표 할 경우 정무총감이나 해당부서 局·課長 명의로 각 법령의 입법취지와 그 내용을 비교적 상세하게 설명하는 경우가 많았으며, 이러한 경향은 <표 3>을 통해서도 확인되고 있는데『朝鮮』에 게재되었던 법령 관련 논설의 이러한 경향은 총독부기관지로서의『朝鮮』의 정치적 성격을 말해주는 것이었다고도 생각된다.

실제로 1938년 5월 5일부터 '국가총동원법'이 조선에 적용되자 大野政務總監은 1938년 6월『朝鮮』을 통해 전쟁목적을 달성하기 위해서는 '후방에 있어서의 총동원체제의 완비가 절대적으로 필요하며 이를 위해 新法律에 대한 국민들의 각오를 강조하는 내용의 담화를 발표하기도 하였다.[98] 또한 1942년 10월 15일 '醫療關係者徵用令'이 실시되자 이에 대해서는 石田厚生局長의 명의로 국민보건과 국력의 消長에 가장 커다란 관계가 있는 의료관계자를 國家總動員上에 필요한 방면에 배치하는 것은 국가적인 요구가 되고 있다는 것이라고 주장하기도 하였다.[99]

1944년 11월에 공포된 '女子挺身勤勞令'에 대해서도 남자를 대신해서 후방을 지키는 여자의 임무가 더욱 중요하게 되었기 때문에 정부에서 決戰非常措置에 기초하여 본령을 실시하였다는 내용의 기사를 鑛工局長 명의 기사를 게재하였으며[100] 이밖에 '徵兵制'의 실시를 정당화하는 다수의 논설이 게재되기도 하였다.[101]

---

98) 1938.6,「總動員法施行에 대하여 大野政務總監談發表」『朝鮮』277, 128쪽.

99) 1941.11,「醫療關係者徵用令施行規則公布」『朝鮮』330, 103쪽.

100) 1944.9,「女子挺身勤勞令公布함」『朝鮮』352, 86쪽.

101) 1942.6,「徵兵制施行に總督談發表」『朝鮮』325 ; 1942.6,「監視に半島青年數千名採用」『朝鮮』325 ; 朝鮮軍參謀 磯矢伍郎, 1942.7,「建軍の本義と徵兵制實行」『朝鮮』326 ; 總督府 警務課長 八木信雄, 1942.7,「徵兵制度施行の意義」『朝鮮』326 ; 人文社主幹 崔載瑞,

한편 '朝鮮'은 '고무사용제한규칙'이나 '석탄배급통제규칙'·'카바이트배급통제'·'木材統制'·'薪炭配給統制' 등과 같은 물자통제에 관한 규칙이 발표되면 이들 법령의 정당성을 강조하는 역할을 수행하기도 하였다.102) 실제로 1940년 7월 20일 '鐵銅需給統制規則'이 공포되자 鐵銅의 중요성에 비추어 볼 때 그 영향이 대단히 클 것이라고 강조한 후 통제의 범위와 통제기관과 감독과 벌칙 등의 문제에 대해 설명하였으며, 帳簿記載義務 및 申告義務에 관한 사항에 대해서도 언급하고 있었다.103)

또한 1940년 11월 29일에 실시된 석탄배급통제규칙에 대해서는 석탄의 중요성에 비추어 보았을 때 그 영향력이 광범위하고 심각할 것이라고 강조하는 한편, 석탄에 대한 판매와 배급통제의 방법과 통제기관 및 처벌규칙에 대해 비교적 소상히 설명하고 있었다.104)

뿐만 아니라 1941년 10월호에서는 '金屬類回收令施行規則'에 대해 설명하면서 '現下 國防國家의 건설을 위해 해외로부터의 물자 도입에 의존하는 것에서 脫却하고 自給自足體制를 확립하여 戰時 生産力의 維持增强이 緊要하기 때문에 이러한 규칙의 제정이 필요했다고 강조하기도 하였다.105)

이러한 내용을 통해서 보면 일제는 국가총동원체제 하에서 한국인에 대한 인력동원과 물자통제가 이루어질 때마다 기관지『朝鮮』을 통해 이를 정당화하고 그 법규의 내용을 논설 게재하였던 것으로 보이며 필요에 따라서는 각 법령의 입법취지와 그 내용에 대해

1942.7,「建徵兵制實施と知識階級」『朝鮮』326 ; 每日新報社 主筆 徐椿, 1942.7,「徵兵制實施と半島人の感激」『朝鮮』326
102) 이밖에 '朝鮮'에 게재된 물자통제와 관련된 記事로는 1939.4,「タイヤ及チューブの配給統制」(彙報)『朝鮮』287 ; 1939.4,「皮革の配給統制に關し穗積殖産局長談」(彙報)『朝鮮』287 등이 있다.
103) 1940.8,「鐵鋼需給統制規則の公布」(彙報)『朝鮮』303, 82쪽.
104) 1940.1,「朝鮮石炭配給統制規則制定」(彙報)『朝鮮』296.
105) 1941.10,「金屬類回收令施行規則公布」(彙報)『朝鮮』317.

설명하고 있는데 이러한 자료들은 전시통제기 일제가 실시했던 통제법령의 사회적 성격을 파악하는데 유용한 자료가 될 수 있을 것으로 생각된다.

V. 맺음말

지금까지 본 고에서는 대한제국기 이후 일제말기까지 국내에서 발간되었던 잡지들에 나타나는 법률관련 자료의 경향과 그 성격에 대해서 살펴보았다. 중요한 내용을 정리하면 다음과 같다.

첫째. 대한제국기에 발간되던 학회지 중심의 잡지에는 근대적 법률의 중요성과 필요성을 강조했던 애국계몽계열 지식인들의 논설들이 다양하게 게재되고 있었다. 이들은 근대적 법률로서의 법학일반, 국제법·민법 등에 대해 소박하지만 나름대로의 식견을 갖고 있었던 것으로 보인다.

또한 당시 애국계몽계열의 지식인들은 근대적 국민국가 건설에 필요한 헌정체제에 대해서도 일정한 견해를 피력하고 있었는데 이들은 천부인권과 국민주권 및 민권과 정당정치의 필요성 등에 대해 다름대로의 객관적인 인식을 갖고 있었던 것으로 파악된다.

한편 대한제국기에는 입헌군제와 공화제적 헌정체제의 정당성이 함께 논의되고 있었는데 대한제국이 고종황제를 중심으로 하는 전제왕정 국가였다는 점을 고려할 때 외견상으로는 입헌군주제에 대한 선호의식이 공화제 보다 높았던 것으로 나타나고 있다. 그러나 신민회와 이후 독립운동지도자들의 정치적 성향에서 볼 때 공화제에 입각한 국민국가의 건설론에 보다 많은 지식인들이 높은 비중을 두고 있었던 것으로 보이며, 이는 3·1운동 이후 국내외에서 조직된 모든 임시정부에서 일관되게 민주공화제 정부를 채택하고 있었다는 점에서도 확인할 수 있을 것으로 생각된다.

둘째, 일제시대의 잡지자료에 대해서는 우선 국내에서 발행했던 민간잡지와 총독부 기관지에 나타나는 법률관련 논설의 경향에 대해 살펴보았는데, 민간잡지의 경우는 시기별로 상당히 다양한 성격의 잡지들이 발간되고 있었음에도 불구하고 법률관련 논설의 양은 상대적으로 많은 편이 아니었으며, 그 내용 역시 총독부가 제정한 법률에 대해서 강도 높은 비판을 표현하지는 못했던 것으로 보인다. 그러나 국내 민간잡지들에 게재되었던 논설들은 교육·언론·사법·경찰·농업·산업·경제·세제 등에 대한 다양한 논설들이 게재되어 있으며, 이들에 대한 체계적인 분석이나 종합은 식민지시대의 사회적 흐름을 법률적 관점에서 이해하는데 크게 도움이 될 수 있을 것으로 생각된다.

셋째, 총독부 기관지였던 『朝鮮』을 중심으로 '총독부월보'와 '조선휘보'에 나타나는 법률관련 기사와 각각의 잡지들이 총독부의 관제 개편과 맞물리면서 그 내용과 성격을 달리해가는 과정에 대해 살펴보았다. 또한 각 시기 잡지에 게재되었던 법률관련 자료의 경향에 대해 살펴보았는데, 적어도 이들 자료들은 각 시기 총독부가 제정했던 법령의 정치적 성격이나 입법취지 등을 이해하는데 있어서는 매우 유용할 자료가 될 수 있을 것으로 생각된다.

따라서 이후 연구에서는 조선총독부가 한국사회에 대해 실시했던 각종 법령의 성격을 이해하기 위하여 총독부 주변의 관변단체들이 발행했던 잡지의 내용도 보다 면밀하게 검토해 볼 필요가 있을 것으로 생각된다.

제3장

일제하 조선총독부 기관지의 발행과 법률 관련 자료의 경향

I. 머리말

1910년 조선을 강점한 일제는 조선총독부의 지배정책을 일반에게 주지시키고 정책의 기본 방향을 행정말단에서까지 전달하기 위한 방편의 일환으로 조선총독부 기관지를 발행하였으며, 『朝鮮總督府月報』(1911.6~1915.2), 『朝鮮彙報』(1915.3~1920.6), 『朝鮮』(日語版, 1920.7~1944.12)과 『朝鮮文朝鮮』등이 발행되고 있었던 것으로 파악되고 있다.[1]

---

1) 한글판 조선은 『朝鮮文朝鮮』, 『됴선문조선』, 『ㅈㅛㅅㅕㄴ朝鮮』, 『ㅈㅛㅅㅓㄴ朝鮮』등으로 불렸던 것으로 보이며, 1991년 출판사 『서광』에서 '朝鮮文朝鮮'에 수록된 현대문학 작품을 영인하여 발간하면서 1924년 1월부터 1934년 3월까지의 표지를 수록하였으며, 1929년 1월과 1929년 12, 1931년 1월에 발간된 잡지의 복사본이 한국정신문화연구원

그리고 각 기관지에는 시기별로 차이가 있기는 하지만, 총독부의 지배정책과 관련된 법률, 사법, 행정에 대한 다양한 기사나 논설들이 수록되어 있어서 총독부의 조선에 대한 지배정책의 특징과 성격을 파악하는데 유용한 자료가 될 수 있을 것으로 생각된다. 실제로 『조선휘보』와 『조선』에는 다수의 법률관련 자료가 수록되어 있으며, 『조선문조선』의 경우에는 국어, 문학, 민속과 관련된 다양한 기사가 수록되어 있는 것으로 파악되고 있다.

한편 한인합방 이후 조선총독부는 다양한 통제법령을 제정하여 이른바 법적 통제에 의한 강압적 식민정책을 추진해왔는데 이는 다양한 영역에서 식민지 악법이 양산되는 경향으로 이어지기도 하였다. 시기적으로 보아 제령7호(1919)·치안유지법(1925)·사상범보호관찰령(1936) 및 1937년 이후 제정된 다양한 전시통제법령 등이 이에 속한다고 할 수 있으며, 적어도 『조선휘보』와 『조선』은 이러한 법령의 식민지성을 규명하는데 크게 도움을 줄 수 있을 것으로 생각된다.

또한 『朝鮮文朝鮮』의 경우는 조선총독부가 한국인들을 염두에 두고 발간한 기관지이기 때문에 『조선문조선』의 편집체계 및 법률관련 기사의 내용을 『조선』과 비교해 보는 것은 총독부의 지배정책이 나타내고 있는 식민지적 성격을 보다 명확하게 이해하는데 기여할 수 있을 것으로 생각된다.[2]

따라서 이러한 관점에서 본고는 우선 한일합방 전후 日人言論의 동향에 대해서 살펴봄으로써 조선총독부가 잡지 형태의 기관지

에 남아있다. 이밖에 연세대학 중앙도서관에 제39호(1920년 12월), 제52호(1921년 12월), 제65호(1923년 2월)호가 보관되어 있다고 한다.

2) 황민호, 2003, 「일제의 식민지언론정책과 법률관련 논설의 경향」 『정신문화연구』 91 ; 2003, 「한국근대잡지에 나타난 법률관련 자료의 경향」 『정신문화연구』 91.

를 발간하게 되었던 배경에 대한 이해의 폭을 넓히고자 하며, 또한
『조선총독부월보』이후 총독부 기관지의 변천과정 및 그 성격의
변화양상에 대해서도 살펴보고자 한다. 그리고 총독부 기관지에
나타났던 법률관련 기사와 논설의 경향과 중요법률의 입법취지에
대해서도 정리해 보고자 하는데 본고의 이러한 검토는 궁극적으로
조선총독부 기관지의 발행목적 및 총독부 기관지에 나타나는 법령
관련 자료의 특징과 그 내용의 식민지적 특성을 파악하는데 기여
할 수 있을 것으로 생각된다.

Ⅱ. 韓日合邦 전후 日人言論의 동향

국내에서의 일인들의 언론활동은 일제의 조선에 대한 침략이 본
격화되기 이전부터 진행되고 있었으며, 이들은 조선총독부의 식민
지정책을 옹호하거나 나름대로의 정치적 견해를 피력하는 태도를
취하면서 비교적 적극적인 활동을 전개하고 있었던 것으로 보인
다. 일인들에 의해서 발행되었던 신문으로는 우선 1881년 12월 12
일 부산에서 창간되었던『朝鮮新報』를 들 수 있었는데 이 신문은
우리나라 최초의 신문인『漢城旬報』보다도 2년이나 앞서서 발행
된 것이었다. 이후 일인들의 신문발행은 러일전쟁 이후 크게 급증
하여 한일합방 직전까지 60여종의 신문들이 서울, 부산, 안천, 군
산, 목포, 대구, 전주, 평양, 개성, 청진, 마산, 진남포, 나남, 신의주
등 전국의 중요 도시에서 발행되었다.[3]
뿐만 아니라 당시 신문 가운데 외무성의 기밀보조비로 운영되었

던 『漢城新報』와 1906년에 총독부기관지로 창간되었던 『京城日報』등은 조선침략의 첨병으로서의 역할을 했을 것으로 생각된다. 이밖에 一進會의 기관지였던 『國民新報』와 이완용 내각의 기관지였던 『大韓新聞』, 민원식이 발행했던 『時事新聞』등의 친일신문들도 일제의 조선침략과 궤를 같이하면서 한일합방의 정당성을 선전하는 활동을 전개하고 있었던 것으로 보인다.[4]

한편, 일인들이 발행한 잡지의 경우도 다양한 종류가 출간되고 있었는데 시기적으로 가장 빠른 것은 1898년 7월에 창간되었던 『漢城月報』이며, 志村作太郎에 의해 발행되었는데 이 잡지에서는 국내에서는 접하기 어려운 다수의 외신관련 보도가 소개되고 있었다는 점에서 국내의 일반인들에게 일정하게 영향을 끼쳤을 것으로 생각된다고 하겠다.[5]

또한 1907년 9월 11일에 발간되었던 『漢陽報』는 정치색이 강했던 것으로 파악되고 있는데 잡지발간에는 漢陽報主任 日戶勝郎, 時事新報支局主任 久田宗作, 京城日報主筆 服部 暢, 大阪每日支局主任 中島司馬助, 大韓每日理事 戶叶熏雄 등이 '주창자'로, 統監府囑託 內田良平, 朝鮮新報主任 熊谷直亮, 朝鮮日日新聞主任 金井忠雄, 朝鮮タイムス主任 荻谷籌夫 등이 '찬성자'로 관여하고 있었던 것으로 나타나고 있다. 또한 『한양보』는 그 發刊趣意에서

---

3) 崔埈, 1976, 「軍國日本의 對韓言論政策」 『韓國新聞史論攷』, 일조각, 223~226쪽.

4) 장석흥, 1992, 「일제의 식민지언론정책과 총독부기관지 每日申報의 성격」 『한국독립운동사연구』.

5) 이 잡지에서는 논설, 소학만국지리, 소학만국역사, 교육, 위생부, 농업부, 상업부, 각국시사 등을 체제를 구분하여 기사를 게재하고 있었으며, 1900년 1월에 종간되었다, 1898년 11월에 발행된 제6호를 통해서 볼 때 '불란서의 드레휴스 事件'·'露帝의 讓位說'·일본의 '新式連發銃'·'比律賓아기날도氏의 來遊' 등의 외신이 소개되고 있었다(최덕교, 2004, 『한국잡지100년』 제1권, 현암사, 35~352쪽.

도 다음과 같이 밝히고 있었다.

> 한일관계가 점차 친밀해 진다고는 하나 인심의 조화를 아직 얻지 못했으니 양국 識者의 의견을 교환하야 바닥에 깔린 본심을 토로함이 양국의 평화와 행복에 긴요한 일이다 … 본지가 양국 식자사이에 의견을 소개하여 한결같이 雙全한 경지에 돌아가게끔 하려는 것이다.6)

위의 내용에서 볼 때 이 잡지는 한일합방 직전 일본 언론인들과 조선총독부가 결탁하여 일제의 조선침략을 정당화하는 것을 목적으로 창간되었던 것으로 파악된다.7) 뿐만 아니라 이 잡지에 '戒暴動團'·'治安維持乎 治安妨害乎'·'伊藤侯의 演說'·'伊藤統監과 貴族院' 등의 논설이 게재되고 있던 점 등도『漢陽報』의 정치적 성향을 말해주는 것이라고 할 수 있을 것으로 생각된다.

한편 이 시기에는 釋尾春芿에 의해『朝鮮及滿洲』라는 잡지도 발간되고 있었는데 이 잡지는 釋尾가 총독부의 지원 하에 간행되었으며, 東拓 관계법8)·치안유지법9)·盜犯防止法10)·경제통제법11)에 관한 논설이나 3·1운동의 수습책12) 등 총독부의 식민지정

---

6) 최덕교, 앞의 책, 354쪽 재인용.

7) 최덕교, 앞의 책, 354쪽.

8) 川上常郎(東拓理事), 1917.8,「東拓法改正後の東拓の活動」『朝鮮及滿洲』122 ; 山崎元幹(法學士), 1917.8,「東拓會社法改正と滿洲」『朝鮮及滿洲』122.

9) 釋尾東邦, 1925.3,「治安維持法案に就て」『朝鮮及滿洲』208.

10) 泉二新熊(司法省刑事局長, 法學博士), 1930.9,「盜犯防止の法律に就いて」『朝鮮及滿洲』274 ; 深澤新一(法務局長)談, 1930.10,「盜犯防止法に就て心得べき要點」『朝鮮及滿洲』275 ; 宮本元(京城高等法院判事), 1930.11,「盜犯防止法上の正當防衛側面觀」『朝鮮及滿洲』276.

11) 平井武臣(城大法科), 1940.4,「經濟統制法の法制度的意義」『朝鮮及滿洲』389. 경제통제법과 관련해서는 1940년 7월까지 연재되어 있다.

12) 釋尾春芿, 1919.4,「騷擾事件の眞相と所感」『朝鮮及滿洲』142 ; 釋尾春芿, 1919.4,「如何に此時局を拾收せんとするか」『朝鮮及滿洲』142 ;

책과 관련된 정치적 성향 강한 논설[13]들을 게재하고 있었다.

실제로 釋尾는 데라우찌의 이민정책에 대해 첫째, 총독의 시정방침이 신영토의 개발경영에 적합한 것인가, 둘째, 관료들이 조선인의 향배에만 신경을 써서 일본인의 여정과 성쇠에는 뜻을 두지 않고 이민과 식민을 막는 것은 아닌가, 셋째, 총독정치가 너무 질서유지와 무사태평을 바란 결과 민심의 권태와 사업계의 부진을 초래하여 조선개척의 전도가 요원한 것이 아닌가하는 비판을 제기하기 했던 것으로 보인다.[14]

따라서 이러한 경향을 통해서 볼 때 국내에서 발간되고 있던 국내에서 일인들에 의해서 발행되던 각종 신문이나 잡지들은 큰 틀에서는 총독부의 조선지배 정책과 옹호하는 입장을 취했을 것으로 생각되지만 부분적으로는 총독부의 정책에 비판적 입장을 취하는 정치적 태도를 나타내고 있었던 것으로 생각된다. 이밖에 釋尾는 『朝鮮及滿洲』의 중요 내용을 간추려서 『滿洲及朝鮮之硏究』 제1집 (1908~1915)과 『朝鮮之硏究』(1916~1930)을 간행하기도 하였다.[15]

城南逸士(文學博士), 1919.4, 「朝鮮統治の實績を裏切る暴徒の蜂起」 『朝鮮及滿洲』 142 ; 官民數十名士, 1919.4,「朝鮮騷擾事件と官民の所感」『朝鮮及滿洲』 142 ; 1919.4,「學生騷擾事件と各學校長」『朝鮮及滿洲』 142.

13) 釋尾春芿, 1912.8,「總督政治に對し朝鮮人は何の不平あるか」『朝鮮及滿洲』54 ; 菅原精一郎(東京), 1915.11,「植民地統治者としての寺內伯」『朝鮮及滿洲』 100 ; 釋尾春芿(東邦), 1923.1,「朝鮮に於ける參政權問題」『朝鮮及滿洲』 182.

14)『朝鮮』「朝鮮と滿洲」, 244~255쪽 ; 최혜주, 2005,「일제강점기 조선연구회의 활동과 조선인식」『한국민족운동사연구』 42 참조.

15) 국사편찬위원의 '역사통합 한국근대잡지' 사이트에는 1912년 2월 47호부터 1941년 1월 398호까지의 기사 목록이 거의 대부분 제공되고 있다. 釋尾는 1900년에 내한한 이후 1908년에 朝鮮古書刊行會를 설립하고 총 28종 82책의 고전을 '朝鮮古書大系'로 간행하기도 하였다. 그의 처음에는 호는 旭邦이었으며, 후에 東邦으로 고쳤다고 한다. 『滿洲及朝

또한 910년대에 발행되었던 잡지로는 1917년 4월 10일에 창간된 『半島時論』이 있었는데 이 잡지는 당시 서울에서 『新聞世界』・『新聞界』・『우리의 家庭』 등을 발간했던 竹內錄之助에 의해 주도되고 있었다. 특히 이 잡지는 창간사에서 '명의상이나 실행 상에 당당한 제국신민인 반도동포는 지식을 세계에 구하고 실력을 양성해야 하는데 이러한 '重負'를 원조하고 '博識'을 애호하기 위해' 잡지를 발간한다고 함으로써 조선의 문명개화를 지도해야 의무가 일본인에게 있음을 선언적으로 밝히기도 하였다.16) 창간호에 새로 부임하는 長谷川好道 총독의 사진과 그에 대한 환영사를 게재하기도 하였으며,17) 발간축사는 조선총독부 편집과장 小田省吾가 집필하였는데 이는 『반도시론』이 조선총독부와 밀접한 관련 속에서 발행되고 있었음을 보여주는 것이라고 하겠다. 이 잡지에는 '鑛業令'18)과 '朝鮮刑事令'19) '書堂規則'20)과 관련된 내용의 기사가 게재되어 있었던 것으로 보인다.

한편 <표 1>을 통해서 보면 일제시기 전 기간을 통해 日人이나 조선총독부에 의해 다양한 잡지들이 출간되고 있었음을 알 수 있는데 이러한 상황을 종합해 보면 조선총독부가 조선통치에 관한 총독부의 정책과 정치적 견해를 국내에 거주하는 재조일본인과 일반인들에게 정확하게 전달할 수 있는 기관지를 시기별로 성격을 달리하면서 출간했던 것은 일면 당연한 일이었던 것으로 생각된다고 하겠다.

鮮』은 1907년 경부터 발행되었던 『朝鮮』이 명칭을 달리하여 1908년 이후 발행되기 시작한 것으로 보인다. 최혜주, 앞의 논문 참조,

16) 1917.4, 「半島時論의 發刊과 吾人의 主張」 『半島時論』 1-1.
17) 1917.4, 「社說－長谷川 新總督을 迎함」 『半島時論』 1-1
18) 丹樵生, 1917.7, 「新鑛業令에 就하야」 『半島時論』 1-4.
19) 1918.4, 「朝鮮刑事令改正의 要旨」 『半島時論』 2-4.
20) 1918.4, 「書堂規則과 訓長의 注意」 『半島時論』 2-4.

<표 1> 日人發行 重要雜誌의 現況[21]

잡지명	창간연도	장소	발행인	출판사 및 발행처
愛國班	1943	서울	奧山仙三	
全北總力	1943	전주	四見正義	
總力全南		광주	松澤新太郎	
朝鮮佛敎	1924.5 ~ 1933.7		中村健太郎	朝鮮佛敎社
咸北總力月報	1943	함흥	米澤九郎	
漢城月報	1898.7 ~ 1900.1	서울	志村作太郎	漢城月報社
漢陽報	1907.9	서울	日戶勝郎	漢陽報社
滿洲及朝鮮	1908	서울	釋尾春芿	朝鮮古書刊行會
半島の光	1943	서울	海水精一	
가정잡지	1922.5	서울	芮偲搭	家庭雜誌社
基督敎月報			渡瀬日吉	
內鮮一體	1914.1 ~ 1944.10	서울	大倉ネトウサ 大朝實臣	內鮮一體社
綠旗	1936.1 ~ 1941.10	서울	津田剛	興亞文化社
半島時論	1917.4 ~ 1919.4	서울	竹內錄之助	半島時論社
法令解釋誌	1917.12		本彌之助	朝鮮法令社
臣道	1943	함흥	竹久勝藏	
우리의 가뎡	1913.12 ~ 1914.11		竹內錄之助	新文社
自啓	1928.2	서울		朝鮮警察協會京畿道支部
治刑	1923.11	서울	小見門卯	治刑協會
朝鮮財政	1923.5	서울		朝鮮財政協會
朝鮮行政	1937.1	동경		帝國地方行政學會
京城彙報	1925.6	서울		京城府
釜山	1925.7	부산		釜山府內務系
司法協會雜誌	1922.1	서울		司法協會
東亞經濟時報	1920.1	서울	中村資郎	東亞經濟時報社
總力平南	1943			平南道廳
總動員	1939.6 ~ 1940.8		鹽原時三郎	國民精神總動員朝鮮聯盟
朝鮮財務	1923.5			朝鮮財務協會
朝鮮地方行政	1924.3	서울		帝國地方行政學會朝鮮支部
警務彙報	1910.12	서울		朝鮮警察協會

---

21) 이 표는 국회도서관, 『韓國新聞雜誌叢目錄』(1883-1945)를 토대로 작성
하였으며, 일부 학회지, 동창회보 등은 생략하였다.

Ⅲ. 『朝鮮總督府月報』의 발행과 법률관련 자료의 성격

한일합방 이후 조선총독부에서는 1910년 10월 1일 '총독부관제'를 발표하여 總督官房과 총무부, 내무부, 탁지부, 농상공부, 사법부를 두는 1관방 5부 체제를 확립하고 조선에 대한 지배권을 확립하여 갔다.[22) 그리고 1911년 5월에는 총독부훈령 제41호를 근거로 『朝鮮總督府月報』(이하 月報)를 발간하였는데 그 발행 규정을 특징을 검토해 보면 '월보'의 체제상의 특징과 그 발행목적의 일면을 확인할 수 있을 것으로 생각된다.

제1조 조선에 있어서 施政, 産業 其他의 狀況을 蒐錄하기 위해 매월 20일 조선총독부월보를 발행한다.
제2조 월보는 總務部 文書課에서 편찬한다.
제3조 월보에 게재할 사항은 左의 區分에 의함. 1. 농업 및 植林 2. 상공업 3. 광업 4. 수산업 5. 무역 6. 운수 및 교통 7. 理財 및 金融 8. 교육 9. 社寺宗敎 10. 위생 11. 구휼자선 12. 지방행정 13. 司法 14. 調査資料 15 通計
제4조 월보에 기재할 材料는 관계의 各部 및 소속부서에서 그것을 蒐集할 것.
제5조 자료의 蒐集을 위해서 각부 각 소속관서(道에 있어서는 내무부 및 재무부)에 각 1명의 月報 報告主任을 둔다. 월보주임은 奏任官 또는 判任官 중에서 소속장관이 임명하여 그 官氏名을 문서과장에서 통지할 것
제6조 月報報告主任은 月報에 게재할 事項을 조사했을 때에는 그 때

---

22)「朝鮮總督府官制」勅令 第354號,『朝鮮總督府官報』第28號, 明治43年 (1910) 10月 1日

마다 문서과장에게 送付할 것.
제7조 원고 마감 기한은 매월 10일로 할 것
제8조 文書課長은 月報揭載事項에 관해 월보 보고주임에게 직접 교
섭을 할 수 있다.
제9조 월보 원고는 개별양식의 원고용지에 기입할 것, 단 統計, 圖表
및 인쇄에 관한 것은 편의상 美濃 013 行罫紙 또는 美濃 白紙
에 이를 기입 또는 美濃 白紙에 이를 첨부하여 대용할 수 있다.
제10조 月報는 朝鮮總督府 印刷局이 인쇄함. 인쇄국장은 依賴에 따
라서 광고를 게재할 것, 그 料金은 인쇄국장이 정할 것.[23]

위의 내용을 통해서 보면 첫째.『조선총독부월보』는 발행규정
제1조에서 '조선에 있어서 施政, 産業 其他의 狀況을 蒐錄하기 위
해 발행한다.' 라고 함으로써 월보의 발행이 조선을 통치하는데 필
요한 관련 자료의 수집을 목적으로 발행되고 있음을 알 수 있다고
하겠다.

둘째, 월보는 總務部 文書課에서 발행하며, 게재할 기사의 내용
은 총독부 내 각부 및 소속부서에서 모집한다고 하고 있는데 이
는 '월보'가 총독부의 기관지였음을 분명히 하고 있는 것이라고
하겠다.

셋째, '월보'에 기재될 사항은 모두 15개의 항목 즉, 1. 농업 및
植林, 2. 상공업, 3. 광업, 4. 수산업, 5. 무역, 6. 운수 및 교통, 7. 理
財 및 金融, 8. 교육, 9. 社寺宗敎, 10. 위생, 11. 구휼자선, 12. 지방
행정, 13. 司法, 14. 調査資料, 15. 通計로 구분되어 있었는데 이는
총독부가 월보를 통해 조선통치에 필요한 자료들을 비교적 세분화
해서 수집하거나 홍보하고 있었음을 보여주는 것이며, 분류항목에
위생과 구휼자선이 포함된 것은 총독부의 사회정책이 施惠的이었
음을 강조하고자 했던 의도의 반영이었던 것으로 생각된다.

---

23) 朝鮮總督府, 1911.12.20,『朝鮮總督府月報』(1-7)

넷째, 제5조에서 보면 자료의 描集을 위해 총독부 각 부서에는 1명의 월보 보고주임을 두며, 월보주임은 奏任官 또는 判任官 중에서 소속장관이 임명하는 것으로 되어 있는데 이는 조선총독부가 월보의 체계적인 발행을 위해 노력하고 있었음을 보여주는 것이라고 하겠다.

한편 '月報'의 발행 규정은 이후 1913년 11월에 들어서 총독부령 제518호로 개정되었는데,[24] 이로 인해 그 편집방침에도 일부 변화가 있었다.

> 제1조 조선에 있어서 施政 기타 제반의 사항을 周知시키기 위하여 매월 1일 조선총독부월보를 발행한다.
> 제2조 월보는 官房總務局總務課에서 이를 편찬한다.
> 제3조 月報에 揭載할 槪目은 아래와 같다. 1. 主要記述, 2. 調査資料, 3. 雜錄, 4. 敍任及司令, 5. 統計, 6. 判決例, 7. 法令 및 通牒
> 제4조 월보 편찬을 위하여 編纂委員 數名을 둔다.
> 제5조 총무과장은 매월 1일 各編纂委員會를 개최하여 編纂에 관한 打合을 할 것
> 제6조 月報 원고 마감은 매월 15일로 한다
> 제7조 월보는 官房總務局印刷所에서 이를 인쇄한다.
> 제8조 월보에는 依賴에 따른 광고를 인쇄할 수 있으며, 그 料金은 印刷所長이 이를 결정한다.
> 　　附則
> 本令은 대정3년(1914년) 1월 1일부터 이를 시행한다. [25]

위의 내용을 정리해 보면 우선 이 시기의 '月報'는 그 발행 목적을 '조선에 있어서 施政 기타 제반의 사항을 周知시키기 위해' 발행한다고 규정하고 있는데 이것은 '조선의 施政, 産業 기타의 상황

---

24) 국사편찬위원회, 1989.12, 『한민족독립운동사』 5.
25) 京城帝國大學 法文學部 經濟硏究室 編, 1935, 『朝鮮彙報 分類總目錄』, 京城.

을 蒐錄한다고 규정'했던 이전의 발행 목적에 비해 보면 '월보'의
정책홍보 수단으로서의 기능이 크게 강화되어졌음을 나타내는 것
이라고 하겠다.

  뿐만 아니라 이 시기의 월보는 15개 항목이었던 기재사항이 7개
의 '槪目'으로 축소되기는 하였지만, 이전에 비해 敍任 및 司令, 判
決例, 法令 및 通牒의 항목이 추가적으로 명시되고 있어서 '月報'
의 官報로서의 기능이 한층 더 강화되었음을 알 수 있다고 하겠다.
또한 발행 부서가 총무부 문서과에서 관방총무국 총무과로 변동되
었으며, 인쇄처는 관방총무국 인쇄소로 나타나고 있는데 이는 총
독부의 직제개편과 관련이 있는 것으로 생각된다.

  이밖에 이 시기에는 '月報編纂委員會'가 구성되어졌던 것으로
보이는데, 이는 총독부가 '月報'의 발행을 체계화하기 위해 노력하
고 있었음을 보여주는 것이라고 생각되며, '月報' 편집위원에 대해
서는 자세히 알 수 없으나 대체로 이전 월보의 편찬업무를 담당했
던 '주임관'과 '판임관' 등이 그 역할을 담당했을 것으로 생각된
다.26)

  月報에 게재되었던 법령관련 기사의 경향을 정리해 보면, 우선
월보에서는 총독부가 제정한 법령에 관한 논설이나 별도의 해설
기사는 별로 보이지 않는 반면에 '민·형사판결'·'법령' 등을 항
목으로 하는 기사들이 정기적으로 게재되고 있었다. 실제로 '朝鮮
慣習에 관한 回答'27)이나 民·刑事 事件의 '判決例'28) 등에서는

---

26) 朝鮮總督府, 1911.12.20, 『朝鮮總督府月報』 (1-7). 總訓 41호 제5조에
   '월보보고주임은 奏任官 또는 判任官 중에서 所屬長官이 명하고 그 官
   氏名을 文書課長에게 通知한다'라고 되어 있다.
27) 1914.10, 「法令及通牒(朝鮮舊慣ニ關スル回答)」 『朝鮮總督府月報(4-10)』 ;
   1914.12, 「法令及通牒(朝鮮舊慣ニ關スル回答)」 『朝鮮總督府月報』(4-12).
28) 1914.8, 「判決例(民事-耕作權確認請求ニ關スル件)」 『朝鮮總督府月報
   (4-8)』 ; 1914.10, 「判決例(民事-土地所有權確認及引渡請求ニ關スル件)」

토지소유권이나 경작권에 관한 판결 내용이나 법률적 적용의 논리적 근거에 관한 내용이 자주 게재되고 있었던 것으로 보인다.29)

또한 地稅令・市街地稅令・煙草稅令・國稅徵收令 등에 관한 구체적인 해설 기사가 수록되어 있었으며,30) '監獄事務'와 '寺刹令'・'農工銀行令 및 地方金融組合令 改正要旨와 指紋法' 시행에 대한 입법취지와 법령의 내용이 상세하게 소개 되고 있었다.31) 특히 지문법 시행과 관련해서는 이 법이 구한국이나 총독부의 법규에 의해서 '징역에 처해졌거나 또는 징역 이상의 형에 처해진 죄를 범한 자'에게 지문을 '徵取'하도록 한다고 함으로써 지문법 시행이 한일합방 이후 치안질서의 유지를 위해 도입된 법률이었음을 분명히 하였다.32) 그리고 '寺刹令'에 관한 기사에서는 각 지역의 本山의 소재지와 중요 관련자 및 사찰령의 일반적 특징을 소개하기도 하였다.33) 이밖에 '감옥사무'와 재판사무에 관련된 내용의 비중이 상당히 높았음을 알 수 있는데 이는 1910년대 조선총독부의 조선

『朝鮮總督府月報(4-10)』. 이외에 토지와 관련된 民事에 대한 다양한 '判決例'가 나타나고 있다.

29) 1914.8, 「判決例(民事-耕作權確認請求ニ關スル件)」『朝鮮總督府月報(4-8)』 ; 1914.10, 「判決例(民事－土地所有權確認及引渡請求ニ關スル件)」『朝鮮總督府月報(4-10)』. 이외에 토지와 관련된 民事에 대한 다양한 '判決例'가 나타나고 있다.

30) 관련 법규로는 다음과 같은 것들이 있다. 1914.5, 「法令(地稅令)」『朝鮮總督府月報』(4-5) ; 1914.5, 「法令(市街地稅令)」『朝鮮總督府月報(4-5)』 ; 1914.5, 「法令(煙草稅令)」『朝鮮總督府月報(4-5)』 ; 1914.5, 「法令(國稅徵收令中改正)」『朝鮮總督府月報(4-5)』.

31) 『朝鮮總督府月報』에 수록된 법률 관련 기사에 대해서는 이 자료집에 수록되어 있는 '朝鮮總督府機關誌에 收錄된 憲政・法學 關聯記事目錄'을 참조할 것.

32) 1912.2, 「指紋法施行ノ槪況附指紋法大義」『朝鮮總督府月報(2-2)』.

33) 1912.8, 「寺刹令施行狀況一班」『朝鮮總督府月報』(2-8) ; 1912.9, 「寺刹令施行狀況一班」『朝鮮總督府月報(2-9).

에 대한 지배정책이 무단통치에 입각한 강압적 탄압정책이었던 것
과 관련이 있었던 것으로 생각된다.[34]

Ⅳ. 『朝鮮彙報』의 발간 방침과 그 경향

『조선총독부월보』의 뒤를 이어 발행되었던 『朝鮮彙報』(이하-彙
報)는 1915년 2월에 시행된 조선총독부 훈령 제5호를 근거로 총독
부가 그 제호와 편집방침을 변경하면서 새롭게 발간되기 시작하였
는데 1915년 3월 1일부터 시행되었던 휘보에 관한 규정을 검토해
보면 그 구체적인 내용을 확인할 수 있을 것으로 생각된다.

> 朝鮮彙報에 관한 규정은 아래와 같이 大正 4年 3월 1일부터 시행함
> 朝鮮總督府月報에 관한 규정은 이를 廢止한다.
> 제1조 조선에 있어서 행정 및 제반 사항을 널리 상세히 알리기 위해
> 　　　매월 1일 조선휘보를 발행함
> 제2조 조선휘보에 게재할 사항의 槪目은 다음과 같다. 1. 敍任 및 司
> 　　　令 2. 行政 3. 財政 및 金融 4. 産業 5. 交通 및 土木 6. 學事
> 　　　7. 司法 및 警察 8. 硏究資料 9. 外國事情 10. 地方通信 11. 雜
> 　　　報 12. 質疑應答 13. 統計 14. 法令 및 通牒 15. 判決例 16. 國語
> 　　　및 朝鮮語 硏究.
> 제3조 조선휘보 편찬을 위해 편찬위원장 및 위원 數人을 둠. 위원장
> 　　　은 總務局長으로 원하고, 위원은 조선총독부 및 소속관서의 高

---

34) 이와 관련된 내용으로는 다음과 같은 것들이 있다. 1911.11, 「監獄作業
　　ノ槪況」『朝鮮總督府月報』(1-6) ; 1912.12, 「裁判事件表」『朝鮮總督府
　　月報』(2-12) ; 1912.7, 「監獄敎誨ノ槪況」『朝鮮總督府月報』(2-7) ;
　　1912.9, 「裁判事件表」『朝鮮總督府月報』(2-9).

　　　　等官을 중심으로 임명함
　　제4조 위원장은 매월 1회 위원회를 개최하고 編纂에 관한 打合을 해
　　　　야 한다.
　　제5조 조선휘보 원고는 매월 10일까지 官方總務局總務課로 送付할
　　　　것
　　제6조 조선휘보의 의뢰에 의하여 광고를 게재할 때 그 料金은 별도로
　　　　정함.[35]

　위의 내용에서 보면 첫째, 조선총독부에서는 1915년 3월 1일을
기해 '彙報'에 관한 규정을 실시하는 동시에 『朝鮮總督府月報』에
관한 규정은 폐지한다고 명시함으로서 '휘보'가 '조선총독부월보'
의 후신으로 발행되었음을 보여주고 있었다.
　둘째, 앞서 총독부령 518호로 변경되었던 7개 항의 '月報' 편집
방침과 16개 항목으로 늘어난 '彙報'의 편집방침을 비교해. 보면 양
자의 내용상의 변화의 일면을 확인할 수 있을 것으로 생각된다. 우
선 휘보에서는 이전의 월보에 비해 그 수록 내용을 行政, 財政 및
金融. 産業, 交通 및 土木, 學事. 司法 및 警察 등으로 세분화하였
음을 알수 있는데 이는 조선총독부의 시정정책에 따라 휘보가 관
련사항을 조사 하거나 정리하는 역할을 담당했음을 보여는 것이라
고 하겠다. 또한 '月報'에는 없던 외국사정, 지방통신, 질의응답, 국
어 및 조선어 연구 등이 새롭게 추가되었는데 이것은 '휘보'에 수
록되는 내용이 월보에 비해 상대적으로 다양해졌음을 의미하는 것
이라고 하겠다.
　즉 편집체계의 변화라는 측면에서 보았을 때 '월보'에서 '휘보'
로의 전환은 총독부의 기관지의 발간이 그 형식에 있어서 새로운
형태의 기관지로 전환해가고 있었음을 보여주는 것이라고 하겠다.
그리고 이러한 변화는 '조선에서 행정 및 제반 사항을 널리 상세히

---

35) 1915.5, 「朝鮮彙報編纂委員」『朝鮮彙報』.

알리기 위해'『조선휘보』를 발행한다고 한 그 발행규정 제1조를 통해서도 확인할 수 있다고 하겠다. 뿐만 아니라 조선총독부의 이러한 태도는 1917년 10월호에 게재된 「朝鮮彙報의 改良」이라는 글에서도 확인되고 있다.

> 本誌는 본래 朝鮮總督府月報라고 칭하여 明治 44년(1911년 : 필자) 6월에 創刊되었으며, 大正 4년(1915년 : 필자) 3월 朝鮮彙報로 바뀌게 되었으며. 創刊이래 銳意盡力하여 조선의 行政 기타 諸般의 狀況을 일반에게 모두 알리기 위해 노력하였다.[36]

이밖에 휘보는 1917년 10월에 한글판 地方號'를 발행함으로써 조선총독부의 정책방향이나 목표가 지방의 하부 행정조직에 까지 미칠 수 있도록 했던 것으로 보인다.[37]

> ○ 本誌는 10월 15일 창간 이후 매월 15일에 발행함
> ○ 本誌는 行政, 産業, 納稅, 民籍, 例規 등 특히 面行政上에 필요한 諸般의 記事를 網羅함
> ○ 本誌는 기사를 平易한 諺文을 주로 함으로서 朝鮮人 諸士는 누구라도 容易하게 諒解함을 얻을 수 있게 하고 또한 內地人인 朝鮮語를 습득함에는 絶好의 參考書가 되게 함.
> ○ 本誌의 定價는 1부 12錢으로 함.
> ○ 本誌는 依賴가 있을 경우 광고를 게재함

또한 위의 내용을 통해서 보면 총독부에서는 면 행정상에 필요한 행정, 산업, 납세, 민적, 예규 등에 관한 제반 내용을 평이한 한글을 사용하여 편찬한다고 함으로써 총독부의 지방행정을 원활히 하는데 '휘보'를 이용하고자 했던 것으로 보이며, 부수적으로는 이

---

36) 1917.10, 「朝鮮彙報の改良」『朝鮮彙報』.
37) 1918.10, 「朝鮮總督府發行 朝鮮彙報 地方號」『朝鮮彙報』.

잡지가 한국에 살고 있는 일본들에게 유용한 한글 교재가 될 수 있
도록 하고자 했던 것으로 나타나고 있다.

그런데 조선총독부가 '彙報地方號'를 발행했던 것은 1914년부터
실시되었던 일제의 지방행정구역 개편이 1917년 '面制'의 전면적
실시로 일단락되어 가고 있던 상황의 반영이었던 것으로 보인다.
실제로 1918년에 들어 조선에 대한 지방행정구역 개편작업을 마무
리한 총독부로서는 지방행정의 안정화를 위해 적극적인 노력을 기
울일 필요가 있었을 것으로 생각된다.[38]

또한 '휘보'에서는 경찰관련 항목이 새롭게 추가되었는데 이는
한일합방 이후 꾸준히 강화되고 있었던 '朝鮮警察'의 위상을 반영
하고 있었던 것으로 생각되며,[39] 이밖에도 '조선총독부월보'에 수
록되어 있던 '判決例'나 '法令 및 通牒'의 항목도 여전히 수록되고
있었다.

<표 2>를 통해서 보면, 彙報의 경우 총독부 관방총무국장을 위
원장으로 하여 각 기관의 서기관, 사무관, 경무관, 시학관, 통역관
등이 편찬 위원이었던 것으로 나타나고 있는데 이는 총독부 기관
지로서의 휘보의 발행이 나름대로의 체계를 확립해 가고 있었음을
보여주고 있는 것이라고 하겠다.[40]

---

38) 수요역사연구회 편, 2003, 『식민지 조선과 매일신보 – 1910년대』, 64쪽.
39) 김민철, 1994, 「식민지통치와 경찰」『역사비평』 24.
40) 1915.5.1, 「朝鮮彙報編纂委員」『朝鮮彙報』의 기사 내용을 기준으로 하
    였다. 이 표는 국사편찬위원회의 '한국역사정보통합시스템' 가운데 '직
    원록 자료 중 조선총독부 직원록 사이트를 참고하여 작성하였으며, 여
    기에 이용된 자료는 "日本『職員錄』중 朝鮮總督府篇과『朝鮮總督府
    及所屬官署職員錄』이라고 한다. 경력을 확인할 수 없는 사람도 있었
    으나 그대로 기재해 두었다.

〈표 2〉『朝鮮彙報』의 編纂委員의 1910년대 후반의 略歷

구분	이름	조선휘보에 기재된 소속·직위	중요사항
위원장	兒玉秀雄	總督府 總務局長	伯爵
위원	荻田悅造	朝鮮總督府 書記官	(1915) 總督官房-總務局-總務課 事務官 官報報告主任, 課長
	遠藤柳作	朝鮮總督府 書記官	(1915) 總督官房-總務局-總務課 事務官 (兼) 秘書官
	今村邦典	朝鮮總督府 書記官	(1916) 總督官房-總務局-總務課 事務官 (兼) 彙報編纂委員
	菱典靜治	朝鮮總督府 通譯官	
	新庄順貞	朝鮮總督府 通譯官	(1915) 總督官房-總務局-總務課 通譯官
	岡今朝雄	朝鮮總督府 事務官	(1916) 總督官房-土木局-土木課 事務官 課長, 雇員考査委員, 物品出納命令官, 彙報編纂委員
	小田幹治郎	朝鮮總督府 事務官	(1915) 總督官房-總務局-總務課 事務官 (兼) 參事官室勤務
	田中卯三	朝鮮總督府 事務官	(1916) 朝鮮總督府-內務部-第1課 事務官, 彙報編纂委員
	秋山鐵太郎	朝鮮總督府 視學官	(1915) 內務部-學務局-[直屬] 視學官
	林茂樹	朝鮮總督府 事務官	(1918) 度支部-司計課 事務官, 彙報編纂委員雇員考査委員
	本岡榮次郎	朝鮮總督府 書記官	(1916) 農商工部-商工課 事務官, 彙報編纂委員
	和田駿	朝鮮總督府 鐵道局 參事	(1916) 朝鮮總督府直屬機關-鐵道局-總務課長, 統計主任, 彙報編纂委員)
	島田志良	朝鮮總督府 遞信局 書記官	(1917) 朝鮮總督府直屬機關-遞信官署-遞信局 -監理課-[直屬] 事務官 課長, 文官普通試驗委員 統計主任, 彙報編纂委員
	亥角仲藏	朝鮮總督府 警務官	(1916) 朝鮮總督府直屬機關-警察官署-警務總監部-[直屬] 警務官 彙報編纂委員
	鏡保之助	朝鮮總督府 勸業模範場 技師	(1917) 朝鮮總督府直屬機關-勸業模範場-[直屬] 技師 彙報編纂委員)
	宇野三郎	朝鮮總督府 中央試驗所 技師	(1917) 朝鮮總督府直屬機關-中央試驗所 技師(兼) 彙報編纂委員, 京城工業專門學校敎授)
	飯島榮太郎	朝鮮彙報 編纂事務囑託	

또한 '彙報'에는 총독이나 각부 장관의 訓示와 중요한 법령과
정책에 대한 해당 부서 당국자의 논설이 게재되었는데 '휘보'에 게
재되어 있는 법령관련 중요 기사의 내용을 정리해 보면 <표 3>과
같다.

그런데 이를 통해서 보면 '彙報'에는 일제가 제정한 다양한 법령
들에 대한 해설기사를 개제하고 있었음을 볼 수 있으며, 법률적으
로 중요한 문제에 대해서 연재기사를 게재하여 심도 있는 해설을
덧붙이고 있는 것으로 보이는데[41] 이는 '月報'의 경우와는 다른 변
화라고 할 수 있다.

그리고 이중 사립학교 규칙[42]이나 서당규칙,[43] 태형에 관한
것[44] 등은 조선사회를 통제하기 위한 법령으로서 특히 사립학교
규칙 개정의 경우는 종교와 교육과의 分立을 주장함으로써 사실상
기독교계 선교사들이 운영하고 있었던 사립학교에 대한 조직적인
탄압을 염두에 두고 제정된 법률이었다.

酒稅令,[45] 煙草稅令,[46] 地方稅令[47] 등의 경우는 1914년에 들어
강화된 조선총독부 재정독립 계획의 추진에 의해서 이루어진 증세
정책의 일환으로 이루어진 법령 개정이라는 성격을 갖고 있었으
며, 이밖에 1919년 9월 호에는 3·1운동과 관련하여 수감된 인원에
대한 다양한 통계표가 수록되어 있는데 감옥별 수감인원의 할당
현황이나 죄명, 및 刑期, 연령별, 종교별, 교육정도별, 직업별 통계

---

41) 牧野英一(東京帝國大學法科大學敎授, 法學博士), 1917.10, 「最近の法
　　律思潮」 『朝鮮彙報』.
42) 關屋貞三郎(學務局長), 1915.4, 「私立學校規則改正の要旨」 『朝鮮彙報』.
43) 關屋貞三郎(學務局長), 1918.4, 「書堂規則の發布」 『朝鮮彙報』.
44) 司法府監獄課, 1917.10, 「笞刑に就て」 『朝鮮彙報』.
45) 荒井賢太郎(度支部長官), 1916.9, 「酒稅令の要旨」 『朝鮮彙報』.
46) 鈴木穆(度支部長官), 1918.8, 「煙草稅令の改正に就て」 『朝鮮彙報』.
47) 鈴木穆(度支部長官), 1918.8, 「地稅令改正の要旨」 『朝鮮彙報』.

표가 수록되어 있다.48) 그런데 이러한 법률관련 자료들은 적어도 1910년대 조선총독부의 통치체제가 상당히 엄격한 통제와 경제적 수탈에 기반을 둔 열악한 식민지성을 나타내고 있음을 확인시켜주는 것이라고 생각되기도 한다.

<표 3> 조선휘보에 게재되었던 중요 법률 관련 기사 목록

성명 및 지위	기사제목	호수
關屋貞三郎(學務局長)	私立學校規則改正의 要旨	1915. 4
	朝鮮寺刹各本寺聯合制規의 要項	1915. 4.
	私立學校規則改正 및 私立學校敎員試驗施行規則에 關한 寺內 總督訓令	1915. 5.
	朝鮮商業會議所令 및 朝鮮重要物產同業組合令의 要旨	1915.10.
	神社寺院規則及布敎規則 의要旨	1916. 1.
	不動產登記令의 施行並登記所의 設置	1916. 2.
	間島에 있어서 領事官의 裁判에關한 法令의 改正	1916. 2.
	不動產登記令의 施行並登記所의 設置	1916. 7.
荒井賢太郎(度支部長官)	酒稅令의 要旨	1916. 9.
	不動產登記令의 施行並地方法院出張所의 設置	1916. 9.
	不動產登記令의 施行並地方法院出張所의 開設	1916.12.
	東洋拓殖株式會社移住規則의 改正	1917. 4.
宇佐美勝夫(內務部長官)	朝鮮水利組合令의 制定에 대하여	1917. 8.
	朝鮮不動產登記令리 施行並地方法院出張所리 設置	1917. 9.
小原新三(農商工部長官)	米穀檢查規則리 改正 및 大豆檢查規則의 制定에 대하여	1917.10.
牧野英一(東京帝大敎授)	最近의 法律思潮	1917.10.
司法府監獄課	笞刑에 대하여	1917.10.
牧野英一(東京帝大敎授)	最近의 法律思潮	1917.11.
司法府監獄課(完)	笞刑에 대하여	1917.11.
牧野英一(東京帝大敎授)	最近의 法律思潮	1917.12.

---

48) 1919.9, 「騷擾事件在監人員表」(1919년 6월 30일 현재) 『朝鮮彙報』.

國分三亥(司法部長官)	朝鮮刑事令改正의 要旨	1918. 1.
關屋貞三郎(學務局長)	書堂規則의 發布	1918. 4.
	朝鮮銀行法中改正	1918. 5.
	朝鮮事業公債法中改正	1918. 5.
	貨幣法의 實施 및 舊韓國貨幣의 處分에 關한 法律의 發布	1918. 5.
	朝鮮官吏의 恩給 等에 關한 法律의 發布	1918. 5.
國分三亥(司法部長官)	共通法에 대하여	1918. 6.
小原新三(農商工部長官)	林野調査令 要旨	1918. 6.
國分三亥(司法部長官)	共通法에 대하여(完)	1918. 7.
鈴木穆(度支部長官)	地稅令改正의 要旨	1918. 8.
鈴木穆(度支部長官)	煙草稅令의 改正에 대하여	1918. 8.
鈴木穆(度支部長官)	地方金融組合令의 改正에 대하여	1918. 8.
水口隆三(度支部稅務課長)	砂糖消費稅令 및 印紙稅令의 新設 및 酒稅令改正의 要旨	1919. 5.
	朝鮮登錄稅令中改正	1919. 6.
	朝鮮阿片取締令要旨	1919. 7.
	國有山林의 經營과 山林令施行規則의 改正	1919. 7.
大塚常三郎(參事官)	墓地, 火葬場, 埋葬 및 火葬取締規則改正의 要旨	1919.11.
	朝鮮人官吏俸給令改正	1919.12.
柴田善三郎(學務局長)	高等普通學校女子高等普通學校規則改正의 要旨	1920. 1.
	重要法令의 改正	1920. 5.
柴田善三郎(學務局長)	私立學校規則改正에 대하여	1920. 5.

V. 『朝鮮』과 『朝鮮文朝鮮』의 경향과 성격

1920년 6월까지 발행되었던 『조선휘보』는 3·1운동의 여파로 1919년 8월 20일 총독부의 관제가 개정되고 이른바 '文化統治'가

시작되는 과정에서 『朝鮮』으로 개편되었으며,[49] 대체로 '조선이
발간된 후 일정한 시점이 지난 후[50] 『조선문조선』이 발행되었던
것으로 생각된다. 그런데 이 두 잡지는 그 경향성에 있어서 몇 가
지 특징을 나타내고 있었던 것으로 파악되고 있다.

첫째, 『朝鮮文朝鮮』과 '조선'의 경우 같은 시기에 발행된 잡지
의 경우도 편집체계와 기사 내용에 있어서 상당한 차이가 있었던
것으로 보인다. 실제로 1924년 1월에 발행된 잡지의 내용을 비교해
보면 『朝鮮文朝鮮』의 경우는 편집체계가 表紙繪, 口繪, 本欄, 詞
壇, 讀者論壇, 雜纂, 餘白으로 구분되어 있었던 것에 비해,[51] 『朝
鮮』의 경우는 口繪, 本欄, 餘白錄, 詩壇, 彙報, 任命辭令, 日誌로
되어 있었으며,[52] 수록 기사에 있어서도 本欄에 게재된 齋藤實 총
독의 '年頭에 際하야'와 정무총감의 '新春을 迎하야'라는 기사를
제외하고는 대부분 서로 다른 내용을 수록하고 있었다. 또한 『朝
鮮』의 경우에만 임명사령이나 일지, 휘보 등이 수록되어 있다는
점도 양자가 서로 다른 정책적 배경 하에서 발행되고 있었음을 보
여는 주는 것이라고 하겠다.

다만 1931년 1월에 발행된 『조선문조선』과 『조선』의 경우 지방
자치제와 관련된 기사의 경우는 같은 내용을 수록하고 있는데 이
는 총독부 당국의 현실적 필요를 반영하고 있었기 때문인 것으로
생각된다.[53] 그리고 이러한 편집방침은 이후에도 그대로 유지되고

---

49) 「朝鮮總督府事務分掌規定(改正)」 朝鮮總督府 令30號, 『朝鮮總督府官
報』 號外, 大正 8年(1919) 8월 20일
50) 1924년 1월호의 경우 일문판 『조선』이 105호로 발행되고 있는 것에 반
해 '한글판 『조선』은 76호로 발행되고 있는 것으로 보아 양자의 발행
사이에는 일정한 시차가 있었던 것으로 보인다.
51) 1924.1, 『朝鮮(한글판)』 76.
52) 1924.1, 『朝鮮』 105.
53) 1931.1, 『朝鮮』 188 ; 1931.1, 『朝鮮文朝鮮』 159. 지방자치제도와 관련

있었던 것으로 보인다.[54]

둘째, 『朝鮮』의 경우는 편찬위원으로 활동했던 인물들의 이름을 각권 말미에 수록해 두었는데 '朝鮮' 역시 총독부 각 부서의 사무관, 참사관, 시학관, 통역관 등이 편찬위원 이었으며, 이들 대부분은 이전에 '彙報編纂委員'으로 활동했단 것으로 나타나고 있다.[55]

셋째, 『조선문조선』에 나타나는 법률관련 논설의 목록을 정리하여 보면 <표 4>와 같은데 이 내용을 통해서 보면 우선 『조선문조선』에서는 은행령이나 금융조합령, 소작조정령, 어업령, 신탁업령, 광업령 등 주로 경제관련 법령을 자주 소개하고 있으며, 改正金融組合令,[56] 朝鮮商工會議所令全文,[57] 開墾干拓地移住獎勵補助規則[58] 등과 같이 중요 법령 등은 그 내용을 직접 수록함으로써 총독부의 정책을 일반대중들에게 알리기 위해 노력하였음을 알 수 있다고 하겠다.

해서 수록된 글의 제목은 다음과 같다. 地方自治制度의 擴充, 地方自治制의 第一步, 地方制度의 改正에 對하야 回顧 十年地方自制의 準備 등이다.

54) 1932년 1월의 기사를 비교해 보아도 『조선문조선』과 『조선』은 전혀 다른 기사 내용을 수록하고 있음을 확인할 수 있다. 실제로 한글판 조선에는 안확, 이능화, 최남선, 이상 등 비롯하여 다수의 문학가들의 문학작품이 수독되어 있다. 이복규, 「조선총독부 기관지 국문판 『朝鮮』지 (1924.1-1934.3) 수록 문학작품 및 민속·국문학 관련 논문들에 대하여」 에서 대체적인 분석이 이루어지고 있다.

55) 『朝鮮』 1920월 7월 1일자에 실린 명단을 대상으로 하였으며, 원문에는 편찬위원의 이름만 기재되어 있다. 위원장, 靑木戒三, 위원, 山口貞昌, 小田幹治郎, 丸山鶴吉, 上田駿一郎, 田中卯三, 守屋榮夫, 篠原英太郎, 國友尙謙 伊藤武彦, 渡邊豊目子, 陶山武二郎, 菊山嘉男, 杉本良, 安武直夫, 牟井淸, 澤崎修, 倉橋銖, 萩原彦三, 田中三雄, 富永文一, 矢野義二郎 이들의 경력과 관련해서는 제5장의 논문 참조.

56) 1929.5, 「改正金融組合令」 『朝鮮文朝鮮』 139.

57) 1930.6, 「朝鮮商工會議所令全文」 『朝鮮文朝鮮』 152.

58) 1930.6, 「開墾干拓地移住獎勵補助規則」 『朝鮮文朝鮮』 152.

〈표 4〉『朝鮮文朝鮮』에 게재되었던 중요 법률 관련 기사 목록(1924.1~1934.3)[59]

필 자	기사제목	호 수
	朝鮮農會令 및 産業組合令	100, 1926. 2
內務局長 生田淸三郞	河川令의 發布에 就하야	112, 1927. 2
山林部長 園田寬	朝鮮特別緣故森林讓與令施行	113, 1927. 3
	朝鮮貴族世襲財産令	113, 1927. 3
視學官 高橋濱吉	登錄稅令의 改正에 就하야	130, 1928. 8
財務局長 草間秀雄	銀行令 改正에 就하야	135, 1929. 1
財務局長 草間秀雄	金融組合令 改正에 就하야	139, 1929. 5
	改正金融組合令	139, 1929. 5
法務局長 松寺竹雄	現行 民事令의 改正에 就하야	140, 1929. 6
財務局長 草間秀雄	金融組合業務監督規程의 改正에 就하야	140, 1929. 6
內務局長 生田淸三郞	地方選擧取締規則發布의 對하야	145, 1929.11
京城地方法院判事 加藤昇夫	改正民事訴訟法實施에 就하야	145, 1929.11
	朝鮮簡易生命保險令	145, 1929.11
	朝鮮簡易生命保險規則	145, 1929.11
京城地方法院判事 加藤昇夫	改正民事訴訟法實施에 就하야(續)	146, 1929.12
	開墾干拓地移住補助奬勵規則	146, 1929.12
殖産局長 松村松盛	商工會議所令 發布의 際하야	152, 1930. 6
	朝鮮商工會議所令全文	152, 1930. 6
法務局長 深澤新一郞	盜犯等防止及處分에 關한 法律實施에 際하야	156, 1930.10
殖産局長 松村松盛	水産物罐詰製造營業取締規則	156, 1930.10
法務局長 深澤新一郞	盜犯等防止及處分에 關한 法律實施에 際하야	157, 1930.11
法務局長 深澤新一郞	不動産登記令改正에 對하야	158, 1930.12
殖産局長 松村松盛	商工會議所令의 實施	158, 1930.12
學務局長 武部欽一	中等學校 規定의 一部改正	159, 1931. 1

---

59) <표 4>의 내용은 1991년 출판사『서광』에서 '朝鮮文 朝鮮'에 수록된 현대문학 작품을 영인하여 발간하면서 1924년 1월부터 1934년 3월까지의 표지를 수록한 것에 게재된 내용을 정리한 것이다. 이밖에도『朝鮮文 朝鮮』에는 洪雲波, 1929.1,「朝鮮酒稅令의 槪要」『朝鮮文 朝鮮』 135 ; Y・H生, 1929.1,「法律上으로 본 農村問題」『朝鮮文 朝鮮』 135 등 몇 가지의 법률관련 논설이 게재되어 있다.

內務局長 今村武志	改正地方制度施行規則에 對하야	161, 1931. 3
	地方選擧取締規則	163, 1931. 5
	改正地方制度施行規則	163, 1931. 5
朝鮮總督 齋藤實	朝鮮取引所令公布에 際하야	164, 1931. 6
法務局長 深澤新一郎	民事令의 內容으로된 信託法에 對하야	165, 1931. 7
	朝鮮 信託業令	165, 1931. 7
	朝鮮無盡業令	165, 1931. 7
朝鮮總督 宇垣一成	農業倉庫業令 公布에 際하야	166, 1931. 8
	朝鮮農業倉庫業令	166, 1931. 8
	朝鮮無盡業施行規則	166, 1931. 8
政務摠監 今井田淸德	取引所令施行規則等發布에 際하야	168, 1931.10
財務局長 林繁藏	朝鮮信託業令施行規則에 對하야	168, 1931.10
	朝鮮取引所令施行規則及朝鮮正米市場規則	170, 1931.12
政務摠監 今井田淸德	朝鮮電氣事業令의 制定에 對하야	173, 1932. 2
遞信局長 山本犀藏	朝鮮電氣事業令의 制定에 際하야	173, 1932. 2
法務局長 笠井健太郎	朝鮮小作調定令에 關하여	183, 1933. 1
殖産局長 穗積眞大郎	鑛業令의 改正에 就하야	183, 1933. 1
	朝鮮小作調定令	183, 1933. 1
法務局長 笠井健太郎	刑事補償法規에 對하야	184, 1933. 2
殖産局長 穗積眞大郎	鑛業令施行規則의 改正에 對하야	184, 1933. 2
殖産局長 穗積眞大郎	鑛業에 關한 技術官派遣規則改正에 就하여	187, 1933. 2
學務局長 渡邊豊日子	朝鮮寶物古蹟名勝天然記念物存令의 發布에 就대하야	191, 1933. 9
農林局長 渡邊忍	朝鮮砂防事業令施行規則 發布에 就하야	191, 1933. 9
殖産局長 穗積眞六郎	度量衡令施行規則의 改正	192, 1933.10
殖産局長 穗積眞六郎	朝鮮漁業保護取締規則의 改正에 對하야	192, 1933.12

　이러한 경향은 『朝鮮』에서도 거의 유사하게 나타나고 있는데 이러한 총독부 기관지의 경향은 이 시기 조선총독부의 경제정책이 법률적 관점에서 구체적으로 어떠한 식민지적 경향성을 띠면서 추진되고 있었는가를 파악하는데 유용한 자료가 될 수 있을 것으로 생각된다.[60] 또한 『조선문조선』과 『조선』에는 같은 시기에 서로

---

60) 실제로 1920년 7월부터 1937년 6월까지 『朝鮮』에 게재된 중요 법령관련 기사들을 정리해 보면 총독부가 지배정책을 추진하는 과정에서 중요하다고 생각했던 관계법령의 내용과 성격을 파악할 수 있을 것으로

다른 내용의 법령이 별도로 게재되고 있는 경우도 보이고 있는데 실제로『조선문조선』에는 河川令,[61] 特別緣故森林讓與令,[62] 農業倉庫業令[63] 등,『朝鮮』에는 朝鮮自動車交通事業令,[64] 鹽輸入에 關한 制令,[65] 競馬令[66] 등의 내용이 수록되어 있었다.

그러나 전체적으로 보면『朝鮮』에 수록된 법률관련 기사나 논설의 건수나 분량이『조선문조선』에 게재된 것에 비해 상당히 많은 것으로 나타나고 있으며, 편집체제와 수록 내용을 통해서 보았을 때『조선문조선』은 조선인들에게 총독부의 정책이나 체제의 우수성을 계몽하기 위한 성격이 강했던 반면에『朝鮮』의 경우는 관보적 성격이 보다 두드러지게 나타나는 것으로 파악되고 있다.[67]

한편 1937년 7월 중일전쟁 이후 조선총독부에서는『朝鮮』을 통해 각종 통제 법령의 내용과 성격을 일반에 알리고자 했던 것으로 보인다.[68]

우선 총독부에서는 1938년 4월 1일 전면적인 국가총동원법이 시

생각되는 이것과 관련해서는 앞의 제5장에서 일부 언급해 두었다.

61) 內務局長 生田淸三郎, 1927.2,「 河川令의 發布에 就하야」『朝鮮文 朝鮮』112.

62) 山林部長 園田寬, 1927.3,「朝鮮特別緣故森林讓與令施行」『朝鮮文 朝鮮』113.

63) 宇垣一成, 1931.8,「農業倉庫業令 公布에 際하야」『朝鮮文 朝鮮』166.

64) 荻原三郎, 1933.11,「朝鮮自動車交通事業令の公布と陸上運輸機關の統制に就いて」『朝鮮』222.

65) 專賣局長 松本誠, 1930.4,「鹽の輸移入に關する制令發布に就て」『朝鮮』179.

66) 事務官 鹽田正洪, 1933.1,「穀物檢查令と競馬令に就て」『朝鮮』221.

67) 그러나『조선』과『조선문조선』에 대한 성격 비교는 현재『조선문조선』의 목차가 1924.1∼1934.10까지 밖에 발견되고 있지 않고 있기 때문에 정확한 경향의 파악이라고 보기에는 한계가 있을 것으로 생각된다.

68) 1937년 이후 전시통제와 관련해서『朝鮮』에 게재되었던 중요법령에 대해서는 '휘보'를 중심으로 정리한 것이 제2장에 <표 4>로 정리되어 있다.

행되기 이전부터 '重要産業統制法'과 '朝鮮臨時肥料配給統制令' 등의 법령을 실시하여 조선에 대한 통제를 강화해 갔으며,69) 중요한 법령이나 정책이 발표되면, 정무총감이나 해당부서 과장 등의 명의로 법령들의 입법취지와 내용을 비교적 상세하게 설명하는 경향을 나타내기도 하였다. 1938년 5월 5일부터 '국가총동원법이 조선에 적용되자 大野 정무총감은 1938년 6월에 발행된『朝鮮』을 통해 전쟁목적을 달성하기 위해서는 '후방에 있어서의 총동원체제의 완비가 절대적으로 필요함을 강조하는 담화를 발표하기도 하였다.70) 또한 1942년 10월 15일에 발표된 '醫療關係者徵用令'71)이나 1944년 11월에 공포된 '女子挺身勤勞令'72) 등에 대해서도 각각 石田厚生局長과 鑛工局長의 명의로 각 법령의 취지를 설명하는 기사를 게제하고 있었으며, '徵兵制'와 관련된 다양한 논설이 게재되었던 것으로 나타나고 있다.

이외에도『朝鮮』에서는 고무사용제한규칙이나 석탄배급통제규칙, 카바이트배급통제, '木材統制'·'薪炭配給統制' 등과 같은 물자통제에 관한 규칙이 발표되면 이들 법령의 정당성과 대중들의 실천을 독려하는 '談話'가 게재되고 있었다.73)

또한 이 시기에는 本欄에도 '朝鮮敎育令'74)·'朝鮮民事令'75)·

---

69) 1937.4,「重要産業統制法施行」『朝鮮』263, 126쪽 ; 1938.1,「朝鮮臨時肥料配給統制令公布」『朝鮮』272.

70) 1938.6,「總動員法施行에 대하여 大野政務總監談發表」『朝鮮』277, 128쪽.

71) 1941.11,「醫療關係者徵用令施行規則公布」『朝鮮』330, 103쪽

72) 1944.9,「女子挺身勤勞令公布함」『朝鮮』352, 86쪽

73) 이밖에 '朝鮮'에 게재된 물자통제와 관련된 記事로는 1939.4,「タイヤ及チューブの配給統制」(彙報)『朝鮮』287 ; 1939.4,「皮革の配給統制に關し穗積殖産局長談」(彙報)『朝鮮』287 등이 있다. 이 시기에 발표된 다양한 통제 법령의 내용에 대해서는 이미 앞의「韓國近代雜誌에 나타난 法律關聯資料의 傾向」에서도 일부 언급하였다.

'小作統制令'[76] · '朝鮮青年特別鍊成令'[77] '朝鮮思想犯保護觀察令'[78]이나 '治安維持法改正'[79]등과 관련한 총독부 당국자들의 논설이 게재되고 있었다. 특히 '사상범보호관찰령'과 관련된 논설에서는 이 법은 仁愛의 정신으로 제정된 일본의 독특한 법률로서 탄압법적 성질을 갖고 있지 않으며, 嚴父慈母의 사랑으로서 사상범을 보호선도 함으로서 천지를 포옹하는 태양과 같이 따사로운 손길로 상한 마음에 명랑한 광명을 주기 위한 법률이라고 주장하기도 하기도 하였다.[80] 또한 1941년 5월에 개정된 치안유지법의 개정취지에 대해서도 事變勃發(중일전쟁 : 필자) 이래 내선일체 정신이 더욱 심화됨에 따라 반도동포의 銃後團結과 戰域奉公의 정신이 왕성하게 지속되고 있는 것은 기뻐할 일이지만, 일부 不逞한 무리들의 反國家思想에 기초한 騷動은 아직 완전히 끊어지지 않고 있기 때문에 치안유지법 개정 법률을 실시하는 것은 조선에 있어서 사상대책의 만전을 기하는데 적절하고 긴요하다고 생각되기 때문이라고 강조하기도 하였다.[81]

따라서 이상의 내용을 종합해 보면 조선총독부에서는 국가총동원체제 하에서 한국인에 대한 인력동원과 사상 및 물자통제가 이루어질 때마다 그 기관지였던 『朝鮮』을 통해 이를 정당화하는 법규의 내용과 입법취지의 정당성을 논설 게재하였던 것으로 보이는

---

74) 鹽原時三郎(學務局長), 1938.4, 「朝鮮敎育令の改正に就て」『朝鮮』275.
75) 法務局長 宮本元, 1940.3, 「朝鮮民事令の改正」『朝鮮』298.
76) 岸勇一(農振課長), 1940.2, 「小作料統制令に付いて」『朝鮮』297.
77) 田中武雄, 1942.12, 「朝鮮青年特別鍊成令の制定に就て」『朝鮮』331.
78) 堤良明, 1937.11, 「保護觀察の對象と其の指導」『朝鮮』.
79) 1941.5, 「治安維持法改正法律의 施行」『朝鮮』312.
80) 堤良明, 앞의 글, 이 논설은 京城保護觀察所 管內의 對象者, 思想犯 保護觀察法の精神, 本法運營者として保護觀察所の心構, 對象者(被保護者)の心構, 一般社會の理解と援助 등의 목차로 되어 있다.
81) 앞의 「治安維持法改正法律의 施行」참조.

데 이러한 자료들은 전시통제기에 일제가 실시했던 통제법령의 사
회적 성격과 의미를 파악하는데 유용한 자료가 될 수 있을 것으로
생각된다.

VI. 맺음말

지금까지 본고에서는 1910년 조선을 강점한 일제가 식민지정책
의 일환으로 발간한 조선총독부 기관지의 시기별 변천과정과 그
안에 수록되어 있는 법률관련 자료의 대략적인 내용과 성격에 대
해 검토해 보았다. 그 내용을 정리해 보면 다음과 같다.

첫째, 한일합방 이전부터 국내에 진출해 있던 재조일본인들은
그 초기부터 다양한 성격의 신문과 잡지를 발간하고 있었으며, 이
러한 상황에서 총독부로서는 조선을 통치하는 과정에서 실시되는
다양한 정책들과 중요한 정치적 견해에 대해 자신들의 입장을 정
확하게 전달할 수 있는 기관지의 발간이 필요했을 것으로 생각된
다. 또한 조선총독부의 기관지는 시기별로『조선총독부월보』,『조
선휘보』,『조선』으로 이어지면서 1944년말까지 지속적으로 발간되
었던 것으로 보이는데『총독부월보』의 경우는 식민통치에 필요한
기초 자료들을 수집하는데 주력하였던 반면에,『조선휘보』와『조
선』에 이르면 각종 사회정책이나 법률제정에 대해 총독부의 입장
을 밝히는 논설의 비중이 높아지고 있었던 것으로 나타나고 있다.

둘째, 1920년대에 들어 발행되었던『朝鮮』과『朝鮮文朝鮮』의
경우는 똑같이 조선총독부의 기관지 형태로 발행되고 있었지만.

1924년 1월부터 1934년 3월까지 남아있는『조선문조선』과 같은 시기의『조선』에 수록되어 있는 내용을 비교해 보면 그 체제와 구성상에 있어서 상당히 다른 경향을 보이고 있었던 것으로 파악되고 있다. 실제로 '彙報', '任命辭令', '日誌' 등은『조선』에만 게재되어 있었던 것으로 보인다. 이밖에『조선휘보』의 경우는 '地方號'가 발행되기도 하였으며, 각 기관지에 게재되었던 중요 기사의 내용도 시기별로 성격을 달리고 하고 있었는데 이는 총독부의 식민통치정책의 변화와 관련이 있을 것으로 생각된다.

셋째,『조선총독부월보』에 게재되었던 법령관련 기사의 경향을 정리해 보면 우선 월보에서는 총독부가 제정한 법령에 관한 논설이나 별도의 해설 기사는 별로 보이지 않으며 '민·형사판결'·'법령' 등을 항목으로 하는 기사들이 정기적으로 게재했던 것으로 나타나고 있다. 실제로 민사사건의 판결례에서는 토지소유권이나 경작권에 관한 내용이 자주 게재되고 있었던 것으로 보인다. 이밖에 '월보'에는 地稅令·市街地稅令·煙草稅令·國稅徵收令 등에 관한 해설 기사가 수록되어 있었으며, '監獄事務'와 '寺刹令'·'農工銀行令 및 地方金融組合令 改正要旨와 指紋法 시행에 대한 입법취지와 법령의 내용이 상세하게 소개 되고 있었다. 이밖에 '감옥사무'와 재판사무에 관련된 내용의 비중이 상당히 높았음을 알 수 있는데 이는 1910년대 조선총독부의 조선에 대한 지배정책이 강압적 무단통치였던 것과 관련이 있는 것으로 생각된다.

넷째,『조선휘보』의 경우에는 사립학교 규칙이나 서당규칙, 태형에 관한 법률이나 논설이 게재되어 있었으며,『조선총독부월보』와 마찬가지로 酒稅令, 煙草稅令, 地方稅令에 관한 기사가 수록되어 있었다. 특히 1919년 9월 호에는 3·1운동과 관련하여 수감된 인원에 대한 다양한 통계표가 수록되어 있는데 감옥별 수감인원의 할당 현황이나 죄명, 및 刑期, 연령별, 종교별, 교육정도별, 직업별 통계표가 수록되어 있다. 이밖에 '휘보'에서는 중요 법령들에 대해 해당부서 당국자의 논설이나 입법취지에 대한 설명을 게재하고 있는데 이러한 편집체계의 변화는『조선』에서도 그대로 채택 하고 있었던 것으로 보인다.

다섯째. 법률관련 자료의 경우『朝鮮文朝鮮』과『朝鮮』에 게재된 내용은 거의 유사했던 것으로 파악되는데 우선 '은행령'이나 '금융조합령'·'소작조정령'·'어업령'·'신탁업령'·'광업령' 등 주로 경제관련 법령들이 자주 소개되고 있었으며, 朝鮮商工會議所令全文, 開墾干拓地移住獎勵補助規則 등의 경제 관련 법령들이 수록되고 있었다. 이밖에 河川令, 特別緣故森林讓與令, 農業倉庫業令이나 朝鮮自動車交通事業令, 鹽輸入에 關한 制令, 競馬令 등과 관련된 기사가 수록되어 있으며, 1938년 4월 1일 국가총동원법의 제정을 전후해서는'重要産業統制法'과 '朝鮮臨時肥料配給統制令'·'醫療關係者徵用令'·'女子挺身勤勞令'·'고무사용제한규칙', '석탄배급통제규칙', '카바이트배급통제', '木材統制', '薪炭配給統制'·'朝鮮敎育令'·'朝鮮民事令'·'小作統制令'·'朝鮮靑年特別鍊成令'·'思想犯保護觀察令'이나 '治安維持法改正'등에 대한 기사들이 수록되어 있음을 볼 수 있다.

따라서 이러한 내용을 종합해 보면 조선총독부 기관지의 경우는 상당히 방대한 분량의 법률관련 논설이나 관련기사들이 시대적 상황의 변화를 반영하면서 다양하고 풍부하게 그리고 반복적으로 수록되고 있었음을 알 수 있는데 이러한 자료의 내용이나 입법취지의 변화와 식민지적 성격에 대한 분석은 법률을 통한 일제의 식민지지배가 나타내고 있었던 다양한 성격에 대한 심층적 이해에 도움을 줄 수 있을 것으로 생각된다.

전시통제기 조선총독부의 사상범 문제에 대한 인식과 통제

Ⅰ. 머리말

1920년대에 들어 사회주의운동이 급격하게 확산되자 조선총독부에서는 이에 대한 대응의 일환으로 1925년 5월 치안유지법을 시행하였으며, 이후 1928년 6월과 1941년 3월 2차례에 걸쳐 개정된 치안유지법은 일제가 패망할 때까지 국내에서 사상범[1]에게 적용

---

1) 일제는 사상범의 사상동향에 대해 다음과 같이 분류하였다. 1) 비전향 1. 사상 및 언동에 있어서 하등의 반성이 없는자 2. 객관적 정세에 눈치를 살피는 機會的 態度로서 실천행동을 하지는 않지만, 과거의 사상을 포기하지 않은 자. 3. 가정사정 가타 一身上의 사유로 실천행동을 하지는 않지만, 과거의 사상을 포기하지 않은 자. 4. 病 기타의 사유로 실천행동 하기는 어렵지만, 과거사상을 포기하지 않은 자. 5. 과거의 사상이 동요되거나 또는 스스로 과거의 사상을 포기하였다고 表明하지만, 根底에 있어서는 여전히 階級意識(唯物史觀)을 견지하는 자. 2) 준전향 1.

되는 가장 핵심적인 법령이 되었다.[2]

또한 일제는 만주사변과 중일전쟁을 거치면서 사상범에 대한 보다 강력한 사회적 통제가 필요하게 되자 1936년 12월 21일 사상범의 선도와 재범방지를 명분으로 '朝鮮思想犯保護觀察令(이하 — 보호관찰령)'을 실시하였으며, 1941년 2월 12일에는 끝까지 전향하지 않은 사상범을 대상으로 '朝鮮思想犯豫防拘禁令'(이하 — 예방구금령)을 실시하였다. 총독부로서는 이 2가지 법령을 통해 검거된 사상범들에 대해 보다 지속적인 감시와 통제를 가능하게 하고자 했던 것으로 보인다.[3]

뿐만 아니라 일제는 보호관찰령에 대해서는 '嚴父慈母' 사랑으로 사상범을 보호 선도하는 법령이라고 하였으며,[4] 예방구금령에 대해서는 예방구금소가 현재의 형무소보다 훨씬 시설과 대우가 좋은 일종의 문화형무소와 같을 것이라고 선전하기도 하였다.[5]

따라서 치안유지법 실시 이후 보호관찰령 및 예방구금령으로 이어지는 사상범 관련 법령체계는 일제하 조선총독부의 법령체계가 갖고 있던 식민지적 성격을 극단적으로 보여주는 일면이 있었다고 하겠다. 그러나 이러한 성격에도 불구하고 현재 이들 법령과 관련해서는 치안유지법을 중심으로 한 약간의 연구가 진행되어져 있을

과거의 사상에 회의적 또는 무관심하게 되어 사상적 彷徨의 상태에 있는 자. 2. 과거의 사상을 포기하였다고 표명했지만 그 일상적 言動, 思考, 態度上 과거의 사상에 대한 殘滓를 남기고 있는 자. 3) 전향 1. 과거의 사상을 청산하고 일상생활 속에서 臣民의 실을 몸소 실천하고 있는다(山崎丹照, 1941, 「改正治安維持法槪說」『警察硏究』12권 7호, 109쪽)

2) 1941.5.15, 「治安維持法改正法律의 施行」『朝鮮』312.

3) 定村光鉉, 1941.4, 「朝鮮思想犯豫防拘禁令解說」『朝光』66, 84쪽.

4) 堤良明(京城保護觀察所長), 1937.11, 「保護觀察の對相と其の指導」『朝鮮』제270호.

5) 『滿鮮日報』1940년 1월 23일, 「豫防拘禁者를 善導할 思想善導所設置」.

뿐, 보호관찰령이나 예방구금령에 대해서는 구체적인 연구가 소략
하거나 전혀 없는 것으로 파악되고 있다.[6]

따라서 본 고에서는 우선 일제시대의 언론자료와 총독부 사법당
국의 관련 자료들을 통해 보호관찰령의 실질적인 운영체계와 보호
관찰소의 활동에 대해 살펴보고자 한다. 그리고 예방구금제와 관
련해서는 1941년 12월 大邱覆審法院에서 작성한 것으로 보이는
『豫防拘禁執行原簿』의 분석을 통해 총독부가 일본보다 먼저 자체
적으로 실시하고자 했던 예방구금제도의 실시 배경과 조직체계의
일면에 대해 확인하고자 한다.

본 고의 이러한 노력은 궁극적으로 일제하 조선총독부의 사상범
문제에 대한 인식과 제도운영 상의 특징을 보다 구체적으로 파악하
는데 기여함은 물론, 일제의 사상범관련 법규가 갖고 있었던 식민
지성을 규명하는데도 일정하게 기여할 수 있을 것으로 생각된다.

Ⅱ. 治安維持法의 실시와 '嚴罰主義'

1920년대에 들어 국내에서 사회주의운동이 적극화되자 이에 대한
조선총독부의 법적 대응도 활발해 지기 시작하였으며, 이러한 경향

---

6) 조국, 1988, 「한국근현대사에서의 사상통제법」『역사비평』1 ; 韓仁燮,
   1991, 「治安維持法과 植民地統制法令의 展開」『朴秉浩敎授還甲記念韓
   國法史學論叢』; 징신, 1988, 「1920년대 民族解放運動과 治安維持法」
   『學林』19 ; 지승준, 1988, 「1930년대 日帝의 思想犯 對策과 사회주의
   자들의 전향논리」『中央史論』10·11합 ; 鈴木敬夫, 1989,『法을 통한
   朝鮮 植民地支配에 관한 硏究』, 고려대학교 민족문화연구소.

은 다음과 같은 『매일신보』의 기사를 통해서도 확인할 수 있다.

> 조선에서는 인민의 정도가 다를 뿐 아니라 민족운동의 기분도 없어졌다는 고로 적색을 뛰운 주의와 사상에 대하여 내지와 같이 그러한 하이칼라적 취체방법을 취하지 아니하고 당초부터 아조 근절시킬 방침이다. 현지에서는 그 주의와 사상이 깊은 뿌리를 가지고 있는 것은 아니나 근래에 이르러 내지의 사상운동과 언론이 날마다 예민하게 조선에 반향해오는 고로 이것을 아무 비판 없이 그대로 숭내 내는 경향이 있는 것은 자못 한심한 일이다. 자금 경성의 학생노동자들도 민족독립운동 같은 것은 벌써 염증이 생기어 입밖에 내지지 아니하고 과격한 주의가 민족독립운동을 이겼다하여 함부로 기뻐하는 모양인즉 지금은 독립 기분 과격적 주의가 상쇄된 시기라고 할 수 있다.[7]

위의 내용에서 보면 총독부에서는 사회주의운동이 서울(京城)을 중심으로 활발하게 전개되어 '민족독립운동을 이겼다'고 할 정도로 확산되고 있는 상황에서 이 운동에 대해 일본(內地)과 같이 '하이칼라적 방법'을 취하지 않고 당초부터 아주 근절시킬 것'이라고 함으로써 국내의 사회주의운동자들에게 들에 대해 강력한 탄압정책을 실시할 것임을 분명히 하였다.

그리고 이러한 분위기에서 1921년 5월 13일에 개최된 전국경찰부장회의에서는 '社會主義者 取締에 관한 건'이 중요 안건으로 논의되었으며,[8] 8월에는 경기도 경찰부 관내의 고등계 주임과 경성 시내 각 경찰서 警部補 이상이 참여하는 '警察事務講習會'에서도 '사상문제 및 사회문제'에 대한 강연이 진행되기도 하였다.[9] 뿐만 아니라 1922년 5월에 개최된 檢事局 監督官會議와 警察部長會議

---

7) 『每日申報』1923년 7월 17일, 「소위 主義者의 取締는 일층 철저적으로」.
8) 『東亞日報』1921년 5월 18일자.
9) 『東亞日報』1921년 8월 12일, 「警察事務講習會」. 강습회에는 경찰부장, 헌병사령관, 경무국장, 고등경찰과장 등이 참석하거나 강연하였다고 한다.

에서는 '過激社會運動'에 대해 사안에 따라 보안법이나 제령7호로 처벌하는 문제가 논의되었으며,[10] 이밖에 1922년 11월 24일자 『東亞日報』에는 '독립주의나 공산주의에 대해 단지 학설을 소개하는 경우라 할지라도 취체 할 것이라는 中村 고등법원 검사장의 언급이 게재되기도 하였다.[11]

대체로 총독부에서는 사회주의사상의 급속한 확산이 새로운 형태의 민족운동으로 이어질 가능성에 대해 우려하고 있었으며, 이를 방지하기 위해 사회주의운동에 대한 강력한 처벌 의지를 분명히 했던 것으로 보인다.

당시 국내에는 1907년에 제정된 보안법과 1919년 4월에 제정된 制令7號가 있었으나 보안법은 한인합방 직전에 의병운동이나 비밀결사를 처벌하기 위해 제정한 최고 형량 2년에 불과한 법률이었으며, 제령7호는 3·1운동 관련자를 처벌하기 위해 급조된 법령이라는 한계를 가지고 있었다.[12] 뿐만 아니라 일본에서도 이미 1921년 8월에 발생한 '近藤榮長事件'[13]과 1923년의 일본 공산당원 검

---

10) 「檢事局監督官二對スル中村高等法院檢事長訓示(1922.5.22), 『高等法院檢事長訓示通牒類纂』(齋藤榮治 編) ; 장신, 1988, 「1920년대 民族運動과 治安維持法」 『學林』 19, 65쪽에서 재인용. 치안유지법의 제정과정에서 나타났던 언론탄압에 대해서는 위의 논문을 참조하였다.

11) 『東亞日報』 1922년 11월 24일. "酷禍를 밧는 言論機關, 新天地主幹 白大鎭, 張在洽氏에 이어 新生活社 盧基禎氏를 계속하야 구인, 당국의 처리에 분개하는 여론, 證據湮滅을 恐하야 구인할 수 있다는 경검사정의 대답, 獨立과 赤色記事는 학설이라도 취톄할 수 잇다. 검사장과 본 사긔자의 문답"

12) 보안법은 일본의 '治安警察法'을 모방하여 제정된 법률이다. 장신, 앞의 논문, 64~65쪽.

13) 192년 5월 상해에서 코민테른 대표를 만나고 귀국하던 近藤가 다액의 현금과 암호통신문을 갖고 있었고 반체제 활동을 했다는 확신이 분명했음에도 불구하고 당시의 '警察治安法'으로는 실제로 선전활동에 착수하지 않았으며, 비밀결사를 조직하고 이에 가입한 것이 아니기 때문

거 사건 등을 통해 사회주의자들에 대한 처벌을 강화하기 위해서는 관계 법령의 정비가 필요하다는 사실을 인식해 가고 있었다.[14]

따라서 사회주의운동에 대한 강력한 통제가 필요했던 일제는 1925년 5월 "국체를 변혁과 사유재산을 부인할 목적으로 結社를 조직하거나 그 情을 알고도 이에 가입한 자를 최고 10년 이하의 징역이나 금고에 처할 수 있다는 내용을 골자로 하는 치안유지법을 제정하였으며, 조선총독부도 이 법률이 제정되자 곧 바로 시행에 들어갔던 것으로 보인다.[15]

실제로 조선총독 齋藤實은 '만약 이 법이 의회를 통과하지 못한다면 특별히 조선에서는 制令 형식으로라도 치안유지법을 실시하겠다'는 뜻을 표명하기도 하였으며,[16] 총독부에서는 국내언론을 통해 러시아와 接壤한 지역에 있는 위치한 조선에서 치안유지법으로 실시하는 것은 당연하다거나[17] 치안유지법은 국가를 유지하기 위해 필요한 공산주의자들에 대한 正當防衛의 수단임을 강조하기도 하였다.[18]

에 처벌할 수 없었다(Richard H. Michell, 김윤식 역, 1982, 『日帝의 思想統制』, 일지사, 47쪽).

14) 大竹武七郎, 1933.12, 「思想犯罪의 取締法規」『警務彙報』332호, 24쪽. 당시 일본의 '治安警察法'은 검거된 일본 공산당원들에게 6개월 이상 1년 이하의 형량밖에 부과할 수 없었다.

15) 당시 국내 잡지에 게재되었던 치안유지법 관련 자료들은 다음과 같은 것이 이다. 1925.6, 「治安維持法에 대한 政府의 釋義全文」『新民』; 編輯室, 1925.6, 「五月 十二日부터 施行된 治安維持法」『寶聲』 2(1-2) ; 1925.6, 「治安維持法 實施와 今後의 朝鮮社會」『開闢』 60 ; 1931.9, 「治安維持法과 朝鮮」『東光』 25(3-9) ;『東亞日報』 1925년 5월 13일, 「치안유지법 실시에 대하여」;『東亞日報』 1925년 5월 11일~14일, 「治安維持法 釋義(1-5)」.

16)『朝鮮日報』 1925년 3월 5일.

17) 野村調太郎, 1925.6, 「治安維持法과 朝鮮獨立運動」『寶聲』 2(1-2).

18)『每日申報』 1925년 9월 12일, 「露國에 在 言論의 統制(社說)」.

　　한편 1928년 3월 일본에서 이른바 3·15사건이 발생하자 일제는 '治安維持法改正緊急勅令'을 발표하여 보다 강력한 형태의 치안유지법 개정을 시도하였다.[19] 사건이 발생하자 일제는 이 사건을 '思想國難'이라고 대대적으로 선전하면서 일본과 조선 내에서의 사회주의운동이나 조선 내의 독립운동 및 정부의 군사정책에 반대하는 모든 세력을 근절하고 군국주의적 국가체제를 강화하는 정치적 수단으로 이용하였다.[20]

　　즉 일제는 1925년에 제정된 치안유지법 제1조의 내용에서 '國體變革'과 '私有財産制度否認'의 죄를 분리하여 전자에 대해서는 死刑에까지 처할 수 있는 절대 우위의 개념으로 규범화하였으며, '目的遂行罪'를 신설하여 지금까지는 공산당원만을 기소할 수 있었던 한계를 넘어 黨籍과 관계없이 치안유지법 제1조를 위반한 것으로 인정되는 자는 모두 처벌할 수 있는 근거 규정을 마련하였던 것으로 보인다.[21]

　　그리고 치안유지법의 개정을 통해 사회주의운동에 대한 강력한 처벌이 가능해지자 총독부에서는 산하 경찰력의 강화를 통해 사회주의운동세력에 대한 대대적인 탄압을 준비했던 것으로 보인다.

　　　조선에서 特高課 新設에 伴한 총독부내 임시직원설치개정안은 10일 閣議에서 결정하여 御裁를 仰 하야 곧 勅令으로 공포되게 되었는데 그 내용은 左와 如하더라 1. 총독부에서 사상조사에 종사하는 事務官 4,

---

19) 1928년 3월 15일 일본경찰은 전국적으로 1,600명에 달하는 일본공산당 관련 피의자를 검거하는데 성공하였으며, 이들에 대한 강력한 처벌을 위해 치안유지법의 개정이 필요하였다. Richard H. Michell, 앞의 책, 101~103쪽 ; 장신, 앞의 논문, 87~88쪽.
20) 鈴木敬夫, 앞의 책, 232~233쪽.
21) 장신, 앞의 논문, 86~89쪽. 이 치안유지법은 1928년 6월 29일 '治安維持法改正中緊急勅令'으로 제정 공포되었다. 鈴木敬夫, 앞의 책, 232~233쪽.

屬 4, 通譯 4. 1. 지방에서 사상취체에 임하는 자 警視 8, 警部 7, 警部補 26, 又左 官制 공포와 동시에 각각 伴하야 巡査의 증원도 행하야 그 총수는 千人에 達할 터라더라.[22]

위의 내용을 통해서 보면 1828년 7월 10일 일본 '閣議'에서는 총독부 관제를 개정하여 특고(特高警察)과의 新設을 결정하는 한편 사무관·屬·통역 및 지방에서 사상취체에 임하는 경시, 경부, 경부보 등을 포함하여 약 1천명의 경찰 인원을 증강한다는 계획을 갖고 있었음을 알 수 있다고 하겠다.[23]

또한 총독부에서는 1929년에 들어 警務官制度를 도입하였는데 이는 '일본공산당 검거 사건'(3·15 사건 : 필자) 당시 경무관의 활동이 각 경찰서와의 유기적인 연락을 통해 사회주의자들을 검거하는데 효과적이었다는 판단에 따른 것이었다.[24] 이밖에도 1928년경에는 高等法院檢事局 내에 '思想部'를 설치하였으며,[25] 사상검사들을 러시아에 파견하거나[26] 『思想犯罪搜査實話集』 같은 책자를 발간하는 등 검찰과 경찰의 사상범 검거를 위한 역량 강화에 박차를 가하고 있었다.[27]

---

22) 『東亞日報』 1928년 7월 12일, 「朝鮮特高課設置 內容」.

23) 한편 같은 시기에 일본에서도 사상취체의 강화를 위해 1도 38현에 특고과를 설치함과 동시에 새로 警視 40명을 임명하고 기타 지방관의 대대적인 이동을 단행하는 경찰조직의 개편을 단행하였던 것으로 보인다. 『東亞日報』 1928년 7월 12일, 「新警視 四十名 任命」.

24) 『東亞日報』 1929년 11월 22일, 「新設 警務官의 機能, 思想犯 檢擧 統一, 各道와 신속한 연락」. 경무관은 전임 1명, 겸임 1명이었던 것으로 보인다.

25) 사상부가 정확히 언제 설치되었는지는 분명하지 않으며, 고등법원검사국 사상부 발행의 『治安維持法提案討議』가 1928년 12월 1일에 발행된 것으로 보아 9월에서 11월 사이에 설치되었을 것이라는 추측이 있다. 장신, 앞의 논문, 96쪽.

26) 『朝鮮日報』, 1930년 8월 9일.

27) 池中世 譯, 1946, 『朝鮮思想犯檢擧實話集』(1984년 돌베개에서 재발간)

이러한 상황에서 <표 1>을 통해서 보면 1928년 이후 치안유지법 위반으로 검거되는 사상범의 인원과 검거 건수가 크게 증가하고 있었음을 알 수 있는데 이러한 경향은 이 시기에 국내에서 대규모의 사상사건이 계속되고 있었던 것과도 일정하게 관련이 있겠지만,[28] 기본적으로는 사상범을 검거를 강화하기 위해 일제가 추진했던 체제정비의 결과였던 것으로 생각된다.

⟨표 1⟩ 경찰의 범죄검거사건 처분표(治安維持法 違反)[29]

연도	검거	검거 후의 처분				
		檢事送致	즉결	훈계방면	기타	계
1925	72 (8)	7 (7)	1(1)			72 (8)
1926	321 (43)	318 (41)			3 (2)	321 (43)
1927	196 (46)	193 (43)			1 (1)	196 (44)
1928	751(195)	750(194)			1 (1)	751(195)
1929	1112(166)	1098(164)			11 (1)	1112(165)
1930	1884(321)	1859(311)			25(10)	1884(321)
1931	1614(159)	1564(153)			50 (6)	1614(159)
1932	3873(299)	3674(273)			73(17)	3873(290)
1933	2113(208)	1992(196)			34 (7)	2113(203)
1934	1726(138)	1689(131)			17 (2)	1726(133)
1935	1296(127)	1275(121)		1(1)	12 (3)	1296(125)
1936	1004 (83)	622 (78)			1 (1)	1004 (79)
1937	1133 (97)	1125 (93)		3(1)	3 (2)	1133 (96)
1938	570 (56)	557 (55)				570 (55)
계	17665(1946)	16788(1860)	1(1)	4(2)	231(53)	17024(1916)

은 이 책의 편역본이다.

28) 1928년 1월에는 제3차 조선공산당 사건으로 金俊淵 등 32명이 검거되었고 7월에는 제4차 공산당 사건으로 170여명이 검거되었으며, 1928년 9월에는 제2차 간도공산당사건으로 72명의 한인공산주의자들이 검거되었다(김준엽·김창순, 1986, 『한국공산주의운동사』 3, 청계연구소 ; 黃敏湖, 1989, 『在滿韓人社會와 民族運動』, 국학자료원, 84~85쪽).

29) 朝鮮總督府, 1925~1938, 『朝鮮總督府通計年報』. ( )안은 건수이며, 검거수와 검거 후의 결과가 일치하지 않는 경우는 아직 사건이 처리되지 않은 경우이다

또한 사상범에 대한 '엄벌주의'는 이후에도 계속되고 있었는데 이러한 경향은 1929년 5월고등법원 검사장 中村이 '세상에서 왕왕 思想은 사상의 선도와 사회제도의 개선이 아니면 근본적으로 개선할 수 없다는 논의도 있으나 그 완성의 前途가 요원한 상황에서 불온사상의 선도는 다른 방책이 없고 주된 방책으로는 刑罰의 一途만 있을 뿐이라고 한 것에서도 그 일면을 확인할 수 있다고 하겠다.30) 따라서 이상의 내용을 종합해 보면 1925년 6월에 치안유지법을 제정한 일제는 이후 사상범에 대한 통제와 탄압정책을 강화해 갔던 것으로 보이며, 이러한 경향은 1930년대에 들어서도 계속되고 있었던 것으로 보인다.

Ⅲ. 朝鮮思想犯保護觀察令의 시행과 전향정책

1. 총독부의 사상범 문제에 대한 대응방식의 변화

치안유지법 실시 이후 조선총독부의 사상범에 대한 강력한 통제는 1930년대에 들어서면서 사상범의 격증과 이로 인한 감옥 사무의 증가 및 사회로 복귀한 사상범의 재범을 방지해야 한다는 점에서 새로운 사회문제를 야기하고 있었다. 실제로 1928년부터 1935

---

30) 檢事局監督官二對スル中村高等法院檢事長訓示(1929.5) 앞의,『高等法院檢事長訓示通牒類纂』, 148쪽.

년까지 일본에서는 5만 8천명 이상의 사회주의자들을 검거되었으며,[31] 국내에서도 약 1만 6천명의 사상범이 검거되었는데 이들 중 일본에서는 약 1만 6천명이, 국내에서는 약 6천명이 출옥한 상황이었다.[32]

뿐만 아니라 1930년대에 들어서면서 '사상범의 격증[33]과 형무소 내에서의 이들에 대한 가혹한 취급은 사회적 이슈가 되고 있었는데 이는 1931년 8월 11일자 『東亞日報』의 기사를 통해서도 확인할 수 있다.

> 1평에 4명씩 수용 焦熱 지옥의 철창, 중태에 빠진 자만 3명, 思想犯에 환자 속출. 3·4년 동안 철창에 신음하다 출옥한 모씨의 말을 들으면 사상범은 작은 방에 4명씩 수용, 지금같은 고열은 차마 견딜 수 없다. 그리고 음식물에 대하여 밥이란 겨가 반이나 섞인 좁쌀을 줌으로서 먹을 수가 없고 또한 형무소안에서 사상범을 취급하는 것이 특히 가혹하여 견딜 수 없다는 것이다. …[34]

위의 내용에서 보면 총독부에서는 사상범의 검거가 격증하자 감방의 수용인원을 1명에서 4명으로 무리하게 증가시키는 경우도 있었으며, 음식은 거의 먹을 수 없는 수준이었고, 특히 감옥 안에서 사상범에 대한 취급이 가혹했던 것으로 나타나고 있다. 그리고 사상범의 격증에 대한 대책의 필요성과 투옥되어 있는 사상범에 대한 합리적인 대우 등을 강조하는 언론의 보도는 1930년대 중반까지 계속 이어지고 있었던 것으로 보인다.[35]

---

31) Richard H. Michell, 앞의 책, 169쪽.
32) 李鍾模, 1937.2, 「保護觀察令의 適用範圍」『朝光』 16(3-22).
33) 『東亞日報』 1930년 2월 5일, 「思想犯 激增 그 對策의 如何」.
34) 『東亞日報』 1931년 8월 11일, 「1평에 4명씩 수용, 焦熱地獄의 鐵窓, 중태에 빠진 이만 3명, 사상범은 작은 방에 4명씩 수용」.
35) 사상범의 격증과 관련된 『東亞日報』의 기사로는 다음과 같은 것들이

이러한 상황에서 1933년 9월 28일에 개최되었던 全朝鮮刑務所長會議에서는 사상범의 전향 효과를 높이기 위한 대책이 논의되고 있었다.

> 전 조선형무소장회의는 28일 오전 9시부터 총독부 제1회의실에서 예정과 같이 개최되었다. … 여러 가지 토의사항 중에서 논의의 초점이 思想犯의 思想轉向 문제가 되리라 한다. 아직까지의 방향을 전환한 사상수인이 없는 것은 아니나 그들은 대부분 訓誨師 하에 전향한 것임으로 철저하지 못하였고 따라서 현하의 정세를 수인에게 잘 전달하지 못하였었다. 이번 형무소장회의에서 토의 결정한 후에는 訓誨師에만 일임할 것이 아니요 형무소 당국자가 직법 그중에 당하야 현하의 정세와 전향의 효력을 알도록 하야 그 수확이 크도록 할 장정이다.[36]

위의 내용을 통해서 보면 조선총독부에서는 지금까지 '訓誨師'의 활동을 통해 부분적으로 이루어지던 전향정책을 보다 적극적으로 실시하는 하는 한편, 사상범들에게 현하(만주사변 : 필자)의 정치정세와 사상전환의 효력을 명확하게 알려주어 효과를 극대화하고자 했던 것으로 보인다.

또한 1933년 7월에 개최된 함남경찰서장회의에서는 사상 사건을

────────────

있다. 『東亞日報』 1928년 8월 31일. 「思想犯 激增, 假監房 急造, 불일간 낙성을 보리라고」; 『東亞日報』 1928년 10월 26일. 「暴力犯漸減 思想犯 激增, 맹휴와 이혼대책도 토의해, 司法官會議 特殊報告」; 『東亞日報』 1932년 9월 16일, 「思想犯 激增으로 警署와 監獄增築, 現在 收容所로는 부족(함흥)」; 『東亞日報』 1933년 8월 29일, 「思想犯 激增으로 科學警察 대 확장, 京畿道 警察의 新設」; 야성, 1931.7~8, 「유치방 풍경」 『批判』 3·4 ; 1933.1, 「형무소 囚徒」 『第一線』 3-1 ; 金正實, 1933.12, 「옥중에서 한해를 보내는 이들」 『新東亞』 3-12 ; 1935.1, 「감옥의 過歲人」 『開闢(新刊)』 3.

36) 『東亞日報』 1933년 9월 29일, 「회의 중점은 사상문제, 금일 형무소장회의 개최」.

보통범죄와 같이 다룰 수는 없으며, 간부급(?)의 특수한 인물은 어쩔 수 없으나 기타 전향의 여지가 있다고 생각되는 자에 대해서는 관대한 방침을 지시하는 것이 옳다고 하고 있었다.[37] 그리고 1933년 10월 '검사국 감독관에 대한 고등법원 검사장의 훈시'[38]에서도 조선인 사상범에 대해 '慈父와 같은 온정'으로 대하면 '惡性' 범인이라도 상당한 효과가 있을 것이라고 언명하기도 하였다.[39]

따라서 이러한 내용을 통해서 보면 조선총독부에서는 적어도 1933년을 전후하여 사상범에 대한 대응방식에 변화를 나타내고 있었던 것으로 보이는데 총독부로서는 사상범의 재범방지와 사상범죄의 확신을 막아야할 필요를 느끼고 있었던 것으로 보인다. 그리고 이러한 변화에는 佐野學, 鍋山貞親 등 일본공산당 간부들의 전향과 조선 내 일부 사회주의자들이 전향 등이 일정한 영향을 끼치고 있었던 것으로 파악되고 있다.[40]

한편 일본 내에서의 전향정책은 조선보다 약간 앞서서 추진되었는데 1931년 11월 3일자 『東亞日報』 기사를 보면,

---

37) 『朝鮮中央日報』 1933년 7월 28일.
38) 1933년의 조선총독부 고등법원검사장은 境長三朗(1932.1~1934.10)이었다(문준영, 2004, 『한국 검찰제도의 역사적 형성에 관한 연구』, 서울대학교 박사논문, 128쪽).
39) 檢事局監督官二對スル中村高等法院檢事長訓示(1933.10), 앞의, 『高等法院檢事長訓示通牒類纂』, 58~59쪽.
40) 지승준, 앞의 논문, 272~273쪽. 사상범보호관찰령 실시동향과 관련해서는 이 논문이 많은 참고가 되었다. 실제로 사상범보호관찰법 실시 이후 일본 내에서는 좌익계 문예단체 소속 작가 500명 중 95% 이상이 전향하였으며, 사법성이 1943년 3월에 발표한 통계에 따르면 기소된 2,440명의 공산주의자들 가운데 전향자는 1,246명, 준전향자는 1,157명으로 분류되었으며, 비전향자는 37명에 불과하였다고 한다(Richard H. Michell, 앞의 책, 185쪽).

사법성에서는 공산당 사상범인의 선도방법에 대하야 일즉 연구
중이 던바 요즘 如左한 대강을 결정하고 실행키로 결하였다.

一. 사상범인의 선도방법은 待遇를 第一로 하고 旣決 一年 後의 者에
대하여는 宗敎 修養書 등을 수시 열람케 함.

二. 善導를 修了힌 犯人은 强한 敎訓을 시하여 可及的 速히 가석방
을 許한다.

三. 假出所 후는 가급적 위험인물시 하지 않고 특히 尾行을 폐함.

四. 知識層으로서의 完全한 職業을 與할 事.

五. 知名의 僧侶, 學者, 名士에 依囑히야 改悛敎○할 事.
그리고 此 方法 從來 試驗的으로 실시하야 예상 이상의 成績을
擧하였다 한다.[41]

일본 사법성에서는 사상범의 전향을 위해 교양·수신서를 읽게
하고, 일정한 과정을 수료한 사상범에게는 가급적 가석방을 허락
하며, 가석방 후에는 미행을 없애고, 지식층에게는 완전한 직업을
알선하며, 승려나 학자, 저명인사들이 지속적으로 이들을 관리하는
형태의 전향정책을 실시하였음을 알 수 있다고 하겠다. 그런데 이
러한 방식은 이후 사상범보호관찰의 한 모델이 되었던 것으로 보
인다.[42]

뿐만 아니라 일본 내각에서는 1930년대에 들어 사상범을 통제하
기 위한 법적 장치를 만들기 위해 노력하였는데 1932년에는 '思想
犯人에 대한 留保處分取扱規程'을 사법대신 훈령으로 제정하였으
며, 1934년과 1935년에는 비전향자에 대한 보호관찰과 예방구금이

---

41) 『東亞日報』 1931년 11월 3일. 「사상범 선도방법 결정」.

42) 실제로 사상범보호관찰령이 실시된 이후 경성보호관찰소장 堤良明은
보호관찰소의 관찰방식에 대해 '직업을 알선도 해주며, 모든 難處한 일
에 相議도 해주고 무슨 調査할 일이 있거나 무러볼일이 있을 때에는
封緘편지로서 본인에게 통지하야 조금도 다른 사람의 눈에 뜨이지 않
토록 할 터이다'라고 하였다(李鍾模, 1937.6, 「實施된 思想保護觀察令」
『朝光』 20(3-6)).

포함되어 있는 치안유지법 개정안을 의회에 제출하였으나 사회적
비판여론이 높아 승인을 얻지 못하기도 하였다.

따라서 크게 보았을 때 사상범보호관찰법은 보다 강화된 형태의
치안유지법의 개정이 어렵다고 판단한 일제가 치안유지법과는 별
도로 전향제도만을 대상으로 한 법령을 제정하여 1936년 5월 29일
제67회 제국의회에서 승인 받은 것이라고 할 수 있을 것으로 생각
된다.43)

그리고 보호관찰법의 이러한 성격은 사법대신 林賴三郎이 중의
원과 귀족원에 제출한 제안 설명에서 새 법 아래서는 사상범의 재
범을 예방하고 이들을 다른 사람으로부터 격리시키며, 모든 사상
범의 정신적 경제적 노력에 지원을 행하게 될 것이라고 한 것에서
도 확인된다고 하겠다.44)

그러나 일본과 달리 조선에서는 이미 치안유지법 실시 초기 단
계부터 조선인 사상범에 대한 동화정책이나 전향정책이 효과를 거
두기 어렵다는 사실을 인식하고 있었던 것으로 보인다. 1927년 中
村 고등법원 검사장은 '조선민족의 불온사상의 근원은 조선독립의
감정에 있기 때문에 이를 善導하는 것은 亂中의 難'이라고 하였으
며,45) 1939년 일본 내의 조선인 사상문제를 담당하고 있던 사상계
검사 關之도 '한 민족으로부터 그 민족의식을 뽑아 버리고 他 민족
에 동화하도록 하는 것은 거의 불가능한 일이고 이는 세계의 역사

---

43) 1973, 「治安維持法」『現代史資料』45, みすず書房, 273쪽. "지금 사상
   범인에 대한 萬全의 방책을 수립하여 再犯防止의 대책을 내는 일은 일
   본에 있어서 불온한 凶惡思想運動을 근절시키는데도 緊要하다고 생각
   한다"라고 한 提案說明을 통해서 볼 때도 사상범보호관찰법 제정의 기
   본 성격을 짐작할 수 있다고 하겠다.
44) Richard H. Michell, 김윤식 역, 1982,『日帝의 思想統制』, 일지사, 170쪽.
45) 齋藤榮治 編, 1942, 「檢事局監督官ニ對スル中村高等法院檢事長訓示」
   (1927.6), 『高等法院檢事長訓示通牒類纂』, 45쪽.

가 보여주는 바다'[46]라고 하고 있었다.

따라서 이상의 내용을 종합해 보면 일제에 의해 실시되었던 사
상범보호관찰법 국내의 경우에 사상범에 대한 총독부의 인식에 근
본적인 변화를 바탕으로 실시된 법령이라기보다는 사상범의 재범
을 막는데 초점이 맞춰진 제도였다고 측면이 강했던 것으로 생각
된다고 하겠다.

2. 보호관찰소의 활동과 보호관찰 대상자

'조선사상범보호관찰령'은 1936년 12월 12일 制令 제16호로 공
포되어 21일부터 시행되었는데[47] 보호관찰소는 일본에는 東京, 橫
浜, 水戶, 前橋, 靜岡, 長野, 新瀉, 大阪, 神戶, 高松, 京都, 名古屋,
金澤, 廣島, 岡山, 福岡, 熊本, 仙熹, 秋田, 靑森, 札幌, 函館 등 22
개소가 설치되었으며, 국내에는 京城, 咸興, 淸津, 平壤, 新義州,
大邱, 光州 등 7개가 설치되었다.[48]

보호관찰소의 인원은 補導官, 保護司, 書記, 通譯生으로 구성되
어 있었으며, 사상범에 대한 보호관찰 '要否'와 기간의 갱신 등을
결정하는 보호관찰심사회가 있었는데 보호관찰소 소장은 보도관
중에서 임명되어 관찰소 내의 제반 업무를 통제하였다.[49] 보호사

---

46) 關之, 1939.9, 「內地在住朝鮮人に關する思想政策に就いて」『思想彙
報』20호, 239쪽. 그는 일본 내에 거주하는 조선인들의 사상문제들 다
루던 인물인 것으로 보인다.
47) 鈴木敬夫, 앞의 책, 251～257쪽.
48) 李鍾模, 1937.2, 「保護觀察令의 適用範圍」『朝光』16(3-22), 352쪽.
49) 보도관은 보호관찰소 소장으로 보호사에게 보호관찰을 명하며, 심사회
에 사상범에 대한 심사를 요구하며, 사상범을 위탁한 단체에 대한 補給
費 지급을 결정하는 등 전체적으로 보호관찰소의 업무를 통제하는 권

는 주로 사상범과 직접 접촉하면서 이들의 상황을 살피는 임무를 담당하였는데 전임보호사와 촉탁보호사로 나뉘어져 있었으며, 보호관찰심사회는 회장 1인과 6인의 위원으로 구성되었는데 대체로 판사, 검사 보호관찰소장, 형무소장 등이 그 위원이었고 예비위원 4명이 있었다. 그리고 광주보호관찰소[50]와 경성보호관찰소[51]의 조직구성을 비교해 보면 각 보호관찰소 거의 유사한 조직구성을 나타내고 있었던 것으로 파악된다.

다음으로 보호관찰령의 운영에 대해 살펴보면 그 대상자는 치안유지법 위반자 중 기소유예·집행유예·가출옥·만기출옥 사상범을 대상으로 하고 있었으며, 기한은 2년이었으나 필요에 따라 연

한을 갖고 있었다. 또한 보호사는 보호관찰 실행의 임무를 담당하는 직책으로 일상에서 사상범과 접촉하면서 그들의 사상의 추이를 살피는 역할을 하였다(崔圭昌, 1937.8,「今般에 설립된 光州保護觀察所」『호남평론』 3-8).

50) 光州保護觀察所은 다음과 같다. 광주보호관찰소장 보도관 香川 愿, 보호사 富士原景樹, 서기 御村正藏, 서기 겸 통역생 金尙演 촉탁 보호사, 전라남도 朝鮮社會 主事 渡邊鐵夫, 광주형무소 敎誨司 西永貞政, 목포형무소 敎誨司 立花龍國, 전라남도 警部 佐藤重太郎, 전라남도 朝鮮社會 主事 佐藤芳彌, 전주형무소 敎誨司 安達唯信, 전라북도 警部 尾崎興太郎, 保護觀察所審査委員, 광주지방법원장 회장 吉田平治郎, 광주지방법원 檢事正 위원 齋藤榮治, 전라남도경찰부장 위원 山本義一郎, 광주지방법원검사 겸 위원 香川 愿, 광주형무소장 위원 松平和夫, 중추원참의 위원 玄俊鎬, 변호사 위원 坂口喜助 예비위원, 전라남도 參與官 李源甫, 광주지방법원부장 上野藏淸, 광주지방법원 검사 谷口武, 광주부윤 杉山武一(崔昌圭, 앞의 글, 10～11쪽).

51) 경성보호관찰소의 역원은 다음과 같다. 소장 보도관 堤 良明, 보도관 依田克己, 보도관 張崎祐三, 보호사 栗田淸造, 橫田伍一, 伊東 海, 주임서기 橋 吉藏, 서기 겸 통역생, 趙根植, 서기 岩熊正義, 심사회장 宮本 元, 堤 良明, 前田 昇, 高 安彦, 李升雨, 예비심사위원 山下秀樹, 村田左文, 鹿松龍種, 赤尾虎吉(李鍾模, 1937.6,「實施된 保護觀察令」『朝光』 20(3-6)).

장이나 단축이 가능하였다.

그리고 보호관찰처분을 받은 사상범은 보호사의 관찰에 회부되거나 보호자에게 인도되었으며, 이밖에 사원, 교회, 병원이나 기타 적당한 보호단체나 개인에게 위탁되기도 하였는데 이때 거주, 교우, 통신 등의 제한이 있었던 것으로 보인다.[52]

사상범에 대한 보호관찰의 실시여부는 '심사회'의 심의에 의해 결정되었는데 형무소로부터 사상범이 출옥했다는 통지를 받은 보호관찰소는 해당 사상범에 대해 본인의 經歷, 心性, 심경의 변화, 가정상황, 생계가능 여부 등을 조사하여 보호관찰이 필요하다고 판단되면 '심사회'에 심의를 청구할 수 있도록 되어 있었다.

이때 보호관찰소는 심의사실을 본인에게 통지해야 하며, 심의는 공개되지 않음을 원칙으로 하되 다만 본인, 보호자, 기타 적당하다고 인정되는 자에 한에 '在席'이 허락되었다. 심의 결과 보호관찰이 결정되면 심사회는 이 사실을 보호관찰소에 통지하게 되고 보호관찰소는 통지를 받는 순간부터 해당 사상범에 대한 보호관찰을 시작하였다.[53] 그런데 사상범보호관찰의 대략적인 과정을 도표로 나타내면 <표 2>와 같다. 보호관찰의 내용은 주로 사상지도와 생활 확립을 위한 지도로 이루어지고 있었는데 생활 확립을 위해서는 직업소개, 기술의 재교육, 就學, 復校, 결혼 알선, 가정과의 융화 도모 등이었다.[54]

이밖에 법무국의 조사에 따르면 조선사상범보호관찰령 시행 이후 1939년 7월말 까지 전국적으로 보호관찰처분에 회부된 사람은 지방별로는 경성 414명, 함흥 317명, 청진 182명, 대구 166명, 평양

---

52) 崔昌圭, 앞의 글, 10~11쪽.
53) 앞의, 「保護觀察令의 適用範圍」, 354~355쪽.
54) 法務局, 1937, 「朝鮮思想犯保護觀察令大義」 『警務彙報』 376호, 8·26
    쪽 ; 지승준, 앞의 논문, 276쪽 재인용.

157명, 광주 152명, 신의주 116명이었으며, 총 1,504명이었다.[55] 그런데 경성보호관찰소의 경우 보호관찰령이 실시되던 해인 1936년 11월 말에 그 대상자가 1,020명이 넘는 다는 통계가 있는 것을 고려한다면 국내에서 사상범관찰령은 상당히 선별적으로 이루어지고 있었던 것으로 보인다.[56]

한편, 중일전쟁 이후 각 보호관찰소는 이른바 '사상범의 선도'를 위해 피보호관찰자들에 대한 사상 동향의 파악과 국방헌금 등을 실시하였는데 1937년 12월 현재 각 보호관찰소의 활동을 정리해 보면 다음과 같다.

먼저 경성보호관찰소는 1936년 12월 21일부터 경성재판소 인접지인 원 고등법원 자리에 사무소를 개설하고 경기도, 충청북도, 충청남도(舒川郡 제외) 및 강원도 내의 통천군, 가릉군, 양양군, 고성군, 울진군, 삼척군을 제외한 지역의 사상범을 관리 대상으로 하여 활동에 들어갔던 것으로 보인다.[57]

중일전쟁이 발발하자 경성보호관찰소에서는 1937년 8월 31일 시국 간담회를 개최하였으며, 15명이 참석한 이 회의에서 참석자들은 10원 6전의 국방헌금을 조선군사령부에 헌납하였으며, 출정병사인 東京更新會 思想部主任 小林杜人에게 격려의 축전을 보내기도 하였다. 또한 11월 7일에는 경기도 양주군 望月寺에서 관찰소 직원과 법무국 黑瀨 사무관 등이 참석한 가운데 하이킹을 실시하였는데 이날 참석한 40명의 피보호관찰자들은 皇道精神의 고취 확충 및 전향자의 일치단결을 위해 모임을 결성할 것을 결의하였던 것으로 보인다.[58]

---

55) 1939.9, 「保護觀察處分に付せられたる者にして更に治安維持法違反罪を犯したる者に關する調査」『思想彙報』20호, 53~54쪽.

56) 앞의, 「保護觀察の對相と其の指導」, 5~6쪽.

57) 앞의, 「保護觀察の對相と其の指導」, 5쪽.

〈표 2〉朝鮮思想犯保護觀察槪觀圖[59]

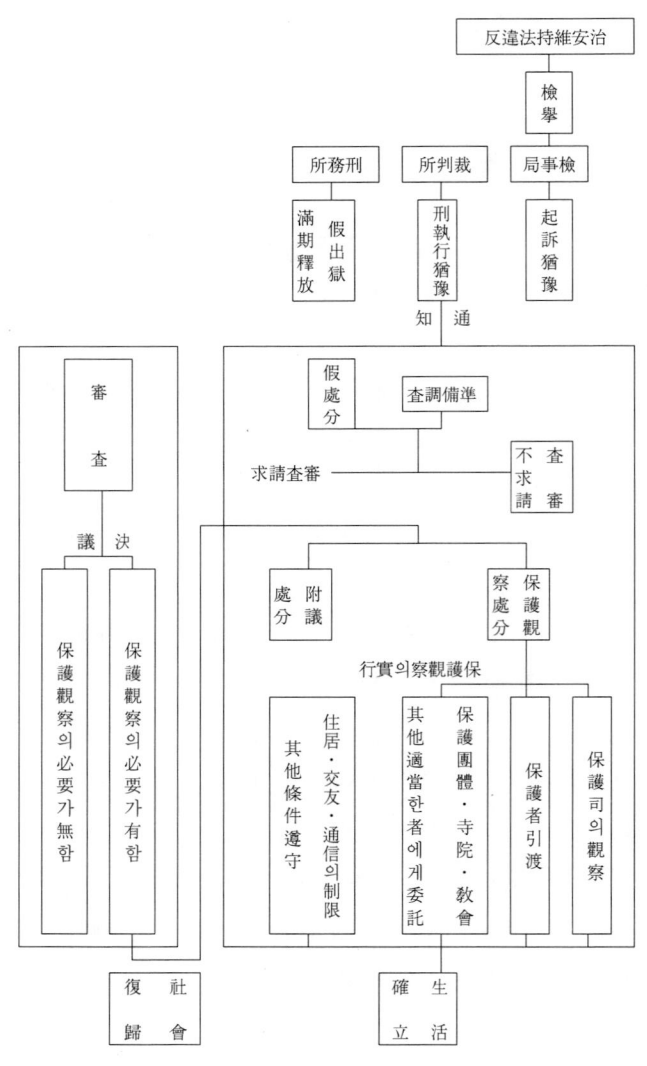

58) 高等法院檢事局思想部, 1937.12,「支那事變を通して觀たる 保護觀察
   の狀況」『思想彙報』13, 109~112쪽.
59) 崔昌圭, 앞의 글, 11쪽.

이밖에 朴得龍, 金東育, 朴源根 등은 조선신궁을 참배하거나 출
정군인 환송식에 참여하였으며, 출정군인의 무운을 위해 '千人針'
을 만들어 헌납하거나 헌병대에 중국어통으로 일하고 싶다는 의사
를 밝히기도 하였다.60)

평양보호관찰소는 1937년 11월 현재 52명의 사상범을 관리하고
있던 11월 7일 시국간담회를 개최하여 피보호관찰자들의 사상동향
을 파악하고자 하였다. 그리고 피보호관찰자 중 盧德泳, 李鉉奭,
張仁濟, 崔學柱, 金順哲, 洪淳基, 李胄奭, 吳觀洙 등은 국방헌금을
하거나 防護團의 단원으로 활동하였고 출정병사의 환송식에 참여
하였으며, 중일전쟁에서의 일본의 정당성을 옹호하는 발언 등을
하였던 것으로 나타나고 있다.61)

대구보호관찰소는 보호관찰대상자가 62명이었는데 이 가운데
전향자 12명, 준전향자 44명, 비전향자 6명인 것으로 파악하고 있
었다. 관찰소에서는 1937년 8월 관내의 중요 지역에서 시국간담회
를 개최하는 한편, 보호사의 면접이나 감상문의 제출을 통해 사상
범의 시국관을 파악하고 있었던 것으로 보인다. 그리고 實名을 거
론하지는 않았지만 사상범들이 국방헌금과 위문품 헌납, 출병 장
병 환송, 출병 가족 위문, 신사참배, 禁酒 등의 활동을 했던 것으로
보고하고 있었다.62)

함흥보호관찰소는 피보호관찰자들의 활동이 구체적으로 언급되
고 있었는데 함경남도 文川郡의 孫寬淑은 1937년 8월 24일 문천경

---

60) 각지 보호관찰 대상자 중 친일적 성향을 보인던 인물의 활동 내용이나
    보호관찰에 회부되기 이전의 경력에 대서는 지승준, 앞의 논문에서 상
    세하게 정리되어 있기 때문에 본고에서는 가능한 한 중복을 피하였다.
    '千人針'은 군대에 나가는 병사의 무운을 위해 천인이 붉은 실로 한 바
    늘씩 누벼서 만든 허리에 두르는 흰띠이다.
61) 앞의,「支那事變を通して觀たる 保護觀察の狀況」, 115쪽.
62) 앞의,「支那事變を通して觀たる 保護觀察の狀況」, 116~122쪽

찰서를 통해 35원의 국방헌금을 朝鮮軍 愛國部에 헌납하였으며, 같은 달 강원도 通川郡 歙谷面의 南相孝도 음곡면 주재소를 통해 愛國機 강원도호 헌납자금으로 3원을 기부하였다. 또한 강원도 高城郡의 朴熊南과 양양군의 陳炯瓚 등은 각각 62전과 총 1원 50전을 국방헌금을 하였으며, 문천군의 朴載允, 孫寬淑, 鄭仁洙, 함경남도 안변군의 金鳳集, 李鎔起, 강원도 고성군의 朴熊南 등은 육군에 납입해야 할 馬糧用 야채 채취 작업에서 각각 4·5관에서 10관씩의 건초를 무상으로 헌납하였다.

이밖에 단천군 농민조합사건의 주동자로 함흥 博仁會에 수용되어 있던 洪淳河는 11월 6일 이후 출정군인의 환송식에 빠짐없이 참석하였으며, 강원도 울진군의 黃澤龍과 함경남도 咸州郡의 金瀅浩는 방호단에서 방독반 소독계원으로 활동을 했던 것으로 나타나고 있다.[63]

신의주보호관찰소의 경우는 중일전쟁이 발발하자 여러 가지 인쇄물을 통해 전쟁의 정당성을 홍보하였으며, 사상범 중 지도적 인물 100명에게 중일전쟁에 대한 감상문을 요구하여 56명으로부터 감상문을 받기도 하였다. 그런데 당시 전향적 경향을 나타내고 있었던 피보호관찰자들 중에는 만주사변 이래 일본군의 연속적인 중국진출은 동양평화를 위해 당연한 것이며, '聖戰'인 이 전쟁의 승리를 위해 조선인들도 노력해한다고 하거나 일본제국의 실력을 명확하게 이해하는 계기가 되었다고 하는 등의 경향을 나타내었던 것으로 보인다.

이후 신의주관찰소에서는 10월 10일까지 관내 보호관찰 대상자로부터 30통의 慰問文과 20원의 국방헌금을 모았으며, 10월 22일에 개최된 '轉向者座談會'에서는 참석자 13명 전원이 만장일치로

---

63) 앞의, 「支那事變を通して觀たる 保護觀察の狀況」, 122~124쪽

전선의 각 일본군 사령관 앞으로 감사와 격려의 결의를 보내기도
하였다.64)

청진보호관찰소의 경우는 피보호관찰자가 61명이었는데 이들
중 전임보호사와 촉탁보호사의 관찰에 회부된 자는 각각 19명과
22명이었으며, 보호자에게 인도된 자는 20명이었다. 또한 사상사건
관계자들의 국방헌금 헌납이나 기타의 전시동원이 다양한 형태로
이루어지고 있었는데 우선 함경북도 명천군은 797명의 주민이 131
원 87전을 헌금 하였으며, 길주군에서는 163명이 43전을, 성진군에
서는 13명이 120원 2전을 헌금한 것으로 나타나고 있었다. 그리고
이들 중 헌금 내용과 이름이 거명된 경우는 다음과 같다.

길주군의 許冕洙, 許花逢, 林學龍이 국방헌금 1원 60전을 헌납
하였으며, 명천군의 馬泰官이 1원을 헌납하였고 명천군 下加面과
上加面의 사상사건 관계자들은 추석운동회에서 받은 상금 중 5원
을 헌납하였다. 성진군의 許天鶴 외 3명은 마을사람 20호를 설득
하여 3원을 헌납하게 했으며, 제2차 명천노동조합좌익사건의 주모
자 玄一松의 아버지 玄機律은 가족의 뜻이라며 一錢銅貨 100개를
헌납하였다.

또한 명천군의 金○燮, 金崙○은 從軍을 지원하였으며, 명천군
上加面 張德洞 외 7개동의 사상사건 관계자의 가족들은 군용건초
대금 97전 25전을 愛國機 咸北號의 자금으로 헌납하였으며, 董詳
鳳과 董日南의 妻는 千人針 3매를 만들어서 일본군에게 보냈으며,
李洪烈은 1937년 8월 11일 下加面의 사상관계자 120명에게 자신이
전향했음을 표명하면서 이들에게도 전향할 것을 권유하기도 하였
다. 따라서 이상의 내용을 종합해 보면 청진보호관찰소의 경우는
피보호관찰자 뿐만 아니라 그 가족들에 대해서도 국방헌금 내게

---

64) 앞의, 「支那事變を通して觀たる 保護觀察の狀況」, 110·125~127쪽.

하거나 기타 다양한 시국관련 동원에 이용하고 있었던 것으로 보
인다.[65]

〈표 3〉 광주보호관찰소 피보호관찰자의 위문금 모집자 명단 및 금액[66]

성명	주소	금액	성명	주소	금액
朴魯源	莞島郡	○원	尹珂鉉	康津郡	40전
崔圭文	靈岩郡	○원	姜基東	海南郡	1원
朴景任	麗水郡	○원	趙順石	海南郡	30전
金基柱	長城郡	○원	李炯模	海南郡	20전
李琪同	濟州島	1원 50전	張一峰	光州府	20전
趙龍楠	靈光郡	50전	徐在順	金堤郡	20전
朴大圭	潭陽郡	50전	鄭晋容	群山府	20전
文㐌同	海南郡	1원	吳元錫	康津郡	40전
金岩千	海南郡	50전	吳鉎鐸	海南郡	1원 20전
金阿其	海南郡	50전	梁在容	務安郡	30전
吳亨模	全州府	30전	金正洙	木浦府	1원
金浩基	康津郡	80전	姜榮秀	木浦府	60전
朴興福	海南郡	60전	朴大述	海南郡	20전
李興刷	莞島郡	4전	金榕燮	海南郡	50전
千德云	海南郡	1원	朴銑基	海南郡	50전
呂道玄	麗水邑	50전	文昇洙	莞島郡	1원
馬相春	康津郡	60전			

끝으로 광주보호관찰소의 경우는 1937년 7월 출정병사의 위문금
을 모집하기 위해 보호관찰 대상자 33명에게 편지를 보내 22원 85
전을 모금하여 광주 헌병분견대에 보냈는데 그 명단과 헌금액은
<표 3>과 같다. 이밖에 광주학생운동 및 전남사회운동자협의회
관계자 黃相南은 자신의 보호사 立花龍圓이 출정하게 되자 1937
년 9월 6일 立花선생에게 드린다는 위문편지와 함께 1원을 전남
완도경찰서에 보내기도 하였다.[67]

---

65) 앞의, 「支那事變を通して觀たる保護觀察の狀況」, 110·127~130쪽.
66) 앞의, 「支那事變を通して觀たる保護觀察の狀況」, 110·131~132쪽.

한편 총독부에서는 1938년에 들어서면 전향의사를 나타내는 사상범들 조직화하는 작업에 착수 했던 것으로 보인다.

> 지나간 날에 反국가사상을 가지고 행동하든 것을 청산하고 새로이 … 황국신민으로서의 자각을 철저히 하는 동시에 현재 시국의 중대함을 파악하고서 제국 신민으로서의 충성을 다하려는 목적으로서 전조선전향자가 한데 모여서 통일단체를 조직하려든 時局對應全鮮思想報國聯盟은 드디어 24일 오전 9시 경성부내 태평동 부민관 중강당에서 결성되었다. … 그리하여 다시 국민정신총동원연맹에 가입하였다. …68)

위의 내용에서 보면 총독부에서는 1938년 7월 24일 전조선전향자의 통일단체인 時局對應全鮮思想報國聯盟을 부민관에서 조직하였으며, 이 단체가 다시 국민정신총동원연맹에 가입되었음을 알 수 있는데 이는 사상범에 대한 통제와 동원의 효율성을 높이기 위한 총독부의 의도였던 것으로 보인다. 그런데 '사상보국연맹'의 결성을 위해 총독부에서는 1938년 7월 3일 신의주, 함흥, 평양, 대구, 청진, 광주 등 각지에서 모인 17명의 전향자 대표와 경성보호관찰소의 전향자 100명이 참석한 가운데 7월 17일 전조선전향자대회를 개최하기로 했던 것으로 나타나고 있다.69)

따라서 이상의 내용을 종합해 보면 중일전쟁이 발발하자 전국의

---

67) 앞의, 「支那事變을 通して 觀たる 保護觀察의 狀況」, 110·130~136쪽.
68) 『每日申報』 1938년 7월 25일, 「八紘一宇 大旗下 思想報國의 大進軍 시국대응 전조선전향자 육탄으로 참가, 금일 연맹결성, "총동원'에 가입」. 이 조직대회에서 채택된 결의안으로는 '一. 우리는 사상국방전선에서 반국가사상을 파쇄 격멸하는 육탄적 전사가 되기를 기약한다. 一. 우리는 국책 수행에 철저적으로 봉사하고 애국적 총후 활동의 강화 철저를 기약한다' 등이 있었다.
69) 『每日申報』 1938년 7월 4일, 「전조선 전향자 규합, 時局對應準備協議, 전시체제하에서 거국일치에 순응하야 애국적 총후활동을 강화」.

보호관찰소에서는 피보호관찰 대상인 사상범들에게 전쟁의 정당
성을 홍보하고 시국 간담회나 좌담회, 보호사와의 면담 및 시국 감
상문과 위문편지 작성 등을 통해 사상범들의 전향을 유도하고 있
었다. 그리고 사상범들에게는 국방헌금이나 지원병 입대, 방호단
가입, 신사참배 및 안내, 馬糧乾草採取, 다른 사상범에 대한 사상
전향유도 등의 활동을 전개하게 했던 보인다. 그러나 이 경우 시국
관련 동원에서 다양한 활동에 참여했던 사상범들의 행동이 모두
전향을 전제로 한 것이라고 보기는 어려운 측면이 있을 것으로 생
각되며, 이밖에도 1938년 이후 총독부에서는 사상범들에 대한 보
다 적극적인 조직화를 추진했던 것으로 파악된다고 하겠다.

Ⅳ. '豫防拘禁執行原簿'에 나타난
사상통제의 경향

조선사상범예방구금제도는 1941년 2월 12일 制令 8號로 제정되
었으며, 總督府令 48호로 3월 11일부터 실시된 26개조의 간단한 법
령이었다. 그런데 조선총독부에서는 일본 국내보다 먼저 제정한 이
독자적인 법령을 통해 보호관찰령 하에서도 전향하지 않은 사상범
에 대해 엄격한 통제를 실시하고자 했던 것으로 나타나는데 이러한
경향은 총독부기관지였던 『每日申報』1940년 1월 10일자 기사를 검
토해 보면 이러한 내용의 일면을 확인할 수 있다고 하겠다.

　　총독부는 소화 15년도 신규예산 중 대장성의 사정을 받은 것 중에
예방구금제도라는 것에 대해 20만원이 계산 있다는 것은 기보한 바와
같다. 내지에서는 실시되지 않고 있는 이 제도가 또는 새로이 실시되
며, 그 문자대로 예방구금을 한다는 것으로 보아 그 내용을 주목하게
되는 데 이것이 새로 되는 제도 인만큼 이에 대하여 총독부에서는 앞
으로 법령의 내용을 만들어 法制局에까지 거치지 않으면 안된다고 하
니까 늦어도 금년 7월 이후부터나 실시되리라고 한다. 이 예방구금제
도라고 하는 것은 사상범을 대상으로 하여 치안유지법을 위반한 사람
으로 형기를 치른 사람, 혹은 불기소 집행유예, 혹은 기소유예가 된
사람으로 의연 그릇된 사상을 청산하지 않고 전향하기를 표명치 아니
하였다거나 또는 사상국방전에 있어서 위험하다고 인정되는 자들을
대상으로 예방구금제도를 실시한다는 것이다.
　　그리고 이 제도 총독부 법무국 行刑課에서 주관할 터이며, 그만큼
전임 사무관 한 사람을 두는 이외에 특히 교도관을 장차 신설할 예방
구금소(가칭)에 두어 여기에 수용된 이로 하야금 깨끗이 사상적으로
재생케 한다는 것이다.[70]

　위의 내용에서 보면, 총독부에서는 1940년도 신규예산 중 약 20
만원을 대장성으로부터 받아 예방구금제도를 시행할 예정이며, 이
제도는 치안유지법 위반자 중 전향을 표하지 않았거나 '思想國防
戰'에 있어서 위험하다고 생각되는 인물을 대상으로 실시한다는
점을 분명히 하고 있음을 알 수 있다.

　또한 예방구금제도는 총독부 법무국 行刑課에서 주관할 예정이
며, 전임 사무관과 교도관을 두어 운영할 계획임을 밝히고 있었으
며, 1940년 1월 20일『滿鮮日報』에서도 예방구금제도는 총독부 법
무국에서 法案과 官制案을 작성 중이라고 하기도 하였다.[71]

　한편 당시 국내에서 발행되던 잡지『朝光』에 예방구금과 관련
한 글을 기고했던 변호사 鄭光鉉(定村光鉉)은 관련 법령 전체를 소
개하면서 예방구금소는 독립적인 구금소가 건립될 때까지 서대문

---

70)『每日申報』1940년 1월 10일, 「가칭 예방구금소 설치, 7월 이후 실현」.
71)『滿鮮日報』1940년 1월 23일, 「豫防拘禁者를 善導할 思想善導所設置」.

형무소 내의 '抱置監'을 임시 구금소로 하기로 했으며, 보호관찰과 달리 예방구금은 보안처분에 의해 신체의 자유 구속과 생활의 제한을 받게 됨으로 본 법령은 그 公布만으로도 전향을 촉진하게 될 것이라고 하였다.[72)

이밖에 이 글에서는 현재(1941년 : 필자) 帝國議會에서 논의되고 있는 치안유지법 개정 법률이 통과되며, 그 안에 예방구금제도가 포함되어 있기 때문에 '朝鮮思想犯豫防拘禁令'은 暫定的인 법령이라고 밝히고 있었다.[73)

실제로 조선총독부 법무국장 宮本은 1941년 3월 11일 치안유지법이 개정 공포되자 이는 현하 국가의 중대 시국을 극복 돌파하고 제국의 역사적 大使命을 완수하기 위해, 그리고 조선에서의 사상정책에 만전을 기하기 위한 것이라고 하였으며, 조선에서 이미 실시하고 있는 것과 같은 예방구금제도를 창설한 것은 국가치안의 확보차원에서 재범의 우려가 현저한 사상범을 사회로부터 격리함과 동시에 엄격한 규율 하에 忠良한 황국식민을 만들기 위해서 라고 밝히고 있었다.[74)

또한 대구지방 복심법원에서 작성한 『豫防拘禁執行原簿』를 통해서 보면 조선총독부가 독자적인 예방구금제도를 실시하고자 했던 초기의 정황을 살펴볼 수 있을 것으로 생각된다. 국가기록원이

---

72) 思想特別研究員 判事 笠松義子報告書, 1942, 『豫防拘禁制度に就て』. 이 보고서에서는 일제가 1941년 3월 '치안유지법개정법률'을 실시하면서 사상범에 대해 보안처분을 실시한 것은 我國(일본)이 효시라고 하고 있다. 그리고 보안처분이라는 것은 정신장애자, 酒癖子, 浮浪者 등을 대상으로 하는 제도였던 것으로 보인다.

73) 鄭光鉉, 1941.4, 「朝鮮思想犯豫防拘禁令 解說」『朝光』66. 실제로 1941년 3월 11일 치안유지법 개정법률이 공포되었다(1942.5, 「治安維持法改正法律의 施行(1941년 5월 15일)」『朝鮮』312).

74) 1941.5, 「治安維持法改正法律의 施行」(1941년 5월 15일)『朝鮮』312.

소장하고 있는 이 문건은 1940년에서 1945년 사이에 대구복심법원에서 생산한 예방구금관련 문건 중 일부이며, 1941년에 작성된 '예방구금집행원부'[75]와 1940년 松浦屬 에 의해 작성된 '豫防拘禁關係調查書類' 혹은 '豫防拘禁關係參考書類'로 구성되어 있다. 총 329쪽 분량인 이 문건에는 朝鮮思想犯豫防拘禁令案, 朝鮮思想犯豫防拘禁理由書, 朝鮮思想犯豫防拘禁令實行規則案, 朝鮮總督府豫防拘禁所官制案, 委員會官制案, 恩給法中改正案 등의 문서와 참고자료가 수록되어 있는 문건이다.

우선 '예방구금관계서류'에는 예방구금소설치가 필요하다고 판단했던 총독부 당국자의 '理由書'가 포함되어 있는데 예방구금이 필요한 일반적인 이유로는 改悛의 情이 없는 비전향자를 刑期滿了와 함께 석방하는 것은 국가치안을 매우 위험하게 하는 것이며, 본인으로서도 개전의 기회를 잃는 것이다. 그리고 전향 중이거나 다소라도 전향의 의사가 있는 사상범에게는 사상범보호관찰제도의 효과가 현저하지만, 완고한 비전향자에게는 비능률적이기 때문에 이들을 사회적으로 격리하는 보안처분이 필요하다고 주장하고 있었다.[76]

또한 '朝鮮의 特殊事情'에 대해서도 열거하고 있었는데 첫째, 조선은 대륙과 소련에 직접 接壤되어 있기 때문에 공산주의사상 침입의 방어에 있어서 특수한 위치에 있으며, 특히 조선이 일제의 대륙 전진 병참기지의 사명을 다하고 있는 정세에 비추어 사상의 정화는 초미의 '急務'라고 주장하였다.

둘째, 조선의 사상범들은 그 實行力에 있어서 현저한 兇暴性을

---

75) 집행원부에 수록된 인명은 총14명이었으며, 이중에는 姜文錫, 尹珂錫, 林鍾年, 金哲, 金鉄洙 등의 이름이 포함되어 있다.

76) 大邱覆審法院檢事局, 1941,「朝鮮思想犯豫防拘禁令案理由」『豫防拘禁執行原簿』.

나타내고 있으며, 편협한 민족주의 의식을 갖고 있기 때문에 일본 내의 사상범에 비해 전향이 극히 곤란하며, 악질적인 비전향자 중에는 사상범보호관찰제도로서는 사상 선도의 효과를 기대하는 것이 불가능하다고 보았다.

셋째, 1939년 12월말 현재 치안유지법 수형자 641명 중 약 73%에 달하는 467명이 비전향자이며, 1940년 이후 출옥 예정인 사상범 중 상당수의 완강한 비전향자가 포함되어 있는 상황에서 사상범에 대한 예방구금제도의 창설을 긴요한 문제라고 주장하였다.[77]

넷째, 조선의 사상범들은 중일전쟁 발발 이후에도 여전히 활발한 지하활동을 통해 '銃後治安'을 교란하고 있으며, 在監中인 사상범들 가운데에서도 行刑當局의 필사적인 노력에도 불구하고 우려할 만한 자들이 존재하고 있다고 하였다. 실제로 <표 4>에서 나타나는 바와 같이 총독부에서는 1930년부터 1939년까지 전 전국의 형무소에서 사상범의 주도 하에 야기되고 있던 대규모의 '重大事件'에 대해서도 주의를 기울이고 있었다. 사상범들은 감옥에서 발생하는 정치적 의혹사건에 대해 저항하고 있었으며, 처우개선을 요구하며 騷擾, 絶食 및 작업장에서의 怠業과 罷業 투쟁을 전개하고 있었다.

또한 3·1절이나 5·1 국제노동절에는 혁명가를 부르거나 조선독립만세와 제국주의타도를 외치는 '不穩'행동을 하였으며, 공산주의를 선전하는 문서를 인쇄하여 재소자들에게 직접 배포하기도 하였다. 따라서 조선총독부로서는 감옥 내에서 계속되고 있던 비전향

---

77) 앞의,「朝鮮思想犯豫防拘禁令案理由」. 이밖에 1936년부터 1938년까지 치안유지법 수형자 중 석방 당시의 전향율이 평균 43%였으며, 총 921명 가운데 전향자 398명, 비전향자 511명, 未調査 12명으로 나타나고 있다(大邱覆審法院檢事局, 1941,「治安維持法違反受刑者釋放時ニ於ケル最近三箇年間平均轉向率」『豫防拘禁執行原簿』).

사상범들의 이 같은 행동을 용납하기 어려웠을 것으로 생각된다.

〈표 4〉治安維持法違反 受刑者의 重大刑務所事故記[78]

年月日	事故名	事故의 槪要	關係者 人員	首謀者氏名
1930. 6.29	喧騷및 絶食 (대구형무소)	오전 8시 40분경부터 약 2시간에 걸쳐서 房扉를 두드려 큰소리를 내어 시끄럽게 한 후 2일 동안 絶食同盟을 하여 官의 處置에 對抗함.(理由 징벌에 대한 불평)	사상범자 10명, 보통범자 20명	趙銀錫(치안유지법 위반 징역 2년 6월)
1930. 7.31	騷擾 (대구형무소)	조선은행 포탄사건의 주범자의 病死를 變事라고 의심한 主謀者의 선동에 의해 오전 10시경부터 방내에서 大聲怒號暴言을 하며, 방에 비치되어 있는 기구로 문짝을 파괴하고 방 밖으로 탈출하여 戒護看守에게 폭행을 가함에 이름. 주모자의 검속에 의해 일시 小康되었지만, 다음달 3일까지는 4일은 작업이 불가능한 상태에 빠짐	사상범자 45명, 보통범자 113명	尙成祥(징역 2년 6월), 金基用(치안유지법위반 징역 5년), 朴得龍(징역 1년 6월), 尹章爀(징역 3년 6월), 趙銀錫(징역 2년 6월)
1931. 11.24	동맹파업 및 절식 (서대문형무소)	아침 식사시간에 주모자가 돌연 스스로 자리에서 일어나 돌연 동맹파업을 선동하니 그에 共鳴하는 자들이 속출하여 마침내 採石場 50명의 就業을 불가능하게 했으며 아침식사 결식자 15명.	사상범자 2명, 보통범자 48명	孟鄕魯(치안유지법위반 징역 2년 6월) 金雲善(징역 3년)
1932. 2.11	喧噪 및 절식 (서대문형무소)	처우의 개선 급식의 불량을 호소하며 오전 7시경부터 함성을 지르며, 靜謐을 害하고 一日을 결식함	사상범자 39명	異晩圭(치안유집법위반 징역 4년)

---

78) 大邱覆審法院檢事局, 「治安維持法違反受刑者の重大刑務所事故記」 『豫防拘禁執行原簿』.

1930년 7월 30일 대구형무소 소요사건을 주도했던 朴得龍과 1937년 경성보호감호소에 있었던 朴得龍은 같은 인물인 것으로 보인다. 박득룡은 1928년 8월 조선공산당 일본총국이 주도한 국치일 기념투쟁에 참가했다 검거되었으며, 다시 1931년 3월 조선공산당 일본총국 및 고려공산청년회 일본부 제1차 검거사건으로 검거되어 징역 3년 6개월의 판결을 받았고, 이후 적색구원회 프라치로 활동하다 1933년 9월에 피검되었다는 기록이 있기 때문이다. 따라서 그의 기록을 종합해 보면 그는 이 시기에 감옥 투옥되어 있었을 가능성이 있는 것으로 보인다. 지승준, 앞의 논문, 278쪽 참조 ; 강만길·성대경, 1996, 『한국사회주의운동인명사전』, 창작과 비평사, 186~187쪽.

1932. 3.1	喧噪 및 절식 (전주형 무소)	3월 1일을 기념하기 위하여 오전 10시경부터 革命歌, 제국주의 타도, 조선독립만세 등을 고창하며, 喧噪를 極함 당일 결식자 110명	사상범 12명, 보통범자 雷同者 98명	梁判權(치안유지법위반 징역 1년 6월)
1932. 7.18	喧騷 (경성형 무소)	처우개선을 요구하여 오전 8시경부터 3회에 걸쳐 만세를 고창, 喧噪를 極함, 7월 19일부터 24일까지 죄수 전원이 취업하지 못하는 상태가 됨	사상범 및 보통범 490명	朴元春(치안유지법 위반 징역 4년)
1934. 3.12	喧噪 및 怠業 (함흥형 무소)	外役出業 중 점심시간에 처우개선을 요구 喧噪를 極 함, 약 100여명의 취업자가 이에 호응하여 동요함에도 3~4시간에 진정됨. 당일의 外役作業은 불가능하게 됨	사상범자 84명	金鳳善(치안유지법위반 징역 1년 6월)
1934. 8.14	不穩計劃 (해주형 무소)	대우개선에 대한 선언서를 작성하여 8월 29일의 일한병합기념일에 그것을 전죄수들에게 撒布 절식동맹을 일으킬 준비 중에 발각됨	사상범자 8명	李德柱(치안유지법위반 징역 5년 3월)元鳳洙(징역 1년 4월)
1934. 12.6	喧噪 및 절식 (서대문 형무소)	免業日 囚人 教誨의 석상에서 수모자가 돌연 일어나서 처우개선을 절규하자 이에 附和雷同者 속출하여 마침내 教誨를 불가능하게 함. 首謀者들은 계속해서 一日間 絶食으로 항의함	사상범자 55명	鄭元謨(치안유지법 위반 징역 3년) 金永○(징역 2년 6월) 외 3명
1935. 7.26	喧噪 및 절식 (서대문 형무소)	26일 오전 0시 20분경부터 6시 30분경까지 약 6시간에 걸쳐 萬歲를 連呼 絶叫하자 이에 附和雷同한 자가 있으며, 야간에 靜肅을 紊亂케 함과 동시에 紀律을 紊亂케 한 것이 많아으며 이날 하루의 저식자 30명, 태업자 16명	사상범자 57명	李永浩(치안유지법 위반 징역 4년) 李福基(징역 3년 6월)
1935. 8.19	喧噪 및 절식 (함흥형 무소)	教誨 종료 후 사진촬영을 하려는 찰라 한 사상범자가 일어서서 선동적 言辭를 발표하자 列席 중에 비전향자 16명은 이에 응하여 豪言 喧噪를 極함 약 30분에서 진정함. 아울러 처우개선을 위해 47명은 절식함	사상범자 46명	趙誠初(치안유지법 위반 징역 1년 6월)
1936. 4.30	喧噪 (함흥형 무소)	5월 1일의 국제노동절을 기념하고 처우개선을 위해 조선독립만세 등을 고창하여 不穩한 거동을 하였지만 이를 진압함	사상범자 107명, 동피고인 21명	金在奎(치안유지법 위반 징역 5년)
1936. 8.7	騷擾 및 絶食 (경성형 무소)	오전 6시 30분경 제5공장에서 단초가 발생하여 제4, 제6의 3개 공장에서 작업을 중지하고 처우개선을 절규하며, 작업용 기구를 두드리며 불온한 행동을 하여 3개 공장은 조업불능 상태가 됨	사상범 및 잡범 240명	金逢春(치안유지법 징역 8년)

1838. 10.24	불온문서 의 인쇄 배포 (경성형 무소)	인쇄공에 취업 중 공산주의에 관한 불온 문서를 기초 인쇄하여 그것을 재소자에게 배포함으로써 감옥안의 정서를 문란케 함	사상범자 19명	朴世榮(치안유지 법위반 징역 10년)
1939. 7.24	騷擾 (경성형 무소)	紙(指)物工 중 한 죄수가 담당 간수에게 傷害를 가함을 動機로 하여 房內에 작업 중인 사상범 수형자 약 30명이 일시에 봉 기하여 處遇改善을 외치며 선동적인 행 위를 하자 각 좌우에 파급되어 재소자 전 부가 흥분상태가 되어 방안에 준비해둔 기구를 파괴하거나 혹은 房扉를 파괴하 는 등 亂暴 狼藉이 극에 달하여 3일 동안 작업이 休止 상태에 이르렀다.	사상범 및 잡범 277명	玄春逢(치안유지 법 위반 징역 4년) 외 57명

또한 '사상범예방구금원부'에는 '豫防拘禁所定員表'와 '豫防拘
禁所定員配置表'가 있는데 예방구금소의 정원은 敎導官(3명), 敎
導官補(9-10명), 通譯生(3명), 旗手(1명)로 구성되어 있었으며, 55명
의 敎導가 있었던 것으로 파악되고 있다.[79] 각 인원의 업무 분장은
所長, 庶務, 保安 , 敎務로 나누어져 있었는데 인사, 기밀, 통계 및
수용, 퇴소, 예산 결산 등에 관한 사항은 서무에서 담당하였으며,
수용자의 훈련 및 점검, 위생 및 의료, 상벌, 면회 등에 관한 사항
은 보안에서, 수용자의 교화나 직업훈련, 석방자 보호 등은 교무에
서 담당하였던 것으로 보인다.[80]

이밖에 조선사상범예방구금령의 중요 내용을 정리해 보면 첫째,
치안유지법 위반자 중 刑이 종료되었거나 집행유예처분을 받아 보
호관찰에 회부된 경우 同法의 죄를 범할 염려가 현저할 경우 재판
소는 검사의 청구에 의하여 사상범을 예방구금에 처할 수 있었다.
둘째, 예방구금의 청구는 사상범 본인의 현지를 관할하는 지방

---

79) 大邱覆審法院檢事局, 「豫防拘禁所定員表」 『豫防拘禁執行原簿』.
80) 大邱覆審法院檢事局, 「豫防拘禁所定員配置表」 『豫防拘禁執行原簿』.

법원 검사가 그 재판소에 이를 청구할 수 있으며, 예방구금의 청구를 행함에는 미리 예방구금위원회의 의견을 구하는 것이 필요하였다.[81] 그리고 일본의 경우 예방구금위원회의 회장은 檢事長이었으며, 대체로 판사, 검사, 변호사, 형무소장, 경찰부장, 의사 등이 위원에 포함되었던 것으로 보인다. 예방구금 기간은 2년이며 계속할 필요가 있을 경우 재판소의 결정에 의해 이를 갱신할 수 있었다.[82]

셋째, 시행세칙에는 예방구금에 관한 수속과 처우규정이 있었는데 수속규정은 예방구금 시행절차에 관한 내용이, 처우규정에는 예방구금소 내에서의 사상범의 교화 및 상벌, 위생 등에 관한 사항이 규정되어 있다. 특히 교화와 관련해서는 國體徵明과 皇國의 道에 대한 확고한 신념과 실천을 목적으로 한다는 점을 명시하고 있었다.[83]

따라서 이상의 내용에서 보면 조선사상범예방구금제도는 국방 치안의 유지가 긴급한 당명과제였던 조선총독부가 보호관찰제로서는 완강한 비전향 사상범에 대한 전향유도정책이 효과를 거둘 수 없게 되고 감옥 내에서도 비전향 사상범들의 사상투쟁이 계속되고 있는 상황에서 이에 대한 대응책의 일환으로 실시되었던 것

---

81) 鈴木敬夫, 앞의 책, 317쪽.
82) 正木亮, 1941, 「豫防拘禁所 經營論」『刑政』54권 7호, 10쪽 ; 鈴木敬夫, 앞의 책, 311~312쪽에서 재인용.
83) 예방구금 시행세칙 手續規定에 의하면 치안유지법 위반자가 그 형을 종료하고 석방될 경우 형무소장은 본인의 現在地를 관리하는 지방법원 검사에게 이를 통지해야 하며, 보호관찰소 소장의 경우는 본인의 現在地 또는 그 보호관찰소의 소재지를 관할하는 검사에게 이를 통보해야 한다. 그리고 이때 형무소장이나 보호관찰 소장은 예방구금에 관한 의견을 附하거나 범죄사실의 요지 및 기타 참고자료를 첨부하여 제출해야 한다. 이밖에 검사는 예방구금에 회부할 자가 있다고 생각될 때는 속히 본인의 경력 및 性行, 심신의 상황, 사상의 추이 등 필요한 사항을 取調할 수 있었다(앞의, 「朝鮮思想犯豫防拘禁令 解說」 참조).

으로 보인다. 그런데 1940년대에 들어 조선총독부가 치안유지법 개정 법률안이 통과되기 이전에 이미 독자적인 예방구금제도를 실시하고자 했다는 것은 이시기에 이르면 조선총독부의 비전향 사상범에 대한 사상전향 정책이 극단적인 양상을 나타내고 있었음을 보여주는 것으로 하겠다.

V. 맺음말

지금까지 본고에서는 조선총독의 사상범문제에 인식의 변화 및 각 시기별로 나타나는 통제의 특성에 대해 주로 '조선사상범보호관찰령'과 '조선사상범예방구금령'을 중심으로 살펴보았다. 그 특징을 정리하면 다음과 같다.

첫째, 1925년 5월에 치안유지법을 국내에 적용하기 시작한 조선총독부의 사상범에 대한 통제정책의 성격은 치안유지법 실시 이후 강력한 '엄벌주의'가 정책의 기조를 형성하고 있었던 것으로 보인다. '조선사상범보호관찰령'이 상대적으로 사상범에 대한 완화된 전향정책을 바탕으로 하고 있기는 했지만 이것은 1928년 이후 급증하여 사회적 문제를 야기하자 이들에 대한 재범방지를 중요 목적으로 하고 있었다는 점에서 일제의 사상범에 대한 정책이 근본적으로 변화되었다고 보기는 어려울 것으로 생각된다.

둘째, 사상범보호관찰령 실시 이후 전국 7개소의 보호관찰소에서는 사상범의 전향을 위해 시국 간담회의 개최나 '時局對應全鮮思想報國聯盟' 같은 단체의 결성을 통해 사상범을 통제하고자 하였으며, 보호사와의 면담이나 시국감상문 및 위문편지의 작성 등을 통해 사상범의 전향을 유도하고자 했던 것으로 보인다. 그리고 사살들에게 국방헌금이나 지원병 입대, 신사참배 및 안내, 馬糧乾草採取, 다른 사상범에 대한 계몽활동 등을 전개하도록 했던 것으로 보인다. 그리고 비보호관찰 대상자의 활동 중 가장 많은 것은 국방헌금 활동이었던 것으로 보이며, 각 자료상에 이름이 거명된 개인의 경우도 그들의 활동이 실제로 사상전향을 의미하거나 이를 바탕으로 한 친일적 활동이었다고 보기에는 개인차가 크게 있을 것으로 생각된다.

셋째, '조선사상범예방구금령'의 경우 본 논문에서 검토한 '예방구금집행원부'의 내용을 통해서보면 우선 조선총독부가 이 제도는 일본 보다 먼저 실시하게 되었던 배경에 대한 이해가 가능할 것으로 보이며, 예방구금소의 조직 구성과 예방구금 절차 및 처우에 대한 일부의 확인할 수 있을 것으로 생각된다. 그리고 조선총독부가 일본에서 보다 먼저 사상범예방구금제도를 실시했다는 것은 일제의 사상범 전향정책이 실패하였음을 스스로 인정하는 것이었다고 평가할 수 있을 것으로 생각된다.

넷째, 사상범예방구금제와 관련 앞으로의 연구는 1941년 3월 개정된 치안유지법 개정법률 공포 이후 실시되었던 일본 내에서의 예방구금제도와 조선에서 실시되었던 예방구금제도에 대한 내용상의 비교 검토 등이 필요할 것으로 보인다.

제3부

자 료 편

제1장

韓國近代 雜誌의 法學關係論說 目錄

범 례

* 이 목록은 永信아카데미 韓國學硏究所篇, 1975,『韓國雜誌槪觀 및 號別目次集』- 韓國學資料叢書- 제5집 ; 韓國雜誌協會, 1972,『韓國雜誌總攬』; 崔鍾庫, 1990,『韓國法學史』, 博英社 ; 黃敏湖, 1993,『日帝下雜誌拔萃 植民地時代資料叢書』1-18, 啓明文化社 등의 목록과 기존에 발행된 영인본의 목차를 참고로 작성하였다. 그리고 국사편찬위원회 홈페이지(http://kuksa.nhcc.go.kr) 한국역사정보통합시스템에 탑재되어 있는 자료를 이용하여 대조하였다.
* 목록의 수록 방식은 기사의 제목, 필자, 잡지명, 호수(통권), 발행일의 순으로 기제 하는 것을 원칙으로 하였으나 참고자료의 특성상 완벽한 통일을 이루지 못하였다.
* 자료의 표기방식은 원문 그대로를 수록하는 것을 원칙으로 하였으나, 표기의 통일성을 위해 일부 간략하게 기재된 것도 있다.

1. 叢　論

本會編輯局募集,「法律摘要叢話」『大朝鮮獨立協會會報』2, 1896. 12.

金相淳,「法律의 定義(問題)」『親睦會會報』5, 1897.

鄭在淳,「法律槪論」『親睦會會報』5, 1897.

「西法有益於民論」『大朝鮮獨立協會會報』15(2-12), 1897. 6.

美國學士 라-버즈氏 著, 本會會長 尹致昊氏 譯,「議會通用規則」『大
　　韓自强會月報』4. 1906. 10.

「國際法」『少年韓半島』1(1-1), 1906. 11.

鄭　喬,「國際公法」(續),『少年韓半島』2(1-2), 1906. 12.

鄭　喬,「國際公法(續)」『少年韓半島』3(2-1), 1907. 1.

石鎭衡,「法學」『少年韓半島』3(2-1), 1907. 1.

玄奭健,「法律과 道德의 差異」『共修學報』1, 1907. 1.

郭漢倬 譯,「憲法」『太極學報』6. 1907. 1.

薛泰熙,「法律上 人의 權義」『大韓自强會月報』8(2-3), 1907. 2.

薛泰熙 述,「法律上 人의 權義(續)」『大韓自强會月報』9, 1907. 3.

李年應,「法學」『夜雷』2(1-2), 1907. 3.

李昌煥,「法律과 道德의 區別」『大韓留學生會學報』1, 1907. 3.

薛泰熙,「法律上 人의 權義」(續),『大韓自强會月報』9(2-4), 1907. 4.

李承瑾,「國際公法論」『大韓留學生會會報』2(1-2), 1907. 4.

石鎭衡,「國際公法에 對き 世人의 誤解 及 硏究의 必要」『少年韓半
　　島』6(2-4), 1907. 4.

薛泰熙,「法律上人의 權義」『大韓自强會月報』10, 1907. 5.

「法政學界 趣旨書」『法政學會』1(1-1), 1907. 5.

「聖世之法以道德行惡世之法以器械行」『法政學會』1(1-1), 1907. 5.

吳政善,「法律의 必要를 論함」(論說),『大韓留學生會會報』3(1-3),
　　1907. 5.

韓光鎬,「法律 發生의 原因」『法政學會』1(1-1), 1907. 5.

「法律은 保國의 必要」『法政學會』1(1-1), 1907. 5.

俞鈺兼,「私法典編纂의 必要」『法政學界』1, 1907. 5.

梧寸 薛泰熙,「法律上의 人의 權義(承前) 權利」『大韓自强會月報』12, 1907. 7.

石鎭衡 講述,「平時國際公法論」『大韓自强會月報』12, 1907. 7.

海觀 南延薰,「國法上 國家와 國際公法上 國家의 差異」『大韓俱樂』2, 1907. 7.

李輔相,「法律의 原則을 司法 諸公께 告하노라(法律)」『大同月報』4(1-4), 1907. 9.

權輔相,「法律學」『大東學會月報』1(1-1), 1908. 2.

黃泉生,「法律 原因」『大東學會月報』1(1-1), 1908. 2.

蔡基斗,「法의 本質을 論함」『大韓學會月報』1, 1908. 2.

董宗鎬,「法學의 範圍」『西友』15, 1908. 2.

權輔相,「法學 用語 解」『大東學會月報』3(1-3), 1908. 4.

石鎭衡,「法律의 必要」『大韓協會會報』2(1-2), 1908. 5.

「法學(續)(各 學 要領 部)」『湖南學報』5(1-5), 1908. 5.

法律讀書人,「國際公法의 性質」『大東學會月報』4, 1908. 5.

權輔相,「法學用語解」『大東學會月報』4, 1908. 5.

權輔相,「法學用語解」『大東學會月報』5(1-6), 1908. 6.

李琮夏,「公法私法의 區別」『大東學會月報』5(1-6), 1908. 6.

法律讀書人,「公權의 意義 及 種類」『大東學會月報』4, 1908. 5.

權輔相,「法律學의 科學上 位置如何」『大東學會月報』5, 1908. 7

「法令 摘要(續)」『西北學會月報』1(1-1), 1908. 6.

薛泰熙 述,「憲法緖言」『大韓協會會報』3, 1908. 6.

漢上撫子,「裁判審級의 制度」『大韓協會會報』3. 1908. 6.

元泳義,「法律概論」『大韓協會會報』4(1-4), 1908. 7.

薛泰熙 述,「憲法緖言」『大韓協會會報』5, 1908. 8.

「法令 摘要(續)」『西北學會月報』3(1-3), 1908. 8.

「法學說(各 學 要領部)」『湖南學報』3(1-3), 1908. 8.

薛泰熙 述,「憲法緖言」『大韓協會會報』6, 1908. 9.

南亨祐, 「裁判上에 慣習을 援用홈이 利益이 偏有함」 『法定學界』 16, 1908. 9.

卞悳淵, 「人民은 法律을 解釋할 必要가 有함(法律)」 『大韓協會會報』 6(1-6), 1908. 9.

中岳山人, 「法律을 不可不學」 『大韓協會會報』 7(1-7), 1908. 10.

吳政善, 「立法司法及行政의 區別 及 意義」 『大韓學會月報』 9(9-1), 1908. 11.

安鍾五, 「法人의 立法主義」 『法學協會雜誌』 1(1-1), 1908. 11.

卞榮晩, 「國民의 法律的 精神」 『法學協會雜誌』 1(1-1), 1908. 11.

張 燾, 「法律 上의 人格論」 『法學協會雜誌』 1(1-1), 1908. 11.

李冕宇, 「訟理權」 『法學協會雜誌』 1(1-1), 1908. 11.

朴晩緖. 「訴訟者의 注意」 『法學協會雜誌』 1(1-1), 1908. 11.

劉文煥, 「訴訟目的의 價額을 算定하는 方法」 『法學協會雜誌』 1(1-1), 1908. 11.

金奎炳, 「法律上 所僞人이라 稱홈은 如何한 意義가 有한가」 『法學協會雜誌』 2, 1908. 12.

鄭求昌, 「條約과 契約의 異同을 論함」 『法學協會雜誌』 2(1-2), 1908. 12.

李弼殷, 「能力」 『法學協會雜誌』 2, 1908. 12.

兪鈺兼 譯述, 「權利競爭論」 『法學協會雜誌』 2(1-2), 1908. 12.

李範里, 「法律學」 『畿湖興學會月報』 5(1-5), 1908. 12.

「法學(續)(各 學 要領 部」 『湖南學報』,7(1-7), 1908. 12.

李範里, 「法律學(羅馬法의 自由人)」 『畿湖興學會月報』 6(1-6), 1909. 1.

鄭遠永, 「其許하는 範圍(法律)」 『大韓協會會報』 10(1-10), 1909. 1.

「法學(興)(各 學 要領 部)」 『湖南學報』 8(1-8), 1909. 1.

洱上少年, 「法律과 道德의 差異」 『西北學會月報』 8(1-8), 1909. 1.

洪正裕, 「會社法 抄錄」 『畿湖興學會月報』 6(1-6), 1909. 1.

李範世, 「羅馬法의 自由人」 『畿湖興學會月報』 6, 1909. 1.

法律讀書人, 「國家의 法律上 觀念」 『大東學會月報』 14, 1909. 1

李範里, 「法律學」 『畿湖興學會月報』 7(2-1), 1909. 2.

李範星, 「國際公法의 訴訟節次」 『畿湖興學會月報』 7. 1909. 2.

洪正裕, 「法學의 本體」, 『畿湖興學會月報』 8. 1909. 3.

洪正裕, 「法學」 『畿湖興學會月報』 8(2-2), 1909. 3.

李範星, 「法律學」 『畿湖興學會月報』 8(2-2), 1909. 3.

李範星, 「法의 自滅」 『畿湖興學會月報』 8. 1909. 3.

金琮夏, 「法律學에 關한 槪見」 『大東學會月報』 17, 1909. 3.

洪正裕, 「法學의 職分」 『畿湖興學會月報』 9(2-3), 1909. 4.

南亨祐, 「外國法律을 輸入홈에 就ᄒᆞ야 論홈」 『法定學界』 22, 1909. 4.

兪鉉兼, 「法律家의 歷史的 知識」 『法定學界』 2, 1909. 4.

朴斗和, 「競爭」 『法定學界』 2, 1909. 4.

金琮夏, 「法律學에 關한 槪見」 『大東學會月報』 18, 1909. 4.

金琮夏, 「法律學에 關한 槪見」 『大東學會月報』 19, 1909. 5.

李範星, 「法律學(學海 集成)」 『畿湖興學會月報』 10(2-4), 1909. 5.

蔡基斗, 「韓國法律觀」 『大韓學會月報』 4, 1909. 5.

高元勳, 「自由裁判의 漏聞」 『大韓學會月報』 4. 1909. 5.

金商敎, 「法人의 性質 及 種類」 『嶠南敎育會雜誌』 3(1-3), 1909. 6.

金琮夏, 「法律學에 關한 槪見」 『大東學會月報』 20, 1909. 6.

金振聲, 「立憲世界」 『大韓興學報』 4, 1909. 6.

金商敎, 「法人의 性質 及 種類」 『嶠南敎育會雜誌』 3(1-3), 1909. 6.

「各國憲法의 沿革 及 年代參考의 大略」 『大韓學會月報』 6, 1909. 7.

法學少年, 「憲法上 八代自由에 就ᄒᆞ야」 『西北學會月報』 14, 1909. 7.

法學少年, 「憲法上 八代自由에 就ᄒᆞ야(續)」 『西北學會月報』 15, 1909. 8.

吳政善, 「立法 司法 及 行政의 區別 給 意義」 『大韓學會月報』 9, 1909. 10.

金商敎, 「法律學」 『嶠南敎育會雜誌』 7(1-7), 1909. 11.

法學少年, 「憲法上 八代自由에 就ᄒᆞ야」 『西北學會月報』 18. 1909. 12.

朴雲龜, 「自然과 法人의 區別」 『西北學會月報』 20, 1910. 2.

「憲法講義」 『西北學會月報』 20, 1910. 2.

金商敎, 「法律學(續)」 『嶠南敎育會雜誌』 9(2-1), 1910. 1.

金商敎, 「法律學(續)」 『嶠南敎育會雜誌』 10(2-2), 1910. 3.

李琮夏, 「法學의 必要(法政의 部)」 『法學界』 1(1-1), 1915. 10.

姜 荃, 「朝鮮民族의 法律的 思想 普及의 急務(法政의 部)」 『法學界』

1(1-1), 1915. 10.

金炳魯, 「法理觀(法政의 部)」『法學界』1(1-1), 1915. 10.

姜 荃, 「法律通議의 槪論(法政의 部)」『法學界』2(1-2), 1915. 11.

李琮夏, 「法學의 必要(法政의 部)(承前)」『法學界』2(1-2), 1915. 11.

「高等法院 判例(民事2件, 刑事1件)」『法學界』5(2-2), 1916. 6.

康 荃, 「道德的 根底로부터 現하는 法律觀」『靑春』14(4-3), 1918. 6.

金俊淵, 「禮와 法」『學友』1(1-1), 1919. 1.

辯護士 許憲, 「公正」『서울』2, 1920. 2

金鍾弼, 「英米法의 槪念」『學之光』20(10-2), 1920.

崔泰永, 「法의 最高 目標와 不正法」『普聲』1(1-1), 1925. 5.

鄭海仁, 「契約自由의 原則에 대하여」『普聲』2(1-2), 1925. 6.

崔泰永, 「法律思想史論」『時鍾』1(1-1), 1926. 1.

玉璿珍, 「法律의 本質을 論함」『時鍾』4(2-1), 1927, 8.

金炳魯, 「法曹界에 대한 希望」『別乾坤』14(3-4), 1928. 7.

崔斗先, 「現代法律智識講座」『朝鮮農民』31(5-1), 1929. 1.

張仁甲, 「法律의 社會化」『學之光』29(15-1), 1930. 4.

陳 伍, 「私有財產權의 基礎」『新興』3, 1930. 7.

權菊石, 「否定判斷의 論理的 位置에 對하야」『新興』3, 1930. 7.

崔中峰, 「法律主體로의 人格의 槪念」『新興』4(3-1), 1931. 1.

朴憲用, 「生存權의 槪念」『新興時代』1(1-1), 1931. 4.

金炳魯, 「辯護士의 職責은?」『新東亞』6(2-4), 1932. 4.

蘇完奎, 「歷代法律思想家一顧」『新朝鮮』8, 1935. 1.

李 仁, 「現代人이 알아야할 法律知識」『新東亞』46(5-8), 1935. 8.

朴燦一, 「大衆法律常識講座(3)」『四海公論』14(2-6), 1936 .6.

2. 政治・社會

申海永, 「國民의 喜怒」『親睦會會報』2(1-2), 1896. 9.

劉昌熙,「國民의 義務」『親睦會會報』3(1-3), 1896. 10.

安明善,「政治의 得失」『親睦會會報』3(1-3), 1896. 10.

尹世鏞,「政治家 言行論」『親睦會會報』3(1-3), 1896. 10.

金基璋,「政治本源」『親睦會會報』4, 1897.

鄭寅昭,「國家의 觀念」『親睦會會報』4, 1897.

安明熙,「正道論」『親睦會會報』5, 1897.

金鎔濟,「立憲政府의 槪論」『親睦會會報』5, 1897.

「小共和國」『大朝鮮獨立協會會報』18, 1897. 8.

「國家와 國民의 興亡」『大朝鮮獨立協會會報』11, 1897. 4.

海外遊客,「國家의 本義」『大韓自强會月報』3. 1906. 9.

崔錫夏,「國家論」『太極學報』1, 1906. 8.

「國際交際論」『太極學報』2, 1906. 9.

金志侃,「政治家의 品位」『太極學報』2. 1906. 9.

「國家及皇室의 分別」『大韓自强會月報』3. 1906. 9.

「政府論」『太極學報』3, 1906. 10.

劉 銓,「人格의 發達(奇書)」『太極學報』3. 1906. 10.

林炳恒,「淸國立憲問題의 經過(海外記事)」『大韓自强會月報』5, 1906. 11.

尹孝定,「專制國民은 無愛國思想論」『大韓自强會月報』5, 1906. 11.

李潤柱,「愛國의 義務」『太極學報』5, 1906. 12.

薛泰熙,「抛棄自由者爲世界之罪人」『大韓自强會月報』6. 1906. 12.

李珍河,「人生의 大罪惡은 自由를 棄홈에 在홈」『太極學報』5. 1906. 12.

崔錫夏,「朝鮮魂」『太極學報』5. 1906. 12.

張志淵,「國家貧弱之故」『大韓自强會月報』6, 1906. 12.

尹孝定,「國民의 政治思想」『大韓自强會月報』6, 1906. 12.

李覺鍾,「國家學」『少年韓半島』2(1-2), 1906. 12.

張志淵,「國家貧弱之故(前號續)」『大韓自强會月報』7, 1907. 1.

金成喜,「獨立說」『大韓自强會月報』7, 1907. 1.

李覺鍾,「國家學」(續)『少年韓半島』3(2-1), 1907. 1.

金志侃,「國家思想을 論함이다」『共修學報』1. 1907. 1.

支那哀時客稿, 朴殷植 譯述,「愛國論」(一),『西友』2(1-2), 1907. 1

支那哀時客稿, 朴殷植 譯述,「愛國論」(二),『西友』2(1-2), 1907. 1.

玉東奎,「人民自由의 限界」『西友』2. 1907. 1.

韓 溶,「憲法의 國務大臣」『同寅學報』1, 1907. 1.

金台鎭,「博愛論」『共修學報』1, 1907. 1.

禪師一愚 金大坅,「個人的 自身國家論」『太極學報』6, 1907. 1.

朴聖欽,「國民의 性質과 責任」『西友』3, 1907. 2.

尹孝定,「國家的 精神을 不可不發揮」『大韓自强會月報』8, 1907. 2.

李覺鍾,「國家學」(續)『少年韓半島』(2-2)4, 1907. 2.

李覺鍾,「國家學」『少年韓半島』5(2-3) 1907. 3.

松堂 金成喜,「民族國家說」『夜雷』2, 1907. 3.

柳承欽,「公共主義說」『大韓留學生會學報』1, 1907. 3.

安國善,「民元論」『夜雷』2, 1907. 3.

南宮混,「自由論」『大韓自强會月報』9, 1907. 3.

李覺鍾,「國家學」『少年韓半島』(續)6(2-4), 1907. 4.

韓光鎬,「統合의 目的物」『西友』5. 1907. 4

南宮薰,「國家의 義務」『大韓自强會月報』10. 1907. 4.

「國家의 主動力」『大韓留學生會學報』2. 1907. 4.

李斗淵,「自由論」『大韓俱樂』1, 1907. 4.

金成喜,「國家意義」『大韓自强會月報』11. 1907. 5.

韓基準,「外交談」『大韓自强會月報』11. 1907. 5.

金奎植(譯),「個人自治」『西友』6, 1907. 5.

韓興敎,「治家治國이 並在乎敎子」『大韓留學生會學報』3. 1907. 5.

金奎植(譯),「個人自治」『西友』7, 1907. 6.

崔 烈,「國家事가 誤於物欲」『西友』7. 1907. 6

張宅煥,「自由는 吾人의 固有한 機能이라」『法定學界』2, 1907. 6.

沈宜性 譯述,「政治學의 國家主義」『大韓自强會月報』12. 1907. 6.

崔承璨,「社會問題의 救濟方策」『法定學界』2, 1907. 6.

「兪吉濬氏의 新協約에 對한 談」『漢陽報』1(1-1), 1907. 7.

松堂 金成喜,「國家意義(前號續)」『大韓自强會月報』13, 1907. 7.

小油 沈宜性,「政治學總論(承前)」『大韓自强會月報』13, 1907. 7.

朴殷植,「人民의 生活上 自立으로 國家가 自立을 成홈」『西友』8,
　　　　1907. 7.

漳隱 元泳義,「自助說(權力平均)」『大韓自强會月報』13, 1907. 8.

「世界平和의 理想」『西友』13, 1907. 12.

焦藍 鄭鎬德,「變政體之必要」『大同月報』4, 1907. 9.

韓光鎬,「外國人의 公權 及 公法上의 義務」『西友』10(1-10), 1907. 9.

尹益善,「統治權의 性質及範圍」『法定學界』6, 1907. 10.

「陸克의 自由談」『漢陽報』2(1-2), 1907. 10.

兪鈺兼,「自由는 可인가?」『法定學界』6, 1907. 10.

文一平,「自由論」『太極學報』3. 1906. 10.

蔡基斗,「法律과 專制思想」『同寅學報』1, 1907. 1.

李康賢,「世界略論」『同寅學報』1, 1907. 1.

「會社의 性質」『夜雷』6. 1907. 7.

沈宜性,「政治學總論(承前)」『大韓自强會月報』13, 1907. 8.

許 憲,「爲國者의 不可不知法律」『法定學界』6, 1907. 10.

局泰生,「人身賣買之弊害라」『洛東親睦會學報』2, 1907. 11.

愛宇生,「國家舌」『洛東親睦會學報』3, 1907. 12.

李承瑾,「政治問答」『洛東親睦會學報』4, 1908. 1.

石藍 金光濟,「議會通用規則序」『大同月報』6, 1908. 1.

朴炳哲,「自主와 自由」『大韓學會月報』1, 1908. 2.

金成喜,「政黨의 事業은 國民의 責任」『大韓協會會報』1. 1908. 4.

編輯者識,「斯賓基論日本憲法語」『大韓協會會報』1. 1908. 4.

法律讀書人,「人格의 觀念 及 要素」『大東學會月報』3, 1908. 4.

「國家의 槪念(續)」『西友』17. 1908. 5.

金成喜,「政黨의 事業은 國民의 責任」(續),『大韓協會會報』2. 1908. 5.

金志侃 譯述,「保護國」,日本法學博士 有賀長雄原著,『太極學報』21.
　　　　1908. 5.

金志侃 譯,「保護國論,『太極學報』21, 1908. 5.

山雲生,「國家의 義務」『西友』17. 1908. 5.

金炳億,「大韓帝國의 價値」『西北學會月報』1(1-1), 1908. 6.

韓文産, 「我 韓의 最急이 法律에 在함」 『西北學會月報』 1(1-1), 1908. 6.

未　詳, 「國家의 槪念(續) 國體 及 政體」 『西北學會月報』 1(1-1), 1908. 6.

金翼瑢, 「今日 吾人의 國家에 對한 義務 及 權利」 『西北學會月報』 1(1-1). 1908. 6.

金成喜, 「政黨의 責任」 『大韓協會會報』 3. 1908. 6.

安國善, 「政黨論」 『大韓協會會報』 3, 1908. 6.

元泳義, 「政體槪論」 『大韓協會會報』 3, 1908. 6.

鄭　喬, 「政黨得失」 『大韓協會會報』 3. 1908. 6.

金炳億, 「大韓帝國의 價値」 『西北學會月報』 1, 1908. 6.

金翼瑢, 「今日吾人의 國家에 對한 義務及權利」 『西北學會月報』 1(1-1), 1908. 6.

李　沂, 「國家學說, 國家學 第一, 國家之成立」 『湖南學報』 1, 1908. 6.

「國家學(續), 國家之時代」 『湖南學報』 2, 1908. 7.

鄭　喬, 「政黨得失」(續), 『大韓協會會報』 4. 1908. 7.

金光濟, 「國家之寶」 『大韓協會會報』 4. 1908. 7.

金成喜, 「國民的 內法, 國民的 外交」 『大韓協會會報』 4, 1908. 7.

李相稷, 「權利는 國民의 當行할 義務」 『大韓協會會報』 4, 1908. 7.

飮氷室談業; 一旴生 譯述, 「世界最小民主國」 『西北學會月報』 2(1-2), 1908. 7.

「政治學說. 政治學, 違憲法議」 『湖南學報』 2, 1908. 7.

安國善, 「政治家」 『大韓協會會報』 5, 1908. 8.

元泳義, 「政治의 進化」 『大韓協會會報』 5, 1908. 8.

卞眞淵, 「法律이 欺世에 施行되는 理由」 『大韓協會會報』 5, 1908. 8.

金益聲, 「法律과 敎化의 政治上 關係」 『法定學界』 15, 1908. 8.

李鍾麟, 「自國精神」 『大韓協會會報』 6, 1908. 9.

朴斗和, 「國家成立의 無形要素」 『法定學界』 15, 1908. 8.

卞眞淵, 「論土地家屋所有權證明規則」 『法定學界』 15, 1908. 8.

寒泉子, 「治外法權」 『大東學會月報』 7, 1908. 8.

「國家學(續), 國家之地勢」 『湖南學報』 3, 1908. 8.

「政治學」(續), 『湖南學報』 3, 1908. 8.

「國家學」(續), 『湖南學報』 4, 1908. 9.

大韓子, 「土地와 國家人民의 關係」 『大韓協會會報』 6. 1908. 9.

金成喜 譯述, 「監督機關說」 『大韓協會會報』 6. 1908. 9.

朴斗和, 「專制政體의 利害」 『法定學界』 16, 1908. 9.

安國善, 「政治學硏究의 必要」 『畿湖興學會月報』 2, 1908. 9.

李 炡, 「公共團體에 就ㅎ야 論홈」 『法定學界』 16, 1908. 9.

法律讀書人, 「領土의 性質」 『大東學會月報』 8, 1908. 1908. 9.

法律讀書人, 「國體의 區別」 『大東學會月報』 8. 1908. 9.

尹益善, 「人格論」 『法定學界』 16, 1908. 9.

「政治學(續), 立法權論」 『湖南學報』 4. 1908, 9.

元泳義, 「政治의 進化」 『大韓協會會報』 7, 1908. 10.

安國善, 「政府의 性質」 『大韓協會會報』 7, 1908. 10.

卞眞淵, 「國民과 政治의 關係」 『大韓協會會報』 7, 1908. 10.

李 炡, 「公共團體에 就ㅎ야 論홈」 『法定學界』 17, 1908.10

法律讀書人, 「國務大臣의 地位 及 責任」 『大東學會月報』 9, 1908. 10.

玄 采 譯述, 「國家學, 國家之歷史」 『湖南學報』 5, 1908. 10.

淸需 梁啓超 著, 「政治學(續), 立法槪論」 『湖南學報』 5, 1908. 10.

李 炡, 「公共團體에 就ㅎ야 論홈」 『法定學界』 18, 1908. 11

安國善, 「政府의 性質」 『大韓協會會報』 8 1908. 11.

元泳義, 「政治의 進化」 『大韓協會會報』 8, 1908. 11.

鄭求昌 譯, 「國家原論」 『法定學界』 18, 1908. 11

趙聲九, 「結社 集會의 性質 及 其制限」 『法學協會雜誌』 1(1-1), 1908. 11.

法律讀書人, 「議會의 性質 及 其 組織을 證함」 『大東學會月報』 10,
        1908. 11

玄 采 述, 「國家學(續)」 『湖南學報』 6, 1908. 11.

淸需 梁啓超 著, 「政治學(續), 立法槪論(續)」 『湖南學報』 6, 1908. 11.

趙天植, 「治外法權及領事裁判權의 差異」 『法學協會雜誌』 1(1-1),
        1908. 11.

淸需 梁啓初著, 「政治學, 立法槪論(續)」 『湖南學報』 7, 1908. 12.

洪正裕, 「會社法抄略, 會社의 定義」 『畿湖興學會月報』 5, 1908. 12.

元泳義, 「政治의 進化」 『大韓協會會報』 9, 1908. 12.

金成喜, 「政黨與黨政互監督論」 『大韓協會會報』 9, 1908. 12.

尹商鉉, 「政界에 對ᄒ 管見」 『大韓協會會報』 9, 1908. 12.

鄭求昌 譯, 「國家의 原論(續)」 『法定學界』 19, 1908. 12.

玄　采 譯述, 「國家學(續)」 『湖南學報』 7, 1908. 12.

鄭求昌 譯, 「國家의 原論(續)」 『法定學界』 20, 1909. 1.

元泳義, 「政治의 進化」 『大韓協會會報』 10, 1909. 1.

卞榮晩, 「帝國主義의 瞥說」 『法定學界』 20, 1909. 1.

鮮于鎬, 「國家論의 槪要」 『西北學會月報』 8, 1909. 1.

「國家와 社會의 關係」 『西北學會月報』 8, 1909. 1.

玄　采 譯述, 「國家學」 『湖南學報』 8, 1909. 1.

法律讀書人, 「會社의 種類 及 性質」 『大東學會月報』 12. 1909. 1.

法律讀書人, 「局外中立에 就하여 論함」 『大東學會月報』 15, 1909. 1

尹商鉉, 「自由聲」 『大韓協會會報』 10, 1909. 1.

金光濟, 「團體的 行動」 『大韓協會會報』 11, 1909. 2.

金成喜, 「敬告國民(政治槪念)」 『大韓協會會報』 11. 1909. 2.

元泳義, 「政治의 進化」 『大韓協會會報』 11, 1909. 2.

安國善, 「政府의 性質」 『大韓協會會報』 11, 1909. 2.

權東鎭, 「政府의 責任」 『大韓協會會報』 11, 1909. 2.

鄭雲復, 「輿論의 價値」 『大韓協會會報』 11, 1909. 2.

卞榮晩, 「帝國主義의 性質」 『法定學界』 21, 1909. 2.

李　炡, 「公共團體에 就ᄒ야 論ᄒ(承前)」 『法定學界』 21, 1909. 2.

鮮于鎬, 「國家論의 槪要」 『西北學會月報』 9.

法律讀書人, 「主權國의 種類」 『大東學會月報』 16, 1909. 2.

鮮于鎬, 「國家論의 槪要」 『西北學會月報』 10

金成喜, 「眞政黨論 非政黨論」 『大韓協會會報』 12, 1909. 3.

元泳義, 「政治의 進化」 『大韓協會會報』 12, 1909. 3.

安國善, 「政府의 性質」 『大韓協會會報』 12, 1909. 3.

趙壇九, 「輿論을 無視ᄒ 結果(國民演說)」 『大韓協會會報』 12, 1909. 3.

玄采 譯述, 「國家學」 『湖南學報』 9, 1909. 3.

尹台鎭,「團體에 對한 利害觀念」『大韓興學報』1, 1909. 3.

라인시氏 略述 韓興敎 譯,「政治上으로 觀한 黃白人種 地位」『大韓興
    學報』1, 1909. 3.

鮮于鍞,「國家論의 槪要」,『西北學會月報』11,

李範星,「會社法; 設立의 登記」『畿湖興學會月報』9, 1909. 4.

警世生,「人權은 國權의 基礎」『大韓學會月報』4, 1909. 5.

鮮于鍞,「國家論의 槪要」『西北學會月報』12, 1909. 5.

鮮于鍞,「國家論의 槪要」『西北學會月報』13

朴海遠,「國家種類의 大略」『大韓興學報』4, 1909. 6.

鮮于鍞,「國家論의 槪要」『西北學會月報』14

趙晩植 譯,「統監府施政年報」『法定學界』24, 1909. 7.

金奎炳,「國家의 作用上 行政의 必要」『法定學界』24, 1909. 7.

友洋生,「我韓은 公平호 輿論을 要홈」『西北學會月報』14. 1909. 7.

金益聲,「公益과 私益」『法定學界』24, 1909. 7.

「淸國憲政運動」『大韓學會月報』6. 1909. 7.

金淇驩,「國民必究의 國際急先務」『大韓興學報』5, 1909. 7.

硏究生 譯,「具論衛乞의 外交史略」『大韓興學報』5, 1909. 7.

李豊載,「英國의 國民主義와 經濟思想」『大韓興學報』6, 1909. 8.

韓興敎,「自强」『大韓興學報』6, 1909. 8.

盧義瑞,「國民的 主義」『西北學會月報』15. 1909. 8.

李漢卿,「殖民의 意義」『大韓學會月報』8. 1909. 10.

崔昌朝 譯,「淸國國會準備事項」『大韓學會月報』8, 1909. 10.

라인시氏 略述, 韓興敎 譯,「政治上으로 勤호 黃白人種의 地位」『大韓
    學會月報』8. 1909. 10.

李昌煥,「領事館의 性質과 特權」『大韓興學報』7. 1909. 11.

岳 裔,「民是論」『大韓興學報』8, 1909. 12.

金河球,「社會變態說」『大韓興學報』8, 1909. 12.

SK生,「政治論(政治와 政治學의 區別 及 關係, 政治學者와 政治家)」,
    『大韓興學報』8, 1909. 12.

郭漢倬,「條約槪意」『大韓興學報』9, 1910. 1.

郭漢倬, 「條約槪意(續)」『大韓興學報』 13. 1910. 5.

李 燮, 「權利」『普中親睦會報』 1, 1910. 6.

朱定均, 「個人이 사회 及 國家에 對하는 關係」『普中親睦會報』 1, 1910. 6.

「文化運動의 今昔」『開闢』 21, 1920. 6.

白頭山人, 「文化主義와 人格上 平等」『開闢』 6, 1920. 12.

金鍾弼, 「社會와 法律」『學之光』 21(11-1), 1921.

崔元淳, 「天賦人權論」『學之光』 11-1, 1921. 1.

「法律의 社會化를 論함」『開闢』 10, 1921. 4.

尹弼均, 「社會規範에 대한 義務觀念의 矛盾」『開闢』 11 1921. 5.

岳 裔, 「文化運動과 思想問題」『我聲』 3, 1921. 7.

尹滋英, 「相互扶助論」『我聲』 3, 1921. 7.

尹滋英, 「相互扶助論」『我聲』 4, 1921. 10.

李洋洲, 「데모크라시의 精神的 意義」『新天地』 3, 1921. 10.

申錫休, 「男女平等論에 對하여」『新天地』 3, 1921. 10.

金安基, 「主婦와 結婚法을 改造하라」『新天地』 3, 1921. 10.

金義用, 「自治權에 관한 吾人의 意識」『時事評論』 1, 1922. 4.

失名生, 「日本憲政의 亂脈」『開闢』 31, 1923. 1.

「多樣의 文化運動」『開闢』 43(5-1), 1924. 1.

「漸漸漸 異常해 가는 朝鮮의 文化運動」『開闢』 44, 1924. 2.

YS生, 「國家組織의 形式과 民族團結의 意義」『開闢』 54, 1924. 12.

金炳魯, 「嚴正한 輿論의 喚起가 急務」『正論』 1(1-1), 1925.

「政治와 法律의 社會的 意義」『開闢』 55, 1925. 1.

ST生, 「問題의 生存權과 自由權」『開闢』 56, 1925. 2.

李昌輝, 「法眼으로 본 民衆運動」『寶城』 3, 1925. 7.

XY生, 「現下 朝鮮의 新聞雜誌에 대한 批評」, 開闢』 63, 1925. 11.

孥山, 「自由主義와 中産階級」, 開闢』 67, 1926. 3.

一記者, 「朝鮮統治의 根本問題」『新民』 15(2-7), 1926. 7.

許永鎬, 「朝鮮의 民族運動과 階級運動」『新民』 15(2-7), 1926. 7.

舜 昂, 「思想團體에 對한 나의 片見」『朝鮮之光』 61(6-10), 1926. 11.

白南雲,「朝鮮 自治運動에 對한 社會學的 考察」『現代評論』 1(1-1), 1927. 1.

金萬圭,「妥協과 非妥協-우리는 政治運動에 對하여 어떠한 態度를 取할까?-」『朝鮮之光』 64, 1927. 2.

白南雲,「朝鮮自治運動에 對한 社會學的 考察」『現代評論』 1(1-1), 1927. 1.

李 燦,「白南雲氏의 自治運動에 對한 社會學的 考察을 읽고」『現代評論』 2(1-2), 1927. 3.

金東進,「同化와 自治와 獨立의 區分 -白南雲氏의 蒙을 啓함-」『現代評論』 2(1-2), 1927. 3.

李 燦,「朝鮮 自治運動에 대한 論爭」『現代評論』 2(1-2) 1927. 3.

獨孤獨,「思想團體의 解體是非」『朝鮮之光』 65(7-3), 1927. 3.

金萬圭,「朝鮮의 新興運動의 組織問題에 關한 一考察」『朝鮮之光』 65(7-3), 1927. 3.

燕京學人,「政治革命과 思想革命」『現代評論』 11, 1928. 1

崔 達,「三權分立論」『新興』 3, 1930. 7.

姜虎元,「政治學의 新展開」『東學之光』, 1930. 8.

康永吉,「自治權과 統治權의 區別」『新興時代』 1(1-1), 1931. 4.

陳 伍,「法律에 在한 社會民主主義」『新興』 4(3-1), 1931. 1.

李光秀,「非暴力論」『東光』 20(3-4), 1931. 4.

宋 滿,「民族社會主義論綱」『東光』 24(3-8), 1931. 8.

李禹漢,「議會政治와 獨裁政治」『東光』 26(3-10), 1931. 10.

一記者,「左翼民族主義者와 朝鮮運動」『批判』 7, 1931. 11.

金若水,「社會運動者의 이 모양 저 모양을 駁함」,『批判』 7(1-7), 1931. 11.

「移民法이 없으면 海外로」『三千里』 4-10, 1932. 10.

「參政權과 學生」『三千里』 4-12, 1932. 12.

李 仁,「法律戰線에서 본 우리의 最小要求」『東光』 30(4-2), 1932. 2.

金炳魯,「國家의 根本義와 民衆의 自由」,『東光』 29(4-1), 1932. 1.

李 仁,「瀕死狀態의 旣成政黨」『東光』 30(4-2), 1932. 4.

玄永燮,「社會主義에 對한 人間精神」『新興』 7, 1932. 12

辛泰嶽,「法律上으로 본 朝鮮」『啓明』23(7-1), 1932. 12.
蘇 因,「政黨과 勞動組合의 關係에 對한 一考察」『新階段』8, 1933.5
金明植,「議會政治와 獨裁政治」『三千里』8-1, 1936. 1.
金炳魯,「生存權의 强化振作에 勇往力進하라」『新東亞』51(6-1), 1936. 1.
編輯局,「帝國議會와 朝鮮參政權」『三千里』10-8, 1938. 8.

3. 民事·民法

「西法有益於民論」『大朝鮮獨立協會會報』15, 1897. 6.
兪致學,「民法의 槪論」『親睦會會報』6, 1898.
兪致衡,「論土地家屋 證明規則의 必要」『法政學會』1(1-1), 1907. 5.
朴聖欽(譯抄),「民法 講義 槪要」『西友』7, 1907. 6.
朴聖欽,「民法 講義 槪要」『西友』8, 1907. 7.
朴聖欽,「民法 講義 槪要」『西友』9, 1907. 8.
朴聖欽,「民法 講義 槪要」(제9호 續),『西友』13, 1907. 12.
金陵居士,「官吏의 民事責任」『大韓協會會報』2, 1908. 5.
趙琬九,「民法 總論(法律)」『大韓協會會報』2(1-2), 1908. 5.
金陵居士,「國家의 民事責任」『大韓協會會報』3, 1908. 6.
安國善,「民法과 商法」『大韓協會會報』4, 1908, 7.
「民事訴訟의 根本的槪念」『大東學會月報』6, 1908. 7.
「民刑訴訟規則」『湖南學報』3(1-3), 1908. 8.
李源生,「民事訴訟法에 不干涉主義를 採用ᄒᆞᄂᆞᆫ 理由」『法定學界』15,
        1908. 8.
鄭源錫,「物權과 債權의 差異」『法定學界』15, 1908. 8.
李 沂,「法學(續), 民形訴訟規則」『湖南學報』4, 1908. 9.
李 沂,「法學(續), 民形訴訟規則(續)」『湖南學報』5, 1908. 10.
李 沂,「法學, 民形訴訟規則(續)」『湖南學報』6, 1908. 11.
「附錄(刑事裁判費用 規則, 郡의 廢合에 關한 件, 民事訴訟費用 規則,

等」『法學協會雜誌』1(1-1), 1908. 11.

「民形訴訟規則」(續),『湖南學報』7, 1908. 12.

李鍾麟,「民法 總論(續)」『大韓協會會報』9(1-9), 1908. 12.

李範星,「法律學: 不當利得의 原理를 依ᄒ야 不法과 不當의 辨償도 返
　　還의 義務가 有ᄒ가」『畿湖興學會月報』5. 1908. 12.

「法學, 民形訴訟規則」(續)『湖南學報』8, 1909. 1.

李容宰 譯,「民法 總論(續)(法律)」『大韓協會會報』10(1-10), 1909. 1.

李鍾麟,「民法 總論(續)」『大韓協會會報』11(2-1), 1909. 2.

「法學 – 民刑訴訟規則(各 學 要領)」(續),『湖南學報』9(1-9), 1909. 3.

李鍾述,「債權法總論」『大韓協會會報』12. 1909. 3.

「官報 摘要(民籍法 執行 心得)」『西北學會月報』13(2-13), 1909. 6.

金商敎,「物權學」『嶠南敎育會雜誌』4(1-4), 1909. 7.

金炳魯,「重複賣買와 重複抵當의 刑事 上 責任(法政의 部)」『法學界』
　　2(1-2), 1915. 11.

崔　鎭,「民事令 施行 前 永水作權 取得 原因을 論함(法政의 部)」『法
　　學界』1(1-1), 1915. 10.

崔東曦,「果實에 對한 法律 上 意義」『法學界』1(1-1), 1915. 10.

姜洛周,「立木은 動産인가, 不動産인가?」『法學界』1(1-1), 1915. 10.

朴海遠,「金利高低 原因(經濟의 部)」『法學界』1(1-1), 1915. 10.

「親告罪를 論함(法政의 部)」『法學界』5(2-2), 1916. 6.

安泰遠,「民法第513條 第2項 後段에 對한 解釋論(法政의 部)」『法學
　　界』5(2-2), 1916. 6.

民事科長,「民刑法改政內容」『時事評論』6, 1922. 12.

民事科長,「改定된 戶籍制度」『時事評論』2-4, 1923. 7.

兪璹濬,「債權者의 取消權을 論함」,『時鍾』, 2(1-2), 1926. 2.

李覺鍾,「鄕校財産問題」『新民』53(5-11), 1929. 11.

金章煥,「賠償問題란 무엇인가?」『東光』36(4-8), 1932. 8.

洪淳曄,「私生子에 대한 法的인 解釋」『批判』10-6, 1939.

K記者,「戶籍課 窓口에 나타난 人生의 喜悲劇」『朝光』40(5-2), 1939.2.

「人權 擁護 運動에 對한 法的 解釋」『批判』,107(10-3), 1939. 3.

金明植,「氏制度 創設과 鮮滿一如」『三千里』12-3, 1939. 3.

宮本元,「壻養子・異姓養子及氏制度에 關한 朝鮮民事令 改正에 對하
　　　여」『朝光』57(6-7), 1940. 7.

鄭光鉉,「改正朝鮮民事令의 全般的 解說」『朝光』52(6-2), 1940. 2.

徐載元,「私生子問題와 民法 改正의 成果」『春秋』16(3-5), 1942. 5.

4. 刑事・警察

劉昌熙,「刑事訴訟法의 沿革」『親睦會會報』5, 1897.

李冕宇,「刑法主義의 略論」『親睦會會報』5, 1897.

張啓澤,「警察之目的」『太極學報』4, 1906. 11.

張啓澤,「警察之分類」『太極學報』4, 1906. 11.

「警察之沿革」『太極學報』5, 1906. 12.

「警察之分類」『太極學報』6, 1907. 1.

張啓澤,「警察之分類」(續)『太極學報』6, 1907. 1.

「警察之偵探」『太極學報』7, 1907. 2.

李圭正,「警察爲國家干成」『大韓留學生會學報』1, 1907. 3.

鄭錫乃,「警察要義」『大韓留學生會學報』3, 1907. 5.

雲延 尹孝定,「刑法과 民法의 區別」『大韓自强會月報』11, 1907. 5.

劉文煥,「刑事訴訟法編纂이 是急先務」『法定學界』2, 1907. 6.

丹農生 崔應斗,「警察視察談」『西友』9, 1907. 8.

「刑法과 刑事訴訟法의 關係如何」『西友』16, 1908. 3.

金湖主人,「正當防衛의 問答」『大韓學會月報』3, 1908. 4.

法律讀書人,「罪刑에 關한 法定主義」『大東學會月報』3, 1908. 4.

法律讀書人,「民事訴訟의 根本的 觀念」『大東學會月報』6, 1908. 7.

法律讀書人,「刑의 種類」『大東學會月報』6, 1908. 1908. 7.

李大衝,「警察의 定義」『太極學報』24, 1908. 9.

李範星,「法律學: 刑罰權의 槪論」『畿湖興學會月報』4, 1908. 11.

鄭達永,「正當防衛權을 許ᄒ 理由와 其 許ᄒ는 範圍」『大韓協會會報』10, 1909. 1.

尹益善,「刑事學에 就ᄒ야」『法定學界』20, 1909. 1.

尹益善,「歐洲刑事訴訟改革의 大略」『法定學界』21, 1909. 2.

南其允,「警察性質의 觀念」『大韓興學報』1, 1909. 3.

金益聲,「絶對的 不治罪人과 死刑을 科ᄒ이 可ᄒ가」『法定學界』23, 1909. 5.

李恒鍾,「刑法上 一題 ― 張三이 李四를 毒殺코자 하여 毒藥을 施用ᄒ 경우」『法定學界』24, 1909. 7.

「刑法과 刑事訴訟法의 關係 如何?」『西北學會月報』16(2-16), 1909. 9.

「犯罪構成의 要件되는 違法性을 論함」『法學界』5(2-2), 1916. 6.

橫田局長,「朝鮮司法權獨立問題」『時事評論』5, 1922. 9.

「思想取締로부터 主義者取締」『開闢』45, 1924. 3.

李如星,「治安維持法案」(時評)『思想運動』1-1, 1925. 3

「强制執行 四千件」『開闢』57, 1925. 3.

「2重3重의 惡法令」『開闢』58, 1925. 4.

「治安維持法에 대한 政府의 釋義全文」『新民』, 1925. 6.

高法判事 野村調太郎,「治安維持法上 朝鮮獨立運動」『普聲』2(1-2), 1925. 6.

編輯室,「治安維得法의 釋義」『普聲』2(1-2), 1925. 6.

李學鍾,「思想取締에 대한 辨妄」『新民』2, 1925. 6.

「治安維持法의 實施와 今後의 朝鮮社會運動」『開闢』60, 1925. 6.

李民昌,「學生의 風紀紊亂과 警察權活動」, 開闢』60, 1925. 6.

「彼所所謂不良分子取締」『開闢』64, 1925. 12.

「萬歲學生處罰令」『開闢』72, 1926. 8.

一記者,「環境上으로 본 朝鮮의 犯罪考」『新民』42(4-10), 1928. 10.

李 仁,「治安維持法에 대하여」『三千里』2-3, 1930. 6.

李 仁,「盜犯防止法批判」『別乾坤』31, 1930. 8.

「羊頭狗肉의 國家賠償法」『別乾坤』33, 1930. 10.

楊潤植,「새로 實行하는 盜犯等 防止法의 解說」『別乾坤』33, 1930. 10.

「冤罪者의 慰藉 國家賠償法案에 대하야」, 金海星,『新民』, 1931. 1.

「債勞否認과 詐欺罪, 愼其生」『新興』4(3-1), 1931. 1.

「監獄과 警察의 해」『東光』18(3-2), 1931. 2.

「治安維持法과 朝鮮」『東光』25(3-9), 1931. 9.

「判例를 通해 본 治安法과 制令 第7號」『批判』1-1, 1931.

李 仁,「新年부터 施行하는 刑事補償法과 小作調停法」『第一線』3-1,
　　　　1933. 1.

李 仁,「今年 4월에 實施한다는 所謂 刑事補償法의 實體」『彗星』2-2,
　　　　1932. 2.

「朝鮮 警察의 解剖」『東光』30(4-2), 1932. 2.

金世斌,「冤罪者補償法批判」『新東亞』6(2-4), 1932. 4.

金章煥,「賠償問題란 무엇인가?」『東光』36(4-8), 1932. 8.

一記者,「小뿌르조아 犯罪理論」『新階段』1, 1932. 1.

「法醫學上으로 본 犯罪相」『中央』2(1-2), 1933. 12.

金炳魯,「半島의 思想檢事陣」『三千里』7-3, 1935. 3.

金世政,「判例를 통해 본 保安法과 制令 第7號」『批判』1, 1935. 5.

金世政,「判例를 통해 본 保安法과 制令 第7號」(續)『批判』2, 1935. 6.

李鍾摸,「保護觀察令의 適用範圍」『朝光』16(3-2), 1937. 2.

「12월 20일부터 實施되는 思想犯保護觀察令」『朝光』20(3-6), 1937. 6.

崔圭昌,「今般 設立된 光州保護觀察所」『湖南評論』23-8, 1937. 8.

「人權 擁護 運動에 對한 法的 解釋」『批判』107(10-3), 1939. 3.

南總督,「警防機構의 擴充」『四海公論』55(5-11), 1939. 11.

定村光鉉,「思想犯豫防拘禁令解說」『朝光』66(7-4)1941. 4.

5. 行　政

韓陽樓主人,「地方自治制度論」『大韓自强會月報』4, 1906. 10.

大垣丈夫,「日本의 自治制度」『大韓自强會月報』4, 1906. 10.

大垣丈夫 講述,「日本의 自治制度(前續)」『大韓自强會月報』5, 1906. 11.

大垣丈夫 講述,「日本의 自治制度」『大韓自强會月報』6, 1906. 12.

大垣丈夫 講述,「官權과 人權」『大韓自强會月報』6, 1906. 12.

大垣丈夫,「日本의 地方自治制度(續)」『大韓自强會月報』8, 1907. 2.

松堂 金成喜,「地方自治制度概論」『夜雷』4, 1907. 5.

松堂 金成喜,「自治制度續說」『夜雷』6, 1907. 7

大垣丈夫,「日本의 自治制度(續)」『大韓自强會月報』10, 1907. 4.

大垣丈夫,「日本의 自治制度」『大韓自强會月報』11, 1907. 5.

松堂主人,「政府의 職分」『大韓自强會月報』11, 1907. 5.

厥隱 劉秉珌,「行政의 衛生」『大韓自强會月報』12, 1907. 6.

松堂 金成喜,「地方自治制度續論」『夜雷』5, 1907. 6.

大垣丈夫 講述,「日本의 自治制度(續)」『大韓自强會月報』12, 1907. 6.

「憲法의 國務大臣」『同寅學會』1(1-1), 1907. 7.

支那大公報 照騰,「節錄斯單王琴堂條陳地方自治書」『西友』8, 1907. 7.

「地方自治, 孫松齡爲志學會社說」『西友』8, 1907. 7.

蔡洙玹,「國際法上 國務大臣의 地位」『西友』9, 1907. 8.

車宗鎬,「法律上의 自治의 槪念」『西友』9, 1907. 8.

金陵居士,「官吏의 民事責任(法律)」『大韓協會會報』2(1-2), 1908. 5.

李昌煥,「官吏의 義務」『大韓學會月報』2, 1908. 3.

編輯人,「選擧法의 種類와 及 利益 弊害의 比較」『大韓學會月報』
        7(1-7), 1908. 9.

「官報 摘要(森林法)」『西北學會月報』4(1-4), 1908. 9.

「東洋拓殖會社法에 對한 日本 大藏省 說明書」『大韓協會會報』7(1-7),
        1908. 10.

「官報 抄錄(東洋拓植株式會社法)」『畿湖興學會月報』4(1-4), 1908. 11.

鄭遠永,「自治의 意義를 槪論함」『大韓協會會報』8(1-8), 1908. 11.

閔丙斗,「地方自治行政」『畿湖興學會月報』4(1-4), 1908. 11.

「森林法에 對한 議案」『西北學會月報』5(1-5), 1908. 11.

李元植,「領土權의 性質을 論함」『法學協會雜誌』1(1-1), 1908. 11.

朱定均,「東洋拓植會社의 設立이 我國經濟 狀況에 及하는 影響」『法

　　　學協會雜誌』1(1-1), 1908. 11.

金陵生,「地方自治制度 問答」『大韓協會會報』9(1-9), 1908. 12.

閔丙斗,「地方 自治行政」『畿湖興學會月報』5(1-5), 1908. 12.

尹柱瓚,「鍾植學說, 森林法膽載」『湖南學報』7, 1908. 12.

金圭炳,「官吏의 任命은 契約될가 命令될가」『法定學界』19, 1908. 12.

金陵生,「地方 自治制度 問答(續)」『大韓協會會報』10(1-10), 1909. 1.

「官報 摘要(森林法 續)」『西北學會月報』8(1-8), 1909. 1.

「森林法(續)(各 學 要領 部)」『湖南學報』8(1-8), 1909. 1.

閔丙斗,「地方自治行政」『畿湖興學會月報』6(1-6), 1909. 1.

金陵生,「地方自治制度問答」『大韓協會會報』10. 1909. 1.

金陵生,「地方自治制度問答」『大韓協會會報』11. 1909. 2.

閔丙斗,「地方自治行政」『畿湖興學會月報』7(2-1), 1909. 2.

「官報 摘要(森林法 完)」『西北學會月報』9(1-9), 1909. 2.

鍾植學,「森林法(續)」『湖南學報』9, 1909. 3.

閔丙斗,「地方 自治行政」『畿湖興學會月報』9(2-3), 1909. 4.

閔丙斗,「地方行政(學海 集成)」『畿湖興學會月報』10(2-4), 1909. 5.

編輯人 譯,「自治의 模範」『大韓興學報』3, 1909. 5.

閔丙斗,「地方自治行政」『畿湖興學會月報』11, 1909. 6.

閔丙斗,「地方自治行政」『畿湖興學會月報』12. 1909. 7.

編輯人,「選擧法의 種類 及 利益弊害 比較」『大韓學會月報』7. 1909. 9.

「朝鮮人特別任用令發布 等」『儒道』1(1-1), 1921. 2.

「朝鮮總督府 及 各 地方官制 改正」『儒道』1(1-1), 1921. 2.

研究生,「改正地方制度와 其 運用에 對하여」『儒道』1(1-1), 1921. 2.

總督府植產局,「土地改良事業基本調査」『新民』1(1-1), 1925. 5.

金俊淵,「比例代表制度」『時鍾』, 2(1-2), 1926. 2.

鄭一贊,「郵便所에 忠告함」『別乾坤』, 10(2-8), 1927. 12.

李　園,「獨逸行政裁判의 史的考察」『新興』3, 1930. 7.

公民散史,「地方公職者選擧常識」『新民』65(7-3), 1931. 3.

李學仲,「實施되는 地方自治制 批判」『彗星』2, 1931. 4.

咸尙勳,「朝鮮地方自治制의 再檢討」『朝光』13(2-11), 1936. 11.

李弘鍾,「司法部長官의 門戶開放으로」『三千里』10-5, 1938. 5.

崔　麟,「地方自治制度의 高度化」『三千里』10-8, 1938. 8.

韓相龍,「道制改革을 要望」『三千里』10-8, 1938. 8.

養士洞人,「林野政策의 再出發」『春秋』9(2-9), 1941.10.

6. 宗敎·敎育·言論

梁啓超 著, 張志淵 譯述,「敎育政策私議(續)」『大韓自强會月報』4.
　　1906. 10.

趙鏞殷,「信敎論」『大韓留學生會學報』1. 1907. 3.

「學校管理法」(續),『少年韓半島』6(2-4), 1907. 4.

金成喜,「敎育의 宗旨와 政治의 關係」『大韓自强會月報』11. 1907. 5.

朴聖欽,「普通敎育은 國民의 要務」『西友』9, 1907. 8.

鄭錫週,「敎育行政」『太極學報』13, 1907. 9. 24.

李漢卿,「宗敎와 國家」『大韓學會月報』3, 1908. 4.

梁大卿,「韓國將來에 對하야 政治的 敎育(Political Education)」『大韓學
　　會月報』3, 1908. 4.

吳炳鉉,「義務敎育의 必要」『大韓協會會報』2, 1908. 5.

抱字生,「敎育者와 宗敎」『太極學報』24, 1908. 9. 24.

「法學(續)(敎育辯論部)」『湖南學報』6(1-6), 1908. 11.

「官報 摘要(私立學校令)」『西北學會月報』5(1-5), 1908. 11.

「官報 抄錄(私立學校令, 私立學校輔助規程)」『大韓協會會報』8(1-8),
　　1908. 11.

「私立學令의 理由 說明」『西北學會月報』7(1-7), 1908. 12.

「私立學校 規則」『畿湖興學會月報』7(2-1), 1909. 2.

「私立學校 規則」『畿湖興學會月報』8(2-2), 1909. 3.

尹益善,「國家와 敎育」『法定學界』2, 1909. 4.

徐光前,「宗敎基礎 在於 靑年敎育」『朝鮮佛敎月報』4(1-4), 1912. 5.

退耕生,「朝鮮 佛教 改革論」『朝鮮佛教月報』4(1-4), 1912. 5.

「寺內總督 敎育方針談」『經學院雜誌』1(1-1), 1913. 12.

某敎育家,「敎育制度論」(2)『서울』6, 1920. 9.

姜　邁,「朝鮮敎育의 根本問題」『서울』7, 1920. 10.

朴達成,「世界와 共存키 위하여 敎育問題를 再擧하며 爲先 書堂改良
　　　　을 絶叫함」『開闢』5, 1920. 11.

金昶濟,「我宗敎界의 三大 危機(基督敎를 論함)」『서울』8, 1920. 12.

金允植,「儒林界를 爲하여」『開闢』7, 1921. 1.

李商在,「宗敎界를 爲하여」『開闢』7, 1921. 1.

一記者,「敎育令 改正에 就하여」『儒道』1(1-1), 1921. 2.

解　光,「出版・言論權의 主張」『我聲』4, 1921. 10.

「朝鮮敎育令」『時事評論』1, 1922. 4.

學務局長,「朝鮮敎育令 內容」『時事評論』1, 1922. 4.

梁白華,「佛敎破壞論」『開闢』13, 1922. 5.

林　柱,「中國非宗敎運動의 現狀과 그 原因」『開闢』24, 1922. 6.

金秉濬,「儒林諸賢에게 一言을 告합니다」『開闢』25, 1922. 7.

朴熙道,「社會生活과 宗敎問題」『新生活』8, 1922. 8.

鄭淳奎,「最近 歐米의 思潮와 朝鮮敎育界」『新生活』8, 1922. 8.

張膺震,「中等敎育에 對한 希望의 一端」『朝鮮之光』1(1-1), 1922. 11.

張膺震,「宗敎와 敎育의 關係」『新天地』8, 1922. 12.

記　者,「當局의 言論彈壓과 民衆輿論 激昂」『開闢』30, 1922. 12.

「新天地 筆禍事件의 顚末」『新天地』8, 1922. 12.

「新生活의 筆禍」『新天地』8, 1922. 12.

金松隱,「新生活의 發行禁止와 吾人의 管見」『開闢』32, 1923. 2.

朴達成,「朝鮮敎育界와 敎員資格問題」『開闢』33, 1923. 3.

「朝鮮人敎育과 日本人敎育의 比較」『開闢』34, 1923. 4.

「불은 꺼도 모기는 있다―新聞紙法 出版法 改正建議에 關하여―」
　　　　『東明』31(2-14), 1923. 4.

朝鮮人,「言論集會壓迫報告」『開闢』49, 1924. 7.

「京城帝國大學豫科의 開校式을 보고서」『開闢』49, 1924. 7.

金璟載, 「階級自由教育의 新潮流」 『開闢』 53, 1924. 11.

小　春, 「朝鮮教育의 過去와 現在」 『開闢』 57, 1925. 3.

「農民運動과 勞働教育」 『開闢』 57, 1925. 3.

朱鍾建, 「現代의 教育과 民衆」 『開闢』 58, 1925. 4.

宋圓峰, 「現代生活과 佛教」 『正論』, 1(1-1), 1925. 6.

崔泰永, 「法律의 宗教에 對한 態度」 『普聲』 3(1-3), 1925. 7.

蔡弼近, 「社會改造와 吾人의 使命」 『眞生』 2(1-2), 1925. 10.

姜澤模, 「基督教의 社會的 地位」 『眞生』 2(1-2), 1925. 10.

李允鍾, 「實業教育의 民衆化」 『新民』 11(2-3), 1926. 3.

孔　濯, 「朝鮮人의 全的 意識을 代表한 天道教의 民族化를 望함」, 『新人間』 1(1-1), 1926. 4.

沈相浣, 「自由와 制限」 『普聲』 3(1-3), 1926. 7.

朴熙道, 「教育의 實業化를 促함」 『新民』 19(2-11), 1926. 11.

春　史, 「現代教育의 缺陷에 對하여」 『現代評論』 2, 1927. 3.

崔奎東, 「教育의 眞義」 『現代評論』 2, 1927. 3.

崔斗善, 「現實에 立脚한 教育의 必要」 『現代評論』 2, 1927. 3.

金亨培, 「劃一的 教育制度를 排함」 『現代評論』 2, 1927. 3.

金美理史, 「教育制度의 缺陷을 矯正하기 前에」 『現代評論』 2, 1927. 3.

文袁泰, 「宗教問題 批判」 『朝鮮之光』 69, 1927. 7.

現代生, 「言論機關의 同業道德論」 『現代評論』 8, 1927. 9.

李寬求, 「言論迫害에 대한 史的 考察」 『現代評論』 11, 1928. 1

「教育의 社會的 機能」 『朝鮮之光』 89, 1929. 8.

金亨俊, 「轉換期의 宗教問題」 『東學之光』, 1930. 8.

梁潤植, 「新聞法律講釋」 『鐵筆』 1-1, 1930.

金一大, 「天道教 農民運動의 理論과 實際」 『東光』 20(3-4), 1931. 4.

朱曜翰, 「教育義務免除」 『東光』 20(3-4), 1931. 4.

夜　雷, 「朝鮮民間新聞功過論」 『彗星』 5, 1931. 8.

「言論·出版·集會·結社自由 獲得運動의 具體案」 『彗星』 7, 1931. 10.

申瑩澈, 「中等教員에게 訴함」 『別乾坤』 46(6-11), 1931. 12.

許　憲, 「參政權과 學生」 『三千里』 33(4-12), 1932. 12.

李萬珪,「基督教會의 功과 過」『開闢』(新刊)1, 1934. 11.

李泰洽,「朝鮮佛教의 功過論」『開闢』(新刊)1, 1934. 11.

編輯室,「宗教에 대한 法令」(1)『카톨릭청년』21, 1935. 2.

編輯室,「宗教에 대한 法令」(2)『카톨릭청년』22, 1935. 3.

編輯室,「宗教에 대한 法令」(3)『카톨릭청년』23, 1935. 4.

咸尙勳,「當局의 教育策을 論함」『朝光』8(2-6), 1936. 1.

許永鎬,「教團統制와 未來」『佛教』2(1-2), 1937. 4.

萬 海,「朝鮮佛教統制安」『佛教』2(1-2), 1937. 4.

趙豊衍,「削髮令과 學生」『朝光』27(4-1), 1938.1.

「朝鮮 教育制度의 改革」『三千里』, 96(10-5), 1938. 5.

緒方篤三郎,「國民學校教則의 精神」『朝鮮의 教育研究』, 1940. 5

「國民學校教則案」『朝鮮의 教育研究』, 1940. 5

學務局長,「國民學校 開設과 그 使命」『春秋』2(2-2), 1941. 3.

「國民學校關係法令集」『朝鮮의 教育研究』, 1941. 3

學務局 視學官 曹在鎬,「國民學校制度와 學生問題」朝鮮總督府,『三
　　　　千里』13-4, 1941. 4.

林元吉,「司法保護週間과 佛教徒의 使命」『佛教』41(6-10), 1942. 10.

渡部學,「朝鮮國民學校論」『國民文學』10(2-8), 1942. 10.

7. 金融・稅制

「公債論」『太極學報』4, 1906. 11.

「租稅論」『太極學報』5, 1906. 12.

崔錫夏,「租稅論(續)」『太極學報』6, 1907. 1.

尹成熙 譯,「財政學의 歷史」『法定學界』15, 1908. 8.

南亨祐,「租稅를 賦課훔에 比例稅主義가 可훌가 累進稅主義가 可훌가」
　　　　『法定學界』18, 1908. 11.

南亨宇,「魚驗(手形)行爲는 如何훈 行爲인가?」『法定學界』19, 1908. 12.

務實生 盧翼根,「半島 今後의 金融과 生活改善의 急務」『學之光』
　　　5(3-1), 1915. 5.
盧翼根,「銀行 當局者 諸公에게 告함」『學之光』15(8-1), 1918. 3.
金　浩,「朝鮮 關稅制度를 論함」『學之光』20(10-2), 1920. 7.
李東植,「貧民社會의 金融과 金融機關」『共濟』7, 1921.4.
安碩應,「細民銀行論」『開闢』15, 1921. 9.
金達浩,「關稅改正이 朝鮮人産業에 及하는 影向」『開闢』29, 1922. 11.
朝鮮經濟協會,「國際國融과 金解禁問題」『新民』1(1-1), 1925. 5.
李民昌,「鮮銀利下와 朝鮮의 中産階級」『開闢』60, 1925. 6.
柳敬夏,「銀行組織論」『黎明』7(2-1), 1926. 6.
金秀學,「朝鮮 現行 稅金制度論」『現代評論』3(1-3), 1927. 4.
「稅制의 改革」『現代評論』4(1-4), 1927. 5.
李肯鍾,「朝鮮의 金融制度(1)」『現代評論』7(1-7), 1927. 8.
李肯鍾,「金融制度論(續)」『現代評論』11(2-1), 1928. 1.
一記者,「朝鮮新銀行詔令」『經濟』1, 1928. 6.
「金融 槪況」『經濟』1(1-1), 1928. 6.
　一記者,「近近 發表될 朝鮮 新 銀行條令」『經濟』1(1-1), 1928. 6.
徐　椿,「普通銀行 關係法令에 대한 所見」『朝鮮之光』80, 1928. 9.
李廷揖,「朝鮮租稅政策에 대한 一考察」『協實』1, 1929. 7.
北岳山人,「植民地的 朝鮮財政論」『三千里』3-3, 1931. 3.
徐　椿,「金融組合의 缺陷」『彗星』3, 1931. 5.
「朝鮮 現行 稅制 及 負擔調查」事情調查會,『東方評論』1, 1932. 4.
韓一道,「朝鮮 金融機關에 對한 一考察」『批判』14(2-6), 1932. 4.
羅谷生,「納稅額으로 본 朝鮮人 經濟」『東方評論』1, 1932.4.
吳翊殷,「窮民救濟案 批判」『東光』37(4-9), 1932. 9.
鄭秀日,「朝鮮 所得稅令과 適用範圍에 대한 一考察」『中央』2-6, 1934. 6.
張錫日,「朝鮮 相續稅令 解說」『中央』2-8, 1934. 8.
李健赫,「增稅와 富籤」『朝光』8(2-6), 1936. 1.
박용래,「稅制 改革案 檢討」『朝光』13(2-11), 1936. 11.
李健赫,「朝鮮의 金融統制」(上)『朝光』21,(3-7), 1937. 7.

李健赫, 「事變과 金融의 將來」『朝光』 25(3-11), 1937. 11.
許　憲, 「非常時局과 財政問題」『朝鮮鑛業』 1, 1938. 1.
金義錫, 「朝鮮 金融組合論」『四海公論』 39(4-7), 1938. 7.
李健赫, 「一千萬圓의 增稅와 朝鮮」『朝光』 42(5-4), 1939. 4.
李應奎, 「인푸레와 新財政 政策」『新時代』 8(1-8), 1941. 8.
李健赫, 「增稅의 方法」『朝光』 72(7-10), 1941.10.
朴種秀, 「臨戰 財政과 增稅」『春秋』 12(3-1), 1942. 1.
李健赫, 「劃期的 大增稅 斷行」『朝光』 77(8-3), 1942.3.
全承範, 「戰時 財政經濟의 展望」『朝光』 87(9-1), 1943. 1.
大山善道, 「納稅施設法案을 보고서」『佛敎』 45(7-2), 1943. 2.

8. 農 業

金喆壽, 「國民 經濟上 農業의 地位」『學之光』 17(9-1), 1919. 1.
申伯雨, 「小作人組合論」『共濟』 2, 1920.10.
崔仲甲, 「今日 朝鮮의 勞資關係」『開闢』 15, 1921. 9.
金思國, 「現代的 經濟組織의 缺陷」『開闢』 18, 1921. 12.
鮮于全, 「農民의 都市移轉과 農業勞動의 不利의 諸原因」『開闢』 26,
　　　　1922. 8.
朴炳哲, 「朝鮮小作問題의 過去・現在・將來」『新天地』 7, 1922. 11.
李晟煥, 「朝鮮의 農政問題 農村의 衰頹를 活然視하는 當局-小作法 制
　　　　定이 目下의 急務」『開闢』 29, 1922. 11.
申興雨, 「農村事業에 就하여」『新民』 1(1-1), 1925. 5.
李範昇, 「農民 補充敎育의 必要」『新民』 1(1-1), 1925. 5.
李覺鍾, 「朝鮮의 農村問題와 及其對策」『新民』 1(1-1), 1925. 5.
金昌秀, 「朝鮮의 農村問題」『正論』 1(1-1), 1925. 6.
李覺鍾, 「朝鮮農村과 米價問題」『新民』 10(2-2), 1926. 2.
黃英煥, 「農村問題의 理論的 基礎」『朝鮮農民』 4(2-3), 1926. 3.

白大鎭,「農村振興의 根本問題」『新民』11(2-3), 1926. 3.

「小作爭議의 經過와 其 歸趨」『新民』,12(2-4), 1926. 4.

「小作人의 經濟援助」, 尹致昭,『新民』12(2-4), 1926. 4.

鄭東人,「地主의 事情은 如是하다(小作問題에 就하여)」『新民』12(2-4), 1926. 4.

鄭尙好,「地主와 小作人의 協調와 共生」『新民』12(2-4), 1926. 4.

徐延禧,「小作人의 最小限度的 要求」『新民』12(2-4), 1926. 4.

金道賢,「農民立場으로 본 農業勞動問題」『朝鮮農民』35(5-5), 1926. 8.

李晟煥,「農民敎育의 理想과 方法」『朝鮮農民』12(2-11), 1926. 11.

白大鎭,「自作農 創定의 必要」『新民』19(2-11), 1926. 11.

錦 坡,「朝鮮 産米增殖計劃 內容」『現代評論』1(1-1), 1927. 1.

金秋水,「朝鮮小作慣習의 一端」(1)『朝鮮之光』64(7-2), 1927. 2.

金秋水,「朝鮮小作慣習의 一端」(2)『朝鮮之光』65(7-3), 1927. 3.

李順鐸,「朝鮮人의 農地所有 實態」『現代評論』3, 1927. 4.

金東爀,「日本의 人口問題와 朝鮮의 産米政策에 關하여」『朝鮮之光』67(7-5), 1927. 5.

韓基岳,「地主의 反省을 促한다」『新民』31(3-11), 1927. 11.

李鍾麟,「農民의 差別을 戒한다(小作制度改善放送)」『新民』31(3-11), 1927. 11.

河駿錫,「經濟的 生活論」『現代評論』11, 1928. 1

梁魯根,「朝鮮農村問題의 經濟的 基礎」(1)『朝鮮之光』79(9-5), 1928. 7.

梁魯根,「朝鮮農村問題의 經濟的 基礎」(2)『朝鮮之光』80(9-6), 1928. 9.

崔象德,「當局의 肥料政策」『新民』42(4-10), 1928. 10.

「農村 自活運動의 促成」『新民』42(4-10), 1928. 10.

朴心耕,「農村問題의 現在와 將來」『朝鮮之光』81(9-7), 1928. 12.

「小作改善運動」『新民』44(4-12), 1928. 12.

金漢奎 外3人,「小作改善運動」『新民』45(5-1), 1929. 1.

「小作問題」『新民』46(5-2), 1929 2.

金秊洙,「小作法 制定의 急務」『朝鮮之光』82(10-1), 1929. 1.

宋鎭禹,「小作 立法의 必要」『朝鮮之光』82(10-1), 1929. 1.

申興雨, 「基本的 解決은 自作農 創定」 『朝鮮之光』 82(10-1), 1929. 1.

鄭基薰, 「小作 立法과 小作農의 自覺」 『朝鮮之光』 82(10-1), 1929. 1.

李覺鍾, 「農家經濟와 消費節約」 『新民』 47(5-3), 1929 3.

金明淵, 「朝鮮農會의 現狀」 『新民』 48(5-4), 1929. 4.

李允鍾, 「小農金融의 急務」 『新民』 48(5-4), 1929. 4.

金永鎭, 「朝鮮 農村 問題 槪觀」 『新民』 48(5-4), 1929. 4.

朴寧宇, 「農村 疲弊 諸 原因」 『新民』 48(5-4), 1929. 4.

金自平, 「農村 救濟對策 一班」 『新民』 48(5-4), 1929. 4.

今村武志, 「朝鮮 農政 槪要」 『新民』 48(5-4), 1929. 4.

黃勝弘, 「販價政策과 農業倉庫」 『新民』 48(5-4), 1929. 4.

今村武志, 「朝鮮農政槪要」 『新民』 49, 1929. 5.

○○生, 「朝鮮農村과 産業組合」 『新民』 50(5-6), 1929. 6.

「小作地位의 法的 保障이 必要」 『朝鮮之光』 10-1, 1929.

尹致昊, 「農業保護와 細民金融」, 『朝鮮農民』 38(6-1), 1930. 1.

朴思稷, 「農業問題 講演資料」 『學生』 (2-7), 1930. 6.

韓元彬, 「小作爭議의 原因과 對策」 『農民』 2(1-2), 1930. 6.

咸尙勳, 「協同組合運動에 對하여」 『別乾坤』, 31(5-7), 1930. 8.

鄭應琫, 「法的關係 問題에 對하여」 『農民』, 6(1-6), 1930. 10.

林仁洙, 「封建遺制와 金融資本과의 野合」 『新興』, 4(3-1), 1931. 1.

馬 嗚, 「農村 恐慌과 農民의 沒落過程」 『東光』 20(3-4), 1931. 4.

李寬求, 「産米增殖計劃과 朝鮮人經濟(最近政治의 部分的 批判)」 『三
     千里』, 17(3-7), 1931. 7.

「自作農創定計劃」 『彗星』 1-8, 1931. 11.

朴仁洙, 「地主와 小作人의 本質」, 『批判』 9(2-1), 1932. 1.

鄭寅寬, 「水利組合은 왜 破綻되나」 『別乾坤』, 47(7-11), 1932. 1.

金埈源, 「조선 農民運動의 法律的 考察」 『實生活』, 1932. 2.

金東煥, 「土地問題의 解決을 爲한 表現團體의 必要 」 『三千里』 4-2,
     1932. 2.

金東進, 「小作令 制定과 小作問題의 將來」 『新東亞』 8(2-6), 1932. 6.

崔鎭元, 「自作農 創定案과 그 批判」 『批判』 15, 1932. 7.

金佑枰,「齋藤내각의 經濟政策과 農村救濟政策의 展望」『東光』36(4-8), 1932. 8.

「朝鮮 當局者의 農村 救濟策을 批判함」『東光』36(4-8), 1932. 8.

裵成龍,「朝鮮小作令案의 反動性」『東光』37(4-9), 1932. 9.

白 民,「朝鮮專賣制度와 農民」『農民』4-1, 1933. 1.

辛泰嶽,「朝鮮 小作調停令 解說」『農民』4-9, 1933. 9.

張利根,「小作令의 出世를 바라보면서」『東學之光』, 1933. 11.

金 山,「朝鮮農村法律問題」『新東亞』36(4-10), 1934. 10

申相俊,「朝鮮農地令의 解說」『中央』2-6, 1934. 6.

張錫日,「最近 20年間 朝鮮의 土地兼併 抽稅」『中央』2-10, 1934. 10.

「米統制法 强化策」『中央』2-10, 1934. 10.

朴燦一,「朝鮮 農地令의 要領」『湖南評論』1-2, 1935. 6.

朴燦一,「朝鮮 農地令의 要領」(2)『湖南評論』1-3, 1935. 8.

朴燦一,「朝鮮 農地令의 要領」(3)『湖南評論』1-4, 1935. 9.

李健赫,「米穀自治管理法과 專賣問題의 前途」『朝光』9(2-7), 1936. 7.

朴用來,「重要 肥料業 統制法」『朝光』9(2-7), 1936. 7.

高 波,「朝鮮 米 差別問題와 米穀 自治管理法」『湖南評論』2-11, 1936. 11.

「朝鮮農民이 要求하는 農民法」『新東亞』52(6-2), 1936.

朴燦一,「朝鮮에도 施行될 新法律의 解說」『四海公論』3-1, 1937. 1.

印貞植,「朝鮮土地調査事業의 意義」(3)『批判』5-2, 1937. 2.

印貞植,「農業資本의 諸型과 朝鮮土地調査事業의 意義」『批判』5-4, 1937. 5.

又 正,「朝鮮臨時肥配統制令 公布」『朝鮮農業』2, 1938. 2.

辛泰嶽,「農地調停法案에 對하야」『批判』6-6, 1938. 6.

「朝鮮 穀物檢査 施行規則中改正」『朝鮮農業』7, 1938. 7.

一記者,「米穀配給統制와 朝鮮 米의 將來」『實生活』, 1939. 4.

金明植,「農民責務의 支拂猶豫問題」『批判』11-1, 1940, 1.

「食量確保의 强力的 統制와 米穀 配給 調停令 公布」『朝光』52(6-2), 1940. 2.

裵廷鉉,「農地關係 兩法令 槪說」『朝光』 66(7-4), 1941. 4.
印貞植,「適正小作料의 諸 理論과 實際」『春秋』 9(2-9), 1941.10.

9. 經濟・産業一般

張弘植,「國家와 國民企業心의 關係」『太極學報』 6, 1907. 1.
李敎承,「經濟學說」『法政學界』 1, 1907. 5.
張憲植,「經濟社會發達論」『法定學界』 2, 1907. 6.
崔承瓚,「我國의 輸入 輸出」『法定學界』 6, 1907. 10.
尹成熙,「道德心과 經濟學의 關係」『法定學界』 6, 1907. 10.
卞營晩,「工業에 就ᄒ야 論홈」『法定學界』 16, 1908. 9.
崔承瓚 譯,「日本貨幣制度」『法定學界』 16, 1908. 9.
崔承瓚 譯,「日本貨幣制度」(續)『法定學界』 17, 1908. 10.
洪正裕,「會社法 抄錄」『畿湖興學會月報』 5(1-5), 1908. 12.
法律讀書人,「資本의 就하여 論함」『大東學會月報』 13, 1909. 1
南亨祐,「普通債權과 手形(魚驗)債權의 差異」『法定學界』 21, 1909. 2.
李範里,「會社法」『畿湖興學會月報』 9(2-3), 1909. 4.
南亨祐,「對物擔保와 對人擔保의 優劣」『法定學界』 23, 1909. 5.
務實生,「企業論」『學之光』 3(2-1), 1914. 12.
李康賢,「朝鮮産織奬勵契에 대하야」『學之光』 6(3-2), 1915. 7.
崔瑗活,「朝鮮人의 生活과 産業組合의 必要」『學之光』 12(6-2), 1917. 4.
石鎭衡,「實業界를 爲하여」『開闢』 7, 1921. 1.
白頭山人,「朝鮮鑛業의 過去와 現在 未來 發展策에 對한 私見」『開闢』 10, 1921. 4.
李大偉,「社會思想과 經濟問題」『新天地』 7, 1922. 11.
金漢奎,「企業上勞動의 地位」『新天地』 7, 1922. 11.
「副業共進會 計劃及規則」『時事評論』 2-4, 1923. 4.
鮮于全,「朝鮮總督府의 財政의 槪要及批評」『開闢』 56, 1925. 2.

金明哲,「法律 組織의 經濟的 理論」『普聲』,2(1-2), 1925. 6.

朴官緒,「保險의 本質을 論함」『時鐘』 1-1, 1926.

李肯鍾,「朝鮮 經濟界의 救濟策」『新民』 9(2-1), 1926. 1.

「日本帝國의 現在 經濟政策과 朝鮮」 開闢』 65, 1926. 1.

鮮于全,「朝鮮의 對外貿易」『新民』 11(2-3), 1926. 3.

李覺鍾,「智識階級의 失業問題」『新民』 11(2-3), 1926. 3.

靑波生,「朝鮮 産業政策의 缺陷」『新民』 12(2-4), 1926. 4.

李允鍾,「朝鮮人 經濟의 煩悶期」『新民』 17(2-9), 1926. 9.

李順鐸,「朝鮮人 山林所有狀態」『現代評論』 2, 1927. 3.

李樂永,「現段階에 處한 勞動組合이 要求하는 新政策」『朝鮮之光』 73, 1928. 1.

R.K.生,「協同精神과 消費組合 運動」『新民』 38(4-6), 1928. 6.

金洪圭,「消費組合運動의 研究」『新民』 41(4-9), 1928. 9.

朴福文,「産業組合의 使命과 事業」『新民』 42(4-10), 1928. 10.

「産業振興의 一方策」『新民』 45(5-1), 1929. 1.

徐　椿,「金解禁과 그의 朝鮮에 미치는 影響」『朝鮮之光』 82(10-1), 1929. 1.

徐　椿,「金解禁의 意義」『別乾坤』 24(4-7), 1929.12.

金一大,「經濟的 組合運動의 實態」『農民』 1(1-1), 1930. 5.

徐　椿,「經濟問題 講演資料」『學生』 (2-7), 1930. 6.

陳　伍,「私有財産權의 基礎－헤겔 法理學에 나타난－」『新興』, 3(2-1), 1930. 7.

徐　椿,「現下 問題 中에 있는 日本의 勞動組合」『大衆公論』 2-6, 1930. 7.

李應辰,「期成經濟學의 批判」『東學之光』, 1930. 8.

李昌燮,「新勞動組合法」『別乾坤』 31(5-7), 1930. 8.

石　南,「消費組合小論」『別乾坤』 31(5-7), 1930. 8.

裵成龍,「勞動組合法案과 前途」『三千里』 3-2, 1931. 2.

金佑枰,「世界 不況과 金問題 小考」『新生』 28(4-2), 1931. 2.

陳榮喆,「流産된 勞組法案」『慧星』 2-1, 1931. 4.

金元和,「産業別 勞動組合 組織과 그 任務」『朝鮮之光』 96(11-5), 1931. 5.

徐 椿,「銀의 過去及 將來」『東光』21(3-5), 1931. 5.

李聖用,「經濟的 同盟罷業의 任務」『新興』5, 1931. 7.

金洛源・金若水,「經濟的 同盟罷業의 任務」,『批判』7(1-7), 1931. 11.

南萬熙・金若水,「勞動組合靑年部에 對한 片見」『批判』7(1-7), 1931. 11.

李聖用,「經濟的 同盟罷業과 政治的 鬪爭」『新興』, 6(3-3), 1931. 12.

徐 椿,「金再禁下의 朝鮮 産業界」『三千里』4-2, 1932. 2.

崔中峰,「法律의 資本主義的 基礎」『新興』7(4-1), 1932. 12.

承寬河,「共生組合과 現行法」『農民』4-5, 1933. 5.

徐 椿,「經濟를 中心한 國策」『四海公論』1(1-1), 1935. 5.

諸 氏,「禁酒法이 實施되면」『三千里』4-8, 1932. 7.

梁炳道,「不景氣가 生起는 原因」『東學之光』, 1933. 11.

梁在姬,「四大新法令批判」『新東亞』34(4-8), 1934. 8.

辛泰獄,「鑛業令과 鑛害問題」『朝光』1(1-1), 1935. 11.

辛泰嶽,「鑛業令改正의 必要」『新朝鮮』5-1, 1936. 1.

辛泰獄,「鑛害와 不法行爲論」『朝光』3(2-1), 1936. 1.

梁甲錫,「經濟生活과 貨幣의 地位」『新朝鮮』14, 1936. 1

朴用來,「重要産業統制法과 조선에 實施問題」『朝光』5(2-3), 1936. 5.

李健赫,「朝鮮 專賣事業全貌」『朝光』7(2-5), 1936. 5.

咸尙勳,「朝鮮産業組答申案 批判」『朝光』14(2-12), 1936. 12.

金潤植,「工場 取締規則에 대하야」『四海公論』3-8, 1937. 8.

朴燦一,「新法律解說」『四海公論』21(3-1), 1937. 1.

木野藤雄,「朝鮮 産金令 解說」『朝鮮鑛業』2-10, 1937. 10.

「9월부터 實施하는 朝鮮鑛業警察規則」『朝鮮鑛業』3-2, 1938. 2.

鄭鉉模,「朝鮮 産金令 發布에 際하여」『朝鮮鑛業』3-2, 1938. 2.

「金使用 制限 全文」『朝鮮鑛業』3-2, 1938. 2.

「重要鑛業增産法案」『鑛業朝鮮』3-3, 1938. 3.

「金 使用 制限令 解說」『鑛業朝鮮』3-3, 1938. 3.

「朝鮮鑛業警察規則 解說」, 木野藤雄,『朝鮮鑛業』3-4, 1938. 4.

「中央都賣市場令 制定을 促함」『批判』106(10-2), 1939. 2.

宮本元,「朝鮮借地借家調停令의 槪要」『春秋』2-2, 1941.

韓東錫,「商工業者의 活路와 低物價政策」『三千里』143(13-4), 1941. 4.

辛泰嶽,「朝鮮鑛業令改正의 要領」『朝光』71(7-9), 1941. 9.

金光淳,「商業組合令과 小賣上 問題」『朝光』67(7-5), 1941. 5.

「朝鮮金鑛業令 改正 內容」『春秋』11(2-11), 1941. 12.

李健赫,「企業許可制」『朝光』75(8-1), 1942. 1.

10. 女性·兒童

東初生,「離婚法制定의 必要」『西友』17, 1908. 5.

東初生,「離婚法 制定의 必要」『西北學會月報』17(2-17), 1908. 10.

「女子敎育(社會改善)」『公道』3(2-1), 1915. 1.

敬菴,「女子敎育의 必要」『龜岳宗報』7(3-1), 1916. 3.

P生,「女子敎育에 對한 意見」『女子時論』1, 1920. 1.

방순경,「女子解放問題」『女子時論』1, 1920. 1.

C生,「結婚의 目的은 무엇이냐?」『女子時論』1, 1920. 1.

滄海居士,「家族制度의 側面觀」『開闢』3, 1920. 8.

白頭山人,「幼年敎育政策如何」『開闢』10, 1921. 4.

白頭山人,「婦人敎育의 實際問題」『開闢』10, 1921. 4.

一笑,「解放을 따하는 女子」『我聲』3, 1921. 7

朴忠穆,「우리 父兄에게 子女의 就學을 勸告」『我聲』3, 1921. 7

李敦化,「新朝鮮의 建設과 兒童問題」『開闢』18, 1921. 12.

辛日鎔,「婦人問題의 一考察-自由思想과 賢母良妻主義」『新生活』1, 1922. 3.

槿園,「婦人問題의 種種」『新生活』1, 1922. 3.

辛日鎔,「婦人問題의 一考察-自由思想과 賢母良妻主義」(續),『新生活』2, 1922. 4.

朱鍾宜, 「女學校를 設立하라」『朝鮮之光』1(1-1), 1922. 11.

金松隱, 「離婚問題에 對하여」『開闢』35, 1923. 5.

「公娼廢止運動과 社會制度」『開闢』45, 1924. 3.

八峰山人, 「女性解放運動」『開闢』57, 1925. 3.

一記者, 「婦女 風紀 取締規則 發布를 듣고」『普聲』3(1-3), 1925. 7.

櫻桃園人, 「農村幼少年의 勞動問題」,『朝鮮農民』35(5-5), 1926 8.

李賢卿, 「經濟狀態의 變遷과 女性의 地位」『現代評論』1, 1927. 1.

李賢卿, 「經濟狀態의 變遷과 女性의 地位」(2)『現代評論』2, 1927. 3.

嚴俊源, 「朝鮮女子敎育에 對한 所感」『現代評論』2, 1927. 3.

李賢卿, 「經濟狀態의 變遷과 女性의 地位」(3)『現代評論』3, 1927. 4.

李賢卿, 「經濟狀態의 變遷과 女性의 地位」(4)『現代評論』4, 1927. 5.

「一夫一妻制와 姦通罪와의 關係」『現代評論』5, 1927. 6.

河洗龍, 「法律眼으로 본 公娼」,『時鐘』4(2-1), 1927. 8.

李 仁, 「離婚問題와 法律」『三千里』1-2, 1929. 9.

朱秉煥, 「打算的 結婚」『新興』2, 1929, 12.

方定煥, 「兒童問題 講演資料」『學生』(2-7), 1930. 6.

諸 氏, 「女權擴張과 朝鮮內 實際」『彗星』1, 1931. 3.

金炳魯, 「法律上으로 본 血族結婚」『三千里』3-6, 1931. 6.

「法律上으로 본 重婚罪와 民籍問題」『三千里』3-11, 1931. 11.

金炳魯, 「法廷에서 본 離婚의 悲劇」『三千里』3-11, 1931. 11.

「現代朝鮮의 婚姻法制」『三千里』4-9, 1932. 9.

雲岩内人, 「落胎가 罪냐」『東光』37(4-9), 1932. 9.

「乳兒囚人 13名 − 全道 刑務所 總在監者 1萬 8千」『新階段』7, 1933. 4.

徐 根, 「女性運動의 意義와 그 展望」『東學之光』, 1933. 11.

崔衡鍾, 「法律上 女性의 解放」『新家庭』14(2-2), 1934. 2.

李 仁, 「婦人에 必要한 法律常識」『新東亞』40(5-2), 1935. 2.

崔泰永, 「婦人의 法律上地位」『新東亞』43(5-5) 1935. 5.

吳平淑, 「無産者式 産兒制限法」『新階段』9, 1933.6.

蘇 因, 「母權制度의 發生과 父權制에의 推移」『新階段』9, 1933.6.

一記者, 「婚姻의 同姓同本 不可論」『實生活』, 1937. 7.

金晩炯,「法을 알고 法網에 걸린 稀世의 女詐欺事件」『朝光』29(4-3), 1938.3.

金汶植,「判例에 나타난 女性動態(女性의 强姦)」『女性』24(3-3), 1938. 3.

鄭光鉉,「朝鮮女性의 法律上地位」『春秋』4(2-4), 1941. 5.

咸尙勳,「朝鮮 學齡兒童의 義務敎育 實施」『朝光』87(9-1), 1943. 1.

11. 戰時統制

渡邊信治,「心田開發と敎育」『朝鮮の敎育硏究』, 1935. 9

「心田開發座談會」『朝鮮の敎育硏究』, 1936. 1

「四月一日부터 實施될 朝鮮人 志願兵制度」『朝光』29(4-3), 1938.3.

任貞河,「國民精神總動員의 朝鮮聯盟結成」『批判』, 1938. 9.

徐　椿,「戰時體制下의 朝鮮經濟」『四海公論』41(4-9), 1938.9.

鄭三峰,「全朝 思想報國聯盟의 進路」『四海公論』42(4-10), 1938.10.

白　岡,「國家總動員法의 發動」『批判』6-11, 1938. 11.

金　誓,「總動員法의 全面的 發動과 新聞」『朝光』40(5-2), 1939.2.

金斗植,「興亞的 大使命으로 본 內鮮一體」『三千里』130(12-3), 1939. 3.

一聲生,「內鮮一體 精神의 强化」『朝光』46(5-8), 1939. 8.

「戰時下에 制定된 三大法令」『朝光』50(5-12), 1939. 12.

「朝鮮人 志願兵令과 改定된 朝鮮敎育令」『批判』6-4, 1938. 4.

千光仁,「時局對策調査會의 意義」『批判』6-11, 1938. 11.

相蔣田池,「國家總動員法全」『朝光』, 1938. 12.

「總動員法의 全面的 發動과 新聞」『朝光』5-2, 1939.

玄永燮,「內鮮一體 體內의 朝鮮民衆的 諸問題의 考察」『三千里』, 130(12-3), 1939. 3.

鄭寅燮,「時局과 精緖敎育」『學友俱樂部』1(1-1), 1939. 7.

西村眞太郎,「內鮮一體の眞理」『東洋之光』1(1-1), 1939. 7.

印貞植,「內鮮一體の必然性に ついて」『東洋之光』1(1-1), 1939. 7.

栗原美能留,「國民精神と 勤勞報國運動」『東洋之光』1(1-1), 1939. 7.

「內鮮一體와 佛敎徒」『佛敎』20(4-1), 1940. 1.

南次郎,「興亞推新に 邁進せん」『太陽』1(1-1), 1940. 1.

山里秀雄,「事變と 言論機關の 使令」『太陽』1(1-1), 1940. 1.

森田芳夫,「建國理想と 日本精神」『太陽』1(1-1), 1940. 1.

印貞植,「內鮮一體의 新課題」『文章』12(2-1), 1940. 1.

「內鮮一體의 길」『批判』114(11-1), 1940. 1.

關口泰,「興亞敎育論」『人文論說』8(2-5), 1940. 5.

朴致祐,「東亞協同體論의 一省察」『人文論說』8(2-5), 1940. 5.

「朝鮮 各 宗敎團體의 赤誠」『佛敎』24(4-7), 1940. 6.

陸軍少佐 蒲動,「志願兵制度와 半島人에게 希望함」『三千里』12-6,
         1940. 6.

柳光烈,「海軍志願兵制 實施와 半島靑年의 榮譽」『朝光』92(9-6), 1940. 6.

崔 麟,「兵役義務와 眞正한 國民」『三千里』12-7, 1940. 7.

鄭鎭變,「新體制運動의 必然性」『人文評說』12(2-9), 1940. 10.

陸軍省情報部,「國土計劃에 대하여」『朝光』61(6-11), 1940. 11.

內閣情報部,「新體制란 무엇?」『朝光』62(6-12), 1940. 12.

李健赫,「新體制와 投資」『朝光』62(6-12), 1940. 12.

桂珖淳,「新體制と 靑年」『內鮮一體』5(1-5), 1940. 12.

天野道夫,「事實としての 內鮮一體」『內鮮一體』5(1-5), 1940. 12.

洪思成,「改正된 會社 配常 統制-會社經理統制令-」『朝光』63(7-1),
         1941. 1.

鳥川僑源,「國民總力運動의 意義와 實踐要綱」『春秋』1(2-1), 1941. 2.

金正實,「新體制의 指導原理」『春秋』1(2-1), 1941. 2.

鄭遇尙,「統制法과 人間性」『春秋』2(2-2), 1941. 3.

宮本元,「大東亞共榮圈 確立의 基本觀念」『春秋』2(2-2), 1941. 3.

劉永允,「高度國防體制의 新法案」『春秋』4(2-4), 1941. 5.

姜柄順,「國家 總動員法 改正에 對하여」『朝光』67(7-5), 1941 .5.

南總督(談),「鮮滿一如를 强調함(滿洲特輯)」『朝光』69(7-6), 1941. 6.

鄭光鉉,「防諜과 國防保安法」『新世代』1, 1941. 6.

德田仲仁,「時局과 法律」『新時代』 8(1-8), 1941. 8.

「國民皆勞運動實施要綱」『朝光』 73(7-11), 1941. 11.

崔臣海,「徵兵令과 體格檢査」『朝光』 85(8-11), 1942. 11.

姜炳順,「總動員法改正에 對하여」『朝光』 7-5, 1941.

柳光烈,「義務敎育制와 徵兵制」『朝光』 89(9-2), 1942. 2.

田保橋潔,「徵兵制の意味と朝鮮靑年の責務」『春秋』 17(3-6), 1942. 6.

「徵兵制와 家庭 動員」『春秋』 17(3-6), 1942. 6.

琴川寬,「徵兵制と女子敎育」『國民文學』 8(2-6), 1942. 7.

森本善德,「徵兵制 實施와 우리의 覺醒」『春秋』 19(3-8), 1942. 8.

渡邊信治,「大東亞建設의 理想과 國民의 敎化」『佛敎』 43(6-12), 1942. 12.

「大東亞省의 實理」『佛敎』 43(6-12), 1942. 12.

牧山春稙,「徵兵 實施 70周年과 朝鮮徵兵令」『朝光』 86(8-12), 1942. 12.

安倍良夫,「徵兵令と半島學徒」『朝光』 87(9-1), 1943. 1.

大山善道,「徵兵實施에 아울러 體의 鍊成」『佛敎』 44(7-1), 1943. 1.

李昌洙,「義務敎育制와 朝鮮人」『春秋』 25(4-2), 1943. 2.

徐載元,「現下 戰時經濟 統制法의 性格」『春秋』 25(4-2), 1943. 2.

丸山鶴吉,「徵兵制와 半島同胞」『大東亞』 15-3, 1943. 3.

裵廷鉉,「戰時行政關係法規解說」『朝光』 92(9-5), 1943. 5.

馬杉一雄,「徵兵制 施行을 앞두고」『春秋』 30(4-7), 1943. 7.

木戶耕三,「特別志願兵制度と學徒」『朝光』 97(9-11), 1943. 9.

伊東致昊 外,「徵兵 實施와 朝鮮靑年」『春秋』 31(4-8), 1943. 9.

渡邊信治,「時局卜敎育」『佛敎』 54(7-11), 1943. 11.

安在鴻,「'聖戰'意識에의 透撤」『春秋』 34(4-11), 1943. 12.

江川龍祚,「大東亞戰爭과 在滿朝鮮佛敎」『佛敎』 55(7-12), 1943. 12.

朴允進,「半島學徒의 特別 志願兵問題」『佛敎』 56(8-1), 1944. 1.

「經濟遵法과 協助精神」『佛敎』 57(8-2), 1944. 2.

木村謙三,「徵兵と志願兵」『春秋』 36(5-2), 1944. 2.

楠田敏郞,「戰局 重大なるに際にて」『朝光』 106(10-8), 1944. 8.

田原實,「國民 徵用의 解說」『春秋』 39(5-5), 1944. 10.

平野進,「內鮮一體 調査機關 確立の急務」『內鮮一體』 5(1-5), 1945. 12.

제2장

朝鮮總督府機關誌에 收錄된
法律 關聯記事目錄

범 례

* 이 목록은 한국근대 헌정·법률관련 목록자료 중 총독부기관지인『朝鮮總督府月報』·『朝鮮彙報』·『朝鮮』에 수록되어 있는 자료를 정리한 것이며, 국사편찬위원회 홈페이지(http://kuksa.nhcc.go.kr) 한국역사정보통합시스템에 탑재되어 있는 자료를 이용하여 대조하였다.
* 목록의 수록 방식은 기사의 제목, 필자, 잡지명, 호수(통권), 발행일의 순으로 기제 하는 것을 원칙으로 하였으나 참고자료의 특성상 완벽한 통일을 이루지 못하였다.
* 일제시대 잡지의 경우 분량이 방대한 몇 종의 목록에 대해서는 별도의 작업이 필요할 것으로 생각되며, 본 목록에 대해서도 계속적인 보완작업을 진행할 예정이다.

『朝鮮總督府月報』篇 (1911. 6~1915. 2)

「地方行政－地方行政區域一覽」『朝鮮總督府月報』(1-1), 1911. 6

「司法－裁判事務ノ概狀」『朝鮮總督府月報』(1-1), 1911. 6

「統計－土地家屋證明件數表」『朝鮮總督府月報』(1-1), 1911. 6

「統計－土地家屋證明取扱件數比較」『朝鮮總督府月報』(1-1), 1911. 6

「京城監獄ニ於ケル拘禁竝作業ノ狀況」『朝鮮總督府月報』(1-3), 1911. 8

「不動産ニ關スル用語略解」『朝鮮總督府月報』(1-4), 1911. 9

「面及洞ニ關スル制度舊慣調査」『朝鮮總督府月報』(1-5), 1911. 10

「不動産ニ關スル用語略解」『朝鮮總督府月報』(1-5), 1911. 10

「學制及其施行ニ對する內務部長官代學務局長談示要領」『朝鮮總督
　　　府月報』(1-6), 1911. 11

「高等法院判決例」『朝鮮總督府月報』(1-6), 1911. 11

「監獄作業ノ概況」『朝鮮總督府月報』(1-6), 1911. 11

「判決例」『朝鮮總督府月報』(1-7), 1911. 12

「不動産用語略解」『朝鮮總督府月報』(2-1), 1912. 1

「四十四年自一月至六月第一審民事事件表」『朝鮮總督府月報』(2-1),
　　　1912. 1

「判決例」『朝鮮總督府月報』(2-1), 1912. 1

「地方視察談(武藤事務官)」『朝鮮總督府月報』(2-1), 1912. 1

「四十四年上半期土地家屋證明件數表」『朝鮮總督府月報』(2-1), 1912. 1

「四十四年上半期各道別土地家屋證明取扱件數比較」『朝鮮總督府月
　　　報』(2-1), 1912. 1

「指紋法施行ノ概況附指紋法大意」『朝鮮總督府月報』(2-2), 1912. 2

「判決例」『朝鮮總督府月報』(2-2), 1912. 2

「不動産用語略解」『朝鮮總督府月報』(2-2), 1912. 2

「監獄作業ノ近況」『朝鮮總督府月報』(2-3), 1912. 3

「忠北地主納稅實施狀況」『朝鮮總督府月報』(2-3), 1912. 3

「國有地小作人組合業務執行狀況摘要」『朝鮮總督府月報』(2-4), 1912. 4

「裁判事件數」『朝鮮總督府月報』(2-4), 1912. 4

「民刑事判決」『朝鮮總督府月報』(2-4), 1912. 4

「在監者增減ノ狀況及現在受刑者ノ罪名刑期犯數」『朝鮮總督府月報』
　　　　(2-5), 1912. 5

「民事刑事判決」『朝鮮總督府月報』(2-5), 1912. 5

「朝鮮監獄ノ近況」『朝鮮總督府月報』(2-6), 1912. 6

「民事刑事判決」『朝鮮總督府月報』(2-6), 1912. 6

「監獄敎誨ノ槪況」『朝鮮總督府月報』(2-7), 1912. 7

「判決例」『朝鮮總督府月報』(2-7), 1912. 7

「不動産ニ關スル用語略解」『朝鮮總督府月報』(2-7), 1912. 7

「植民地關稅論」『朝鮮總督府月報』(2-8), 1912. 8

「寺刹令施行狀況一班」『朝鮮總督府月報』(2-8), 1912. 8

「裁判事件表」『朝鮮總督府月報』(2-8), 1912. 8

「民事刑事判決」『朝鮮總督府月報』(2-8), 1912. 8

「寺刹令施行狀況一班」『朝鮮總督府月報』(2-9), 1912. 9

「裁判事件表」『朝鮮總督府月報』(2-9), 1912. 9

「民事刑事判決」『朝鮮總督府月報』(2-9), 1912. 9

「民事刑事判決」『朝鮮總督府月報』(2-10), 1912. 10

「裁判事件表」『朝鮮總督府月報』(2-11), 1912. 11

「民事刑事判決」『朝鮮總督府月報』(2-11), 1912. 11

「裁判事件表」『朝鮮總督府月報』(2-12), 1912. 12

「民事刑事判決」『朝鮮總督府月報』(2-12), 1912. 12

「法令及通牒」『朝鮮總督府月報』(2-12), 1912. 12

「法令及通牒」『朝鮮總督府月報』(3-1), 1913. 1

「裁判事件表」『朝鮮總督府月報』(3-2), 1913. 2

「民事刑事判決」『朝鮮總督府月報』(3-2), 1913. 2

「民事刑事判決」『朝鮮總督府月報』(3-2), 1913. 2

「法令及通牒」『朝鮮總督府月報』(3-2), 1913. 2

「刑事判決」『朝鮮總督府月報』(3-2), 1913. 2

「不動産ニ關スル用語略解」『朝鮮總督府月報』(3-2), 1913. 2

「法令及通牒」『朝鮮總督府月報』(3-3), 1913. 3

「民事刑事判決」『朝鮮總督府月報』(3-4), 1913. 4

「法令及通牒」『朝鮮總督府月報』(3-4), 1913. 4

「法令及通牒」『朝鮮總督府月報』(3-5), 1913. 5

「刑事判決」『朝鮮總督府月報』(3-6), 1913. 6

「法令及通牒」『朝鮮總督府月報』(3-6), 1913. 6

「判決例(民事・刑事)」『朝鮮總督府月報』(3-7), 1913. 7

「法令」『朝鮮總督府月報』(3-7), 1913. 7

「辭令-自七月九日至八月七日」『朝鮮總督府月報』(3-8), 1913. 8

「法令」『朝鮮總督府月報』(3-8), 1913. 8

「判決例(民事-宗孫權確認請求ノ件)」『朝鮮總督府月報』(3-8), 1913. 8

「辭令-自八月十一日至九月九日」『朝鮮總督府月報』(3-9), 1913. 9

「法令」『朝鮮總督府月報』(3-9), 1913. 9

「判決例(民事)」『朝鮮總督府月報』(3-9), 1913. 9

「辭令-自九月五日至十月六日」『朝鮮總督府月報』(3-10), 1913. 10

「法令」『朝鮮總督府月報』(3-10), 1913. 10

「判決例(民事)」『朝鮮總督府月報』(3-10), 1913. 10

「辭令-自九月十五日至十月十六日」『朝鮮總督府月報』(3-11), 1913. 11

「法令」『朝鮮總督府月報』(3-11), 1913. 11

「判決例(民事・刑事)」『朝鮮總督府月報』(3-11), 1913. 11

「辭令-自十月十六日至十一月八日」『朝鮮總督府月報』(3-12), 1913. 12

「法令」『朝鮮總督府月報』(3-12), 1913. 12

「判決例(民事-强制執行異議二關スル件)」『朝鮮總督府月報』(3-12),
        1913. 12

「判決例(民事-貸金請求二關スル件)」『朝鮮總督府月報』(3-12), 1913. 12

「判決例(民事-系譜改正請求二關スル件)」『朝鮮總督府月報』(3-12),
        1913. 12

「判決例(刑事-强盜殺人二關スル件)」『朝鮮總督府月報』(3-12), 1913. 12

「辭令-大正二年十一月至十二月一日」『朝鮮總督府月報』(4-1), 1914. 1

「法令」『朝鮮總督府月報』(4-1), 1914. 1

「判決例(民事-賣掛代金請求ニ關スル件)」『朝鮮總督府月報』(4-1), 1914. 1

「判決例(民事-上告申立却下ノ決定ニ對スル抗告ニ關スル件)」,『朝鮮總督府月報』(4-1), 1914. 1

「判決例(民事-株券名義書換請求ニ關スル件)」『朝鮮總督府月報』(4-1), 1914. 1

「判決例(刑事-賭博ニ關スル件)」『朝鮮總督府月報』(4-1), 1914. 1

「辭令-自大正二年十二月八日至大正三年一月十五日」,『朝鮮總督府月報』(4-2), 1914. 2

「法令」『朝鮮總督府月報』(4-2), 1914. 2

「判決例(民事-損害賠償ニ關スル件)」『朝鮮總督府月報』(4-2), 1914. 2

「判決例(民事-土地所有權確認請求ニ關スル件)」『朝鮮總督府月報』(4-2), 1914. 2

「判決例(刑事-殺人ニ關スル件/僞證ニ關スル件)」『朝鮮總督府月報』(4-2), 1914. 2

「辭令-自一月二日至二月十日」『朝鮮總督府月報』(4-3), 1914. 3

「法令(道ノ位置及管轄區域及府郡ノ名稱・位置・管轄區域)」,『朝鮮總督府月報』(4-3), 1914. 3

「法令(府制及學校組合令ノ施行ニ關スル件/府制施行規則)」『朝鮮總督府月報』(4-3), 1914. 3

「判決例(民事・刑事)」『朝鮮總督府月報』(4-3), 1914. 3

「辭令-自二月十三日至三月十三日」『朝鮮總督府月報』(4-4), 1914. 4

「法令(府吏員ノ賠償責任竝身元保證ニ關スル件)」『朝鮮總督府月報』(4-4), 1914. 4

「法令(府吏員服務紀律)」『朝鮮總督府月報』(4-4), 1914. 4

「法令(學校組合令施行規則)」『朝鮮總督府月報』(4-4), 1914. 4

「法令(學校組合規約準則)」『朝鮮總督府月報』(4-4), 1914. 4

「判決例(民事-共有財産配當請求ニ關スル件)」『朝鮮總督府月報』(4-4), 1914. 4

「判決例(民事-建物地所所有權確認竝引渡請求ニ關スル件)」『朝鮮總督府月報』(4-4), 1914. 4

「刑事－橫領及竊盜ニ關スル件/橫領詐欺ニ關スル件)」,『朝鮮總督府
　　　月報』(4-4), 1914. 4

「敍任及辭令－自三月十二日至四月十四日)」 『朝鮮總督府月報』(4-5),
　　　1914. 5

「法令(地稅令)」『朝鮮總督府月報』(4-5), 1914. 5

「法令(市街地稅令)」『朝鮮總督府月報』(4-5), 1914. 5

「法令(國有未墾地利用法中改正)」『朝鮮總督府月報』(4-5), 1914. 5

「法令(災害地地租免除に關する件)」『朝鮮總督府月報』(4-5), 1914. 5

「法令(煙草稅令/國稅徵收令中改正)」『朝鮮總督府月報』(4-5), 1914. 5

「敍任及辭令－自四月十三日至五月十三日」『朝鮮總督府月報』(4-6),
　　　1914. 6

「法令」『朝鮮總督府月報』(4-6), 1914. 6

「判決例(民事－損害賠償請求ニ關スル件)」『朝鮮總督府月報』(4-6), 1914. 6

「判決例(民事－畓土引渡地稅臺帳名義變更ニ關スル件)」『朝鮮總督
　　　府月報』(4-6), 1914. 6

「判決例(民事－强制執行異議ニ關スル件)」『朝鮮總督府月報』(4-6), 1914. 6

「判決例(刑事－外國ニ於テ流通スル外國紙幣僞造ノ件)」『朝鮮總督
　　　府月報』(4-6), 1914. 6

「敍任及辭令－自五月十一日至六月十二日)」『朝鮮總督府月報』(4-7), 1914. 7

「法令)」『朝鮮總督府月報』(4-7), 1914. 7

「判決例(民事－土地所有權確認及引渡請求ニ關スル件)」『朝鮮總督
　　　府月報』(4-7), 1914. 7

「判決例(民事－夫婦同居請求ニ關スル件)」『朝鮮總督府月報』(4-7), 1914. 7

「判決例(刑事－朝鮮關稅令違反ノ件)」『朝鮮總督府月報』(4-7), 1914. 7

「敍任及辭令－自六月十二日至七月十三日」『朝鮮總督府月報』(4-8), 1914. 8

「法令(煙草稅令施行規則)」『朝鮮總督府月報』(4-8), 1914. 8

「法令(舊慣ニ關スル往答)」『朝鮮總督府月報』(4-8), 1914. 8

「判決例(民事－果實貸金請求ニ關スル件)」『朝鮮總督府月報』(4-8), 1914. 8

「判決例(民事－建物明渡竝家賃地代請求ニ關スル件)」『朝鮮總督府月
　　　報』(4-8), 1914. 8

「(刑事-橫領私印私書僞造行使詐欺取材ノ件)」『朝鮮總督府月報』(4-8), 1914. 8

「(刑事-公印公文書僞造行使詐欺ノ件)」『朝鮮總督府月報』(4-8), 1914. 8

「敍任及辭令-自七月十日至八月十三日」『朝鮮總督府月報』(4-8), 1914. 8

「法令及通牒(行政執行令)」『朝鮮總督府月報』(4-8), 1914. 8

「法令及通牒(地方金融組合業務監督規程)」『朝鮮總督府月報』(4-8), 1914. 8

「法令及通牒(朝鮮舊慣ニ關スル回答)」『朝鮮總督府月報』(4-8), 1914. 8

「判決例(民事-耕作權確認請求ニ關スル件)」『朝鮮總督府月報』(4-8), 1914. 8

「判決例(民事-堤池所有權確認請求ニ關スル件)」『朝鮮總督府月報』(4-8), 1914. 8

「判決例(刑事-贓物寄藏ニ關スル件)」『朝鮮總督府月報』(4-8), 1914. 8

「敍任及辭令-自八月十二日至九月十五日」『朝鮮總督府月報』(4-10), 1914. 10

「法令及通牒(朝鮮間接國稅犯則者處分令)」『朝鮮總督府月報』(4-10), 1914. 10

「法令及通牒(同施行規則)」『朝鮮總督府月報』(4-10), 1914. 10

「法令及通牒(朝鮮總督府所屬官署事務檢閱規程)」『朝鮮總督府月報』(4-10), 1914. 10

「法令及通牒(行政執行令施行期日)」『朝鮮總督府月報』(4-10), 1914. 10

「法令及通牒(同施行規則)」『朝鮮總督府月報』(4-10), 1914. 10

「法令及通牒(市場規則)」『朝鮮總督府月報』(4-10), 1914. 10

「法令及通牒(朝鮮舊慣ニ關スル回答)」『朝鮮總督府月報』(4-10), 1914. 10

「判決例(民事-土地所有權確認及引渡請求ニ關スル件)」『朝鮮總督府月報』(4-10), 1914. 10

「判決例(民事-控訴却下ノ決定ニ對スル抗告ノ件)」『朝鮮總督府月報』(4-10), 1914. 10

「判決例(刑事-强盜殺人敎唆ノ件)」『朝鮮總督府月報』(4-10), 1914. 10

「敍任及辭令-自九月十四日至十月十三日」『朝鮮總督府月報』(4-11), 1914. 11

「法令及通牒」『朝鮮總督府月報』(4-11), 1914. 11

「判決例(民事－沓所有權確認及引渡請求ニ關スル件)」『朝鮮總督府月報』(4-11), 1914. 11

「判決例(民事－貸金請求ニ關スル件)」『朝鮮總督府月報』(4-11), 1914. 11

「判決例(刑事－殺人ノ件/朝鮮關稅令違反ノ件)」『朝鮮總督府月報』(4-11), 1914. 11

「敍任及辭令－自十月十三日至十一月十一日」『朝鮮總督府月報』(4-12), 1914. 12

「法令及通牒(地方土木事業ノ監察ニ關スル件)」『朝鮮總督府月報』(4-12), 1914. 12

「法令及通牒(朝鮮總督府及所屬官署執務時間中改正)」『朝鮮總督府月報』(4-12), 1914. 12

「法令及通牒(會社令施行規則中改正)」『朝鮮總督府月報』(4-12), 1914. 12

「法令及通牒(朝鮮舊慣ニ關スル回答)」『朝鮮總督府月報』(4-12), 1914. 12

「判決例(民事－田畓所有權確認引渡請求ニ關スル件)」『朝鮮總督府月報』(4-12), 1914. 12

「判決例(刑事－文書僞造行使詐欺取材ノ件/殺人ノ件)」『朝鮮總督府月報』(4-12), 1914. 12

『朝鮮彙報』 篇 (1915. 3~1920. 6)

「朝鮮統治の本義」, 小松綠(外事局長), 『朝鮮彙報』, 1915. 3

「植民地に於ける檢察及警察制度」, 松寺竹雄(京城地方法院　檢事正),
　　　　『朝鮮彙報』, 1915. 3

「免囚保護事業概況」 『朝鮮彙報』, 1915. 3

「敍任及辭令(自大正三年十二月二十六日至大正四年二月九日)」 『朝鮮
　　　　彙報』, 1915. 3.

「法令及通牒－法令」 『朝鮮彙報』, 1915. 3

「法令及通牒－通牒」 『朝鮮彙報』, 1915. 3

「朝鮮舊慣に關する回答 : 墓位土の處分に關する件」 『朝鮮彙報』, 1915. 3

「朝鮮舊慣に關する回答 : 妻及女の相續順位に關する件」 『朝鮮彙報』,
　　　　1915. 3

「朝鮮舊慣に關する回答 : 承嫡子に對する廢除竝家産管理制限の件」
　　　　『朝鮮彙報』, 1915. 3

「判決例(民事:山坂及立木所有權確認竝引渡請求ニ關スル件)」 『朝鮮彙報』,
　　　　1915. 3

「判決例(刑事:私印私書僞造行使詐欺ノ件)」 『朝鮮彙報』, 1915. 3

「判決例(刑事:犯人隱避の件)」 『朝鮮彙報』, 1915. 3

「警務機關の配置及編成に就て」, 立花小一郎(警務總長), 『朝鮮彙報』,
　　　　1915. 4

「敎育宗敎分離主義を論じ朝鮮の敎育制度に及ぶ」, 小松綠(外事局長),
　　　　『朝鮮彙報』, 1915. 4

「私立學校規則改正の要旨」, 關屋貞三郎(學務局長), 『朝鮮彙報』, 1915. 4

「朝鮮寺刹各本寺聯合制規の要項」 『朝鮮彙報』, 1915. 4

「時局に關する事項」 『朝鮮彙報』, 1915. 4

「民籍の不登錄と婚姻成立時期」, 細谷定(警部), 『朝鮮彙報』, 1915. 4

「法令及通牒－法令」 『朝鮮彙報』, 1915. 4

「法令及通牒－通牒」 『朝鮮彙報』, 1915. 4

「朝鮮舊慣ニ關スル回答:庶子ノ財産相續處分ニ關スル件」『朝鮮彙報』,
　　　　1915. 4

「朝鮮舊慣ニ關スル回答:相續人未定ノ遺産ニ付テノ訴訟竝該遺産代
　　　　表ニ關スル件」『朝鮮彙報』, 1915. 4

「朝鮮舊慣ニ關スル回答:保護者指定ニ關スル件」『朝鮮彙報』, 1915. 4

「判決例(民事－損害賠償請求ニ關スル件)」『朝鮮彙報』, 1915. 4

「判決例(民事－土地賣買證明履行請求ニ關スル件)」『朝鮮彙報』, 1915. 4

「判決例(刑事－逮捕監禁ノ件)」『朝鮮彙報』, 1915. 4

「判決例(刑事－保安規則違犯ノ件)」『朝鮮彙報』, 1915. 4

「司法事務上より觀たる社會的事物の變遷」, 國分三亥(司法部長官),
　　　　『朝鮮彙報』, 1915. 5

「私立學校規則改正級私立學校教員試驗施行規則に關する寺內總督
　　　　訓令」『朝鮮彙報』, 1915. 5

「朝鮮人の早婚と慣習の效力」, 細谷定(總督府警部),『朝鮮彙報』, 1915. 5

「敍任及辭令－自大正四年三月八日至大正四年四月一日」『朝鮮彙報』,
　　　　1915. 5

「法令及通牒－法令」『朝鮮彙報』, 1915. 5

「法令及通牒－通牒」『朝鮮彙報』, 1915. 5

「朝鮮舊慣ニ關スル回答:遺産相續ニ關スル件」『朝鮮彙報』, 1915. 5

「朝鮮舊慣ニ關スル回答:板細音ヲ爲ス場合及其ノ效力ニ關スル件」,
　　　　『朝鮮彙報』, 1915. 5

「朝鮮舊慣ニ關スル回答:築垌水稅ニ關スル件」『朝鮮彙報』, 1915. 5

「判決例(民事－土地所有權確認及土地引渡竝ニ土地所有權證明抹消
　　　　手續履行請求ニ關スル件)」『朝鮮彙報』, 1915. 5

「判決例(民事－土地所有權確認及引渡請求ニ關スル件)」『朝鮮彙報』,
　　　　1915. 5

「判決例(民事－損害賠償請求ニ關スル件)」『朝鮮彙報』, 1915. 5

「判決例(刑事－軍機保護法違反ノ件)」『朝鮮彙報』, 1915. 5

「判決例(刑事－竊盜ノ件)」『朝鮮彙報』, 1915. 5

松寺竹雄,「植民地に於ける檢察及警察制度」『朝鮮彙報』, 1915. 6

「總督府行政整理の梗概」『朝鮮彙報』, 1915. 6

「滿洲に於ける朝鮮銀行券」『朝鮮彙報』, 1915. 6

「地方金融組合の增設」『朝鮮彙報』, 1915. 6

細谷定,「强制婚姻より胚胎せる戰慄すべき犯罪」『朝鮮彙報』, 1915. 6

「敍任及辭令－自大正四年三月三十一日至大正四年五月六日」 『朝鮮
　　　　彙報』, 1915. 6

「法令及通牒」『朝鮮彙報』, 1915. 6

「民刑事判決例」『朝鮮彙報』, 1915. 6

「敍任及辭令－自大正四年四月三十日至大正四年六月八日」 『朝鮮彙
　　　　報』, 1915. 7

「法令及通牒」『朝鮮彙報』, 1915. 7

「民刑事判決例」『朝鮮彙報』, 1915. 7

「司法官ニ對スル寺內總督訓示」『朝鮮彙報』, 1915. 8

松寺竹雄,「植民地に於ける 檢察及警察制度(完)」『朝鮮彙報』, 1915. 8

「敍任及辭令－自大正四年五月三十日至大正四年七月八日」『朝鮮彙報』,
　　　　1915. 8

「法令及通牒」『朝鮮彙報』, 1915. 8

「民刑事判決例」『朝鮮彙報』, 1915. 8

「司法(沿革)」『朝鮮彙報』, 1915. 9

「司法(裁判機關の組織)」『朝鮮彙報』, 1915. 9

「司法(民刑法規の統一及整理)」『朝鮮彙報』, 1915. 9

「司法(登記及證明)」『朝鮮彙報』, 1915. 9

「司法(裁判事務)」『朝鮮彙報』, 1915. 9

「司法(犯罪卽決及民事爭訟調停)」『朝鮮彙報』, 1915. 9

「司法(監獄の改善)」『朝鮮彙報』, 1915. 9

「司法(指紋)」『朝鮮彙報』, 1915. 9

「司法(免囚保護)」『朝鮮彙報』, 1915. 9

「警察及衛生(警務機關の組織及配置)」『朝鮮彙報』, 1915. 9

「最近五年司法成績」『朝鮮彙報』, 1915. 9

「財政金融(財政變遷槪況)」『朝鮮彙報』, 1915. 9

「財政金融(稅制の整理)」『朝鮮彙報』, 1915. 9

「財政金融(金融機關の發達)」『朝鮮彙報』, 1915. 9

「財政金融(貨幣整理)」『朝鮮彙報』, 1915. 9

「財政金融(關稅行政)」『朝鮮彙報』, 1915. 9

「東洋拓殖株式會社調査 朝鮮不動産の權利の得喪に關する制度」,
　　　『朝鮮彙報』, 1915. 10

「朝鮮商業會議所令及朝鮮重要物産同業組合令の要旨」『朝鮮彙報』, 1915.
　　　10

「敍任及辭令－自大正四年六月二十九日至大正四年八月七日」 『朝鮮
　　　彙報』, 1915. 10

「法令及通牒」『朝鮮彙報』, 1915. 10

「民刑事判決例」『朝鮮彙報』, 1915. 10

「植民政策の第一義」, 山田三郎『朝鮮彙報』, 1915. 11

「敍任及辭令」『朝鮮彙報』, 1915. 11

「法令及通牒」『朝鮮彙報』, 1915. 11

「敍任及辭令－自大正四年九月十日至大正四年十一月十二日」 『朝鮮
　　　彙報』, 1915. 12

「法令及通牒」『朝鮮彙報』, 1915. 12

「判決例」『朝鮮彙報』, 1915. 12

小松綠,「朝鮮に於ける教育と宗教」『朝鮮彙報』, 1916. 1

「神社寺院規則及布教規則の要旨」『朝鮮彙報』, 1916. 1

「民籍」『朝鮮彙報』, 1916. 1

「免囚保護」『朝鮮彙報』, 1916. 1

「質疑應答(土地所有名義訂正に付て)」『朝鮮彙報』, 1916. 1

「敍任及辭令－自大正四年十一月一日至大正四年十二月六日」 『朝鮮
　　　彙報』, 1916. 1

「法令及通牒」『朝鮮彙報』, 1916. 1

「判決例」『朝鮮彙報』, 1916. 1

「不動産登記令の施行竝登記所の設置」『朝鮮彙報』, 1916. 2

「間島に於ける領事官の裁判に關する法令の改正」『朝鮮彙報』, 1916. 2

「敍任及辭令－自大正四年十二月一日至大正五年一月十一日」『朝鮮彙報』, 1916. 2

「法令及通牒」『朝鮮彙報』, 1916. 2

「判決例」『朝鮮彙報』, 1916. 2

「警察機關と面積竝人口の步合」『朝鮮彙報』, 1916. 3

「敍任及辭令－自大正四年十二月二十七日至大正五年二月八日」,『朝鮮彙報』, 1916. 3

「法令及通牒」『朝鮮彙報』, 1916. 3

「判決例」『朝鮮彙報』, 1916. 3

淺見倫太郎(高等法院檢事),「李氏國初の法典」『朝鮮彙報』, 1916. 4

「迷信に因る犯罪」『朝鮮彙報』, 1916. 4

「敍任及辭令－自大正五年一月三十一日至同年三月十一日」『朝鮮彙報』, 1916. 4

「大正四年に於ける金融機關總說」『朝鮮彙報』, 1916. 4

「法令及通牒」『朝鮮彙報』, 1916. 4

「判決例」『朝鮮彙報』, 1916. 4

淺見倫太郎,「經國大典及其の後の法典」『朝鮮彙報』, 1916. 5

「敍任及辭令(自三月一日至四月十二日)」『朝鮮彙報』, 1916. 5

「法令及通牒」『朝鮮彙報』, 1916. 5

「判決例」『朝鮮彙報』, 1916. 5

淺見倫太郎,「六典の最後に過渡の時代あり」『朝鮮彙報』, 1916. 6

「法令及通牒」『朝鮮彙報』, 1916. 6

「判決例」『朝鮮彙報』, 1916. 6

藤川利三郎,「朝鮮に於ける地稅制度の沿革」『朝鮮彙報』, 1916. 6

「地方金融組合の現況」, 入江海平(總督府事務官),『朝鮮彙報』, 1916. 7

「不動產登記令の施行竝登記所の設置」『朝鮮彙報』, 1916. 7

「敍任及辭令(自大正五年四月一日至大正五年六月八日)」『朝鮮彙報』, 1916. 7

「法令及通牒」『朝鮮彙報』, 1916. 7

「判決例」『朝鮮彙報』, 1916. 7

「敍任及辭令(自大正五年五月三一日至大正五年七月八日)」『朝鮮彙報』,
　　　　1916. 8

「法令及通牒」『朝鮮彙報』, 1916. 8

「判決例」『朝鮮彙報』, 1916. 8

荒井賢太郎(度支部長官),「酒稅令の要旨」『朝鮮彙報』, 1916. 9

小松綠(中樞院書記官長),「朝鮮施政の眞義」『朝鮮彙報』, 1916. 9

「不動産登記制度(一)」『朝鮮彙報』, 1916. 9

「不動産登記令の施行竝地方法院出張所の設置」『朝鮮彙報』, 1916. 9

「忠淸南道に於ける民籍事務硏究會」『朝鮮彙報』, 1916. 9

「敍任及辭令(自大正五年六月七日至大正五年八月八日)」『朝鮮彙報』,
　　　　1916. 9

「法令及通牒」『朝鮮彙報』, 1916. 9

「判決例」『朝鮮彙報』, 1916. 9

「不動産登記制度(二)」『朝鮮彙報』, 1916. 10

「各道行政區域名稱一覽(京畿道)」『朝鮮彙報』, 1916. 10

「司法官試補實務試驗」『朝鮮彙報』, 1916. 10

小松淺五郞,「道長官と警務部長との職制上の關係に關する永野法學
　　　　士の所說に就て」『朝鮮彙報』, 1916. 10

「敍任及辭令(自大正五年七月九日至大正五年九月八日)」『朝鮮彙報』,
　　　　1916. 10

「法令及通牒」『朝鮮彙報』, 1916. 10

「判決例」『朝鮮彙報』, 1916. 10

「不動産登記制度(三)」『朝鮮彙報』, 1916. 11

「敍任及辭令(自大正五年八月二十四日至大正五年十月九日)」『朝鮮彙
　　　　報』, 1916. 11

「法令及通牒」『朝鮮彙報』, 1916. 11

「判決令」『朝鮮彙報』, 1916. 11

「不動産登記制度(四)」『朝鮮彙報』, 1916. 12

「不動産登記令の施行竝地方法院出張所の開設」『朝鮮彙報』, 1916. 12

「敍任及辭令(自大正五年九月三十日至大正五年十一月八日)」『朝鮮彙

報』, 1916. 12

「法令及通牒」『朝鮮彙報』, 1916. 12

「判決令」『朝鮮彙報』, 1916. 12

「朝鮮司法制度の沿革」『朝鮮彙報』, 1917. 1

「私娼の取締に就て」『朝鮮彙報』, 1917. 1

「敍任及辭令(自大正五年九月七日至大正五年十二月五日)」『朝鮮彙報』,
　　　1917. 1

「法令及通牒」『朝鮮彙報』, 1917. 1

「判決例」『朝鮮彙報』, 1917. 1

「各道行政區域名稱一覽表(全羅南道)」『朝鮮彙報』, 1917. 2

「司法官に對する總督訓示」『朝鮮彙報』, 1917. 2

「朝鮮司法制度の沿革」『朝鮮彙報』, 1917. 2

「銃砲の取締に就て」『朝鮮彙報』, 1917. 2

「敍任及辭令(自大正五年十一月五日至大正六年一月八日)」『朝鮮彙報』,
　　　1917. 2

「法令及通牒」『朝鮮彙報』, 1917. 2

「判決例」『朝鮮彙報』, 1917. 2

「警務部長に對する總督訓示」『朝鮮彙報』, 1917. 3

國分三亥(司法部長官),「朝鮮婦人の本夫殺罪」『朝鮮彙報』, 1917. 3

忠淸南道報告抄,「忠淸南道に於ける民情及行政の實狀調査」『朝鮮
　　　彙報』, 1917. 3

「各道行政區域名稱一覽表(慶尙北道)」『朝鮮彙報』, 1917. 3

「時局の朝鮮鹽に及したる影響」『朝鮮彙報』, 1917. 3

「朝鮮司法制度沿革(完)」『朝鮮彙報』, 1917. 3

「敍任及辭令(自大正五年十二月二十一日至大正六年二月九日)」『朝鮮
　　　彙報』, 1917. 3

「法令及通牒」『朝鮮彙報』, 1917. 3

「判決例」『朝鮮彙報』, 1917. 3

隈部親信(京畿道警務部長),「山林警察私見」『朝鮮彙報』, 1917. 4

「東洋拓殖株式會社移住規則の改正」『朝鮮彙報』, 1917. 4

「各道行政區域名稱一覽表(慶尙南道)」『朝鮮彙報』, 1917. 4

「敍任及辭令(自大正六年二月七日至大正六年三月八日)」『朝鮮彙報』,
      1917. 4

「法令及通牒」『朝鮮彙報』, 1917. 4

「判決例」『朝鮮彙報』, 1917. 4

「各道行政區域名稱一覽表(黃海道)」『朝鮮彙報』, 1917. 5

「敍任及辭令(自大正六年度面輕費歲入歲出決算表)」『朝鮮彙報』, 1917. 5

「タンクステン鑛に關する弊害と其の取締」『朝鮮彙報』, 1917. 5

「法令及通牒」『朝鮮彙報』, 1917. 5

「判決例」『朝鮮彙報』, 1917. 5

「阿片煙吸食モルヒネ注射の取締及其の慢性中毒者救護狀況」『朝鮮
      彙報』, 1917. 6

「朝鮮に於ける辯護士制度」『朝鮮彙報』, 1917. 6

「敍任及辭令(自大正六年三月十七日至大正六年五月九日)」『朝鮮彙報』,
      1917. 6

「法令及通牒」『朝鮮彙報』, 1917. 6

「判決例」『朝鮮彙報』, 1917. 6

「典獄に對する訓示」『朝鮮彙報』, 1917. 7

「面制に就て」, 宇佐美勝夫(內務部長官), 『朝鮮彙報』, 1917. 7

「各道行政區域名稱一覽表(平安北道)」『朝鮮彙報』, 1917. 7

「戰時に於ける經濟事情と犯罪との關係」『朝鮮彙報』, 1917. 7

「敍任及辭令(自大正六年四月一日至大正六年六月七日)」『朝鮮彙報』,
      1917. 7

「法令及通牒」『朝鮮彙報』, 1917. 7

宇佐美勝夫,「朝鮮水利組合令の制定に就て」『朝鮮彙報』, 1917. 8

「各道行政區域名稱一覽表(江原道)」『朝鮮彙報』, 1917. 8

「監獄醫務主任會同に於ける司法部長官訓示要領」『朝鮮彙報』, 1917. 8

「監獄敎務主任會同に於ける司法部長官訓示要領」『朝鮮彙報』, 1917. 8

「敍任及辭令(自大正六年四月二十四日至大正六年七月七日)」『朝鮮彙
      報』, 1917. 8

「國語及朝鮮語研究－法令類の飜譯」『朝鮮彙報』, 1917. 8

「法令及通牒」『朝鮮彙報』, 1917. 8

「判決例」『朝鮮彙報』, 1917. 8

淺見倫太郎, 「李朝の土地制度と高麗との連鎖」『朝鮮彙報』, 1917. 9

「各道行政區域名稱一覽表(咸鏡南道)」『朝鮮彙報』, 1917. 9

「朝鮮不動産登記令の施行竝地方法院出張所の設置」『朝鮮彙報』, 1917. 9

「朝鮮在住內地人の戶籍屆出」『朝鮮彙報』, 1917. 9

「敍任及辭令(自大正六年六月十五日至大正六年八月九日)」『朝鮮彙報』,
　　　1917. 9

「法令及通牒」『朝鮮彙報』, 1917. 9

「判決例」『朝鮮彙報』, 1917. 9

小原新三, 「米穀檢査規則の改正及大豆檢査規則の制定に就て」『朝
　　　鮮彙報』, 1917. 10

牧野英一, 「最近の法律思潮」『朝鮮彙報』, 1917. 10

司法府監獄課, 「笞刑に就て」『朝鮮彙報』, 1917. 10

「法令及通牒」『朝鮮彙報』, 1917. 10

「判決例」『朝鮮彙報』, 1917. 10

「司法官に對する總督訓示」『朝鮮彙報』, 1917. 11

牧野英一, 「最近の法律思潮」『朝鮮彙報』, 1917. 11

「地稅結數及稅額表, 市街地稅坪數地價及稅額表」『朝鮮彙報』, 1917. 11

司法府監獄課(完), 「笞刑に就て」『朝鮮彙報』, 1917. 11

「法令及通牒」『朝鮮彙報』, 1917. 11

牧野英一, 「最近の法律思潮」『朝鮮彙報』, 1917. 12

「法令及通牒」『朝鮮彙報』, 1917. 12

「判決例」『朝鮮彙報』, 1917. 12

「大正六年に於ける朝鮮」『朝鮮彙報』, 1918. 1

國分三亥(司法部長官), 「朝鮮刑事令改正の要旨」『朝鮮彙報』, 1918. 1

「統計(人口統計)」『朝鮮彙報』, 1918. 1

「法令及通牒」『朝鮮彙報』, 1918. 1

「判決例」『朝鮮彙報』, 1918. 1

司法府法務課,「朝鮮人間の離婚訴訟」『朝鮮彙報』, 1918. 2

「法令及通牒」『朝鮮彙報』, 1918. 2

「判決例」『朝鮮彙報』, 1918. 2

「高等女學校長に對する總督訓示」『朝鮮彙報』, 1918. 3

「法令及通牒」『朝鮮彙報』, 1918. 3

「判決例」『朝鮮彙報』, 1918. 3

關屋貞三郎(學務局長),「書堂規則の發布」『朝鮮彙報』, 1918. 4

「法令及通牒」『朝鮮彙報』, 1918. 4

「判決例」『朝鮮彙報』, 1918. 4

「朝鮮銀行法中改正」『朝鮮彙報』, 1918. 5

「朝鮮事業公債法中改正」『朝鮮彙報』, 1918. 5

「貨幣法の實施竝舊韓國貨幣の處分に關する法律の發布」『朝鮮彙報』,
        1918. 5

「朝鮮官吏の恩給等に關する法律の發布」『朝鮮彙報』, 1918. 5

「法令及通牒」『朝鮮彙報』, 1918. 5

「判決例」『朝鮮彙報』, 1918. 5

國分三亥(司法部長官),「共通法に就て」『朝鮮彙報』, 1918. 6

小原新三(農商工部長官),「林野調査令要旨」『朝鮮彙報』, 1918. 6

和田一郎,「國有地の紛糾」『朝鮮彙報』, 1918. 6

「法令及通牒」『朝鮮彙報』, 1918. 6

「判決例」『朝鮮彙報』, 1918. 6

「典獄に對する總督訓示」『朝鮮彙報』, 1918. 7

「司法官に對する總督訓示」『朝鮮彙報』, 1918. 7

慶尙北道,「小作慣例に關する調査」『朝鮮彙報』, 1918. 7

國分三亥(司法部長官),「共通法に就て(完)」『朝鮮彙報』, 1918. 7

「法令及通牒」『朝鮮彙報』, 1918. 7

「判決例」『朝鮮彙報』, 1918. 7

鈴木穆(度支部長官),「地稅令改正の要旨」『朝鮮彙報』, 1918. 8

鈴木穆,「煙草稅令の改正に就て」『朝鮮彙報』, 1918. 8

鈴木穆,「地方金融組合令の改正に就て」『朝鮮彙報』, 1918. 8

萩田悅造(總務局長),「國勢調查要論」『朝鮮彙報』, 1918. 8

「法令及通牒」『朝鮮彙報』, 1918. 8

「判決例」『朝鮮彙報』, 1918. 8

鈴木穆(度支部長官),「朝鮮殖產銀行の設立の要旨」『朝鮮彙報』, 1918. 9

「法令及通牒」『朝鮮彙報』, 1918. 9

「判決例」『朝鮮彙報』, 1918. 9

「朝鮮殖產銀行の設立經過」『朝鮮彙報』, 1918. 10

「法令及通牒」『朝鮮彙報』, 1918. 10

「判決例」『朝鮮彙報』, 1918. 10

和田一郎,「土地及地稅の制度」『朝鮮彙報』, 1918. 11

「統計(地稅結數及稅額表)」『朝鮮彙報』, 1918. 11

「法令及通牒」『朝鮮彙報』, 1918. 11

「判決例」『朝鮮彙報』, 1918. 11

李完用(伯爵),「土地調查の完了に就て」『朝鮮彙報』, 1918. 12

「統計(地稅結數及稅額表)」『朝鮮彙報』, 1918. 12

「法令及通牒」『朝鮮彙報』, 1918. 12

「判決例」『朝鮮彙報』, 1918. 12

「大正七年に於ける朝鮮」『朝鮮彙報』, 1919. 1

「法令及通牒」『朝鮮彙報』, 1919. 1

「官立學校長に對する總督訓示」『朝鮮彙報』, 1919. 2

大邱監獄,「行刑奏效の一例」.『朝鮮彙報』, 1919. 2

「法令及通牒」『朝鮮彙報』, 1919. 2

「黃海道に於ける小作慣習」『朝鮮彙報』, 1919. 3

「法令及通牒」『朝鮮彙報』, 1919. 3

「判決例」『朝鮮彙報』, 1919. 3

「法令及通牒」『朝鮮彙報』, 1919. 4

「判決例」『朝鮮彙報』, 1919. 4

水口隆三(度支部稅務課長),「砂糖消費稅令及印紙稅令の新設竝酒稅令
　　　改正の要旨」『朝鮮彙報』, 1919. 5

杉本良,「朝鮮に於ける地方稅に就て」『朝鮮彙報』, 1919. 5

「統計(裁判所及檢查局取扱事件數)」『朝鮮彙報』, 1919. 5

「法令及通牒」『朝鮮彙報』, 1919. 5

「判決例」『朝鮮彙報』, 1919. 5

「朝鮮に於ける慣行の財産權の創設, 移轉變更等を證明すべき證書, 帳簿に關する調査」『朝鮮彙報』, 1919. 6

「朝鮮登錄稅令中改正」『朝鮮彙報』, 1919. 6

「統計(裁判所及檢查局取扱事件數)」『朝鮮彙報』, 1919. 6

「法令及通牒」『朝鮮彙報』, 1919. 6

「判決例」『朝鮮彙報』, 1919. 6

「朝鮮阿片取締令要旨」『朝鮮彙報』, 1919. 7

「國有山林の經營と山林令施行規則の改正」『朝鮮彙報』, 1919. 7

「統計(裁判所及檢查局取扱事件數)」『朝鮮彙報』, 1919. 7

「法令及通牒」『朝鮮彙報』, 1919. 7

「判決例」『朝鮮彙報』, 1919. 7

「統計(裁判所及檢查局取扱事件數)」『朝鮮彙報』, 1919. 8

「法令及通牒」『朝鮮彙報』, 1919. 8

「判決例」『朝鮮彙報』, 1919. 8

「統計(裁判所及檢查局取扱事件數)」『朝鮮彙報』, 1919. 9

「騷擾事件在監人員表」『朝鮮彙報』, 1919. 9

「法令及通牒」『朝鮮彙報』, 1919. 9

「判決例」『朝鮮彙報』, 1919. 9

「統計(裁判所及檢查局取扱事件數)」『朝鮮彙報』, 1919. 10

「法令及通牒」『朝鮮彙報』, 1919. 10

「判決例」『朝鮮彙報』, 1919. 10

大塚常三郎(參事官), 「墓地, 火葬場, 埋葬及火葬取締規則改正の要旨」『朝鮮彙報』, 1919. 11

「統計(裁判所及檢查局取扱事件數)」『朝鮮彙報』, 1919. 11

「法令及通牒」『朝鮮彙報』, 1919. 11

「判決例」『朝鮮彙報』, 1919. 11

赤池濃(警務局長), 「警察制度の改正」『朝鮮彙報』, 1919. 12

「朝鮮人官吏俸給令改正」『朝鮮彙報』, 1919. 12

「統計(裁判所及檢查局取扱事件數)」『朝鮮彙報』, 1919. 12

「法令及通牒」『朝鮮彙報』, 1919. 12

「判決例」『朝鮮彙報』, 1919. 12

男爵齋藤實(朝鮮總督),「朝鮮統治の方針」『朝鮮彙報』, 1920. 1

「大正八年に於ける朝鮮」『朝鮮彙報』, 1920. 1

柴田善三郞(學務局長),「高等普通學校女子高等普通學校規則改正の要
　　　　　旨」『朝鮮彙報』, 1920. 1

「統計(裁判所及檢查局取扱事件數)」『朝鮮彙報』, 1920. 1

「法令及通牒」『朝鮮彙報』, 1920. 1

「統計(裁判所及檢查局取扱事件數)」『朝鮮彙報』, 1920. 2

「法令及通牒」『朝鮮彙報』, 1920. 2

「統計(裁判所及檢查局取扱事件數)」『朝鮮彙報』, 1920. 3

「法令及通牒」『朝鮮彙報』, 1920. 3

「裁判所, 檢查局及監獄監督官會議」『朝鮮彙報』, 1920. 4

「統計(裁判所及檢查局取扱事件數)」『朝鮮彙報』, 1920. 4

「法令及通牒」『朝鮮彙報』, 1920. 4

「重要法令の改正」『朝鮮彙報』, 1920. 5

柴田善三郞(學務局長),「私立學校規則改正に就て」『朝鮮彙報』, 1920. 5

「司法官試補實務試驗」『朝鮮彙報』, 1920. 5

「統計(裁判所及檢查局取扱事件數)」『朝鮮彙報』, 1920. 5

「法令及通牒」『朝鮮彙報』, 1920. 5

小田幹治郞,「婚姻に關する朝鮮の習俗」『朝鮮彙報』, 1920. 6

「統計(裁判所及檢查局取扱事件數)」『朝鮮彙報』, 1920. 6

「法令及通牒」『朝鮮彙報』, 1920. 6

『朝鮮』篇(1920. 7~1944. 12)

鐵道部長 利田一郎,「朝鮮私設鐵道令の制定」『朝鮮』, 1920. 7

「法令及通牒」『朝鮮』, 1920. 7

水野政務總監談,「地方制度改正の要旨」『朝鮮』, 1920. 8

「法令及通牒」『朝鮮』, 1920. 9

黑田總督府屬,「所得稅法改正要旨」『朝鮮』, 1920. 10

柴田學敎局長,「敎育令改正に就て」『朝鮮』, 1920. 12

濟藤朝鮮總督,「臨時敎育調査委員會に際して」『朝鮮』, 1921. 2

水野政務總監,「朝鮮統治上の五大政策」『朝鮮』, 1921. 4

丸由事務官,「朝鮮現時の治安」『朝鮮』, 1921. 4

「臨時戶口調査務の完成」『朝鮮』, 1921. 4

丸山鶴吉,「兒童保護事業に就て」『朝鮮』77, 1921. 6

上田業雄,「社會敎化の根本的基調」『朝鮮』77, 1921. 6

松村松盛,「學敎を中心そせる社會敎化」『朝鮮』77, 1921. 6

森德次郎,「朝鮮に於ける免囚保護」『朝鮮』77, 1921. 6

河內山專賣局長,「專賣制度に就いて」『朝鮮』78, 1921. 8

原正鼎,「內鮮人通婚民籍手續に就いて」『朝鮮』78, 1921. 9

齋藤總督,「改正地方制度施行一周年に際して」『朝鮮』78, 1921. 10

水野政務總監,「地方制度と其の運用」『朝鮮』80, 1921. 10

朴泳孝,「不遠完全なる地方自治を見るであらう」『朝鮮』80, 1921. 10

李完用,「改正地方制度の效果」『朝鮮』80, 1921. 10

美濃部俊吉,「地方行政上緊要なる二問題」『朝鮮』80, 1921. 10

宋秉畯,「改正地方制度實施一週年を迎へて」『朝鮮』80, 1921. 10

有賀光豊,「地方制度改正と團體の事業」『朝鮮』80, 1921. 10

赤池警務局長,「改正地方制度と警察」『朝鮮』80, 1921. 10

朝倉外茂鐵,「地方制度改正紀念植樹として桐栗の栽培を勸む」『朝
鮮』80, 1921. 10

河內山財務局長,「地方財政に就いて」『朝鮮』80, 1921. 10

李圭完,「改正地方制度實施劈頭の良積」『朝鮮』80, 1921. 10

柴田學教國長,「改正地方制度と教育」『朝鮮』80, 1921. 10

時實秋穂,「地方制度の改正に就て」『朝鮮』80, 1921. 10

大垣丈夫,「地方制度改正に對して」『朝鮮』80, 1921. 10

飯尾藤次郎,「選擧は眞面目に會議は熱心に」『朝鮮』80, 1921. 10

賀田直治,「道評議會に對する私見」『朝鮮』80, 1921. 10

金寬鉉,「改正地方制度に對する二個の希望を」『朝鮮』80, 1921. 10

有馬純吉,「地方制度改正批判」『朝鮮』80, 1921. 10

李範益,「朝鮮に於ける地方制度の今昔」『朝鮮』80, 1921. 10

任景宰,「改正地方制度實施に對して」『朝鮮』80, 1921. 10

洪承均,「朝鮮傳來の地方自治的寬例」『朝鮮』80, 1921. 10

富永文,「地方財政の見地より」『朝鮮』80, 1921. 10

「改正地方制度に對する意見竝感想」『朝鮮』80, 1921. 10

平井三男,「改正地方制度の實施狀況」『朝鮮』80, 1921. 10

三井善喜,「新制度の精神を具體的に宣傳し得たい」『朝鮮』80, 1921. 10

李東爀,「地方制度實施の傳播」『朝鮮』80, 1921. 10

葛城末太郎,「府協議會につさて」『朝鮮』80, 1921. 10

横山朝雄,「內地に於ける地方制度の沿革」『朝鮮』80, 1921. 10

「改正地方制度條文」(附錄)『朝鮮』80, 1921. 10

丸由鶴吉,「朝鮮に於ける治安の現狀」『朝鮮』82, 1921. 12

原正鼎,「民事令改正趣旨」『朝鮮』82, 1921. 12

稻葉君山,「支那の裁兵問題及法權問題」『朝鮮』82, 1921. 12

外事課,「朝鮮に於ける外國人の所有地」『朝鮮』82, 1921. 12

「辯護士規則改正及辯護士試驗規則의 制定」(彙報),『朝鮮』83, 1922. 1

「朝鮮教育令竝附屬法法」『朝鮮』84, 1922. 2

水野政務摠監,「朝鮮教育令布の際して」『朝鮮』85, 1922. 3

江原葉六,「教育の義務」『朝鮮』85, 1922. 3

エフ・エツチ・スミス,「朝鮮教育につき一二の觀察」『朝鮮』 85,
　　　1922. 3

水野政務摠監,「新教育令の公布と新教育に就て」『朝鮮』85, 1922. 3

鷹松龍種, 「英米の法學敎育」 『朝鮮』 87, 1922. 6

西村保吉, 「米穀竝大豆檢査規則改正に就て」 『朝鮮』 89, 1922. 8

收野英一, 「司法と具體的安當性」 『朝鮮』 90, 1922. 9

富田儀作, 「産業組合法の制定を望む」 『朝鮮』 91, 1922. 10

西條隆英, 「朝鮮の工業定策に就て」 『朝鮮』 91, 1922. 10

橫田五郞, 「朝鮮裁判所令外二令改正要旨」 『朝鮮』 94, 1923. 1

西村保吉, 「朝鮮水産會令の發布に就て」 『朝鮮』 95, 1923. 2

「國法學博士淺見倫太郞氏」 『朝鮮』 95, 1923. 2

橫田五郞, 「朝鮮刑事令改正要旨」 『朝鮮』 96, 1923. 3

佐藤寬治, 「小作制度に就て」 『朝鮮』 96, 1923. 3

時實秋穗, 「行政改善の根基」 『朝鮮』 97, 1923. 4

大邱覆審法院, 「大邱に於ける司法機關の沿革」 『朝鮮』 97, 1923. 4

中樞院主務課, 「朝鮮に於ける小作制度の種類」 『朝鮮』 99, 1923. 6

宮木元, 「改正戸籍制度の特色」 『朝鮮』 100, 1923. 7

松寺竹雄, 「朝鮮の戸籍制度について」 『朝鮮』 100號, 1923. 8

國友尙謙, 「警察制度沿革の槪要」 『朝鮮』 101, 1923. 9

「金規則の改正に就て」 『朝鮮』 101, 1923. 9

「朝鮮辯護士試驗」 『朝鮮』 103, 1923. 11

「朝鮮帝國大學創設委員會規定」 『朝鮮』 104, 1923. 12

中村竹藏, 「法令の運用ご常識」 『朝鮮』 109, 1924. 5

後藤眞咲, 「朝鮮の國有林野の處分に就て」 『朝鮮』 109, 1924. 5

調査課, 「支那に於ける商會法及章事公斷所章程」 『朝鮮』 110, 1924. 6

調査課, 「支那に於ける商會法及章事公斷處章程(完)」 『朝鮮』 111,
        1924. 7

笠井健太郞, 「歐米に於ける裁判所及監獄制度」 『朝鮮』 112, 1924. 8

守屋榮夫, 「朝鮮語奬勵規程の改正に就て」 『朝鮮』 113, 1924. 9

土木課, 「朝鮮公有水面埋立令」 『朝鮮』 113, 1924. 9

調査課, 「獨逸の新保護關稅法」 『朝鮮』 114, 1924. 10

澤崎修, 「朝鮮鐵道制度の更新」 『朝鮮』 120, 1925. 5

田中三雄, 「英國との關稅協定失效の朝鮮貿易上に及ぼす影響」 『朝

鮮』120, 1925. 5

文書課,「自家用酒及輸移入-酒類の酒稅調查」『朝鮮』120, 1925. 5

「司法官會議」(彙報),『朝鮮』121, 1925. 6

「朝鮮と日露新條約」『朝鮮』122, 1925. 7

財務局長 草間秀雄,「朝鮮財務行政の令昔」『朝鮮』125, 1925. 10

法務局長 松寺竹雄,「朝鮮に於ける司法及刑務」『朝鮮』125, 1925. 10

平井三男,「京城帝國大學の規模組織ご其の特色」『朝鮮』131, 1926. 4

「鑛業令に依る新鑛物」(彙報),『朝鮮』133, 1926. 6

「司法官會議の狀況」(彙報),『朝鮮』135, 1926. 8

總督府屬 村山道雄,「英領印度に於ける租稅制度」『朝鮮』136, 1926. 9

法務局長 松寺竹雄,「朝鮮の慣習觀」『朝鮮』140, 1927. 1

花村美樹,「公選の投票に關する罪に就て」『朝鮮』141, 1927. 2

京城部 技師 酒井謙次郎,「受益者負擔制度に就て」『朝鮮』142, 1927. 3

「朝鮮貴族世襲財產令公布」(彙報),『朝鮮』142, 1927. 3

政務總監 易淺倉平,「朝鮮稅制度正に就て」『朝鮮』144, 1927. 5

殖產局長 池田秀雄,「水產製品檢查規則の改正」『朝鮮』144, 1927. 5

財務局長 草間秀雄,「朝鮮稅制改正の內容」『朝鮮』144, 1927. 5

「印紙稅改正の趣旨」『朝鮮』144, 1927. 5

政務總監 易淺倉平,「特別融通及-損失補償法の施行に就て」『朝鮮』
　　　　145, 1927. 6

松本誠,「特別融通及-損失補償法の槪要」『朝鮮』145, 1927. 6

中樞院 囑託 麻生武龜,「李朝の法典」『朝鮮』147, 1927. 8

「司法官會議槪況」(彙報),『朝鮮』147, 1927. 8

總督府 囑託 吳晴,「朝鮮の親族關係」『朝鮮』151, 1927. 12

法務局長 松寺竹雄,「法의 革新」『朝鮮』153, 1928. 2

安達房治郎,「朝鮮土地改良令の制定に就て」『朝鮮』153, 1928. 2

「漁業令施行規則の改正」(彙報),『朝鮮』153, 1928. 2

囑託 善生永助,「朝鮮の犯罪趨向」『朝鮮』157, 1928. 6

土地改良部長 松村松盛,「土地改良令及改正水利組合令の實施に就て」
　　　　『朝鮮』158, 1928. 7

編修官 李能和,「朝鮮地方行政區劃の沿革」『朝鮮』158, 1928. 7

囑託 善生永助,「朝鮮の犯罪趨向」『朝鮮』158, 1928. 7

政務總監 池上四郎,「小作官行の改善に就て」『朝鮮』159, 1928. 8

殖産局長 今村武志,「漁業組合規則改正に就て」『朝鮮』160, 1928. 9

伊藤憲郎,「朝鮮に於ける同族不婚の原則」『朝鮮』161, 1928. 10

財務局長 草間秀雄,「銀行令改正に就て」『朝鮮』165, 1929. 2

「改正銀行令」『朝鮮』165, 1929. 2

殖産局長 今村武志,「新漁業令の發布に就て」『朝鮮』166, 1929. 3

「朝鮮漁業令」『朝鮮』166, 1929. 3

「初等教員優遇令」『朝鮮』166, 1929. 3

理財局長 林繁藏,「金融組合及金融組合聯合會職員の退職慰勞金支給
　　　　規程の改正に就て」『朝鮮』167, 1929. 4

學務局長 松浦鎭次郎,「朝鮮教育令の改正に就て」『朝鮮』168, 1929. 5

法務局長 松寺竹雄,「朝鮮民事令の改正に就て」『朝鮮』169, 1929. 6

殖産局長 今村武志,「水産製品檢查規則の改正」『朝鮮』169, 1929. 6

殖産局長 草間秀雄,「金融組合令改正に就て」『朝鮮』169, 1929. 6

「朝鮮に簡易保險令施行」(彙報),『朝鮮』169, 1929. 6

財務局長談,「金融組合業務監督規定改正について」『朝鮮』170, 1929. 7

「書堂規則改正」(彙報),『朝鮮』170, 1929. 7

松寺竹雄,「朝鮮に於ける司法及刑務の概要」『朝鮮』173, 1929. 10

兒玉秀雄,「朝鮮地方選舉取規則の發布に就て」『朝鮮』174, 1929. 11

「開墾干拓地移住奬勵規則」(彙報),『朝鮮』175, 1929. 12

「金解禁に伴ふ府令」(彙報),『朝鮮』175, 1929. 12

政務總監 兒玉秀雄,「金解禁の實施に際して」『朝鮮』177, 1930. 2

松村松盛,「新漁業令附屬法規の發布に就て」『朝鮮』177, 1930. 2

朝鮮總督 齋藤實,「地方制度改正に就て」『朝鮮』179, 1930. 4

松本誠,「鹽の輸移入に關する制令發布に就て」『朝鮮』179, 1930. 4

專賣局長 松本誠,「鹽輸移入管理施行に就て」『朝鮮』180, 1930. 5

松村松盛,「朝鮮商工會議所令の發布に就て」『朝鮮』181, 1930. 6

「朝鮮家畜傳染病豫防令公布」(彙報),『朝鮮』183, 1930. 8

「金融組合の定款及理事見習養成制度の改正」(彙報), 『朝鮮』 184, 1930. 9

深澤新一郎,「朝鮮不動產登記令の改正に就て」『朝鮮』186, 1930. 11

松田源治 拓務大臣,「地方自治制度の擴充」『朝鮮』188, 1931. 1

齋藤實 朝鮮總督,「地方制度改正に就て」『朝鮮』188, 1931. 1

兒玉秀雄 政務總監,「地方自治制の第一步」『朝鮮』188, 1931. 1

今村武志 內務局長,「朝鮮地方制度の改正に就て」『朝鮮』188, 1931. 1

富榮文一 地方課長,「回顧十年地方自治制の準備」『朝鮮』188, 1931. 1

林茂樹,「大正二年府郡廢合事情の追憶」『朝鮮』188, 1931. 1

矢嶋杉造,「特に普通面の發展策を研究せよ」『朝鮮』188, 1931.1

井阪圭一良,「地方選擧の取締について」『朝鮮』188, 1931. 1

「建陽元年の地方制度」『朝鮮』188, 1931. 1

財務局長 林繁藏,「營業稅令の改正の就て」『朝鮮』189, 1931. 2

岡稠松,「朝鮮に於ける映畫の檢閱に就て」『朝鮮』190, 1931. 3

佐木忠右衛門,「朝鮮に於ける警察官の教養に就て」『朝鮮』190, 1931. 3

總督府屬 小野盛一,「內鮮警察力の比較」『朝鮮』190, 1931. 3

「地方制度改正に伴ふ賦課稅目」(彙報),『朝鮮』191, 1931. 4

「朝鮮地方選擧取締規則中改正」(彙報),『朝鮮』191, 1931. 4

朝鮮總督 齋藤實,「朝鮮取引所令公布に際して」『朝鮮』193, 1931. 6

「朝鮮取引所令と其の運用」『朝鮮』193, 1931. 6

林繁藏, 「朝鮮信託業令ご朝鮮無盡業令の改正に就て」『朝鮮』 194, 1931. 7

深澤新一郎,「朝鮮民事令の內容ごなりたる信託法に關して」『朝鮮』 194, 1931. 7

「水產製品の檢查規則改正」(彙報),『朝鮮』194, 1931. 7

政務總監談,「取引所令施行規則等の發布に際して」『朝鮮』197, 1931. 10

財務局長談,「朝鮮信託業令施行規則の發布について」『朝鮮』1931. 10

「朝鮮辯護士試驗合格者」(彙報),『朝鮮』197, 1931. 10

財務局長談,「朝鮮取引所稅令中改政に就て」『朝鮮』198, 1931. 11

法務局長 深澤新一郎,「朝鮮司法行政の實際」『朝鮮』200, 1932. 1

今井田淸德,「朝鮮電氣事業令の制定に就いて」『朝鮮』202, 1932. 3

笠井健太郎,「地方法院支廳事務停止等に關して」『朝鮮』202, 1932. 3

「傳染病豫防規則と消毒藥品指定について」『朝鮮』205, 1932. 6

今井田 政務總監,「鐵道局官制の改正と自動車運輸業の監督に就て」
        『朝鮮』208, 1932. 9

警務局長 池田淸,「家畜傳染病豫防令施行に就て」『朝鮮』210, 1932. 11

法務課長 笠井健太郎,「社會の趨向と司法の現狀」『朝鮮』212, 1933. 1

事務官 鹽田正洪,「穀物檢查令と競馬令に就て」『朝鮮』221, 1933. 1

法務課長 笠井建太郎,「朝鮮小作調停令と刑事補償法規制定に就いて」
        『朝鮮』213, 1933. 2

殖産局長 惠積眞六郎,「鑛業令の改正に就いて」『朝鮮』213, 1933. 2

「商品券取締令施行」『朝鮮』213, 1933. 2

林政課長 鹽田正洪,「林野稅の賦課に就て」『朝鮮』214, 1933. 3

谷多喜磨,「朝鮮信託會社の設立に就て」『朝鮮』214, 1933. 3

惠積眞六郎,「鑛業令施行規則の改正に就て」『朝鮮』214, 1933. 3

宇垣一成,「道制の施行に際して」『朝鮮』215, 1933. 4

內務局長 牛島省三,「道制の施行に就て」『朝鮮』215, 1933. 4

地方課長 西岡次次郎,「道制に就て」『朝鮮』215, 1933. 4

內務局地方課,「道制に關する質疑應答」『朝鮮』215, 1933. 4

工藤武城,「本夫殺犯の婦人科學的考察」『朝鮮』215, 1933. 4

工藤武城,「本夫殺害犯の婦人科學的考察」『朝鮮』216, 1933. 5

惠積眞六郎,「鑛業技術員實習生規程公布に就て」『朝鮮』217, 1933. 6

「朝鮮特有の犯罪本夫殺害犯の婦人科學的考察」『朝鮮』217, 1933. 6

「中樞院參議改選」『朝鮮』218, 1933. 7

「小作調停令實施後の狀況」『朝鮮』218, 1933. 7

「間島自作農創定」『朝鮮』218, 1933. 7

「朝鮮と臺灣の地方自治制度」『朝鮮』219, 1933. 8

「地方行政事務檢閱制度」『朝鮮』219, 1933. 8

農林局長 渡邊忍,「朝鮮砂防事業令と輸移出入植物檢查規則發布に就
        て」『朝鮮』220, 1933. 9

學務局長 渡邊豊日子,「朝鮮寶物古蹟名勝天然記念物存令の發布に就
　　　て」『朝鮮』220, 1933. 9

總督府騎手 吉田雄次郎,「朝鮮競馬の實施に就て」『朝鮮』220, 1933. 9

「米穀と金融」, 谷禮治,『朝鮮』221, 1933. 10

穗積眞六郎,「度量衡令施行規則の改正に就て」『朝鮮』222, 1933. 11

荻原三郎,「朝鮮自動車交通事業令の公布と陸上運輸機關の統制に就
　　　いて」『朝鮮』222, 1933. 11

「刑務所長會議」(彙報),『朝鮮』222, 1933. 11

總督府 囑託 善生永助,「李朝以前の地方制度」『朝鮮』332, 1933. 12

「警察官の再職規程擴大」(彙報),『朝鮮』223, 1933. 12

「中樞院施政研究會」(彙報),『朝鮮』223, 1933. 12

「實物古蹟名勝天然記念物保存令施行に關する 規定發布」(彙報), 『朝
　　　鮮』224, 1934. 1

渡邊忍,「朝鮮砂防事業令施行規則發布に就て」『朝鮮』256, 1934. 3

林繁藏,「稅制改正及稅務機關の特設に就て」『朝鮮』226, 1934. 3

財務局長 林繁藏,「朝鮮淸凉飲料令の創設に就て」『朝鮮』227, 1934. 4

朝鮮總督 宇垣一成,「朝鮮農地令公布に就て」『朝鮮』228, 1934. 5

農林局長 渡邊忍,「朝鮮農地令の概要」『朝鮮』228, 1934. 5

財務局長 林繁藏,「一般所得稅の實施と稅務機關の特設に就て」『朝
　　　鮮』228, 1934. 5

「稅務機關の特設」(彙報),『朝鮮』229, 1934. 6

內務局長 牛島省三,「朝鮮市街地計劃令發布」『朝鮮』230, 1934. 7

警務局長 池田淸,「市街地建築物法規制定」『朝鮮』230, 1934. 7

財務局長 林繁藏,「相續稅の實施に就て」『朝鮮』230, 1934. 7

穗積眞六郎,「石油業法の施行と其の運用」『朝鮮』230, 1934. 7

財務局長談,「酒稅令の改正に就て」『朝鮮』230, 1934. 7

總督府 囑託 加藤伯嶺,「朝鮮警察の令昔」『朝鮮』232, 1934. 9

殖産局長談,「鑛業出願人へ注意」『朝鮮』232, 1934. 9

加藤伯嶺,「朝鮮警察の令昔」『朝鮮』233, 1934. 10

財務局長談,「五信託會社の合倂に就て」『朝鮮』235, 1934. 12

殖産局長談,「朝鮮不正競爭防止令施行に就て」『朝鮮』237, 1935. 2

遞信局長　井上淸,「朝鮮の船泊安全令及其の他關係法令の施行に就
　　　　て」『朝鮮』238, 1935. 3

「朝鮮臨時利得稅令及び同施行規則」(彙報),『朝鮮』240, 1935. 5

「朝鮮癩豫防令及び同施行規則」(彙報),『朝鮮』240, 1935. 5

增永法務局長談,「差押の制限に關する民事訴訟法の改正に就て」『朝
　　　　鮮』240, 1935. 5

「地方稅制調査委員會の設置」(彙報),『朝鮮』241, 1935. 6

「鮮滿通關協定調印」(彙報),『朝鮮』241, 1935. 6

「朝鮮昭和十年國勢調査施行規則發布」(彙報),『朝鮮』241, 1935. 6

增永法務局長談,「身元保證に關する法律の施行に就いて」『朝鮮』
　　　　244, 1935. 9

「朝鮮麻藥令及同施行規則」(彙報),『朝鮮』244, 1935. 9

「穀物檢査規則改正」(彙報),『朝鮮』244, 1935. 9

貝沼彌藏,「可及的に憲法を實施せよ」『朝鮮』245, 1935. 10

「司法保護デ」(彙報),『朝鮮』245, 1935. 10

「朝鮮製絲業令及び同施行規則」(彙報),『朝鮮』246, 1935. 11

增永法務局長談,「朝鮮小作調定令の改正に就て」『朝鮮』250, 1936. 3

法務局長談,「辯護士法改正に就て」『朝鮮』252, 1936. 5

「儀禮準則實施狀況」(彙報),『朝鮮』252, 1936. 5

「國有財產法の施行に就て」『朝鮮』255, 1936. 9

「朝鮮神社制度の改正」(彙報),『朝鮮』255, 1936. 9

「酒稅の改正」(彙報),『朝鮮』255, 1936. 9

京城婦人病院　工藤武城,「社會婦人科學の觀點より朝鮮婦人の犯罪
　　　　を論ず」『朝鮮』256, 1936. 10

增永正一　總督府法務局長,「朝鮮に於ける思想犯保護觀察制度の實
　　　　施」『朝鮮』260, 1937. 1

「朝鮮汚物掃除令及施行規則公布」(彙報),『朝鮮』260, 1937. 1

「各道警察部長會議」(彙報),『朝鮮』260, 1937. 1

「敎化問題懇談會」(彙報),『朝鮮』260, 1937. 1

櫻井義之,「明治年間朝鮮關係文獻抄錄」『朝鮮』261, 1937. 2

「全鮮保護觀察所長會議」(彙報),『朝鮮』261, 1937. 2

野村調太郎　平壤覆審法院長,「朝鮮の慣習に於ける養子と後生實子
　　との法律關係」『朝鮮』262, 1937. 3

櫻井義之,「明治年間朝鮮關係文獻抄錄」『朝鮮』262, 1937. 3

櫻井義之,「明治年間朝鮮關係文獻抄錄」『朝鮮』263, 1937. 4

林繁藏　總督府財務局長,「朝鮮の稅制改正に就て」『朝鮮』263, 1937. 4

「重要産業統制法施行」(彙報),『朝鮮』263, 1937. 4

櫻井義之,「明治年間朝鮮關係文獻抄錄」『朝鮮』264, 1937. 5

「特種鑛物の採鑛奬勵金制度新設について」(彙報),『朝鮮』265, 1937. 6

「法規改正調査委員會開會」(彙報),『朝鮮』267, 1937. 8

車田篤　京城法學專門學校　教授,「朝鮮に於ける家族制度に關する一・
　　二の研究」『朝鮮』268, 1937. 9

「北支事件特別稅創設に就て」(彙報),『朝鮮』268, 1937. 9

「各學校に愛國日設定」(彙報),『朝鮮』269, 1937. 10

「朝鮮産金令施行規則」(彙報),『朝鮮』269, 1937. 10

「累進處遇規則を制定」(彙報),『朝鮮』271, 1937. 12

「朝鮮臨時肥料配給統制令公布」(彙報),『朝鮮』272, 1938. 1

「志願兵制度採用につき總督談發表」(彙報),『朝鮮』273, 1938. 2

「朝鮮鑛業警察令公布に際し殖産局長談」(彙報),『朝鮮』273, 1938. 2

南次郎總督談,「志願兵制度實施に就て」『朝鮮』275, 1938. 4

小磯國昭,「志願兵制度實施に就て」『朝鮮』275, 1938. 4

大竹十郎　內務局長談,「志願兵制度實施に就て」『朝鮮』275, 1938. 4

鹽原時三郎, 學務局長,「朝鮮敎育令の改正に就て」『朝鮮』275, 1938. 4

前田昇　陸軍小將,「志願兵令施行に際して感想」『朝鮮』275, 1938. 4

「朝鮮敎育令改正に伴ふ關係官打合會」(彙報),『朝鮮』275, 1938. 4

「總動員法施行について大野政務總監談發表」(彙報)『朝鮮』277, 1938. 6

「銅立に銑鐵の使用制限改正に就て」(彙報),『朝鮮』277, 1938. 6

「重要鑛物增産令に就て殖産局長談發表」(彙報),『朝鮮』277, 1938. 6

「國民精神總動員勤勞報國運動實施」(彙報),『朝鮮』278, 1938. 7

「朝鮮重要鑛物增産令施行」(彙報),『朝鮮』278, 1938. 7

「國民精神總動員朝鮮聯盟活動四大大綱」(彙報),『朝鮮』279, 1938. 8

「鐵鋼使用工作物制限暴利取締令の改正について」(彙報),『朝鮮』279, 1938. 8

「綿製品の圓ブロック內輸出許可制實施」(彙報),『朝鮮』279, 1938. 8

「輸出入品臨時措置法改正」(彙報),『朝鮮』279, 1938. 8

「朝鮮工業組合令公布」(彙報),『朝鮮』280, 1938. 9

大內武次,「戰時に於ける價格の統制」『朝鮮』281, 1938. 10

金尹錫 保險監理課,「生活問題と朝鮮簡易保險」『朝鮮』281, 1938. 10

「醫療關係者職業能力申告令施行に就て」(彙報),『朝鮮』281, 1938. 10

「學校卒業者使用制限令について本府資源課長談」(彙報),『朝鮮』281, 1938. 10

「學校卒業者使用制限」(彙報),『朝鮮』282, 1938. 11

「朝鮮私道規則公布」(彙報),『朝鮮』283, 1938. 12

ゴム使用制限規則制定に付穗積殖産局長談」(彙報)『朝鮮』283, 1938. 12

「臨時資金調停法施行狀況」(彙報),『朝鮮』283, 1938. 12

「道路取締規則改正」(彙報),『朝鮮』283, 1938. 12

「外國爲替管理に關する府令改正に就て當局談」(彙報),『朝鮮』 285, 1939. 2

櫻井義之,「明治年間朝鮮關係文獻抄錄」『朝鮮』286, 1939. 3

「タイヤ及チューブの配給統制」(彙報),『朝鮮』287, 1939. 4

「皮革の配給統制に關し穗積殖産局長談」(彙報),『朝鮮』287, 1939. 4

櫻井義之,「明治年間朝鮮文獻抄錄關係」『朝鮮』288, 1939. 5

「産金獎勵に關する規則改正に就て－穗積殖産局長談發表」(彙報),『朝鮮』288, 1939. 5

「朝鮮米市場會社令案要綱」(彙報),『朝鮮』288, 1939. 5

「物品稅課稅品目の改正」(彙報),『朝鮮』288, 1939. 5

「朝鮮マグネサイト會社令公布に就き總監談發表」(彙報)『朝鮮』289, 1939. 6

「國民登錄制野實施に付て」(彙報),『朝鮮』289, 1939. 6

堂本敏雄　總督府事務官,「朝鮮に於ける國民精神總動員運動に就て」
　　　　　『朝鮮』290, 1939. 7

櫻井義之,「明治年間朝鮮關係文獻抄錄(五)」『朝鮮』290, 1939. 7

「國民登錄制の實施」(彙報),『朝鮮』290, 1939. 7

「學校卒業者使用制限令施行規則改正」(彙報),『朝鮮』290, 1939. 7

「工場事業場技能者養成令の實施」(彙報),『朝鮮』290, 1939. 7

奧山仙三　總督府囑託,「內鮮一體と內地式改姓」『朝鮮』291, 1939. 8

櫻井義之,「明治年間朝鮮關係文獻抄錄」『朝鮮』291, 1939. 8

「生徒の體强方針通牒」『朝鮮』291, 1939. 8

「輸出資金補償制度實施」『朝鮮』291, 1939. 8

「鑛業出願の取扱方法改正」『朝鮮』291, 1939. 8

本府事務官　堂本敏雄,「大陸兵站基地小論」『朝鮮』296, 1940. 1

「朝鮮國民組織新體制要綱」(彙報),『朝鮮』296, 1940. 1

「社會經理統制令の施行」(彙報),『朝鮮』296, 1940. 1

「小作料統制令の施行」(彙報),『朝鮮』296, 1940. 1

「朝鮮石炭配給統制規則制定」(彙報),『朝鮮』296, 1940. 1

「內外地間勞務의 需給連絡に付き」(彙報),『朝鮮』296, 1940. 1

「朝鮮市街地計劃令改正」(彙報),『朝鮮』296, 1940. 1

「宅地建物等價格統制令實施」(彙報),『朝鮮』296, 1940. 1

「朝鮮借地借家調停令の槪要」(彙報),『朝鮮』296, 1940. 1

「朝鮮石炭配給統制規則制定」(彙報),『朝鮮』296, 1940. 1

「一日て賣りした貯蓄債券」『朝鮮』296, 1940. 1

農振課長　岸勇一,「小作料統制令に付いて」『朝鮮』297, 1940. 2

「朝鮮映畵令分布さる」(彙報),『朝鮮』297, 1940. 2

「國內資金調查規則發布」(彙報),『朝鮮』297, 1940. 2

「朝鮮產金令及金使用規則强化さる」(彙報),『朝鮮』297, 1940. 2

「總動員試驗硏究令施行」(彙報),『朝鮮』297, 1940. 2

「朝鮮產金令の改正に就て財務局長談」(彙報),『朝鮮』297, 1940. 2

「朝鮮職業紹介令制定」(彙報),『朝鮮』297, 1940. 2

法務局長　宮本元,「朝鮮民事令の改正」『朝鮮』298, 1940. 3

鹽原時三郎,「精動運動の新展開」『朝鮮』298, 1940. 3

中樞院參議 曹秉相,「志願兵を子に持ちて」『朝鮮』298, 1940. 3

「朝鮮職業紹介所令實施」(彙報),『朝鮮』298, 1940. 3

「臨時資金調整法施行狀況」(彙報),『朝鮮』298, 1940. 3

「總動員物資使用收用令施行規則發布」(彙報),『朝鮮』298, 1940. 3

「防空建築規則の公布」(彙報),『朝鮮』298, 1940. 3

高橋國基,「統制經濟下に於ける取引所に就て」『朝鮮』299, 1940. 4

「勞務者家族手當支給實施決定」(彙報),『朝鮮』299, 1940. 4

「纖維工業設備制限規則制定さる」(彙報),『朝鮮』299, 1940. 4

大和田福德,「戰時下に於ける鐵道貨物運賃政策」『朝鮮』300, 1940. 5

「資金調整法實施以來の成績」(彙報),『朝鮮』300, 1940. 5

「稅制改正に關する制令の施行に就き局長談發表」(彙報),『朝鮮』300, 1940. 5

大和田福德,「カーバイド配給統制規則公布さる」『朝鮮』300, 1940. 5

星野喜代治,「事變下に於ける朝鮮の金融事情」『朝鮮』301, 1940. 6

赤尾正夫,「統制經濟下の中小商業者問題」『朝鮮』301, 1940. 6

「產金令施行規則改正す」(彙報),『朝鮮』301, 1940. 6

「學徒への勅語奉戴式擧行」(彙報),『朝鮮』301, 1940. 6

「物價統制要綱發表す」(彙報),『朝鮮』301, 1940. 6

「朝鮮鑛業振興會社令公布」(彙報),『朝鮮』302, 1940. 7

「租稅法上の事犯に就き財務局長談發表」(彙報),『朝鮮』302, 1940. 7

朝鮮運報道部長 倉茂周藏,「朝鮮の愛國運動を瞥見して」『朝鮮』303, 1940. 8

「預金金利の改訂で局長談發表」(彙報),『朝鮮』303, 1940. 8

「創氏人口五百九十三萬餘人」(彙報),『朝鮮』303, 1940. 8

「鐵鋼需給統制規則公布す」(彙報),『朝鮮』303, 1940. 8

「砂糖配給統制實施さる」(彙報),『朝鮮』303, 1940. 8

「朝鮮映畵令實行さる」(彙報),『朝鮮』303, 1940. 8

「雜穀配給統制規則發布さる」(彙報),『朝鮮』303, 1940. 8

總督府編輯官 中村榮孝,「朝鮮に於ける國史敎育」『朝鮮』304, 1940. 9

「住宅建設用資材配給統制の實行」(彙報),『朝鮮』304, 1940. 9

「水產團體財政强化要綱發表」(彙報),『朝鮮』304, 1940. 9

「義務敎育實行の急に就き總監談」(彙報),『朝鮮』304, 1940. 9

「護國神社鎭座地の勤勞奉仕」(彙報),『朝鮮』304, 1940. 9

用岸文三郎,「國民總力運動の趣旨」『朝鮮』306, 1940. 11

「價格等統制令の改正に付殖産局長談」(彙報),『朝鮮』306, 1940. 11

「朝鮮國民組織新體制要綱」(彙報),『朝鮮』306, 1940. 11

「鐵屑等配給統制規則公布」(彙報),『朝鮮』306, 1940. 11

「朝鮮國民組織新體制要綱」(彙報),『朝鮮』308, 1941. 1

「會社經理統制令施行」(彙報),『朝鮮』308, 1941. 1

「宅地建物等價格統制令實行」(彙報),『朝鮮』308, 1941. 1

「朝鮮借地借家調停令分布」(彙報),『朝鮮』308, 1941. 1

「石炭增産施設獎勵金交付規則公布」(彙報),『朝鮮』308, 1941. 1

「朝鮮市街地計劃令改正」(彙報),『朝鮮』308, 1941. 1

「朝鮮借地借家調停令の槪要」(彙報),『朝鮮』308, 1941. 1

江頭六郎,「中等敎育に於ける新體制」『朝鮮』310, 1941. 3

琴川寬,「新體制下に於ける女子敎育觀」『朝鮮』310, 1941. 3

野中齊之助,「新體制と國民敎育」『朝鮮』310, 1941. 3

法務局 刑事課長,「犯罪の趨勢と刑事政策の新動向」『朝鮮』 311, 1941. 4

法務局民事課 田村正男,「內地に見る內朝一體」『朝鮮』311, 1941. 4

「靑年隊生産報國運動實施要綱」(彙報),『朝鮮』311, 1941. 4

「朝鮮商業組合令公布」(彙報),『朝鮮』311, 1941. 4

「國民學校制度實行さる」(彙報),『朝鮮』311, 1941. 4

「臨時農地價格統制令三條倍率」(彙報),『朝鮮』311, 1941. 4

「洋紙配給統制實施さる」(彙報),『朝鮮』311, 1941. 4

稅務課長 山名酒喜男,「內鮮間稅關取締の改革」『朝鮮』312, 1941. 5

福井隆一,「朝鮮券發行並に納付金制度」『朝鮮』312, 1941. 5

京城帝大醫學部敎授 大澤勝,「新體制管見」『朝鮮』313, 1941. 6

總力課長 信原聖,「時局の轉回と總力運動改革」『朝鮮』314, 1941. 7

綠旗聯盟主幹 津田剛,「今日の朝鮮と總力運動」『朝鮮』314, 1941. 7

「總督の銃後國民訓發表」(彙報),『朝鮮』314, 1941. 7

「外國人取引取締規則公布」(彙報),『朝鮮』315, 1941. 8

「賃金統制令改正さる」(彙報),『朝鮮』315, 1941. 8

「會社所有株式評價臨時措置令公布す」(彙報),『朝鮮』316, 1941. 9

「會社經理統制令公布す」(彙報),『朝鮮』317, 1941. 10

「金屬類回收令施行規則公布」(彙報),『朝鮮』317, 1941. 10

「特殊鑛物增産奬勵金交附規則改正」(彙報),『朝鮮』317, 1941. 10

「港灣運送業統制令施行規則公布」(彙報),『朝鮮』317, 1941. 10

「朝鮮國民貯蓄組合令公布」(彙報),『朝鮮』318, 1941. 11

「消費稅增徵案發表」(彙報),『朝鮮』318, 1941. 11

「無敵陸海軍を信賴せよ」(彙報),『朝鮮』319, 1941. 12

「必勝の信念に邁進せよ」(彙報),『朝鮮』319, 1941. 12

「全朝愛國班員に告ぐ」(彙報),『朝鮮』319, 1941. 12

「勞務調整令公布さる」(彙報),『朝鮮』320, 1942. 1

政務摠監 大野綠一郎談,「産金政策について」『朝鮮』321, 1942. 2

總督府事務官 柏木宏,「皇國臣民敎育再强調論」『朝鮮』321, 1942. 2

總督府囑託 森明磨,「靑年團と皇國臣民敎育」『朝鮮』321, 1942. 2

「十七年度資金調査規則公布」(彙報),『朝鮮』321, 1942. 2

「更生金融制度實行」(彙報),『朝鮮』321, 1942. 2

政務摠監 大野綠一郎談,「通行稅引上實施」『朝鮮』321, 1942. 2

信原聖,「朝鮮同胞の大東亞戰爭觀」『朝鮮』322, 1942. 3

「征戰と朝鮮の愛國赤誠」(彙報),『朝鮮』322, 1942. 3

「馬券稅創設竝に出港稅令改正」(彙報),『朝鮮』322, 1942. 3

京城覆審法院檢事 杉本覺一, 辯護士 安田幹太,「一新しつつある法律生活」『朝鮮』324, 1942. 5

岡久雄,「朝鮮靑年體力檢査を終へて」『朝鮮』324, 1942. 5

「鐵鋼統制規則公布實行す」(彙報),『朝鮮』324, 1942. 5

「鮮滿間二重課稅防止施行規則公布」『朝鮮』325, 1942. 6

「十九年度より徵兵制施行と決定」『朝鮮』325, 1942. 6

「徵兵制施行に總督談發表」『朝鮮』325, 1942. 6

「俘虜監視に半島靑年數千名採用」『朝鮮』325, 1942. 6

朝鮮軍參謀 磯矢伍郎,「建軍の本義と徵兵制實行」『朝鮮』326, 1942. 7

總督府 警務課長 八木信雄,「徵兵制度施行の意義」『朝鮮』326, 1942. 7

人文社主幹 崔載瑞,「建徵兵制實施と知識階級」『朝鮮』326, 1942. 7

徐椿,「徵兵制實施と半島人の感激」『朝鮮』326, 1942. 7

「海軍統制令改正公布さる」『朝鮮』326, 1942. 7

「企業整備令公布さる」『朝鮮』326, 1942. 7

「戰時災害國稅減免令施行さる」『朝鮮』326, 1942. 7

「木材統制令公布さる」『朝鮮』326, 1942. 7

「鹽の專賣制一部施行さる」『朝鮮』326, 1942. 7

京城帝大授授 鈴木武雄,「朝鮮金融の新體制」『朝鮮』327, 1942. 8

吉谷吉藏,「我國金融統制の發展と朝鮮金融團」『朝鮮』327, 1942. 8

「金融事業整備令施行さる」『朝鮮』327, 1942. 8

「產金業割增金制度改正さる」『朝鮮』327, 1942. 8

「無盡業務の統制成る」『朝鮮』327, 1942. 8

法務局保護課,「朝鮮に於ける司法保護事業」『朝鮮』328, 1942. 9

「朝鮮薪炭配給統制規則公布さる」『朝鮮』328, 1942. 9

法務局保護課,「朝鮮に於ける司法保護事業」『朝鮮』329, 1942. 10

「朝鮮靑年特別鍊成令公布」『朝鮮』330, 1942. 11

「戰時海運管理令施行規則公布」『朝鮮』330, 1942. 11

「醫療關係者徵用令施行規則公布」『朝鮮』330, 1942. 11

「生產力擴充運動實行要綱決る」『朝鮮』330, 1942. 11

田中武雄,「朝鮮靑年特別鍊成令の制定に就て」『朝鮮』331, 1942. 12

朝鮮軍參謀長 井原潤次郎,「朝鮮靑年特別鍊成令實行に方り半島靑年
　　　　　　　に望む」『朝鮮』331, 1942. 12

「生產補償金規則改正」『朝鮮』331, 1942. 12

「總督府機構改正發表さる」『朝鮮』331, 1942. 12

石塚峻,「決戰態勢下の食糧問題と朝鮮」『朝鮮』332, 1943. 1

高橋濱吉,「義務敎育實行の意義」『朝鮮』333, 1943. 2

「取引所機構改革方針決定」『朝鮮』333, 1943. 2

「農業針畫委員會規定公布」『朝鮮』333, 1943. 2

「間接稅中心の增稅發表さる」『朝鮮』334, 1943. 3

「國內資金調查規則發布」『朝鮮』334, 1943. 3

「修養鍊成の實踐要綱決す」『朝鮮』334, 1943. 3

「船材供出促進具體要綱決す」『朝鮮』335, 1943. 4

角永淸,「第二次電力統制に就いて」『朝鮮』336, 1943. 5

江頭虎雄,「朝鮮に於ける最近の木材事情と木材統制」『朝鮮』336, 1943. 5

柏木宏,「朝鮮敎育令の改正とその使命」『朝鮮』336, 1943. 5

「纖維工業設備制限規則發布さる」『朝鮮』338, 1943. 7

「重要鑛物增産令改正さる」『朝鮮』338, 1943. 7

「移出牛檢疫所官制公布さる」『朝鮮』338, 1943. 7

上野義淸,「決戰態勢下の司法保護」『朝鮮』341, 1943. 10

「改正金屬類回收令實行さる」『朝鮮』341, 1943. 10

「有價證券業取締令公布」『朝鮮』341, 1943. 10

「朝鮮食糧管理施行規則公布」『朝鮮』341, 1943. 10

「國民徵用扶助規則發布さる」『朝鮮』342, 1943. 11

「勞務强化對策要綱決す」『朝鮮』342, 1943. 11

「戰時災害家屋復舊資金融通損失補償制度實施さる」『朝鮮』343, 1943.
           12

「朝鮮重要物資營團令公布さる」『朝鮮』344, 1944. 1

「朝鮮女子靑年鍊成所規程制定さる」『朝鮮』346, 1944. 3

「朝鮮司法體制改革成る」『朝鮮』347, 1944. 4

「朝鮮救護令制定さる」『朝鮮』347, 1944. 4

「生産責任制三要綱決定」『朝鮮』347, 1944. 4

「職業能力申告令改正さる」『朝鮮』349, 1944. 6

「朝鮮興業等取締規則制定」『朝鮮』349, 1944. 6

「朝鮮會社等臨時措置令公布さる」『朝鮮』350, 1944. 7

「學徒勤勞動員出動要領決る」『朝鮮』350, 1944. 7

「朝鮮商工經濟會令公布さる」『朝鮮』352, 1944. 9

「女子挺身勤勞令公布さる」『朝鮮』352, 1944. 9

中谷忠治,「朝鮮人勞務管理に關する覺書」『朝鮮』353, 1944. 10

「朝鮮醫療令公布さる」『朝鮮』353, 1944. 10

「應徵士懲戒に關する措置要綱成る」『朝鮮』353, 1944. 10

「勤勞動員本部設置さる」『朝鮮』1944, 11·12(合併號)

「町會に關する規程公布さる」『朝鮮』1944, 11·12(合併號)

「朝鮮軍需會社法施行規則公布する」『朝鮮』1944, 11·12(合併號)

「朝鮮總督府機構改革發表さる」『朝鮮』1944, 11·12(合併號)

참고문헌

자 료

『每日申報』, 『京城日報』, 『滿鮮日報』, 『大韓每日申報』, 『皇城新聞』, 『帝國新聞』, 『韓國官報』, 『西北學會月報』, 『大韓學會月報』, 『『大韓協會會報』, 西友』, 『大韓留學生會會報』, 『少年韓半島』, 『東亞日報』, 『朝光』, 『滿洲及朝鮮』, 『思想彙報』, 『朝鮮』, 『朝鮮文 朝鮮』, 『朝鮮總督府月報』, 『朝鮮彙報』, 『朝鮮總督府官報』, 『朝鮮總督府統計年報』, 『警察彙報』, 『開闢』, 『朝鮮農民』, 『新東亞』, 『法學協會雜誌』, 『朝鮮佛教月報』, 『法學界』, 『半島時論』, 『曙光』, 『三千里』, 『寶城』, 『朝鮮之光』, 『現代評論』, 『時事評論』, 『東光』, 『新民』, 『第一線』, 『農民』, 『四海公論』, 『東洋之光』, 『正論』, 『東明』, 『我聲』, 『共濟』, 『新天地』, 『新生活』, 『思想運動』, 『理論鬪爭』, 『現段階』, 『批判』, 『活泉』, 『神學世界』, 『新人間』, 『東學之光』, 『彗星』, 『佛教』, 『카톨릭靑年』, 『中央』, 『協實』

京城帝國大學 法文學部 經濟研究室 編, 1935, 『朝鮮彙報 分類總目錄』, 京城.

山崎丹照, 1941, 「改正治安維持法槪說」 『警察研究』 제12권 제7호.

朝鮮總督府 警務局, 1930, 『朝鮮に於ける出版物槪要』.

京城日報社, 1920, 『京城日報社誌』(大正 9년).

나경석, 1980, 『公民文集』, 正友社.

永信아카데미 韓國學研究所 편, 1975, 『韓國雜誌槪觀 및 號別目次集』.

韓國雜誌協會, 1972, 『韓國雜誌總攬』.

강만길・성대경, 1996, 『한국사회주의인명사전』, 창작과 비평사.

池中世 譯, 1988, 『朝鮮思想犯檢擧實話集』, 돌베게.

定村光鉉, 1941.4, 「朝鮮思想犯豫防拘禁令解說」『朝光』 66.

堤良明(京城保護觀察所長), 1937.11, 「保護觀察の對相と其の指導」『朝鮮』 제270호.

關　之, 1939.9, 「內地在住朝鮮人に關する思想政策に就いて」『思想彙報』 제20호.

李鍾模, 1937.2, 「保護觀察令의 適用範圍」『朝光』 16(3-22).

崔圭昌, 1937.8, 「今般에 설립된 光州保護觀察所」『호남평론』 3-8.

村田陽一, 1981, 『コミソテルソ 資料集』 1, 大月書店.

朝鮮總督府 警務局 圖書果, 1939, 『朝鮮警察出版槪要』.

朝鮮總督府, 1918, 『朝鮮總督府 統計年報』.

1974, 『德富蘇峰集』, 筑摩書房.

『日本新聞年鑑』(1940年版), 日本新聞研究所.

1939.9, 「保護觀察處分に付せられたる者にして更に治安維持法違反罪を犯したる者に關する調査」『思想彙報』 제20호.

齋藤榮治 編, 1922.5.22, 『高等法院檢事長訓示通牒類纂』, 「檢事局監督官二對スル中村高等法院檢事長訓示.

尾村樹秀, 1973, 『現代史資料』 45, 「治安維持法」, みすず書房.

思想特別研究員 判事 笠松義子 報告書, 1942, 『豫防拘禁制度に就て』.

大邱覆審法院檢事局, 1941, 『豫防拘禁執行原簿』.

大邱覆審法院檢事局, 1941, 『豫防拘禁執行原簿』 「朝鮮思想犯豫防拘禁令案理由」.

德富蘇峰, 1982, 「蘇峰自專」『日本人の自專』 5, 平凡社.

藤村生, 1924.9, 「京城日報社由來記」『朝鮮及滿洲』.

Pratt, C. H. "The Federal Council", The Korean Missionfield, 1915. 11.

저 서

강만길, 1994, 『고쳐 쓴 한국현대사』, 역사비평.

具汰列, 1986, 『제국주의와 언론』, 이화여대출판부.

國史編纂委員會 編, 1966, 『韓國獨立運動史』 2.

國史編纂委員會 編, 1969, 『日帝侵略下 韓國三十六年史』.

국사편찬위원회, 1989, 『한민족독립운동사』 5.

국사편찬위원회, 2002, 『한국사』 46.

姜東鎭, 1984, 『日帝의 韓國侵略政策史』, 한길사.

권희영, 1999, 『한국과 러시아 : 국제관계와 변화』, 국학자료원.

김규환사 1979, 『일제의 대한언론선전정책』, 이우출판.

김민철, 1994, 「식민지통치와 경찰」, 『역사비평』 24.

金良善, 『韓國基督敎史硏究』, 1971, 基督敎文社.

김세민, 2002, 『한국 근대사와 만국공법』, 경인문화사.

독립운동사편찬위원회, 1978, 『독립운동사자료집』 4집.

金鎭鳳, 2002, 『三・一運動史硏究』, 國學資料院.

閔庚培, 『한국기독, 1972교 교회사』, 대한기독교출판사.

閔庚培, 1997, 『日帝下의 韓國基督敎 民族・信仰運動』, 대한기독교서회.

서대숙, 1985, 『한국공산주의운동사 연구』, 禾多.

수요역사연구회 편, 2003, 『식민지 조선과 매일신보-1910년대』, 신서원.

수요역사연구회 편, 2005, 『일제의 식민지 지배정책과 매일신보-1910
　　　년대』, 두리미디어.

숭실대학교100년사편찬위원회, 1999, 『숭실대학교100년사』 Ⅰ-평양숭
　　　실편-.

스칼라피노・이정식, 1986, 『한국공산주의운동사』1, 돌베게.

尹建次, 1982, 『朝鮮近代敎育の思想と運動』, 東京大學出版部.

윤이흠, 1977, 『한국민족종교말살책』, 고려한림원.

임경석, 2003, 『한국사회주의의 기원』, 역사비평사.

이만열 외, 1986, 『한국기독교와 민족운동』, 보성.

鄭晉錫, 1988, 「每日申(新)報 硏究」 『韓國言論史硏究』, 一潮閣.

鄭晋錫, 1990, 『한국언론』, 나남신서.

정혜경, 2003, 『일제말기 조선인 강제연행사의 역사』, 경인문화사.

崔起榮, 1991, 『大韓帝國時期新聞硏究』, 一潮閣.

崔鍾庫, 1990, 『韓國法學史』, 博英社.

최덕교, 2004, 『한국집지100년』 제1권, 현암사.

崔 埈, 1976, 『韓國新聞史論攷』, 一潮閣.

한국잡지협회, 1995, 『한국잡지 100년』.

황민호, 1998, 『在滿韓人社會와 民族運動』, 국학자료원.

鈴木敬夫, 1999, 『法을 통해 朝鮮植民地 支配에 관한 연구』, 고려대 민
　　　족문화연구소.

Richard H. Michell, 김윤식 역, 1982, 『日帝의 思想統制』, 일지사.

논 문

강영심, 1989, 「朝鮮國民會硏究」 『한국독립운동사연구』 3, 독립기념관
　　　한국독립운동사연구소.

김권정, 1996, 「1920-30년대 기독교인들의 사회주의 인식」 『한국기독교
　　　와 역사』 5.

金炳國, 1986, 「光武新聞法에서 言論基本法까지, 言論法制 어떻게 바
　　　뀌었나」 『신문과 방송』.

金良善, 1969, 「3·1운동과 기독교계」 『3·1운동 50주년기념논문집』, 동
　　　아일보.

金鎭斗, 1995, 『1910년대 每日申報의 性格에 關한 硏究 – 社說 內容分
　　　析을 중심으로 – 』 중앙대학교 박사학위논문.

김형목, 2001, 「1910년대 동화정책과 私立京城幼稚園」 『한국민족운동
　　　사연구』 28.

金炯睦, 2001, 『1910년 前後 夜學運動의 實態와 機能』, 중앙대학교 박
　　　사논문.

閔庚培, 1972, 「한국교회와 3·1운동」 『한국기독교 교회사』, 대한기독
　　　교출판사.

심재욱, 2003, 「1910년대 매일신보의 식민지 지배론」 수요역사연구회
　　　편, 『식민지 조선과 매일신보 – 1910년대』, 신서원.

柳永烈, 2003, 「한국에 있어서 근대적 政體論의 변화과정」 『國史館論
　　　叢』 103.

劉載天, 1988, 「日帝下 韓國雜誌의 共產主義 受容에 관한 硏究」 『동아

연구』7, 서강대 동아연구소.

李萬烈, 1978.3, 「3·1운동과 기독교적 의의」『개혁신앙』.

이 연, 1993.3, 「매일신보의 창간배경과 그 역할」『순국』.

장 신, 1988, 「1920년대 民族運動과 治安維持法」『學林』19.

張錫興, 1992, 「일제의 식민지언론 정책과 총독부기관지 每日申報의 성격」, 독립기념관『한국독립운동사연구』6.

정진석, 1982.4, 「조선총독부의 매일신보」『마당』.

정진선, 1991.12, 「조선총독부 기관지 매일신보의 사람들」『신문과 방송』252.

鄭晉錫, 1988, 「韓國侵略을 위한 日本의 機關紙 漢城新報」『韓國言論史硏究』, 一潮閣.

조 국, 1988, 「한국근현대사에서의 사상통제법」『역사비평』1.

조성운,『1910년대 일제의 동화정책과 매일신보』; 수요역사연구회 편, 2005,『일제의 식민지 지배정책과 매일신보- 1910년대』, 두리미디어.

趙英烈, 1992,『日帝下 改新敎宣敎師 硏究(1905-1920)』, 건국대학교 박사학위논문, 1992.

지승준, 1988, 「1930년대 日帝의 思想犯 對策과 사회주의자들의 전향논리」『中央史論』10·11합.

崔起榮, 1991, 「帝國新聞의 刊行과 下層民 계몽」『大韓帝國時期 新聞硏究』, 一潮閣.

崔起榮, 1991, 「光武新聞紙法研究」『大韓帝國時期新聞硏究』, 一潮閣.

최종고, 1982, 「한말과 일제하 '법학협회'의 활동」『애산학보』2.

崔宗一, 1986, 「日·韓治安刑法の 歷史的 考察」『上智法學論叢』29.

崔 埈, 1976, 「軍國日本과 大韓言論政策」『韓國新聞史論考』, 一潮閣.

최혜주, 2005, 「일제강점기 조선연구회의 활동과 조선인식」『한국민족운동사연구』42.

최혜주, 2000, 「아오야기(靑柳綱太郎)의 來韓활동과 植民統治論」『國史館論叢』94.

韓仁燮, 1991, 「治安維持法과 植民地統制法令의 展開」『朴秉浩敎授還

甲記念韓國法史學論叢』.

허동현, 2004,「개화·일제시기 한국인의 러시아 인식에 보이는 고정
　　　　관념 管見」, 러시아지역 한인이주 140주년 기념 국제학술회의.

鈴木敬夫, 1988,「治安法による植民地支配－朝鮮における治安法の
　　　　一側面－」(1)『札幌學院法學』第4卷 第3號.

황민호, 2002,「매일신보에 나타난 기독교인들의 3·1운동과 매일신보」,
　　　　『崇實史學』15.

황민호,「1910년대 조선총독부의 언론정책과 매일신보」; 수요역사연
　　　　구회 편, 2003,『식민지 조선과 매일신보－1910년대』, 신서원.

황민호, 2003,「일제의 식민지언론정책과 법률관련 논설의 경향」『정
　　　　신문화연구』91.

황민호, 2004,「韓國近代 雜誌에 나타난 法律關聯 資料의 傾向」『정신
　　　　문화연구』95.

황민호, 2003,「韓國近代 雜誌의 法學關係論說 記事目錄」『法史學硏
　　　　究』28.

황민호, 2004,「일제하 조선총독부 기관지의 발행과 법률관련 자료의
　　　　경향」『法史學硏究』30.

황민호, 2005,「전시통제기 조선총독부의 사상범문제에 대한 인식과 통
　　　　제」『사학연구』79.

황민호, 2005,「1920년대 국내언론에 나타난 소비에트러시아와 재러한
　　　　인」『한국민족운동사연구』42.

찾아보기

황 민 호(黃敏湖)

숭실대학교 사학과 졸업
숭실대학교 대학원 사학과 졸업(문학박사)
숭실대·총신대·신구대 강사(현재)
한국민족운동사학회 총무이사(현재)
서울대학교 법학연구소 책임연구원(현재)

저서 및 논문

『在滿韓人社會와 民族運動』(저서)
『일제하 만주지역 한인사회의 동향과 민족운동』(저서)
『식민지조선과 매일신보』(공저)
「1920년대 재만한인문제의 성격과 기독교계의 대응」
「1930년 재만 한인사회주의자들과 중국공산당 합동에 관한 연구」
「동북항일연군의 역사적 성격」
「한국근대 잡지에 나타난 법률관련 자료의 경향」외 다수

일제하 식민지 지배권력과 언론의 경향   정가 : 17,000원

2005년 9월 5일 초판 인쇄
2005년 9월 15일 초판 발행

저　　자 : 황 민 호
회　　장 : 한 상 하
발 행 인 : 한 정 희
발 행 처 : 경인문화사
편　　집 : 신 학 태
　　　　　서울특별시 마포구 마포동 324 - 3
　　　　　전화 : 718 - 4831~2, 팩스 : 703 - 9711
　　　　　E-mail : kyunginp@chollian.net
등록번호 : 제10 - 18호(1973. 11. 8)

ISBN : 89-499-0336-9 94910